武汉大学百年名典

社会科学类编审委员会

谭崇台 1920年6月出生于四川成都。1943年毕业于武汉大学经济系，1947年毕业于哈佛大学，获经济学硕士学位。随后到华盛顿"远东委员会"工作。1948年，回母校武汉大学经济系任教，聘为副教授。1952年加入中国共产党，先后任武汉大学经济系副系主任，武汉大学校务委员会副秘书长、副主任委员、校长办公室主任。1978年晋升为教授回经济学系执教，先后任经济学院名誉院长、经济学院学术委员会主席、《武汉大学学报》副主编、武汉大学出版社副总编辑、武汉大学学术委员会顾问、武汉大学国际学术交流委员会副主席等职。教育部人文社科重点研究基地武汉大学经济发展研究中心名誉主任、经济与管理学院教授委员会主席。中美经济学交流(CEEEUS)中方委员，中华外国经济学说研究会副会长、名誉会长，全国高校社会主义经济理论和实践研讨会领导小组成员，湖北省外国经济学说研究会会长、顾问等职。主要著作有：《当代西方经济学说》（共同主编，武汉大学出版社）、《发展经济学》（独著，人民出版社）、《发展经济学》（主编，上海人民出版社）、《发展经济学概论》（主编，武汉大学出版社）、《西方经济发展思想史》（主编，武汉大学出版社）、《发展经济学的新发展》（主编，武汉大学出版社）、《发达国家发展初期与当今发展中国家经济发展比较研究》（主编，武汉大学出版社）等。先后获得国家图书奖、国家社科基金项目优秀成果二等奖、全国高校人文社科研究成果一等奖、国家优秀教材一等奖等奖项，2009年入选"影响新中国经济建设的100位经济学家"，2004年获聘为武汉大学首批人文社会科学资深教授，2010年被中共湖北省委评为首批"荆楚社科名家"，被誉为"将发展经济学引入中国的第一人"。

武汉大学
百年名典

西方经济发展思想史

谭崇台 主编

武汉大学出版社

WUHAN UNIVERSITY PRESS

图书在版编目(CIP)数据

西方经济发展思想史/谭崇台主编.—武汉：武汉大学出版社,2023.11
武汉大学百年名典
ISBN 978-7-307-24073-5

Ⅰ.西…　Ⅱ.谭…　Ⅲ.西方经济学—经济思想史　Ⅳ.F091.3

中国国家版本馆 CIP 数据核字(2023)第 196720 号

责任编辑：黄金涛　　　责任校对：李孟潇　　　版式设计：马　佳

出版发行：**武汉大学出版社**　　(430072　武昌　珞珈山)
　　　　　(电子邮箱：cbs22@whu.edu.cn　网址：www.wdp.com.cn)
印刷：湖北恒泰印务有限公司
开本：720×1000　1/16　印张：25.75　字数：368 千字　插页：4
版次：2023 年 11 月第 1 版　2023 年 11 月第 1 次印刷
ISBN 978-7-307-24073-5　　定价：158.00 元

《武汉大学百年名典》出版前言

百年武汉大学，走过的是学术传承、学术发展和学术创新的辉煌路程；世纪珞珈山水，承沐的是学者大师们学术风范、学术精神和学术风格的润泽。在武汉大学发展的不同年代，一批批著名学者和学术大师在这里辛勤耕耘，教书育人，著书立说。他们在学术上精品、上品纷呈，有的在继承传统中开创新论，有的集众家之说而独成一派，也有的学贯中西而独领风骚，还有的因顺应时代发展潮流而开学术学科先河。所有这些，构成了武汉大学百年学府最深厚、最深刻的学术底蕴。

武汉大学历年累积的学术精品、上品，不仅凸现了武汉大学"自强、弘毅、求是、拓新"的学术风格和学术风范，而且也丰富了武汉大学"自强、弘毅、求是、拓新"的学术气派和学术精神；不仅深刻反映了武汉大学有过的人文社会科学和自然科学的辉煌的学术成就，而且也从多方面映现了20世纪中国人文社会科学和自然科学发展的最具代表性的学术成就。高等学府，自当以学者为敬，以学术为尊，以学风为重；自当在尊重不同学术成就中增进学术繁荣，在包容不同学术观点中提升学术品质。为此，我们纵览武汉大学百年学术源流，取其上品，掬其精华，结集出版，是为《武汉大学百年名典》。

"根深叶茂，实大声洪。山高水长，流风甚美。"这是董必武同志1963年11月为武汉大学校庆题写的诗句，长期以来为武汉大学师生传颂。我们以此诗句为《武汉大学百年名典》的封面题词，实是希望武汉大学留存的那些泽被当时、惠及后人的学术精品、上品，能在现时代得到更为广泛的发扬和传承；实是希望《武汉大学百年名典》这一恢宏的出版工程，能为中华优秀文化的积累和当代中国学术的繁荣有所建树。

《武汉大学百年名典》编审委员会

编 写 说 明

本书是集体劳动的产物，各章写作的分工如下：导论，谭崇台；第一章，谭崇台；第二章，谭崇台；第三章，谭崇台；第四章，陈广汉；第五章，陈广汉；第六章，陈广汉；第七章，陈广汉；第八章，陈广汉；第九章，马颖；第十章，马颖；第十一章，马颖；第十二章，冯金华；第十三章，谭崇台；第十四章，冯金华；第十五章，郭熙保；第十六章，冯金华；第十七章，郭熙保；第十八章，谭崇台；第十九章，冯金华；第二十章，薛进军；第二十一章，薛进军；第二十二章，郭熙保。

本书由我提出基本构思并确定框架设计，各章写成后，由我通读，修改，定稿。

如在本书《导论》中所论证的那样，我们认为，经济发展思想史下迄本世纪 40 年代之末。有些经济学家的理论跨越了这一时限，我们只述评他们在这一时限之前提出的理论，对他们在这一时限之后提出的理论，除非实有必要，一般不涉及。

在阐述一位学者的经济思想之后，一般都有评论，或者专节写成，或者附在一章末节之后；或者较详，或者较简，视情况而定。

本书写作是一次尝试，内容覆盖面还需扩大，理论分析还需深入，请读者批评指正。

梁晓滨同志从海外寄来宝贵的有关文献，对我们的编写工作给予了很大的帮助，谨此致谢。

谭崇台

1993 年 2 月 28 日于珞珈山

目　　录

导　　论

10 年来，我们一直抱有一个愿望：写出一部经济发展思想史。

开宗明义，写书之前，要回答 4 个问题：什么是经济发展思想？为什么要写经济发展思想史？经济发展思想史上溯并下迄什么年代？怎样对待 19 世纪中叶以后 100 年期间西方经济理论的转向问题？

第一节　什么是经济发展思想

经济发展思想指涉及国民经济增长（growth）和发展（development）问题的原理、学说以及由此而作出的政策推论。这些原理、学说和政策推论或者是比较系统完整的，或者是比较片断零碎的。

国民经济发展意味着社会经济全方位的变化，这种变化必须有一个物质基础，即社会生产力的增长。在经济发展理论中，社会生产力的增长称为经济增长。经济增长，用传统的术语说，即国民财富或社会财富的增长，用现代的术语说，即产出（output）的增长，它表现为国民生产总值或国内生产总值或国民收入的增长。经济的持续增长，必将引起社会经济各方面的变化，具体反映在投入结构的变化、产出结构的变化、一般生活水平和收入分配状况的变化、教育状况的变化、健康卫生状况的变化和环境生态状况的变化。一般地说，持续、稳定而合理的经济增长，必将促成社会经济各方面状况的良性变化，但是，如果经济增长不是持续、稳定而合理的，而是速度过低、过高或大起大落，或由于政策措施的错误，以致社会经济各方面不出现良性变化，这也是可能的。有些发展经济学家的论著中或者把经济增长

1

与经济发展两个概念并列①，或者在似乎应专用"发展"一词的地方却用上了"增长"一词②，或者明白地说："我们将互相替代地使用'增长'和'发展'两个词"③，我们认为，经济增长和经济发展具有不同的内涵，但两者却是有内在联系的统一体，经济增长是基础和手段，经济发展是结果和目的。有关经济增长问题的理论，都是和经济发展问题不可分割的，应当看成是有关经济发展问题的理论的组成部分。至于经济增长和社会经济变化的政策研究，自然也包括在有关经济发展问题的理论范围之内。因此，如前所说，涉及国民经济发展和增长问题的原理、学说以及由此而作出的政策推论，汇总起来，就是我们所说的经济发展思想。

用国民生产总值或国内生产总值、或国民收入计算的经济增长或产出增长，包括两个内容，一是物质财富，一是劳务。考察一国在一个时期的经济增长，不能只注意工业部门和农业部门提供的物质产品的增加，还必须重视劳务部门提供的劳务的增加。这是合理的、正确的，因为，在社会经济不断进步的过程中，我们不能不承认三点客观事实：

一、劳务部门的兴旺发达是社会经济繁荣的重要标志、社会繁荣的必然结果，也是物质财富快速增长的重要标志、物质财富快速增长的必然结果。

二、劳务的大量提供，其范围不断扩大，其质量不断提高，必然会促进社会经济的进步和繁荣，必然有利于物质财富生产的不断扩大和质量的不断提高。

三、随着科学技术的进步、劳动生产率的提高，从事物质生产的劳动和物质生产部门的产值必然相对减少，从事非物质生产的劳动和

---

① 如阿德尔曼(I. Adelman)：《经济增长和经济发展理论》，1961年英文版。

② 如罗斯托(W. W. Rostow)：《经济增长的阶段》，1960年英文版。

③ 雷诺兹(L. G. Reynolds)：《经济发展的理想与现实》，1977年英文版，第5页。

非物质生产部门的创收必然相对地增加，这是历史的必然趋势。这种必然趋势，在资本主义社会已突出地表现出来，在社会主义社会，更能合理地实现。

和产出相对应的是投入的概念。投入要素包括劳动力、过去劳动所创造的生产资料以及自然存在的资源。马克思认为，不论生产的社会形式如何，劳动者和生产资料始终是生产的因素，但是，二者在彼此分离的情况下，只在可能性上是生产因素，凡要进行生产，就必须使它们结合起来。马克思所说的生产资料包括自然资源和过去劳动所创造的生产资料(后者可以简称为生产资源)。也就是说，凡要进行生产，必须使劳动力、生产资源和自然资源结合起来。这三种投入要素是任何生产、任何提供产出的经济活动中所不可缺少的。在这里，我们必须指出：

一、在任何生产、任何提供产出的经济活动中，劳动力是决定性的因素。

二、在不同的生产方式中，提供劳动力的劳动者所处的地位迥不相同。

三、投入要素如何结合服从于不同生产方式下不同生产方法的目的。

四、在不同技术水平下，投入要素的结合比例不会相同，同一比例的要素结合，产出水平不会相同。

然而，人们应当同意，任何提供产出的生产过程具有下述几点共性：

一、三种投入要素要结合起来。

二、产出受投入要素的数量和质量的影响。

三、各个投入要素既互相促进又互相约束。

四、各个投入要素之间存在着互相替代的关系。

综上，我们认为经济发展思想大致涉及下列 11 个方面的内容：

一、投入要素的数量和质量以及影响它们的因素，如人口变动、人力资源开发、储蓄与资本形成、技术进步等。

二、投入要素的配合、竞争与替代以及相互约束。

三、资本的配置和人口与资本的流动。

四、部门在经济发展过程中的关系。

五、对外贸易对经济增长的作用。

六、调动国内资源和利用国外资源的关系。

七、教育、卫生和环境与经济增长和经济发展的关系。

八、持续经济增长的可能性和前景。

九、对经济增长和经济发展过程的基本看法。

十、经济增长或经济发展的阶段。

十一、可供经济增长或经济发展问题论证和分析的观点和方法。

第二节　为什么要写经济发展思想史

经济学说史一般以价值理论为一条主线。恩格斯曾经认为应当把价值理论看成是经济学体系的纯洁性的试金石。马克思在《资本论》第四卷——《剩余价值理论》中始终以价值和剩余价值理论为核心，分析批判了既往的经济学说，在分析批判的过程中阐明了对许多重要理论的看法并勾画出自己的经济学体系的轮廓。以马克思的《剩余价值理论》为模式，写出经济学说史，可以更好地了解马克思经济学与非马克思经济学的分野，有利于明辨是非。

但是，我们认为，为了不损历史人物的全貌，从既往的经济学说中更广泛地去撷取有益的成分，以期古为今用，洋为中用，写出一部以经济发展思想为脉络的经济学说史是必要的。这样做，具体地说，有下述几方面的意义：

第一，有利于较全面地认识和了解过去的经济学家们的思想。

应当看到，马克思的经济理论就包含着丰富的经济发展思想。马克思关于社会经济形态的理论阐明了人类社会经济发展的进程。他对资本主义再生产和积累问题的考察，不仅阐明了资本主义经济增长的规律，剖析了资本主义发展的本质，而且所孕育的经济增长思想已成为超越特定社会形态的一般经济增长过程的重要原理。马克思的再生产公式决不只限于反映资本主义生产的特点，它同时还包括对于一切社会形态——特别是对于社会主义社会形态——发生效力的许多关于再生产的基本原理。例如，马克思分析资本主义的再生产运动是从社会总产品开始的，而研究社会主义经济增长的变化也必须以社会总产品为出发点。又例如，社会再生产的正常进行要求社会总产品的正常实现，即产品不仅在价值形式上得到补偿，而且在物质形式上得到补偿。这一条件，社会主义的社会再生产如要正常进行，也必须得到满足。人们知道，经济增长还涉及资源配置问题。马克思在分析级差地租时，曾以资本投入的量的追加来考察超额生产率的变化，从而求得资本投入的经济界限。这种分析方法也可以用来说明一切稀缺资源的配置和利用的经济界限。列宁以马克思主义的方法广泛地分析了经济发展问题，他不仅研究了资本主义如何发展到垄断阶段以及资本主义如何在俄国发展，还思考了初生的社会主义如何发展经济而提出了对当代发展中国家有一定借鉴意义的新经济政策。由此可见，从经济增长和经济发展问题的角度来学习、研究马克思列宁主义，可以更好地认识它的广度和深度。

从英国古典政治经济学家的理论中，可以观察到丰富的经济发展思想。亚当·斯密是以探索国民财富增长的原因为主要研究的目的的，李嘉图转而论证经济的停滞问题。他们二人对许多经济问题的分析，或者从增长的观点出发，或者以增长或不增长作为论证的终结。人们熟知，斯密和李嘉图的经济理论中，对外贸易对国民财富增长的刺激作用受到了强调，斯密从绝对利益论说明了对外贸易的重要意义，李嘉图从相对利益论进一步论证了对外贸易的可能性和必要性。当然，应该指出，斯密的绝对利益论和李嘉图的相对利益论都反映了当时英国资本主义向外扩张的要求，他们由这些理论而得出的自由贸易和国际分工的主张，在相当长期的历史阶段中，已成为殖民主义者自由掠夺殖民地和附属国的"理论根据"。但是，也应当看到，在世界市场上，生产要素的流动性是不充分的，市场销售是不完全的。因此，国际贸易中难以确定商品的实际价值水平，从而比较利益的产生具有客观的必然性。相对落后的国家和地区尽管它们的产品具有相对低下的劳动生产率，仍然可以在国际市场上进行贸易。而且，一个落后国家总不能也不应闭关自守，要利用国外贸易，扬长避短，取长补短，以获得必需的国外资金和国外资源，这是为了谋求经济发展而必须采取的重大步骤。总之，对外贸易对促进国民经济的作用决不可忽视，它有利于国民财富的增长，有利于国内经济的发展。斯密和李嘉图的对外贸易学说虽然受到历史条件的限制，但毕竟含有可贵的经济发展思想。

19 世纪中叶在德国兴起的历史学派，尽管在一些基本理论上为世所诟病，但能够注意到各个国家和各个民族的历史和现状的差异，提出了各国在社会经济发展上会走不同的道路的观点，则并非纯属谬误。这个学派的经济学家还从德国经济相对不发达的情况出发，反对自由放任而主张国家干预，反对自由贸易而倡导保护政策，也体现了处于低发展阶段的国家的一种经济要求。

18 世纪末、19 世纪初以后，英国和法国的经济学家如西斯蒙第、萨伊、马尔萨斯、西尼尔等人脱离了以斯密和李嘉图为代表、以劳动价值论为核心的古典经济学的正统，但是，在他们的著述中，分析促进经济发展的因素、解释障碍经济发展的原由的论证是屡见不鲜的。

第二，有利于深化对西方经济理论中值得推敲之处的认识。

对西方经济理论的传统批判，一般集中在价值论和分配论，而事实上，西方经济理论中值得推敲之处，不只在价值论和分配论方面，而且也在经济增长论和经济发展论方面。

以马歇尔为例，既往的对他的经济学说的批评是：在一般商品价格的决定上，马歇尔用商品的市场价格代替了商品的内在价值，在生产要素的分配上，马歇尔接受了"三位一体"的公式。如果我们把视野从马歇尔的均衡价格论扩大到他的经济发展论，又可以发现马歇尔对经济发展过程的认识也存在着缺点。马歇尔认为：经济发展过程是平稳的、渐进的和连续的；经济发展过程是和谐的；经济继续增长是可能而又可取的，经济增长的利益是会自动地逐步扩散分润的。因此，在马歇尔看来，经济变化从来不是突然的，而是通过边际微调来推进的。这种边际微调由价格均衡机制得到反映，从而价格均衡机制是促进经济增长和经济发展的自然机制、最佳机制。在经济增长和经济发展过程中，变化会自然出现秩序，自私角逐会自然产生调和，经济增长的利益会自然普及广大人群。于是，经济增长和经济发展所要求的不过是：提供适当刺激，完善市场的机制和起动会自行运转的机器而已。显而易见，马歇尔对经济增长和经济发展过程的基本看法，从理论上说是形而上学的，在实践上也同各种类型国家的经济发展的情况不相符合。绝大多数发展中国家的现实是：单纯的市场机制起不了完全合理的调节作用；经济增长的利益未能普惠各个阶层，而往往为某些集团占有了其中的绝大部分；贫困、失业、资源不能充分利用的现象有增无已。以马歇尔为代表的这种新古典主义经济发展观的缺陷，已为西方经济学界的一些人士所认识。他们说，应当用新的观点来代替，不是均衡而是失衡，不是和谐而是冲突，不是平稳而是曲折，这才是经济发展过程的固有性质和特点。"发展过程是一个不平衡的过程，如果任其自然，则现在的差异和不均现象将不会消失，反而加剧。"[①]

第三，有利于更好地了解当代西方经济发展理论形成的渊源。

当代西方经济发展理论吸收了不少经济学说史中的经济发展思想。例如，当代西方发展经济学界一般认为，古典学派提出的有关经济增长和经济发展的一些问题，仍然是当代发展经济学的重大问题，如人口与资源的比例、经济发展中农业的地位和作用、部门间的贸易条件、制约生产要素的相对价格和国民收入职能分配的长期趋势的因素、生产剩余对积累的作用以及转化为投资等等。又如，斯密曾有一观点：资本应该包括"所有居民既得的有用的能力"，被认为是当代经济发展理论中"人力资源"或"人力资本"概念的发端。约翰·穆勒分析了经济增长对投入价格的影响，把人口增长、资本积累和技术进步逐个地作为变化条件来考察对投入要素价格的影响，这是当代西方发展经济学家常用的分析方法。马歇尔对智力开发在经济发展中的意义，作了较系统的分析，他明确地说："我们可以得出下列的结论，

---

① 约托波洛斯：（P. A. Yotopoulos）和纽津特（J. B. Nugent）：《发展经济学》，1976 年英文版，第 17 页。

把公私资金用于教育之是否明智，不能单独以它的直接结果来衡量。教育仅仅当作是一种投资，使大多数人有比他自己通常利用的大得多的机会，也将是有利的。"①在《经济学原理》中他以整章篇幅研究了教育和训练对提高劳动力素质的积极作用。马歇尔在这方面的分析研究，当代西方发展经济学家一般把它看成是他们的人力资源开发理论的重要依据之一。

第四，有利于比较和借鉴，从国外既往的经济思想中，吸取有益成分，做到古为今用，洋为中用。

经济增长和经济发展，在不同的社会制度中，具有不同的质的规定性。西方国家由封建社会转变为资本主义社会、由初生的资本主义过渡到成熟的资本主义的发展过程，和当代第三世界由殖民地或附属国成为独立国家后谋求经济进步的发展过程相比，历史条件不相同，社会情况不相同，国际政治经济环境不相同，从而决不能把资本主义发达国家的往日经验在第三世界国家中照抄照搬。我国是发展中国家，又是社会主义国家，中国式的经济发展模式，更具有独自的特色，但是，我们可以从前人的经济增长思想和经济发展思想中摄取一切能够为我们所利用并为我们所消化的营养，以启迪或拓宽我们对经济发展问题的思路，有利于改革开放，有利于社会主义建设。

综上，我们认为，有必要以更开阔的视野对经济学说中各家之言，重新研究，特别注意其中的经济发展思想，以经济发展问题为脉络，写出经济发展思想史。

第三节　经济发展思想史上溯并下迄什么年代

在经济学说史中，有关经济发展的思想最早出现在重商主义的理论之中。重商主义流行于 15 至 17 世纪，是欧洲资本原始积累时期的一种经济思潮，它反映了资本原始积累时期资产阶级累积物质资本和

①　马歇尔：《经济学原理》上卷，商务印书馆 1983 年版，第 233 页。

向外扩张的愿望。重商主义者认为，只有金银货币才是物质的真正财富，只有增加一国金银货币的活动才是生产性的活动。而增加一国的金银货币财富只有两条途径：开采金银矿藏和发展对外贸易。一国的金银矿藏贮量是有限的，因此要增加一国的财富，就只有发展对外贸易，通过贸易顺差使外国金银流入本国。于是，重商主义者主张实行鼓励出口、限制进口的保护措施以争取贸易顺差。

为什么说经济发展思想始于重商主义而不始于更早时期，可以由下述的论证得到解释：

从历史阶段看，在重商主义兴起以前的西欧各国处于封建社会。和奴隶社会一样，封建社会是一种静态的、循环流转的社会，难以产生扩张经济的客观条件。奴隶主占有生产资料并占有直接生产者——奴隶，封建地主占有基本生产资料——土地并占有直接生产者——农奴。在这两种社会形态中，经济是基本上自给自主的，生产的目的主要是满足统治阶级的寄生生活的需要。在这样的静态社会中，缺乏着使生产资料占有者不断扩大再生产规模的强大动力，整个生产具有技术水平低下，墨守成规，分散狭隘等缺点，生产力的提高十分缓慢。在这种情况下，探索经济增长问题的思想是不可能出现的。

当重商主义兴起之时，资本主义生产方式已逐渐从封建母体中脱胎而出，社会化大生产开始形成，生产和占有更多的剩余价值是资本主义的基本经济规律。在这一规律的支配下，资本家阶级及其思想代表必然要考虑经济增长的问题，换言之，只有当客观经济生活出现了思考不断扩大增殖价值、不断扩大社会再生产的需要时，经济增长理论的诞生和发展才有可能。因此，经济发展思想是与资本主义同步产生的。

诚然，在14世纪之前，西欧的一些学者也曾经讨论过增进人们物质福利的因素。色诺芬和亚里斯多德研究了奴隶社会中的一些经济问题，尤其是奴隶主的土地经营问题。后来的一些思想家也研究了封建社会的经济现象，如价格、货币、商业等问题，也出现了一些代表农民利益的经济思想。但是，那些论证是极其零碎的，对于经济增长问题更不可能涉及。所以，从体系的完整性、分析的严密性以及内容的丰富程度而言，在重商主义之前不存在着真正的政治经济学，更谈不上系统的经济增长理论。如一个西方经济学家所说，"在中世纪的经济著作中，看不到动态经济增长学说的原理，在中世纪向重商主义时期的过渡阶段也是如此。当时的舆论倾向和流行的价值判断不利于经济增长。可以愿望和预期的人们物质利益增进的程度是十分有限的。因此，在价值判断体系出现重大变革之前，经济发展问题是不会受到强调的。在一系列事件交互影响之下，出现了这种变革。文艺复兴改变了人们对个人的态度，放松了对君主权力的道德和其他方面的约束；新发现及其后果加快了生活的节奏；随宗教改革而来的资本主义的兴起促进了经济发展的规模和速度。因此，可以把重商主义时期看成为一个长长的过渡阶段，在这个阶段中，中世纪的铁板一块被粉碎了，中世纪的事态机制逐渐瓦解了，自利和物质价值的重要性越来越受到强调了，来自社会和其他方面对个人追求物质成就的抑制解除了，政治—经济自由主义兴起的前提条件确定了。"[1]

重商主义代表早期资产阶级——商业资本家的利益，而不代表尚未作为一个阶级而出现的产业资本家的利益。它的视野狭窄，对社会财富的本质和促进经济增长的手段等问题的看法偏激而片面。但它的争取外贸顺差和实行保护政策的主张以及发展本国工业以增加出口的思想，则对当代经济发展理论、特别是第一阶段的经济发展理论产生了较深的影响。后来的重农学派和亚当·斯密的学说也是在批判重商主义的基础上产生的。德国历史学派先驱者李斯特也宣称重商主义是他的思想泉源。

总之，我们认为，重商主义是经济学史中第一个开始含有经济增长理论的思想体系，15—17 世纪是经济发展思想史的上溯年代。

从学说史的角度看，我们认为，经济发展思想下迄本世纪 40 年代之末，具体地说，止于哈罗德—多马增长模式问世之前。从哈罗德—多马增长模式开始，经济发展问题的研究进入了一个崭新的阶

---

① 霍塞利茨(B. F. Hoselitz)等：《经济增长学说》，1963 年英文版，第 3-4 页。

段，西方经济学家以既有的经济理论为基础，联系发展中国家的发展实际，逐渐形成了一个新的经济学科——发展经济学。

第二次世界大战后的 40 年代，亚非拉美三洲广大地区的殖民地和附属国纷纷从政治上走向独立，在经济上各自选择不同的道路和方式谋求发展，在世界上出现了众多的发展中国家。无论从国内社会经济特点看，或是从所处的国际政治经济地位看，发展中国家既不同于现在的西方发达国家，也不同于往昔处于发展初期的资本主义国家。它们具有生产率和生活水平低下、人口负担沉重、劳动力大量不得其用、对农业和初级产品生产的高度依赖以及在国际关系中处于受支配、依附和脆弱地位等共同特点。共同的社会经济特点和国际环境决定了发展中国家在经济发展过程中必然面临着许多共同的问题，得到许多类似的经验和教训，如何从这些问题、经验和教训中找出规律性的东西，使复杂的现象得到纲举目张的解释，使政策措施得到理论的指导，是发展中国家提交给经济学界的任务。应当看到，曾经长期处于殖民地、附属国地位的发展中国家还有待于培养自己的经济学家。或者是由于"富国对人道主义的关心"，或者是由于"输出鼓励的利益和大国势力的角逐"，① 发达资本主义国家的经济学家首先激发了对当代经济发展问题的兴趣，而他们所凭借的理论框架和分析工具自然是不会不出于当时流行于西方的主流经济学。40 年代流行于西方的宏观经济学的主流派是凯恩斯主义。人们认识到，凯恩斯主义有其特定的历史社会背景，它是以消除现代资本主义经济周期波动为己任的，采用的是短期的、静态的分析。因此，凯恩斯主义不适用于谋求长期的、动态的经济发展的不发达国家。但是，在 40 年代之末，凯恩斯的门生、英国的哈罗德（R. Harrod）和美国的凯恩斯主义者多马（E. Domar）差不多在同一时候，根据凯恩斯的收入决定论或投资决定论的思想，推演出一种经济增长理论，人称哈罗德—多马模式。

---

① 见雷诺兹（L. G. Reynolds）：《经济发展的理论和现实》，1977 年英文版，第 34 页。

哈罗德—多马模式认为，按照凯恩斯的学说，为了维持某一时期的充分就业，必须以投资规模的扩大来提高有效需求，但是，从长期看，在一个时期足以维持充分就业的有效需求，将不足以保证下一时期的充分就业。因此，前一时期由于投资扩大而形成的生产能力，将在下一时期提供比前一时期较多的产出，因而为了维持下一时期的充分就业，就必须扩大投资以提高有效需求。这样，由于投资年复一年地扩大，产出将年复一年地增长，反过来，要产出年复一年地增长，投资必须年复一年地扩大。由此可见，尽管哈罗德—多马模式的理论基础是凯恩斯学说的核心——投资决定论或收入决定论，但它确实是凯恩斯学说的发展。凯恩斯学说关心的是短期的经济稳定问题，哈罗德—多马模式关心的是长期的经济增长问题。

哈罗德—多马模式表现了单一的稀缺要素——资本存量和视为单一的同质产出之间的动态关系，即一个时期的投资或资本形成是下一时期产出增长的泉源，投资创造了未来生产增长的能力，增长的生产能力反过来又促成产出或收入的增长，从而为进一步扩大资本形成开辟泉源。总之，哈罗德—多马模式的中心点是：资本的不断形成是经济持续增长的决定因素。

在当代发展经济学诞生和成长初期，哈罗德—多马模式受到了发展经济学家的普遍重视和赞扬。不少人认为这个模式与其说适合于发达的资本主义国家，不如说更适合于发展中国家。因为这个模式不仅消极地显示发展中国家经济的要害——资本的匮乏阻碍了经济的增长，更积极地指明，只要有持续的资本形成，就会有持续的经济增长。

从上述的论证，可以理解：在成批出现发展中国家的 40 年代末期，经济发展问题的研究成为普遍的客观需要，而在西方首先把正统经济学纳入经济发展研究轨道的是哈罗德—多马模式，把这一模式的建立看成是当代经济发展理论的起点是恰当的、有理由的，这体现了历史和逻辑的统一。也由于此，我们认为，在学说史中经济发展思想下迄本世纪 40 年代之末、即哈罗德—多马增长模式提出之前。

第四节　怎样对待 19 世纪中叶后近 100 年期间
的经济理论转向问题

西方发展经济学家中有人①认为，1850 年之后，关于经济增长问题的论证，从经济思想的主流中消失了 100 年之久。何以如此？所举的理由有三：

第一，在这一时期，唯一取得快速增长和发展的国家是日本，但还没有人从西方经济理论的框架中对日本经济的进步作出系统的研究。

第二，亚洲和非洲的大部分地区还是殖民地，谈不上经济增长和经济发展。拉丁美洲国家虽在政治上是独立的，但经济上却是西欧和美国的附庸，也谈不上经济增长和经济发展。

第三，西欧和北美一些资本主义国家经济已很发达，人们的注意力从增长和发展转向伴随"成功的经济"而出现的种种经济问题——周期波动、分配不均、市场垄断和市场失误以及这些国家之间贸易与货币关系的矛盾等等问题。

持上述意见的人又说，在西方经济学中经济发展理论失去势头的 100 年中，有两位西方经济学家有关发展问题的看法对当代发展经济学的影响是不小的。一是新古典学派的代表人物马歇尔。他提出了对经济发展过程的基本看法：发展是渐进的、演化的；发展是连续的、不中断的；发展是和谐的、无冲突的。另一是熊彼特。他提出创新促成发展的理论：经济发展是对既有的经济格局的一种突破，突破力量来自企业家的创新活动，创新活动开拓新的投资领域，创新活动间歇地出现，引起经济周期地波动，也促成经济发展。

根据上述的看法，持这种意见的人，把 1850 年至本世纪 40 年代之末的 100 年时期称为经济发展思想的"静态的插曲"或"静止的间

---

① 如 L. G. 雷诺兹等。

隙"（static interlude）。①"静止"一词看来有两重含义：一指经济发展问题的论证在西方经济思想的主流中基本消失；一指动态的发展理论转向为静态的资源配置和收入分配的理论。

我们认为，上述意见有一定道理，但是，有两点值得商榷。

其一，显然忽视了一个重要学派——德国历史学派的经济发展思想。德国历史学派对经济发展问题的研究在经济发展思想史中所占的重要地位已在本章第二节中有所论述。② 在撰写本书时，我们直接研读了有关历史学派的德文原著和在国内尚未见过的英文文献，在其中发现了极其丰富的经济发展思想，进一步证实了我们的看法是正确的。如前所述，马克思和列宁的理论中含有丰富的经济发展思想。此外，以倡导"边际生产力论"而著名的 J.B.克拉克，继马歇尔而起的剑桥学派主要代表人庇古、瑞典学派的威克塞尔、卡塞尔和俄林、凯恩斯及其门徒汉森，以及柯林·克拉克和库兹涅茨等人的著作中，我们也可以发现不少经济发展思想或有助于研究经济发展问题的观点和方法。对此，我们是不能视而不见的。

其二，把经济增长和经济发展问题同周期波动、资源配置、收入分配、价格决定等问题完全分割而无视于两者之间的关系。

应当承认，经济增长和经济发展方面的问题与周期波动、资源配置、收入分配以及价格决定等方面的问题，在性质上是有所不同的。经济增长和经济发展是宏观经济的长期或较长期的变动，在变动中，经济不断处于失衡状态。而周期波动是资本主义再生产过程中周期地出现的繁荣—危机—萧条—复苏的循环变动情况，这种情况 1825 年在英国开始出现，一个循环大约 8 至 12 年，第二次世界大战后，周期较前缩短。资源配置是可用资源的配置，收入分配是既定收入的分配，它们都体现一种均衡状态，它们都属于微观、静态经济的范畴。

---

① 上述意见见雷诺兹：《经济发展的理想与现实》，1977 年英文版，第33-34 页。

② 1989 年 5 月，笔者访问耶鲁大学经济增长中心时，曾就这一看法和 L. G. 雷诺兹教授讨论过，他对笔者的看法未持异议。

市场价格决定也是如此。自 19 世纪 70 年代以后，所谓的"边际革命"引入西方经济学之后，资源配置、收入分配、价格决定等问题当中，微调的、增量的边际分析向纵深发展，马歇尔进而加以系统化并奠定了微观经济学的基础。因此，从趋势和走向看，在 1850 年之后的一个世纪，西方经济学中长期的、宏观的、动态的非均衡分析的确有所减弱，而短期的、微观的、静态的均衡分析的确有所加强，看不见这一点是不对的。

但是，也应当注意到，随着经济增长和发展，收入分配将成为一个不能不受到重视的经济问题，当资源得到比较充分利用的时候，资源优化配置问题也势必成为经济研究的重要对象，而市场价格决定更和资源配置和收入分配有密切关系。因此，从侧重长期、宏观、动态的分析转而侧重短期、微观、静态的分析，从某种意义说，是经济理论自身的演变，也意味着对经济现象认识的深化和分析的深化。至于周期波动，虽然它是资本主义的固有产物，而且西方经济学家不是从资本主义的基本矛盾，而是从投资是否过多、消费需求是否不足或货币政策是否适当等方面去研究周期波动的成因和如何熨平的对策的，但是，如何保持经济稳定，如何使经济在稳定中求发展，对于非资本主义的现代经济而言，也是不能不受到重视的问题。因此，周期波动的研究也可以被看成是经济发展理论的组成部分。

不仅要注意到资源配置和收入分配是随着经济增长和发展而自然地要受到重视的问题，还要注意到，有效率的资源配置和合理的收入分配将积极地促进经济增长和发展。当代发展经济学先驱人物之一的明特(Hla Myint)对这一点阐释得很清楚。他说："从发展中国家的经验得到的基本的教训是，经济增长并不单纯决定于储蓄和可投资资源的供给，而且必定关键性地决定于如何生产地(productively)使用这些资源。配置效率是生产地使用资源的主要因素，更精确地说，如果我们关心的不是既定资源而是从不断增长的储蓄和资本积累源源而来的流动资源，那么，防止资源配置不当就特别重要。在这种情况下，资源配置的种种扭曲会通过它们的累积效应严重地抑制增长，因此，认为静态的资源配置问题对动态的、由资本积累而促进的增长问题并不重要的说法是错误的。"①

就市场机制而言，它通过价格决定而发挥着调节资源合理配置的作用。首先，市场根据不同消费者的支付意愿在他们之间分配消费品，在收入分配状况比较合理的前提下，这种分配从社会角度看是有效率的。其次，市场按照利润最大化原则在不同商品之间调配生产，这种调配从社会角度看也是有益的。第三，市场按照收入最大化原则在不同的用途中配置生产要素。第四，市场制约着可供使用的不同类型的劳动和资本设备的相对数量。第五，市场在各个生产要素，从而在各个人之间分配收入。这五个方面的作用被微观经济分析者看成是市场的基本功能。他们认为，由于具有这些功能，市场解决了稀缺资财(scarce means)在可供选择的目的之间如何配置的问题。

当然，上述的市场基本功能显然不是动态的功能而是静态的功能，但是，不能不承认，当市场机制在发挥这些功能的同时，也在为动态的经济增长提供刺激。一位发展经济学家用以下的叙述表达这一论点：

"通过市场可以获得货物，自然会刺激消费者去谋求增加收入的愿望。市场的进入为新产品和新技术的发明创造者提供机会，使他们从开发中获得利润。而且，市场还会对各种资本积累提供刺激，首先是对采取由训练而得到技能的形式的人力资本积累提供刺激，因为这些技能赚得较高的收入，其次是对物质资本积累提供刺激，因为物质资本也会赚得收入。总之，正常发挥作用的市场体系既会刺激经济效率又会刺激经济增长。"②

综上分析，我们认为，19世纪中叶以后，直至当代发展经济学产生之前，西方经济学说史中，长期的、动态的宏观经济分析并未消

① 迈耶(G. M. Meier)主编：《发展经济学的先驱》，第二辑，1987年英文版，第165页。着重点是引者所加。

② 约翰逊(Harry G. Johnson)：《作为发展工具的市场机制》，载迈耶(G. M. Meier)主编：《经济发展的主要问题》，1989年英文版，第517页。着重点是引者所加。

失，也并未为短期的、静态的微观分析所代替，同时，后一种经济分析也是前一种经济分析的补充。对这 100 年经济学说史演变的恰当评价应当是：第一，经济发展思想还在绵延不断，有马克思和列宁的经济发展思想，有德国历史学派的经济发展思想，有马歇尔的经济发展思想，有熊彼特的经济发展思想，等等。还有不少经济学家的学说虽与经济发展问题缺少直接联系，但他们的分析方法和分析工具却可以用来分析经济发展问题。第二，微观经济学的形成和演进，意味着经济发展理论向纵深发展，意味着经济发展理论的充实和完善。总之，我们写出的经济发展思想史，上溯重商主义时代，下迄哈罗德—多马增长模式出现之前，是一部连续的经济学说史，其间没有间歇，没有中断。

鉴于马克思、列宁和其他马克思主义者的经济发展思想有其特殊的历史地位，我们准备另写成册，本书定名为《西方经济发展思想史》。

第一章　重商主义和重农学派的 经济发展思想

第一节　重商主义

一、重商主义的历史背景

重商主义（Mercantilism）产生、流行于 15 世纪至 17 世纪中叶的西欧。当时的西欧处于封建社会的晚期，即封建制度瓦解和资本原始积累时期，各个国家都流行过重商主义的思想，推行过重商主义的政策，在其具体经验和理论总结上有各自的特点，但是基本观点和政策原则则是一致的，因此，亚当·斯密舍弃了它们各自的特点而把它们总称之为"重商主义"。

15 世纪至 17 世纪中叶的西欧，中央集权制民族国家建立起来，封建制自然经济解体，商品经济迅速发展，国内统一市场逐渐形成，地理大发现催生了世界市场。这样的社会经济环境要求人们对经济问题的思考突破奴隶主或封建主庄园的微观家庭经济管理的视野，转而注意国家和社会的宏观、动态的经济扩张。重商主义风行的国家是新兴的民族国家，这些国家与今日的发展中国家之间有很大的时间跨度，在社会经济性质和国际环境两个方面也有很大的差异，但它们在累积社会财富，加速经济增长，力图摆脱封建桎梏，发展商品经济，并由此而主张国家干预，加强幼年工业的保护以及减少失业等等方面的要求，则是相似的或相近的。

一些当代发展经济学家指出①，如果把重商主义时代的英国和现在的不发达国家相比较，可以看出它们有相似之处和相异之处。当时的英国和西欧各国的人均占有资源量多于现在的不发达国家、特别是人口众多的不发达国家，前者的人口增长也较慢，储蓄率也不低(据估计，荷兰为11%，法国为6%)。但国际贷款的重要性远不如今日，科学成果和技术的国际转移更少，当时西欧各国的失业和就业不足现象似乎比现在的不发达国家严重，而且存在着种种使劳动力难于现代化的障碍，诸如交通运输条件较差，地理上的流动性较低，统治阶级仍然维护着层次森严的社会结构而反对普及教育，工人阶级抱负不高而比较安于现状，教育设施非常落后，人们对教育是促进经济之本的认识很不够。当时的西欧国家在产业结构上差异很大，英国和荷兰从事农业的人数比当代一些不发达国家相对较少，但几个比较落后的欧洲国家从事农业的人数则相对较多。1688年，英国出口产品的价值约占国民收入的10%，出口产品全部是制造品，进口产品全部是初级产品。这些情况显然与当代不发达国家有很大差异。当代的不发达国家，即使收入很低，也比重商主义时代的欧洲较为重视教育和卫生，当代不发达国家的政府也较能创造政治经济环境并提供社会的和经济的分摊资本(social and economic overhead capital)以促进经济增长。

二、重商主义涉及经济增长问题的基本思想

重商主义者十分重视社会财富或国民财富的增长，但是他们的财富概念的内涵是极其狭隘的。在他们的心目中，货币成了社会财富的唯一代表。正如马克思所说，重商主义者"坚持交换价值的坚实的、可以捉摸的和闪闪发光的形式，坚持它同一切特殊商品对立的一般商品的形式。"②或如亚当·斯密所说，照重商主义者的看法"财富与货

① 参见霍塞利茨(B. F. Hoselitz)等：《经济增长学说》，1960年英文版，第50-51页。

② 《马克思恩格斯全集》，第13卷，人民出版社1956年版，第143页。

币，无论从哪一点看，都是同义语。"①

重商主义者把金银货币等同社会财富的观点，决定了他们对国内商业和国外贸易的看法。他们认为，国内商业既不能从国外带回金银货币，也不能把金银货币带出国外。国内商业的盛衰可以间接影响国外贸易的状况，但决不能使国家变得较为富裕或较为贫困。他们对国外贸易的重要性则十分强调，把它置于理论分析和政策建议的中心地位。照他们看来，对外贸易是社会财富的唯一泉源，只有保证在对外贸易中做到输出大于输入，即不断保持顺差，才能有更多的金银货币流入国内，从而才能不断地增加一国的社会财富，才能实现一国的经济增长。为了鼓励输出，实现贸易顺差，重商主义者主张国家必须实行保护政策，扶植本国的幼年工业，抵抗外国的竞争。

从根本上说，一国要保持大量的出超，必须不断地增加它的国内总产出，从而一方面可以提供更多的产品和劳务出口，一方面可以提供必需进口货物的替代品。而增加国内总产出，就必须更充分、更精良地利用一国的物质资源和人力资源，消除失业和就业不足，使原来闲置的土地、矿山和其他资源纳入正常使用的轨道并引进更有效率的生产方法。随着人口和劳动力的增加，国内生产总值和贸易顺差将在较长时期不断增长。

关于重商主义涉及经济增长问题的基本思想，现代瑞典著名经济学家赫克歇(E. F. Heckscher)用现代经济学的语言作了四点概括：

第一，重商主义者认识到，不存在着利息率会自动调节到适宜水平的自然趋势，利息率往往居高不下，而高利息率是社会财富增长的主要障碍。重商主义者甚至明白利息率决定于流动偏好和货币数量的道理，因此，他们非常重视金银货币数量的不断累积。

第二，重商主义者意识到货币数量不足造成物价低廉以及竞争过度造成贸易条件不利之害。

第三，重商主义者是"怕货"(fear of goods)思想的最早提出者。

———————

① 亚当·斯密：《国民财富的性质和原因的研究》(以下简称《国富论》)，下卷，商务印书馆1972年版，第2页。

重商主义者之所以极力主张外贸出超，就因为这样做可以"一箭双雕"，一方面可以减少引致失业的多余产品，另一方面可以增加引致利息率降低的货币数量。

第四，重商主义者强调国家权力的重要性，主张国家对经济的干预。①

三、重商主义理论上的缺陷

在当代发展经济学家看来②，从理论上说，重商主义是不完整、不深入的。重商主义者未能精确地界定生产率、资本、利息、货币等经济概念，未能明确地描述储蓄、投资、劳动分工、报酬递增、成本行为(behavior of costs)等经济过程，也未能阐明一些经济变量之间的重要的功能联系(如人口增长和它的决定因素之间的联系、人口增量与产出增量之间的联系等)。这些经济学家特别指出，重商主义在理论上有四个突出弱点：

第一，重商主义者不理解货币与生产要素投入生产时有不同的使用方法，从而看不见机会成本的存在，因此，就不免过分强调保护主义而忽视比较利益法则。造成这一弱点的原因可能是重商主义者认为当时存在着大量的失业和就业不足。

第二，高估了货币存量的增加对就业的刺激作用，因此就认为保持贸易顺差以增加货币量就可以调动资源。造成这一弱点的原因可能是重商主义者看不见当时经济存在的种种瓶颈和缺乏流动性的特点。

第三，强调了货币存量对投资的刺激，但忽视了国内消费的作用。

第四，认识了货币要素的功能，但低估了真实(real)要素的重要作用。

上述的种种缺点表明了重商主义理论的局限性。但是，作为由封

---

①　赫克歇：《重商主义》，1931年英文版，第122-225页。参见凯恩斯(J. M. Keynes)：《就业、利息和货币一般理论》，1964年英文版，第340-349页。

②　见霍塞利茨等：《经济增长学说》，1960年英文版，第53-54页。

建主义向资本主义迅速过渡时期的重要经济思想，重商主义把加速经济增长以促进经济发展置于理论分析和政策建议的中心地位，从经济发展思想史的角度看，这一点具有相当重要的意义。一个落后的封建性社会要向现代化奋进，不可避免地会遭遇种种障碍和困难，而只有坚持持续的经济增长和不断的经济进步，才能越过障碍和解决困难。正如霍塞利茨等在对重商主义的评论中一段话所说那样："如果一国经济在继续扩展之中，其结果将是，进步所付出的代价和为情况变化而作调整的负担将逐步减轻；不利的替代效应将为有益的扩张效应所吞没；个人或一国的得益将不会牺牲他人或他国的利益。"①

第二节　重农学派

一、重农学派的历史背景

重农学派是 18 世纪后半叶开始的二三十年间出现在法国的经济学派。当时的法国处在资产阶级革命的前夜，在这以前的 100 年间，由于封建剥削的加强和重商主义政策的推行造成法国农业极端衰落，国家财政极度困难。为了挽救财政经济危机，在法国出现了反对重商主义、提倡重视农业、发展农业的经济思潮。这一思潮的代表人物为魁奈（F. Quesnay）、杜尔哥（A. R. J. Turgot）等，总称为重农学派（Physiocrates）。

重农思潮出现时期的法国，经济上大大落后于同期的英国，工业中的资本主义成份虽已相当扩大，工场手工业虽已有一定规模，但在农业方面，除了北部地区有资本主义经营外，基本上仍是封建性农业。法国工商业是靠牺牲农民而发展起来的，而农业的凋敝反过来又阻碍了资本主义经济的发展。因此，重农学派的主旨是唤起在国民经济现代化过程中必须高度重视农业。可以说，重农学派认为，农业进步是经济发展之本。

---

① 霍塞利茨等：《经济增长学说》，1960 年英文版，第 37 页。

二、重农学派涉及经济增长问题的基本思想

重农学派透过流通过程，观察到生产过程是经济增长的泉源，还特别从物质形式去研究生产的增长过程。他们认为，经济增长的唯一真正泉源是农业，社会财富是从土地上生产出来的农产品，对外贸易不能产生社会财富，因为，在他们看来，对外贸易是以一种具有出售价值的产品去交换另一种价值相等的产品。重农学派非常重视资本形成，认为资本形成的来源是农业的"纯生产"。重农学派着重指出，农业部门的兴旺发达会自然而然地带来其他部门的优化发展，而农业部门的兴旺发达和随之而来的其他部门的优化发展，必须有一个先决的社会政治条件，那就是取消垄断、排除国家干预而倡导自由竞争。

从上述可以清楚地看到，在基本观点上，重农学派同重商主义是迥不相同的，而且可以说是完全对立的。以下就重农学派的论点，作进一步阐述：

第一，重农学派较为强调产品国内市场的重要性，更为重视人均实际收入的增长，并认为人口的过度增长会降低人均实际收入。

第二，批评任何形式的垄断，认为在竞争条件下，经济体系会形成包括农产品适宜价格在内的最佳的价格组合。这样的价格组合形成的价格机制可以协调个人和集体之间的经济利益，从而有助于经济增长。

第三，反对重商主义强调金银货币的重要性和必须不断增加货币数量的观点。在重农学派看来，金银货币不过是交换的媒介而不是实际的财富，金银货币的增加并不意味着实际的经济增长。

第四，认为象法国这样可以自给自足的大国不必太重视外部经济关系，但由于当时法国产品的需求不旺，重农学派又不仅主张国内的贸易自由还主张国外的贸易自由，特别赞成对农产品的出口不加任何限制，因为这样做将刺激农业并由此而促进国民经济的全面增长。重农学派不主张争取外贸顺差，其理由除了前述的买进货物和卖出货物在价值上相等以外，还因为在他们看来，金银货币的内外流动会引起相对价格的变动以致实际财富可能反而减少。

第五，非常重视先进农业生产技术的引进和传播，使每单位农业

产出的投入最小化。

第六，不同意重商主义那种认为人口增长即意味着社会财富增长的观点，重农学派认为，"只有在人和财富之间有着适当的均衡，才能获得财富并持续地获得财富。"①

第七，利用"经济表"模式，把生产过程表现为再生产过程，把流通表现为仅仅是这个再生产过程的一种形式，把货币流通表现为仅仅是资本流动的一个要素。"经济表"被重农学派用来阐明一个以大农场为经济基础的国家的农业发展和一般经济发展的必要条件或均衡条件，同时也指出如果这些条件变化将引起再生产过程规模的变化。在当代经济发展理论中有一个受到十分重视和普遍应用的投入—产出模式，它可以显示各个部门的产出和社会总产出，也可以显示影响经济发展的主要因素。人们认为，投入—产出模式从"经济表"中吸取了思想营养。

第八，提出了经济发展螺旋上升运动的观点。重农学派认为，来自农业的财富增殖可以保证人口的增长，而人口和财富的增长又促使农业发展，商业兴旺，工业扩大，从而社会财富不断地增殖。这种循环周流、螺旋向上、生生不息的经济增长和经济发展观点，是当代经济发展理论的一个重要思想泉源。

综上所述，可以看出，重农学派对国民财富性质的认识比重商主义者大大跨进了一步。重农学派透过金银货币闪闪发光的外壳而观察到国民财富的真正性质。他们认为，财富只能是物质，商品流通不可能生产任何物质，从而流通领域就不可能是财富的泉源，财富的生产只能来自生产领域。其次，重农学派提出的《经济表》是人们对再生产过程的第一次具有科学性的分析。在经济发展思想的演变过程中，这两点是重农学派的重大贡献。

但是，由于历史条件的限制，重农学派错误地认为，只有农产品才是财富，只有农业才是生产部门，只有从事农业生产的才是生产阶级，这种观点显然是很片面的。

---

① 《魁奈经济著作选集》，商务印书馆 1979 年版，第 363 页。

第二章　亚当·斯密的经济发展思想

为古典政治经济学奠基的威廉·配第(William Petty)和比埃尔·布阿吉尔贝尔(Pierre Boisguillebert)，都曾对经济增长和经济发展问题作过研究。例如配第认为，人口稀疏是贫困的真正原因，经济收益主要来自工业，分工会提高劳动生产率，从而促进生产力。配第还第一次对经济发展过程中，农业、工业和服务业比重的变化作了精辟的概括：随着工业先上升后又因服务业优势巨增而下降，农业在就业和国民产品中的相对重要性表现出下降趋势①。布阿吉尔贝尔断言，社会财富是农业中生产出来的农产品，财富的来源是农业生产。

但是，应当指出，在古典政治经济学家中，首先对经济增长问题作出全面系统分析的是亚当·斯密(Adam Smith 1723—1790)。其后，大卫·李嘉图(David Ricardo 1772—1823)从自己所处的社会经济环境出发，对经济增长问题作了考察，提出了有的和斯密相似、有的和斯密相异的看法。

本章先介绍亚当·斯密的经济发展思想，下章再介绍李嘉图的经济发展思想。

在经济学说史中，斯密无疑是把经济增长问题看作是进行分析的总题目的第一个人。一直到本世纪 40 年代末期，没有哪一个西方经济学家，像斯密那样，在一部经济学说巨著中始终以经济增长问题作为一条主线作出多方面的、相当深刻的分析。他的《国民财富的性质

①　这一概括得到了当代发展理论先驱人物之一的柯林·克拉克(Colin Clark)的肯定，被称为"配第—克拉克命题"(Petty-Clark Hypothesis)。参见《发展经济学的先驱》。经济科学出版社 1988 年版，第 70 页。

和原因的研究》(以下简称《国富论》)包含了几个侧面：社会哲学、经济史和政治经济学。在政治经济学部分，斯密从实行分工的交换经济的基本结构，一直分析到国家的经济职能和赋税准则。但是，正如书的标题所表明那样，问题的焦点始终是什么因素促成国民财富的增加或减少。

斯密关于经济增长问题的基本构思是这样的：经济增长是一个宏观问题，它表现在社会财富或国民财富的增长上，因此，国民财富的性质和来源必须得到说明；国民财富的增长决定于两个条件，即劳动生产率和从事生产劳动的人数，而影响劳动生产率的是分工，从事生产劳动的人数多寡则和人口的增减有关，更取决于资本的丰欠，因此，人口、分工和资本积累等问题必须得到分析；国民财富的增长，在一个封闭的社会里，要受到本国资源和技术条件的限制，通过对外贸易则可以突破这种限制而利用外部条件促进增长，因此，研究经济增长问题必然涉及对外贸易问题；经济增长既然是一个宏观问题，它与国家的决策就必然密切相关，因此，研究经济增长问题就应当研究经济政策；经济增长是一个长期的过程，从长期看，一国的经济增长可能有多种前景，因此，不仅要注意经济增长的现状，还应当研究其未来。

可见，斯密的经济增长理论涉及几个方面的问题：国民财富的性质、人口变动、资本积累、对外贸易、经济政策和经济增长前景。现分述如下。

第一节　国民财富的性质

斯密对国民财富的性质作了细致的研究，提出了既不同于重商主义又不同于重农学派的看法。

重商主义者把货币看成财富的唯一形态，并由此出发，认为除了开采金银矿藏之外，只有对外贸易才是货币财富的真正泉源，国内商业虽然有益，但不能增加国内的货币量，从而不能增加国民财富，而且对外贸易中还必须遵循多卖少买、多收入少支出以便取得货币的净流入的原则，为此，政府应当干预对外贸易。

针对上述重商主义的看法，斯密提出了多方面的质疑。

首先，斯密指出，财富由货币或金银构成这一见解之所以形成，不过是因为货币具有双重作用：货币是交易的媒介，又是价值的尺度。由于它是交易的媒介，所以人们"总是觉得，获取货币是一件要事。只要有货币，以后随便购买什么，都没有困难。"①由于它又是价值的尺度，所以人们"使用各种商品所能换得的货币量，来估计其他各种商品的价值。"②于是，人们就认为"财富与货币，无论从哪一点看来，都是同义语。"③但是，在一个社会里，如果作为交易媒介和价值尺度的东西并非货币或金银，人们会不会视货币或金银为财富呢？斯密的答复是否定的。他说："鞑靼人和其他一切畜牧民族，大都不知道货币的用处；在他们中间，牲畜便是交易的媒介，便是价值的尺度，所以在他们看来，财富是由牲畜构成，正如在西班牙人看来，财富是由金银构成一样。在这两种看法中，鞑靼人的看法也许是最接近于真理。"④

其次，斯密认为，无论是早期重商主义者所鼓吹的必须把货币贮藏在国内，从而要禁止货币外流的主张，或者是后期重商主义者所提出的必须保持输出超过输入、从而保证有更多的货币流回本国的论点，都是值得怀疑的。早期重商主义者的谬误，已由后期重商主义者作了评论。后期重商主义者说，禁令并不能阻止金银输出，因为金银价值大体积小，极容易向外走私。在出现外贸逆差的情况下，如果禁止金银输出，不但不能阻止金银输出，而且将使金银输出加多一层危险，从而使金银输出加多一层费用。也就是说，在这种禁令下，汇兑将更不利于有逆差的国家，而汇兑愈是不利于一个国家，贸易逆差也必然愈是不利于这个国家。他们还说，为购买外国货物而输出金银，

①　亚当·斯密：《国富论》下卷，商务印书馆 1972 年版，第 1-2 页。
②　亚当·斯密：《国富论》下卷，商务印书馆 1972 年版，第 2 页。
③　亚当·斯密：《国富论》下卷，商务印书馆 1972 年版，第 2 页。
④　亚当·斯密：《国富论》下卷，商务印书馆 1972 年版，第 2 页。

未必会减少国内的金银量，反之，还往往增加国内的金银量，因为，如果外货消费额并不因此而在国内增加，那些货物就可再输出国外，以高利润在那里售出，从而带回来的财宝也许比原来为购买货物而输出的金银多得多。后期重商主义的代表人物托马斯·孟（Thomas Mun）把这种国外贸易的作用同农业的播种期和收获期相比较。斯密认为，后期重商主义者这些看法也并非完全正确。他说："以上的议论有一部分是有理由的，有一部分却是强辞夺理的。认为在私人觉得金银输出有利时，禁令不能防止金银输出的议论，也是正确的。但他们如下的议论却是强辞夺理，即：要保持或增加本国的金银量，比要保持或增加本国其他有用商品的数量，需要政府更大的决心；自由贸易能确保这些商品的适量供应，毋需政府给予那样的关心。他们又说，汇兑的高价必然加剧他们所谓的贸易差额的不利程度，或导致更多的金银输出，这样的说法也是强辞夺理。"①因为，"汇兑的高价，也自然会使商人努力平衡他们的输出和输入，使他们尽量缩小他们的支付额。此外，汇兑的高价必定会产生类似课税的作用，因为它增高外货的价格，从而减少外货的消费。所以汇兑的高价不致增加他们所谓的贸易逆差额，而只会减少金银的输出。"②

最后，斯密认为，重商主义之所以错误，根本原因是它不能认识一国的真正财富是一国的"资力"。他说："一个有资力购买金银的国家，如果在任何时候缺乏金银，要想法补足，那就比补足其他任何商品的缺乏都更方便。如果制造业的原料不足，工业必将陷于停顿。如果食粮不足，人民必将为饥饿所苦。……无论从哪一方面说，任何一个国家的政府对于保持或增加国内货币量的关心，都是不必要的。"③斯密还说，"没有葡萄园的国家，须从外国取得葡萄酒；同样，没有矿山的国家也无疑地必须从外国取得金银。然而，政府似乎不必更多

---

① 斯密：《国富论》，商务印书馆 1972 年版，下卷，第 5-6 页。

② 斯密：《国富论》，商务印书馆 1972 年版，下卷，第 5-6 页。

③ 斯密：《国富论》，商务印书馆 1972 年版，下卷，第 9 页。着重点是引者加的。"资力"的原文为"wherewithal"，此辞在现代英语中相当于·resources"。

注意某一物品而更少注意另一物品。一个有资力购买葡萄酒的国家，总会获得它所需要的葡萄酒；一个有资力购买金银的国家，决不会缺少那些金属。"①

重农学派与重商主义者相反，他们断言从事工商业的劳动是不生产的，而只有农业劳动才是生产的。对此，斯密也提出了批评。他说，"这种学说最大的谬误，似乎在于把工匠、制造业工人和商人看做全无生产或完全不生产的阶级。"②斯密列举了五点，说明这种观点的不正确。

第一，重农学派也承认工匠等"这一阶级每年再生产他们自身每年消费的价值，至少是延续了雇用他们和维持他们的那种资财或资本的存在。单就这一点说，把无生产或不生产的名称加在他们头上，似乎很不恰当。"③即使说，农业劳动者生产更多，也不能说，"一个阶级的更多的生产，决不能使其他阶级成为无生产的或不生产的。"④

第二，无论怎样说，把工匠、制造业工人与商人，和家仆一样看待，似乎是完全不适当的。家仆的劳动不能延续雇用他们和维持他们的基金的存在。他们的维持与雇用，全由主人出费用；他们所做的工作，在性质上并没有偿还这种费用的可能，他们的工作，多半是随生随灭的事务，不固定也不实现在任何可卖商品上，以补偿他们的工资和维持费的价值。与之相反，工匠、制造业工人和商人的劳动，却自然而然地固定在并实现在可卖商品上。

第三，重农学派认为工匠、制造业工人与商人的消费，等于他们所生产的价值，这无异说，他们的收入，或指定供他们消费的基金，等于他们所生产的价值，但是，无论如何，"这一阶级从这个收入节省下来的东西，必会多少增加社会的真实财富。"⑤"无论根据何种假

---

① 斯密：《国富论》，商务印书馆1972年版，下卷，第7页。着重点是引者加的。
② 斯密：《国富论》，商务印书馆1972年版，下卷，第241页。
③ 斯密：《国富论》，商务印书馆1972年版，下卷，第241页。
④ 斯密：《国富论》，商务印书馆1972年版，下卷，第241页。
⑤ 斯密：《国富论》，商务印书馆1972年版，下卷，第242-243页。

设，说工匠、制造业工人和商人的劳动，不增加社会的真实收入，都似乎是不妥当的。"①

第四，任何社会实际雇用劳动量的增加，必完全取决于雇用劳动的资本的增加，而这种资本的增加，又必然恰好等于收入（资本管理人的收入或资本出借人的收入）的节省额。如果工匠、制造业工人和商人，真如重农学派所设想那样，自然而然地比地主和耕作者更有节俭储蓄的倾向，那末他们也就更能够增加本社会所雇佣的有用的劳动量，因而更能够增加本社会的真实收入即土地和劳动的年产物。"②反之，"农业家及农村劳动者，如果不节俭，就不能增加社会的真实收入即其土地和劳动的年产物，这和工匠、制造业工人及商人是一样的。"③

第五，即使如重农学派所设想那样，一国居民的收入，全由居民劳动所能获得的生活资料构成，在其他一切条件都相等的场合，工商业国的收入，也必比无工业或无商业收入大得多。一国通过商业和工业每年能从外国输入的生活资料量，就比其土地在现有状态下所提供的多。

必须指出，和对重商主义的态度不同，斯密对重农学派关于国民财富性质的看法，虽作了种种批评，但也有所肯定。他说，重农学派的学说"虽有许多缺点，但在政治经济学这个题目下发表的许多学说中，要以这一学说最接近于真理。……这一学说把投在土地上的劳动，看做唯一生产劳动性劳动，这方面的见解，未免失之偏狭；但这一学说认为国民财富非由不可消费的货币财富构成，而由社会劳动每年的再生产的可消费的货物构成，并认为，完全自由是使这种每年再生产能以最大程度增进的唯一有效方法，这种说法无论从哪一点说，都是公正而又无偏见的。"④

① 斯密：《国富论》，商务印书馆 1972 年版，下卷，第 242 页。
② 斯密：《国富论》，商务印书馆 1972 年版，上卷，第 245 页。
③ 斯密：《国富论》，商务印书馆 1972 年版，上卷，第 245 页。
④ 斯密：《国富论》，商务印书馆 1972 年版，下卷，第 244-245 页。

斯密在批评重商主义和重农学派关于国民财富性质的论证中，划分了两种性质不同的劳动——生产劳动和非生产劳动——的界限。他一方面认为，生产物质产品的劳动是生产劳动，而不生产物质产品的劳动是非生产劳动，另一方面又认为，生产利润并直接与资本相交换的劳动是生产劳动，而直接和收入相交换的劳动是非生产劳动。尽管这两种界定在他的学说中总是交错存在而又彼此矛盾，但可以看出，斯密的劳动观和价值论是和他对国民财富性质的看法相一致的。

斯密在批评重商主义和重农学派的基础上，以几种表达方式，提出了他自己对体现经济增长的国民财富的性质的看法。他说："国民财富就是本国劳动的直接产物，或是用这类产物从外国购进来的物品。"[1]"除了土地天然产生的物品，一切年产物都是生产性劳动的结果。"[2]"人民财富的增加，即劳动年产物的增加。"[3]他还说："一个大国全体居民的收入，包含他们土地和劳动的全部年产物。在总收入中减去维持固定资本和流动资本的费用，其余留供居民自由使用的便是纯收入……国民真实财富的大小，不取决于其总收入的大小，而取决于其纯收入的大小。"[4]他还说过，国民财富即"构成一国全部劳动年产物的一切商品"。

由上引的几种表述，可以看出斯密的国民财富含有几层意思：

（1）一国生产性劳动的产物；

（2）一国年产物减去维持资本的费用后的纯收入；

（3）一国年产的商品总量。

虽然，含有这几层意义的国民财富，都是总量概念。斯密还进一步提出区别于总量的按人平均值的概念，他说，"这类产物或用这类产物从外国购进来的物品，对消费者人数，或是有着大的比例，或是有着小的比例，所以一国国民所需要的一切必需品和便利品供给情况

---

[1] 斯密：《国富论》，商务印书馆 1972 年版，上卷，第 1 页。

[2] 斯密：《国富论》，商务印书馆 1972 年版，上卷，第 305 页。

[3] 斯密：《国富论》，商务印书馆 1972 年版，上卷，第 181 页。

[4] 斯密：《国富论》，商务印书馆 1972 年版，下卷，第 262 页。

的好坏，视这一比例的大小而定。"①斯密还进一步分析了影响这一按人平均值的两个因素。他说，"无论就哪一国民说，这一比例都要受下述两种情况的支配：第一，一般地说，这一国民运用劳动，是怎样熟练，怎样技巧，怎样有判断力；第二，从事有用劳动的人数和不从事有用劳动的人数，究成什么比例。"②

由上可见，斯密所谓的"国民财富"明显地具有现代经济学通用的"国民生产总值"或"国民收入"的涵义。而且，在经济学说史中，斯密最先提出了区别于总量生产概念的按人平均生产概念。

第二节　人口变动与经济增长

斯密认为，国民财富的增长决定于两个条件：劳动生产率的高低和从事劳动人数的多寡。劳动者人数的增加和劳动生产率的提高，都会促进经济增长、即国民财富的增长。显然，这两个条件都涉及人口的变动——人口数量的变动和人口质量的变动。

人口数量的增加会引起劳动者数量的增加，从而会引起经济增长，这一道理是自明的。值得注意的是，斯密认为，即使在生产技术不变的情况下，劳动者的人数增加，特别在一个劳动现场中人数高度密集，必将引起分工，而分工将大大提高劳动生产率。斯密根据他当时观察到的工场手工业的情况，发现"不重要制造业的分工，实际上并不比重要制造业的分工更为周密"。③ 因为，目的在于供给少数人小量需要的不重要的制造业，虽然所雇用的劳动者总人数不如重要制造业所雇用的劳动者总人数那样多，但是在不重要制造业中，从事各部门劳动的工人，一般可集合在同一工厂内，使人们一览无余，看出劳动分工的好处，在《国富论》中，斯密就曾以给人印象很深的扣针制造业为例，说明了分工使劳动生产率可以提高4800倍。他说，"劳

① 斯密：《国富论》，商务印书馆1972年版，上卷，第1页。
② 斯密：《国富论》，商务印书馆1972年版，上卷，第1页。
③ 斯密：《国富论》，商务印书馆1972年版，上卷，第5页。

动生产力最大的增进，以及运用劳动时间所表现的更大的熟练、技巧和判断力，似乎都是分工的结果。"

分工为什么会大大促进劳动生产率的提高呢？或者说，为什么有了分工，同数劳动者就能完成比过去多得多的工作量呢？斯密对这个问题作了进一步分析。他认为原因有三："第一，劳动者的技巧因专业而日进；第二，由一种工作转到另一种工作，通常须损失不少时间，有了分工，就可以免除这种损失；第三，许多简化劳动和缩减劳动的机械的发明，使一个人能够做许多人的工作。"[1]

人口的增长会促进国民财富的增长，其论证已如上述。国民财富的增长对人口又有何影响？对这个问题，斯密从两方面作了回答。

一方面，斯密指出，国民财富的增长会促进人口的增长，在最繁荣、最快变得富裕的国家，情况必然如此。在斯密看来，国民财富的增加，表现在收入和资本的增加上，而一国收入和资本的增加，必然会提高对工资劳动者的需求；然而，使劳动工资增高的，不是庞大的现有的国民财富，而是不断增加的国民财富。因此最高的劳动工资不在最富的国家出现，而却在最繁荣、即最快变得富裕的国家出现。斯密认为，当时的北美就出现这种情况。比起英格兰来，北美虽没有那样富裕，但较为繁荣，并以大得多的速度增加财富。这就使北美对劳动者的需求增加和维持劳动者资金的增加，比劳动力的供给的增加要快得多，从而促进了人口的自然增长。

另一方面，斯密又指出，一国财富的水平和财富的增长速度，会给人口的发展规定一个限度。"各种动物的增殖，自和其生活资料成比例。没有一种动物的增殖，能超过这个比例。"[2]作为动物之一的人类，似乎也不能例外。国民财富的增加，使劳动需求增加。劳动需求的增加，在劳动供给未变的条件下，使工资上升，劳动报酬提高。而劳动报酬提高，将鼓励人们结婚和养育儿女，从而将增加劳动供给。如果劳动需求继续超过劳动供给，劳动报酬将继续提高，从而将促使

---

① 斯密：《国富论》，商务印书馆 1972 年版，上卷，第 8 页。
② 斯密：《国富论》，商务印书馆 1972 年版，上卷，第 64 页。

人口继续增加；如果劳动供给超过劳动需求，劳动报酬将趋于下降，从而人口的增加将受到抑制。如斯密所说，"如果劳动需求继续增加，劳动报酬必然鼓励劳动者结婚和增殖，使他们能够不断增加人口，来供给不断增加的劳动需求。什么时候，要是劳动报酬不够鼓励人口增殖，劳动者的过多不久就使劳动的报酬减到其应有的程度。在前一场合，市场上的劳动供给如此不足，在后一场合，市场上的劳动供给又如此过剩，结果都迫使劳动价格，不久又回到社会所需要有的适当限度。因此，像对其他商品的需求必然支配其他商品的生产一样，对人口的需求也必然支配人口的生产，生产过于迟缓，则加以促进；生产过于迅速，则加以抑制。"①

斯密在论证人口变动影响国民财富增长时，不仅注意到人口的数量，也注意到人口的质量，也注意到教育对开发智力、提高人口质量的作用。他认为，一般人民所受教育愈多，愈不受狂热和迷信的迷惑，愈可以提高精神文明，更有礼节，更守秩序，更有利于"国泰民安"，从而为国民财富的增长提供更好的环境。斯密特别重视普通教育的效果，他说，"无论在何种文明社会，普通人民虽不能受到有身份有财产者那样好的教育，但教育中最重要的几部分如诵读、书写及算术，他们却是能够在早年习得的；就是说，在这个期间，就是预备从事最低贱职业的人，也大部分在从事职业以前，习得这几门功课。因此，国家只要以极少的费用，就几乎能够便利全体人民，鼓励全体人民，强制全体人民使获得这最基本的教育。"②斯密主张，为了普及初等教育，国家应该收费低廉，务使一个普通劳动者也能负担得起，这样，人民就容易获得基本教育。他还主张，应当对人民必受初等教育作出强制性的规定，他根据英国当时的情况，建议"国家如果规定，在取得加入某种同业组合权利以前，或在有资格在自治村落或自治都市中经营某种职业以前，一切人都得受国家的考试或检定，那

---

① 斯密：《国富论》，商务印书馆 1972 年版，上卷，第 73-74 页。
② 斯密：《国富论》，商务印书馆 1972 年版，下卷，第 341 页。

末，国家就几乎能强制全体人民必须求得这最基本部分的教育。"①

斯密不仅从有利于经济增长的角度，十分重视职前的普及初等教育，还特别强调职后教育的特殊意义，他认为由于分工越来越细，人们将在变得越单调的劳作中，消磨自己的智力，而这是有害于国民财富增长的。为了防止这种弊端，就应当加强职后教育，使劳动者思考如何寻找机会来发挥智力或运用发明才能以解决工作中的困难并提出如何改进工作的建议。

第三节　资本积累与经济增长

如果说，斯密论证人口增长对劳动数量和劳动生产率的影响时，还只是着眼于经济的自然增长，那末，他还进一步从经济增长必须伴随着各个生产要素的适当配合的思想出发，分析了资本积累的增加对劳动数量增加和劳动生产率提高所起的作用。在这方面，斯密提出了以下的论点。

首先，照斯密看来，交换引起了分工，而交换的实现，仰赖于在各个地方储有各色各样的货物，足以维持生产者的生活，并提供原材料和工具供其使用。"例如织匠在织物尚未作成，尚未卖掉以前，要不是在自己手中或他人手中有所蓄积，足以维持他的生活，并给他提供材料和工具，他就织不出任何东西。很明显，这种储蓄非在他开始从事这项职业很久以前完成不可。"②

其次，斯密认为，从事物的本性看，资财的蓄积，也必须在分工之前。预蓄的资财越丰裕，分工就能按比例地越细密，而分工越细密，同一数量工人所能加工的材料，就能按更大的比例增加。而每个工人所担任的操作，既渐趋简单，便有各种新机械发明使操作更为简便迅速。于是，随着分工的进步，如果工人数目不变，尽管必须预先

---

① 斯密：《国富论》，商务印书馆 1972 年版，下卷，第 342 页。

② 斯密：《国富论》，商务印书馆 1972 年版，上卷，第 252 页。着重点是引者加的。

储有的食物供应，和分工没有这样进步时相同，但必须预先储有的材料和工具，却要比分工没有这样进步时更多。而事实上，一种行业分工越是细密，它的工人数目往往越是增加，工人数目越是增加，就需要越多的资财相配合。

最后，斯密认为，生产技术得以进步，也必须预先有充分的资本积累。他说，"要这样大大改进劳动生产力，预蓄资财是绝对必要的。而这种蓄积，亦自然会导致这种改进。投资雇佣劳动的人，自然希望投资方法能够尽量产生最大量的产品。所以，对工人职务的分配，必努力期其适当；在能够发明或购买的限度内，他所备置的机械，必努力期其精良，但在这两方面，他的能力怎样，往往要看他能有多少资财，看他能雇多少工人。"①

总之，斯密十分重视资本积累对促进经济增长的作用。在《国富论》中最有影响的一章(第二篇的第三章:《论资本积累并论生产性和非生产性劳动》)里，斯密对资本积累和经济增长之间的关系，作了极其明确的表述:"增加一国土地和劳动的年产物的价值，只有两个方法，一为增加生产性劳动者的数目，一为增进受雇劳动者的生产力。很明显，要增加生产性劳动者的数目，必须增加资本，增加维持生产性劳动者的基金。要增加同数受雇劳动者的生产力，唯有增加那便利劳动、缩减劳动的机械和工具，或者把它们改良。不然，就是使工作分配，更为适当。但无论怎样，都有增加资本的必要。要改良机器，少不了增加资本；要改良工作的分配，亦少不了资本。"②在另一个篇章中，斯密又强调地说，"社会全部的产业决不能超过社会资本所能维持的限度。任何个人所能雇用的工人人数必定和他的资本成某种比例，同样地，大社会的一切成员所能继续雇用的工人人数，也一定同那社会的全部资本成某种比例，决不会超过这个比例。"③斯密强

---

① 斯密:《国富论》，商务印书馆 1972 年版，上卷，第 253 页。

② 斯密:《国富论》，商务印书馆 1972 年版，上卷，第 316-317 页。着重点是引者加的。

③ 斯密:《国富论》，商务印书馆 1972 年版，下卷，第 24-25 页。

调资本积累对促进经济增长的作用的思想，对当代经济发展理论如"贫困恶性循环"理论、"低水平均衡陷阱"理论、哈罗德—多马模式等，产生了重大的影响。

斯密从他所处的社会条件出发认为，社会的真正储蓄者是农业部门和非农业部门的资本家，而储蓄率的高低决定于收入中的利润份额和利润分解为储蓄与消费的比例。我们知道，通过利润的再投资而得到资本积累并由此而扩大生产规模正是当代著名发展经济学家刘易斯（A. W. Lewis）的"无限剩余劳动供给"发展模式的基本论点，据刘易斯自称，他的这个论点是斯密思想的"再生和发展"。

在资本同经济增长的关系上，斯密在着重说明资本积累的重要性之外，还提到资本配置。他在《国富论》第 3 篇的第 1 章《论财富的自然发展》中详细地分析了这一问题。在分析中，斯密没有也不可能使用边际概念，只是从绝对意义来比较在不同部门间资本分布的有利或不利的情况。他认为，应当首先把资本倾注到最有利的部门，一直到"注满"为止，然后资本溢出，注入到次有利的部门，又一直到"注满"为止，如此次第配置下去。斯密对部门次序的排列基于一单位资本所雇用的劳动。最优的部门具有最高的劳动—资本比例、或最高的产出—资本比例（假定部门间不存在单位劳动的产出差异）。最能促进产出增加的资本配置，也就是最能促进资本积累的资本配置。根据这种观点，最佳的部门是农业，其次是制造业（在斯密时代，制造业差不多完全是手工生产，具有较高的劳动—资本比例），而相对于使用的资本量来说只雇用较少劳动的批发商业和零售商业的益处最小。斯密相信，这种基于社会利益的部门分级是与私人利益一致的，只要政府不作不明智的干涉，资本将由"看不见的手"的引导，得到次序恰当的配置；有利于资本积累从而有利于经济增长。随着资本积累的增加，需要配置更多的劳动。这些劳动从何处而来？尽管斯密时代的城乡都存在着剩余劳动，斯密的理论体系中却没有"剩余劳动"的概念，如前所述，他把人口增长看作是添加劳动的主要泉源。

第四节　国外贸易与经济增长

斯密认为，国外贸易的出发点是从事贸易两方的国家在某些特定商品的生产上各自占有绝对的优势。他说，"在某些特定商品的生产上，某一国占有那么大的自然优势，以致全世界都认为，跟这种优势做斗争是枉然的。……至于一国比另一国优越的地位是固有的，或是后来获得的，在这方面，无关重要。只要甲国有些优势，乙国无此优势，乙国向甲国购买，总是比自己制造有利。"①

斯密是从三点来分析国外贸易何以有利于国民财富的增长和国民经济的发展的：

第一，斯密从分工原理推论出：正如国内各个生产部门内部和外部之间存在着专业分工、而分工的发展能提高劳动生产力一样，国际上不同国家和地区之间也存在着专业分工，这种国际分工通过自由贸易也能促进各国劳动生产力的发展，从而有利于经济增长。他说，"国内市场的狭隘性并不妨碍任何工艺或制造业部门的分工发展到十分完善的程度"。②

第二，在斯密看来，对外贸易可以使一国的剩余产品实现其价值，从而鼓励人们去改进劳动生产力，努力增加其产量，使国民财富和收入都有所增长。他说，"经营国外贸易的任何地方之间，毫不例外地都可以从中得到两种不同的利益。那就是，输出他们所不需要的土地和劳动年产物的剩余部分，换回他们所需要的其他物品。通过以剩余物品换回其他物品来满足他们一部分的需要并增加他们的享受，这种贸易使剩余产品有了价值。"③他还说，"由于给国内消费不了的那一部分劳动成果开拓了一个比较广阔的市场，这就可以鼓励他们去改进劳动生产力，竭力增加他们的年产物，从而增加社会的真实财富

---

① 斯密：《国富论》，商务印书馆1972年版，下卷，第29-30页。
② 斯密：《国富论》，商务印书馆1972年版，下卷，第19页。
③ 斯密：《国富论》，商务印书馆1972年版，下卷，第19页。

与收入。对于彼此进行对外贸易的所有不同的国家，对外贸易都不断地从事完成这些伟大的重要的工作。"①

第三，斯密指出，国外贸易不仅促进生产，还增进消费者的利益，从而有利于国民经济的增长和发展。他是在评论重商主义时提出这一论点的。在他看来，有一个自明的原理：消费是一切生产的唯一目的，生产者的利益，只在能促进消费者的利益时，才应当加以注意。而在重商主义看来，消费者的利益，几乎都应当为生产者的利益而牺牲。重商主义者似乎不把消费看作一切工商业的终极目的，而把生产看作工商业的终极目的。重商主义者在对外贸易中单纯强调保护政策和力争出超，其思想基础即在此。斯密批评说，"对于凡能与本国产物和制造品竞争的一切外国商品，在输入时加以限制，就显然是为看生产者的利益而牺牲国内消费者的利益了。为了前者的利益，后者不得不支付此种独占所增加的价格。"②

基于上述的认识，斯密成为贸易自由的热心鼓吹者和贸易限制的坚定反对者。他在《国富论》中，曾就重商主义限制贸易的种种措施，逐条地加以批驳，如限制输入的高额关税和绝对禁止输入两种方法，如鼓励输出的退税，发奖金，订通商条约和建立殖民地等四种方法，斯密都作了细致分析，指出了它们有害于国民经济增长和发展的种种弊端。

第五节　经济政策与经济增长

"自由放任"是斯密所主张的经济政策的基本原则。斯密认为，要增加一个国家的财富，最好的经济政策，就是给人们的经济活动以完全的、充分的自由。

斯密的上述政策建议，无疑地植根于他的分工思想。在他看来，

① 斯密：《国富论》，商务印书馆1972年版，下卷，第19页。着重点是引者加的。

② 斯密：《国富论》，商务印书馆1972年版，下卷，第227页。

作为"人类所特有"的交换倾向而引起的专业分工,只要社会政治修明,政府不妄干预,就会大大促进生产,加速经济增长,并造成普及最低层人民的那种普遍富裕的状况。他说,"各劳动者,除自身所需要的以外,还有大量产物可以出卖;同时,因为一切其他劳动者的处境相同,各个人都能以自身生产的大量产物,换得其他劳动者生产的大量产物,换言之,都能换得其他劳动者大量产物的价格。别人所需的物品,他能予以充分供给;他自身所需的,别人亦能予以充分供给。于是,社会各阶级普遍富裕。"①

斯密所主张的自由放任政策,还有一个理论基础:个人支配的资本,只要政府不加干涉,就可以找到最有利的用途,从而就整个社会而言,资本也会得到最合理的配置。因为,在斯密看来,任何社会产业量的增加,决不可能超过其资本所能维持的限度,这一事实,任何法令规章也决不可能改变。它们"只能使本来不纳入某一方向的一部分产业转到这个方向来。至于这个人为的方向是否比自然的方向更有利于社会,却不能确定。"②其次,在资本量有限的条件下,各个人必然不断地努力为他自己所能支配的资本找到最有利的用途。尽管他所考虑的不是社会的利益,而是他自身的利益,但是他对自身利益的考虑自然会或者毋宁说必然会引导他选定最有利于社会的用途。而且,关于可以把资本用在哪一类产业上才能使生产物获得最大价值这一问题,斯密认为只有个人才能作出最好的解决。他说,在这个问题上面,"每一个人处在他当地的地位,显然能判断得比政治家或立法家好得多。如果政治家企图指导私人应如何运用他们的资本,那不仅是自寻烦恼地去注意的问题,而且是僭取一种不能放心地委托给任何人,也不能放心地委之于任何委员会或参议员的权力。把这种权力交给一个大言不惭地、荒唐地自认为有资格行使的人,是再危险也没有了。"③而且,斯密还把这种听从个人安排、资源就会得到最合理配置

---

① 斯密:《国富论》,商务印书馆 1972 年版,上卷,第 11 页。
② 斯密:《国富论》,商务印书馆 1972 年版,上卷,第 26 页。
③ 斯密:《国富论》,商务印书馆 1972 年版,下卷,第 27-28 页。

的思想，由资本扩展到劳动。他说，"社会的劳动，只能随社会资本的增加而比例增加；社会资本增加多少，又只能看社会能在社会中逐渐节省多少。……管制的直接结果，是减少社会的收入，凡是减少社会收入的措施，一定不会迅速地增加社会的资本；要是听任资本和劳动寻找自然的用途，社会的资本自会迅速地增加。"①

第六节　经济增长的前景

如前所述，斯密认为，国民财富的增长，决定于劳动生产率的提高和劳动者人数的扩大，他由此又分析了资本积累和人口变动对国民财富增长所起的作用。

在这些认识的基础上，斯密进一步提出了以下一些的论点：

（1）对工资劳动者的需求，必定随着一国收入和资本的增加而增加。如果收入和资本没有增加，对工资劳动者的需求就决不会增加，而收入和资本的增加，也就是国民财富的增加，因此，如果国民财富不增加，对工资劳动者的需求就决不会增加。然而，使劳动工资提高，不是庞大的现有财富，而是不断增加的国民财富。因此，最高的劳动工资不在最富的国家出现，而在最繁荣、即最快变得富裕的国家出现。

（2）和劳动工资的增减一样，资本利润的增减，也取决于国民财富的增减，但是，财富的状况对两者的影响却大不相同。资本的增加，提高了工资，却会减少利润。因为，"在同一行业中，如有许多富商投下了资本，他们的相互竞争，自然倾向于减低这一行业的利润；同一社会各种行业的资本，如果都同样增加了，那末同样的竞争必对所有行业产生同样的结果。"②

---

①　斯密：《国富论》，商务印书馆 1972 年版，下卷，第 29 页。着重点是引者加的。

②　斯密：《国富论》，商务印书馆 1972 年版，上卷，第 80-81 页。着重点是引者加的。

(3)如果尽管一国还很富有，但国民财富增长的速度减缓甚至停滞，那末，"指定用来支付工资的资金，换言之，居民的收入和资本，也许达到极大的限额。但这个数额如果数世纪不变，或几乎不变，那末每年所雇用的劳动者人数就很容易供应下一年所需劳动者人数，甚至还有剩余。"①结果，"劳动者间的竞争和雇主们的利害关系，不久就会使工资低到合乎一般人造标准的最低工资。"②如果一国的财富不但不增长反而萎缩，则指定用来支付工资的资金将趋于减少，于是，"职业的竞争变得非常剧烈，以致把劳动工资减低到极悲惨极贫困的生活水准。③ 同时，由于国民财富萎缩，资本积累必然减少，这将会造成资本利润的提高。

根据上面三点分析，斯密认为，经济增长的进程可能出现三种情况：即进步状态、退步状态和静止状态。进步状态的特征是：国民财富增长快速，从而劳动工资高，资本利润也高。斯密以当时的北美为例，说明处于进步状态的经济。退步状态的特征是：国民财富萎缩，从而劳动工资低，而资本利润高。斯密以当时的孟加拉为例，说明处于退步状态的经济。静止状态的特征是：国民财富停滞不增，从而劳动工资低，资本利润也低。斯密以当时的中国为例，说明处于停滞状态的经济。

斯密说，"劳动报酬优厚，是国民财富增进的必然结果，同时又是国民财富增进的自然征候。反之，贫穷劳动者生活维持费不足，是社会停滞不进的征候，而劳动者处于饥饿状态，乃是社会急速退步的征候。"④他还说，"不是在社会达到绝顶富裕的时候，而是在社会处于进步状态并日益富裕的时候，贫穷劳动者，即大多数人民，似乎最幸福、最安乐。在社会静止状态下，境遇是艰难的；在退步状态下，是困苦的。进步状态是社会各阶级快乐旺盛的状态。静止状态是呆滞

---

① 斯密：《国富论》，商务印书馆 1972 年版，上卷，第 65 页。
② 斯密：《国富论》，商务印书馆 1972 年版，上卷，第 65 页。
③ 斯密：《国富论》，商务印书馆 1972 年版，上卷，第 66 页。
④ 斯密：《国富论》，商务印书馆 1972 年版，上卷，第 67 页。

的状态，而退步状态则是悲惨的状态。"①

　　斯密还认为，增长的进程是一个不稳定的动态过程。从均衡状态开始，任何一个向上或向下的移动力量，都会引起连锁反应、循环变动。这种循环变动有没有限度呢？斯密的问答是：自然的上限是静止状态。经济增长不能永远地持续下去，由于资本的不断累积，利润率将降到最低值，经济将步入静止状态。斯密对静止状态的完整表述是：一国所获的财富，已达到它的土壤、气候和相对于他国而言的位置所允许获得的限度，因而没有再进步的可能，于是它的劳动工资和资本利润也许都会非常低；一国人口的繁殖，已达到其领土所能维持或其资本所能雇用的限度，于是职业上的竞争非常激烈，使劳动工资落到仅足维持现有劳动者人数，而且由于人口已非常稠密，也不可能再有增加。一国的资本，如与国内各种必须经营的行业所需要的资本相比，已达到饱和程度，从而各种行业所使用的资本，已达到各行业的性质和范围所允许使用的程度。这样，各地方的竞争就大到无可再大，而普通利润便小到无可再小。②

---

① 斯密：《国富论》，商务印书馆1972年版，上卷，第74-75页。
② 斯密：《国富论》，商务印书馆1972年版，上卷，第87页。

第三章 李嘉图的经济发展思想

人们熟知，李嘉图的经济理论不同于斯密的经济理论之处，在于他把研究重点从生产转向分配。他在致马尔萨斯的一封信中声称："你认为政治经济学是研究财富起因的性质的，我则认为它应该是研究生产物在参与生产的各个阶级之间的分配的。人们不可能制定有关数量的法则，但可能制定相当正确的有关比例的法则。前一个问题的研究是虚妄的，后一个问题的研究则是这门科学的真正目的。"①

尽管如此，李嘉图所探究的分配都是从历史的进程的角度去观察的，也就是说，是从经济增长的进程的角度去观察的。各个生产要素的收益，随着时间的推移，在绝对量和相对量两方面发生变化，这就必然与经济增长有密切的关系。从而，李嘉图在十分强调分配问题的重要性时，又不得不重视生产在实际价值上的增减。他说："我们集中注意力研究的重大问题是谷物、劳动力和实际价值的商品。"②在这个意义上，正如马克思所说，李嘉图"希望为生产而生产"③。这句话的含义是，李嘉图是从生产的变动中去观察分配问题的，是从经济增长的进程中去观察分配问题的。他甚至把社会发展单纯地归结为生产力的发展。在他的《政治经济学及赋税原理》的序言中，一开头就明白地说出："在不同的社会阶段中，全部土地产品在地租、利润和工资的名义下分配给各个阶级的比例是极不相同的；这主要取决于土

---

① 《李嘉图著作和通信集》，英文版第 8 卷，第 278 页。
② 《李嘉图著作和通信集》，英文版第 9 卷，第 83 页。
③ 《马克思恩格斯全集》，第 26 卷，人民出版社 1973 年版，第 124 页。

壤的实际肥力、资本积累和人口状况以及农业上运用的技术、智巧和工具。"①

可见，李嘉图的理论决未忽视生产力发展和经济增长的问题，相反，他对经济增长的问题是作过多方面的分析的。这可以概括为下述几点。

第一节 国民财富的增殖

李嘉图认为，价值与财富在本质上是不相同的，因为价值不取决于生产品数量的多寡，而取决于生产的困难或便利。制造业一百万人的劳动会产生相同的价值，却不会永远生产出相同的财富。由于机器的发明，由于技术的熟练，由于更好的分工，由于能够进行更有利的交换的新市场的发现，一百万人在一种社会情况下所能生产的财富，可以比另一种社会情况下大两倍或三倍，但他们却不能因此而使价值有任何增加，"因为每一种商品价值的涨落都和它的生产的难易成比例，换句话说，就是和它的生产上所使用的劳动量成比例。"②所以，如果两个国家所具有的生产品在数量上恰好相等，就可以说它们同样富有，但是它们各自财富的价值都不一定相等。

在李嘉图看来，国民财富的增加可以通过两种方式：一种是用更多的收入来维持生产性的劳动——这不仅可以增加产品的数量，而且可以增加它们的价值；另一种是不增加任何劳动量，而是使等量劳动的生产效率增大——这会增加商品的数量，但不会增加商品的价值。在第一种情形下，国家不仅会变得更富足，而且其财富的价值也会增加。这种财富的增进是由于节约，并将这种节约所得用于再生产方面而得到的。在第二种情形下，可以不必减少支出，也不必增加被使用的生产性劳动的数量，但用等量劳动生产出更多的产品，财富将会增

① 李嘉图：《政治经济学及赋税原理》，商务印书馆 1962 年版，第 3 页。
② 李嘉图：《政治经济学及赋税原理》，商务印书馆 1962 年版，第 232页。

加，而其价值却不会增加。

可见，李嘉图对经济增长的看法，和斯密基本一致。他们都认为，经济增长表现在社会物质财富的增长上，也都认为，社会财富的增长取决于劳动数量的扩大和劳动生产率的提高。但李嘉图特别强调财富的物质形式和价值形式的区别。

第二节　报酬渐减律对经济增长的约束作用

李嘉图认为，由于土地的数量有限和质量有异，农业生产的报酬是渐减的，而这将对国民经济增长起约束作用。

李嘉图说，生产技术的创新和进步，可能抵销或延缓报酬渐减趋势，这种情况在工业生产中表现得比较明显。"除开农产品和劳动以外，一切商品的自然价格在财富和人口发展时都有下降的趋势。因为从一方面说来，它们的实际价值虽然会由于制造它们所用的原料的自然价格上涨而增加，但机器的改良、劳动分工和分配的改进、生产者在科学和技艺两方面熟练程度的提高，却可以抵销这种趋势而有余。"[1]但是，就农业而言，技术的进步，只能短期地、间歇地提高生产，而在长期中不能扭转报酬渐减的趋势。

因此，在李嘉图看来，生产发展的长期趋势是：工业生产的报酬渐增，农业生产的报酬渐减。那么，把工业生产和农业生产总计起来，是报酬渐增趋势，或是报酬渐减趋势占上风呢？李嘉图的回答是：在所有的土地都被耕种之后，农业的报酬渐减趋势将压倒工业的报酬渐增趋势。结果，从某一个历史阶段起，经济增长将逐渐放慢，而且越来越慢。

第三节　资本积累、人口变动与经济增长

和斯密一样，李嘉图认为，资本积累的扩大是使国民财富增长的

---

[1]　李嘉图：《政治经济学及赋税原理》，商务印书馆1962年版，第77-78页。

根本原因。他说："资本是国民财富中用于生产的部分，包括实现劳动所必需的食物、衣服、工具、原料、机器等等。"①更多的资本，可以使更多的劳动投入生产，创造更多的国民财富。李嘉图在分析资本的数量时，又对它的价值形式和实物形式加以区分。资本的数量可以在它的价值增长时同时增加，因为一国的食物和衣服等，在生产增加量需要比以前更多的劳动的同时，可以增加，这就使得资本不仅在数量上会增加，而且在它的价值上会上涨。资本的数量也可以在它的价值不增加、甚至减少的情况下增加，因为，不仅一国的食物和衣服等可以增加，而且在增加量是由于借助于机器而获得的时候，生产它们所需的劳动量不致增加，它的价值仍可能不变，甚至下跌。但是，无论在哪一种情况下，资本增加后，对劳动的需求都会成比例地增加，从而在劳动供给不变的条件下，资本增加后，对劳动的需求都会成比例地增加，从而在劳动供给不变的条件下，市场工资率都会提高。李嘉图把劳动视为商品的一种，认为它具有自然价格和市场价格。他说："劳动的自然价格是让劳动者大体上能够生活下去并不增不减地延续其后裔所必需的价格。"②它"取决于劳动者维持其自身与其家庭所需的食物、必需品和享用品的价格。食物和必需品涨价，劳动的自然价格也会上涨，这些东西跌价，劳动的自然价格也会跌落。"③"劳动的市场价格是根据供求比例的自然作用实际支付的价格。劳动稀少时就昂贵，丰裕时就便宜。劳动的市场价格不论和其自然价格有多大的背离，它也还是和其他商品一样，具有符合自然价格的倾向。"④

由劳动的自然价格和市场价格的分析，联系到两种情况的资本增加的分析，李嘉图就资本增加对劳动者的生活状况有何影响这一问题，进一步作了论证。他认为，两种情况的资本增加，都会使劳动的市场价格涨到自然价格以上，同时上涨的劳动市场价格又都有回复到

① 李嘉图：《政治经济学及赋税原理》，商务印书馆1962年版，第78页。
② 李嘉图：《政治经济学及赋税原理》，商务印书馆1962年版，第77页。
③ 李嘉图：《政治经济学及赋税原理》，商务印书馆1962年版，第77页。
④ 李嘉图：《政治经济学及赋税原理》，商务印书馆1962年版，第78页。

自然价格的倾向。在第一种情况下，这种回复过程很短，劳动者的生活状况虽然得到改善，但改善的程度不大，因为食物和必需品价格的上涨，会吸收新增的工资的大部分，结果，小量的劳动供给或微不足道的人口增加，很快会使劳动的市场价格回跌到当时已经上涨的自然价格上去。在第二种情况下，这种回复过程较长，劳动者的生活状况会大大改善，因为他们所收入的货币工资会增加，而他们自己和家属所消费的商品却无需支付更高的价格，甚至可以付出更低的价格，只有在人口大大增加之后，劳动的市场价格才会降落到它当时已经减低的自然价格上去。

李嘉图还就发展情况不同的几种国家或地区，分别说明资本积累、人口增长与生活状况的关系。一种是比较古老的国家，由于人口已经过密，土地已经充分利用、人口的增加比维持人口所必需的基金的增加更快，于是，"每一种努力勤劳，除非伴随着人口繁殖率的减退，否则便适足以助长灾害，因为生产赶不上人口繁殖。"①一种是肥沃土地还很多，但由于教育文化落后而处于贫困与饥馑状态的国家，在这样的国家里，就应该修明政治，改良教育，"因为照这样办，资本的增加便必然超过人口的增加。人口不论怎么增加都不嫌过多，因为生产力更大。"②一种是人口稀少的文化落后的新拓殖地区，它们在采用先进国家的技艺和知识以后，"资本就可能有一种比人口增加得更快的趋势，如果劳动者的不足不能由人口更多的国家补充，这种趋势就会大大提高劳动的价格。但随着这种国家的人口繁殖，品质较劣的土地投入耕种，资本增加的趋势就会成比例地降低。"③

总之，在李嘉图看来，当人口对生活资料产生压力时，补救的办法不是减少人口，就是更迅速地累积资本。在一切肥沃土地都已投入耕种的富庶国家中，迅速累积资本的补救办法，不会有很多好处，也

---

① 李嘉图：《政治经济学及赋税原理》，商务印书馆 1962 年版，第 82-83 页。

② 李嘉图：《政治经济学及赋税原理》，商务印书馆 1962 年版，第 82 页。

③ 李嘉图：《政治经济学及赋税原理》，商务印书馆 1962 年版，第 82 页。

不大实际可行，因为这种办法如果一直推行下去，会使所有的阶级陷于同样的贫困状态中。而在由于有肥沃土地尚未投入耕种因而还存有丰富的生产资料的贫穷国家中，迅速扩大资本积累是唯一安全而有效的补救办法，因为这种办法将提高社会各阶级的生活水平。

第四节　国内经济政策和国外贸易政策

尽管所处的时代已有所不同，但李嘉图和斯密一样，在国内经济政策方面，主张实行自由放任，在国外贸易政策方面，主张实行贸易自由。李嘉图认为，这两种政策建议是有利于推动经济的进步的。

在李嘉图看来，国家对经济生活的干预是违反"最大多数人最大幸福"的原则的。例如，就资本配置而言，只有给资本的流动以最大的自由，不作任何干涉，资本才可以按照最有利可图而且有利于社会的方式作出配置。李嘉图说，"为了普遍的繁荣，对于各种财产的转移和交换所给予的便利是不会嫌多的。因为通过这种方法，各种资本可以流入最善于利用它来增进国家生产的人们的手里。"①又如，就劳动工资而言，供求关系决定劳动的市场价格又趋向于符合劳动的自然价格，而这"就是支配工资的法则，也就是支配每一社会绝大多数人的幸福的法则。工资正象其他契约一样，应当由市场上公平而自由的竞争决定，而决不应当用立法机关的干涉加以统制。"②

关于对外贸易政策问题，李嘉图不仅以比较成本说分析了对外贸易的基础，还根据自己的理论体系多方面地论证了贸易自由给一国带来的利益。首先，他认为不受干涉的贸易自由不仅使一国、而且使各国的资源得到最有利于本国的配置，从而有利于整个世界。他说，"在商业完全自由的制度下，各国都必然把它的资本和劳动用在最有利于本国的用途上。这种个体利益的追求很好地和整体的普遍幸福结

---

① 李嘉图：《政治经济学及赋税原理》，商务印书馆1962年版，第131页。着重点是引者加的。

② 李嘉图：《政治经济学及赋税原理》，商务印书馆1962年版，第88页。

合在一起。由于鼓励勤勉、奖励智巧、并最有效地利用自然所赋予的各种特殊力量，它使劳动得到最有效和最经济的分配；同时，由于增加生产总额，它使人们都得到好处，并以利害关系和互相交往的共同纽带把文明世界各民族结合成一个统一的社会。"①其次，根据他力图证明的"工资不跌落，利润就决不能提高"的理论，李嘉图认为，对外贸易扩大，劳动者食物和必需品就可以按降低的价格送上市场，从而使劳动的自然价格下降，使工资持久地跌落，于是，利润率将相对提高。他说，"对外贸易由于可以增加用收入购买的物品的数量和种类，并且由于使商品丰富和价格低廉而为储蓄和资本积累了刺激力。"②如前所述，在李嘉图看来，利润率的提高有利于资本积累的扩大，而资本积累的扩大又有利于国民财富的增长。

第五节　经济增长的前景

李嘉图认为，随着经济的增长和资本积累的扩大，利润率有下降的趋势。利润率之所以下降，在他看来，是因为经济的继续增长将促使人口不断增殖，而人口的不断增殖，将加大对粮食的需求。如果在原有的土地上追加投资、进行更集约的耕种，则报酬渐减律的作用将使收获量逐步减少，人们不得不扩大种植范围，耕作愈来愈贫瘠的土地，从而使粮食的价格愈来愈上涨。粮食价格的逐步上涨会造成两方面的结果：一方面，不同质的土地的产值差额将不断扩大，于是地租不断提高。在分配中，地主阶级将占有越来越多的利益。李嘉图说，"地主获得双重的利益。第一，他所得的份额加大了；第二，付给他的商品的价值也增加了。"③地主阶级在社会的纯收入中占有越来越多

---

① 李嘉图：《政治经济学及赋税原理》，商务印书馆 1962 年版，第 113 页。

② 李嘉图：《政治经济学及赋税原理》，商务印书馆 1962 年版，第 112 页。

③ 李嘉图：《政治经济学及赋税原理》，商务印书馆 1962 年版，第 69 页。

的份额，利润份额就越来越减少。另一方面，粮食价格的上涨，将促使货币工资提高，这也会降低利润。即使实际工资是一个定数，地租的不断上升，也必然造成利润的不断下降，使资本积累不断减少，资本积累的不断减少，既使劳动人数减少，又使劳动生产率下降，从而使生产增长的速度放慢，甚至转为停滞。

总之，李嘉图看到，由于利润率必然下降，除非技术不断有所进步，经济增长将逐渐减速，最后化为经济停滞，社会将进入静止状态。斯密所谓的静止状态的形成，还取决于多种因素，如地理环境、自然资源、人口状况等，而且斯密在以当时的中国作为静止状态社会的例证时，又把中国的财富"已完全达到了该国法律制度所允许的发展程度"①作为一种理由，而突出了制度因素，但他对所在的英国社会经济的发展，还基本上持乐观。李嘉图则把报酬渐减律视为约束经济增长的自然法则，从而得出利润率必然下降、经济增长必然停滞、社会静止状态必然出现的一般结论。总的说来，李嘉图论证经济增长前景的调子是悲观的、忧郁的。

第六节　对斯密和李嘉图的经济发展思想的综合评论

从以上综述的斯密和李嘉图的经济增长理论可以看出，两人在基本范畴、基本理论和政策建议等方面，是相同的或相近的。这是因为他们都处于英国资本主义的上升时期。论证经济增长问题(如明确经济增长的含义，考察影响经济增长的因素，研究经济增长的过程，分析有利于或有害于经济增长的政策等)，是当时经济学说的主要课题。但是，在斯密生活的时代，产业革命还没有展开，英国资本主义的发展还处于工场手工业阶段的末期，社会矛盾主要还是资产阶级和地主阶级之间的矛盾，而资产阶级和无产阶级之间的矛盾还不显露。因此，斯密抨击了那些妨碍资本主义前进的势力和思想，并着力于财

---

① 斯密：《国富论》上卷，第 63 页。

富如何增殖和生产力如何提高的分析。而在李嘉图生活的时代，英国的产业革命已经开展，工场手工业阶段已过渡到了机器大工业阶段。尽管当时社会的主要矛盾仍然是资产阶级和地主阶级之间的矛盾，但是资产阶级和无产阶级之间的矛盾已大有发展，因而地租、利润与工资在分配上出现了日益明显的、难以调和的冲突。李嘉图没有掩盖利润和工资在分配上的矛盾，但认为它从属于利润和地租之间的矛盾。李嘉图看到，分配上的矛盾引起利润的下降，于是资本积累萎缩，财富的增加缓慢，因此，在论证经济增长问题时，不能不论证分配问题。虽然人们有一种印象：李嘉图似乎是一位分配经济学家，其实，他研究分配问题的目的，是在于探索影响生产、影响增长的原因和后果。正是在这个意义上，马克思认为李嘉图并没有割裂分配和生产而仍然是一个生产经济学家。基于同样的理由，可以看出，尽管斯密和李嘉图都认为资本积累是促进经济增长的决定因素，他们的理论体系都旨在阐明资本积累过程的性质和影响，但是，斯密着重资本积累过程的一般分析以及资本积累和经济增长之间的相互关系的研讨，而李嘉图则侧重资本积累对纯收入分配影响的分析以及分配比例的消长对资本积累的反作用的研讨。

显而易见，无论斯密的经济增长理论，或李嘉图的经济增长理论，都在努力探索最有利于资本主义生产发展的条件。他们都是从资产阶级的利益出发，寻求巩固资本主义生产方式、发展资本主义生产方式的具体道路。在他们看来，他们的经济增长模式体现着一种超越时空、永不改变的自然秩序，按照这种秩序行事而没有人为的、不恰当的干涉，在"看不见的手"的引导下，社会就会实现"最大多数人的最大幸福"的原则。这种关于经济增长过程的基本观点，在理论上是有缺陷的，和资本主义经济增长的实际情况也是不相符合的。由于历史条件的限制，斯密和李嘉图在经济增长问题的论证中，还有许多不正确之处。例如，斯密从资本主义经济条件出发，先作抽象的推理，推论出三种状态的可能出现，后又不区别社会制度和历史条件的巨大差异，以三个国家和地区——北美、孟加拉和中国——作为实例，证明进步状态、退步状态和静止状态的存在。这种论证方法显然是脱离实际的。李嘉图对经济增长的前景唱出了极其悲观的调子，因为狭窄的视野使他无法看清科学技术的发展将不断提高社会生产力。

然而，斯密和李嘉图的经济增长理论，又确有其值得重视之处。

第一，在西方经济思想史中，他们二人、特别是斯密，是在当代经济发展理论兴起以前比较完整、比较系统地研究经济增长问题的经济学家。斯密以极有说服力的论辩，否定了流行多年只认为金银货币才是财富的观点，也冲破了重农思想的藩篱，提出了一切生产性劳动创造的生产的都是国民财富的看法。他所谓的国民财富明显地具有现代经济学通用的"国民生产总值"的涵义。斯密还最先提出区别于总量的人均产值的概念。这些都表现出对经济增长认识上的一次飞跃，是难能可贵的。斯密和李嘉图都在各自的经济增长的理论中，反复说明了积累的作用并规定了积累的客观界限，这也是正确的。由于斯密和李嘉图所处的时期，资本主义还没有充分发展，它的基本规律、资本主义积累的一般规律的作用还没有充分发挥，因而他们还不可能论证资本主义再生产的两个部类发展的规律，论证资本积累过程中的相互作用。然而，他们把国民财富规定为积累的泉源、而积累又是引来更多国民财富的决定因素的观点是具有科学意义的。斯密和李嘉图都很重视劳动生产率提高对经济增长的促进作用，这也是正确的。李嘉图看到了技术进步在一定时期和一定范围内对劳动生产率的有利影响。斯密则认为专业分工是提高劳动生产率的主要泉源，他不仅研究了提高劳动生产率的技术经济因素，还考察了提高劳动生产率的社会经济因素、即存在着竞争的条件。这些都反映了他们各自的历史时期的特点，也含有并非错误的成分。

第二，斯密和李嘉图的经济增长模式，是一个开放的模式，而不是一个封闭的模式。他们都十分强调对外贸易对一国经济发展所起的积极作用。无论斯密的绝对利益说，或李嘉图的相对利益说，都明确指出对外贸易具有两重效果：其一，对外贸易使一国不受本国资源条件的限制，消费自己不能生产的产品。其二，自由贸易使全世界的生产量达到最高水平。当然，斯密和李嘉图当时大力倡导对外贸易自由有一种目的：加速英国资本主义的发展。具体地说，斯密所在时期的英国是世界上工业最发达的国家，它在世界市场上已经压倒竞争对手。斯密的自由贸易理论，正是要巩固并加强英国产业资产阶级的这种有利地位，为它不断扩大国外市场提供论据。李嘉图所在时期的英国已经实现产业革命，它所生产的制造品的成本不仅相对地、而且绝对地低下，贸易自由可以使英国在国际经济格局中继续处于有利地位，即英国给其他国家和地区供给制造品，而其他国家和地区向英国输出原料而成为英国的经济附庸。但是，我们应当看到，斯密和李嘉图的对外贸易理论，含有一种值得重视的思想：对外贸易是可以使一个国家更经济地配置自己的资源，更有效地利用别国的资源，取长补短，扬长避短，节约社会劳动，提高劳动生产率，从而促进国民经济的增长和发展。历史的经验也表明，一个经济发展比较快速的国家，一般都是开放型的。闭关自守的国家，经济发展一般较慢，即使在一段时期中增长显得较快，其代价也是不小的。总之，斯密和李嘉图把自己经济增长思想注入一种开放的模式之中，把对外贸易看成是"经济增长的发动机"，应当说，这是正确的。

第三，斯密和李嘉图的时代是英国资本主义上升的时代。这一时期的资产阶级经济学家还没有把掩盖资本主义制度的矛盾作为自己的任务，也还没有看到这些矛盾发展的形式和后果。他们力图说明的是社会生产力的发展，而他们所维护的资本主义生产关系还不是生产力的障碍，阻碍生产力发展、阻碍"经济自由"的还是前资本主义的因素和势力。因此，斯密和李嘉图的经济理论、特别是经济增长理论，具有一定的反封建主义残余的色彩。在某种意义上说，他们的理论、特别是增长理论的中心思想，是为一个尚未发达的国家谋求发展。这一点，在斯密的学说中更为明显。斯密对封建贵族、地主和商人批评之强烈，对资本和劳动合理配置的愿望之热切，每读《国富论》，真是呼之欲出的。斯密十分强调，谋求经济发展的国家需要一个安定的、政治修明的环境。他说："在内讧激烈的时候，浪费的浩大，资本的破坏，在任何人看来，都会感觉这不但会妨碍财富的自然蓄积（实际上确是如此），而且会使国家在这时期之末陷于更贫困的地位。"①他又说，"只要国泰民安，即使政府不是节省慎重的，国家情况，也可以有这种进步。"②斯密重视教育，重视智力开发，他主张，为了经济的增长和发展，特别要办好初等教育、在职训练和职后教育，这一意见完全符合发展中国家教育方针的要求。不少发展中国家的经验已充分证明，教育事业是一项基础设施，必须大力发展，而初等教育、在职训练和职后教育尤为重要，比起高等教育来，它们有更高的经济效益。

①　斯密：《国富论》，商务印书馆 1972 年版，上卷，第 317 页。

②　斯密：《国富论》，商务印书馆 1972 年版，上卷，第 316 页。着重点是引者加的。

第四章　西斯蒙第的经济发展思想

让·沙尔·列奥尔·西蒙·德·西斯蒙第(Jean-Charles-Leonard Simonde de Sismondi，1773—1842)于 1803 年出版了第一部经济著作《论商业财富》，在该书中，他详细介绍和阐述了斯密的《国富论》，鼓吹和拥护自由贸易学说。1819 年，西斯蒙第出版了他的代表作《政治经济学新原理，或论财富同人口的关系》。在这本书中，他成了斯密学说的反对者和自由放任与自由竞争学说的批判者。西斯蒙第对其经济思想的这种转变有如下自述："自从我写了《论商业财富》以后，已经十五星霜，在这期间，我很少阅读政治经济学著作；但我并没有停止观察事实。有些事实我觉得与我所采取的原理大相径庭。但是，当我把自己的原理向前推进一步的时候，我就能区别和分析这些事实了，一切都迎刃而解。我越往深处钻研，就越相信我对于亚当·斯密的学说所作的修正是必要和正确的。从新的观点来看，这门科学中以前种种隐晦之处便昭然若揭，我的原理为我解答我完全不曾预料到的许多困难问题。"①由此可见，正是经济理论与经济现实的矛盾，促成了西斯蒙第经济思想的根本性转变。这种经济现实就是 19 世纪初(1815 年、1818 年)在英国爆发的两次经济危机和经济增长过程中收入分配的两极分化。

西斯蒙第与英国古典经济学在经济增长与经济发展问题上的根本分歧主要表现在三个方面：第一，对财富增长的目的进行了检讨，反对李嘉图为生产而生产，为增长而增长的观点，认为经济增长是手段，社会的每个成员的物质福利的改进才是目的。在他对财富的增长

---

① 西斯蒙第:《政治经济学新原理》，商务印书馆 1983 年版，第 16 页。

的分析中，注入了大量对人类福利的关注和规范性思考。第二，反对消费能力必然经常随着生产能力增加而增加，供给能够创造自身需求的观点，认为在资本主义自由竞争制度下，资本积累在推动生产不断增长的同时，必然会使劳动阶级的收入下降，导致消费不足，从而出现生产大于消费、总供给大于总需求的、普遍过剩的经济危机。第三，对自由竞争、自由放任最有利于产业发展和经济增长的学说和利己主义的自发功利作用产生了怀疑，并且对这种学说的哲学基础进行了批判，一再呼吁和主张政府干预经济生活。我们认为上述三点就是西斯蒙第的《新原理》的"新异"之处，正是在这里"西斯蒙第则表现了政治经济学对自身的怀疑。"[①]下面我们将从四个方面对他的经济发展思想进行评述。

第一节　财富增长与经济发展

西斯蒙第把劳动、节约和消费作为决定财富增长的三要素。他说："一切财富积累的历史永远出不了这样的范围，即创造财富的劳动、积累财富的节约、消耗财富的消费。大凡不是通过直接或间接的劳动而产生或获得价值的东西，无论对人类生活怎样有利，怎样重要，绝不是财富。对人完全无利，不能满足人的愿望，也不能间接或直接为人所使用的东西，不论是通过怎样的劳动产生的，也同样绝非财富。最后，完全不能积累不能保存以备日后消费的东西，即使也是通过劳动产生的，也是为人的享受被消费的，也绝非财富。"[②]

西斯蒙第认为衡量一个国家繁荣的标志不是总财富，而是人均财富；财富的增长是手段，而广大人民物质福利的提高才是目的。他力图确立人在政治经济学研究中的地位。他说："一个国家的财富不仅表现在收入的总额上，而且表现在这种收入的总额和它所应养活的人

---

① 马克思：《政治经济学批判》，《马克思恩格斯全集》第13卷，人民出版社1962年版，第51页。

② 西斯蒙第：《政治经济学新原理》，商务印书馆1983年版，第51页。

数的比例上。"①"财富和人口并不是国家繁荣的绝对标准；国家繁荣的标准在于财富和人口的比例。"②西斯蒙第十分重视财富与人口的比例关系，以致他认为《政治经济学新原理》也可以称之为《论财富同人口的关系》。他指出："统治者和著作家们有时急于寻找最能增加财富的东西，有时寻找最能增加人口的东西；可是如果把前者和后者孤立起来看，那就只能说是抽象的东西了，而政治家的真正难题是使人口与保证人类在一定空间享有最大幸福的财富之间的配合恰如其分，并保持适当的比例。"③在西斯蒙第看来财富与人口的关系，也是财富与国民享受的关系。他认为，在李嘉图的理论中，"财富就是一切，而人是微不足道的。"④在英国，"全国民众也像哲学家们一样，似乎忘记财富的增长并不是政治经济学的目的，而是使大家享福的手段。"⑤他们为了物，而忘记了人，为了手段而牺牲了目的。西斯蒙第把英国经济学的这种错误归结为他们的抽象研究方法，认为斯密"并没有始终忠于这种综合推理的方法；他并没有始终保持他所决定的主要宗旨——财富与人口的关系，或者财富与国民享受的关系。他的英国新学生，陷入了抽象，这就使我们把人遗忘了，而财富正是属于人而且为人所享受的。""我们同亚当·斯密都一致认为：劳动是财富的唯一源泉，节约是积累财富的唯一手段；但是，我们还要补充一句：享受是这种积累的唯一目的，只有增加了国民享受国民财富才算增加。"⑥在西斯蒙第看来，尽管一国的物质产品增加了，而人民的物质福利没有随之改善时，仍然不能算是国民财富的增加。这一状况，被今天的发展经济学家称之为"有增长，而无发展"或"没有发展的增长"。

---

① 西斯蒙第：《政治经济学新原理》，商务印书馆 1983 年版，第 102-103 页。

② 西斯蒙第：《政治经济学新原理》，商务印书馆 1983 年版，第 23 页。

③ 西斯蒙第：《政治经济学新原理》，商务印书馆 1983 年版，第 16-17 页。

④ 西斯蒙第：《政治经济学新原理》，商务印书馆 1983 年版，第 457 页，脚注①。

⑤ 西斯蒙第：《政治经济学新原理》，商务印书馆 1983 年版，第 7 页。

⑥ 西斯蒙第：《政治经济学新原理》，商务印书馆 1983 年版，第 45 页。

西斯蒙第把经济的增长与发展看成是一个互为因果循环往复的过程和系统，这一过程和系统的正常和向上运动以经济中一些重要比例关系的均衡变动为条件。如果这些比例关系能够协调和平衡，那么，财富的增长就可以带来人民福利的提高；如果这些比例关系被破坏，社会就会陷入灾难。这就是西斯蒙第《政治经济学新原理》的基调。他指出："国民财富的发展过程是一条循环往复的路线；每个结果都相继变成原因，每一个步骤都要受前一步骤的制约并决定着它后面的步骤，而最后一个步骤又同样回到第一个步骤。"①"所以，在政治经济学方面，一切都是互相关联的，人们不断地沿着一个圆圈循环，果要变成因，因又变成果。但是，只要此一行动和另一行动配合得好，各方面就都能前进；只要有一个运动落后，它本来应该和其他动作互相配合却脱离了正轨，那时一切就都要停顿。……假使措施不当，以致这些活动中的某一环节加快了速度，不能同其他环节相配合，就会打乱整个系统，可是，预期使穷人获得怎样的幸福，反而给他们造成了同样深重的灾难。"②西斯蒙第在《政治经济学新原理》的第二版序言中，把这一基本思想概括得更为清楚，他说：

"在这部再度问世的著作中，我要阐明的是：财富既然是人的一切物质享受的标志，我们就应该使它给所有的人带来幸福；我们必须使财富的增长跟人口的增加相互一致；在这些人口之间进行财富分配时必须按照这样一个比例，即如果没有特大的天灾人祸，他们不会为生活所苦。我认为，为了谋求所有人的幸福，收入必须和资本一同增长，人口不得超过他们赖以生活的收入，消费必须和人口一同增长，而再生产同进行再生产的资本之间以及同消费它的人口之间都必须成相等的比例。同时，我要指出，在这些比例关系之中，每一个都有可能单独遭到破坏，……每当这个或那个比例关系遭到破坏时，社会便陷入浩劫之中。我的《政治经济学新原理》就是根据这种比例关系写

---

① 西斯蒙第：《政治经济学新原理》，商务印书馆1983年版，第80页。

② 西斯蒙第：《政治经济学新原理》，商务印书馆1983年版，第434-435页。

成的；我所以跟当今那些大吹大擂的萨伊、李嘉图、马尔萨斯和麦卡洛克等人的经济学的哲学家大不相同，就是因为我认为这种比例关系非常重要。"①

在西斯蒙第看来，只有当这些比例关系不被破坏时，物质财富的增加，才可能提高民众的福利和享有。自由放任和自由竞争政策在迅速增加物质财富方面是有效的，但是要在物质财富增加的同时，使民众的福利得到改进，就必须依靠国家干预，而不能将这一目的实现全部委以完全自由竞争的市场机制。正是从这一点出发，西斯蒙第指出："从政府的事业来看，人们的物质福利是政治经济学的对象。"②"为了使这种分配更为合理，分配均衡，我们几乎始终呼吁亚当·斯密所摒弃的政府干预。"③

第二节　生产与消费的平衡

从宏观的角度考察生产与消费的关系及其平衡对经济增长和经济发展的影响是西斯蒙第经济发展理论的重要论题。他指出，因为消费不足而导致普遍生产过剩的经济停滞和危机的必然性。

西斯蒙第的分析逻辑是这样的：生产取决于资本，消费受制于收入，生产与消费的关系也就是资本与收入的关系。他把资本和收入的区分和比例看成是决定一个社会繁荣的基础，是政治经济学中最抽象最困难的问题。从现代经济学的角度看，西斯蒙第是在分析总供给与总需求的关系，在总供给方面，他提出了资本—生产—年生产总量的概念；在总需求方面，提出了收入—消费—年收入总量的概念。并且指出："如果年收入不能购买全部年生产，那末一部分产品就卖不出

---

① 西斯蒙第：《政治经济学新原理》，商务印书馆 1983 年版，第 10-11 页。需要指出的是马尔萨斯也十分重视经济增长中的比例关系。在这一点上，西斯蒙第与马尔萨斯并不矛盾。

② 西斯蒙第：《政治经济学新原理》，商务印书馆 1983 年版，第 22 页。

③ 西斯蒙第：《政治经济学新原理》，商务印书馆 1983 年版，第 46 页。

去，不得不堆在生产者的仓库里，积压生产者的资本，甚至使生产陷于停顿。"①这里实际是讲，由于资本积累过快和收入增长过慢，而导致生产与消费，总供给与总需求的失衡，所引起的产品过剩的经济停滞。但是，西斯蒙第并没有对上述概念作出科学的区分和界定，他的思路十分混乱，前后矛盾。然而，他却比较正确地看到了积累与消费、总供给与总需求之间的比例关系对于经济发展的重要意义，对于当时流行的总需求必然等于总供给，供给可以创造自身需求的观点提出了怀疑和批评。

西斯蒙第是在动态的经济增长过程中，考察生产与消费关系的。首先，西斯蒙第认为国民收入调节着国民支出。他把国民收入看成由两个部分构成：利润(包括地租)和工资，前者为富人的收入，后者为穷人的收入。他认为富人的消费不应该超过他们的收入，否则就要减少他们的资本，使他们将来的利润下降。而穷人只有出卖了自己的劳动力之后才能获得收入，劳动力的价格调节着他们的支出，而劳动力的价格又主要取决于经济对劳动力的需求。由劳动力的需求不稳定引起的劳动力的收入的不稳定，是引起消费不足的主要原因，在西斯蒙第的整个经济理论中也具有重要意义。其次，他认为国民支出必须把国民生产总额吸收到消费基金中来。如果国民支出不吸收国民生产总额，并会出现产品过剩，同等数量的再生产将陷入停顿。因此，从纵向的角度来看，收入决定支出，支出决定生产，生产又产生收入，这是一个周而复始的过程。从横向的角度看，资本决定生产，而收入决定消费，如果资本与收入、生产与消费的比例失调，那么，周而复始的财富再生产过程，也就是经济的增长过程会受到破坏。这就是西斯蒙第所分析的资本与收入、生产与消费在时间上的继起性和空间上的并存性这样一种相互决定的关系。如果资本增长过快，把一部分收入变成了资本，那么经济就会因为消费和需求不足引起产品过剩；如果收入增长过快，把一部分资本变成了消费基金也会使将来的生产受影响，最终同样使收入下降。但是，在分析资本和收入对经济增长的

---

① 　西斯蒙第：《政治经济学新原理》，商务印书馆1983年版，第76页。

影响时，西斯蒙第更强调收入的主导作用。他说："国家的发展任何时候都必须建筑在收入增长的基础上"，①"生产要随需要的比例而相应地增减，这已经成为政治经济学中的一项定理，……这种需求能够提高生产，促进普遍富裕，也能引起缩减生产的生产过剩。"②"在我们查看社会的总账时，永远可以看出，只有消费的增加才能决定再生产的扩大，而消费则只能根据消费者的收入来加以调节。"③西斯蒙第的这一观点，使他在总供给和总需求这一宏观经济分析的基本关系上的看法，与李嘉图、萨伊处于根本对立，而与马尔萨斯站在一边。19 世纪上半叶，他们在这一问题上的论战，可以说是经济思想史上第一次供给学派与需求学派之争。再次，西斯蒙第指出，今年生产的产品是以去年的收入来购买的，因此今年的生产由去年的收入决定，而今年的收入又决定着明年的生产。"那些竭力鼓吹无止境的生产的人是错误的：他们把过去的收入和将来的收入混为一谈了。"④在西斯蒙第看来，过去的收入可能会小于现在的产出。

西斯蒙第对需求和消费不足的原因的分析比较含混。他在分析这一问题时，总是假定社会由两部分人构成：工人阶级（穷人）和资本家阶级（富人）。工人的收入是工资，资本家的收入是利润，它们代表了该社会的总收入，并决定总需求与总消费。需求和消费的不足是总收入的相对下降引起的，其中主要是工人阶级收入的下降。西斯蒙第指出："全部年生产在一年中消费掉，其中一部分由工人消费，他们以自己的劳动来交换，从而把劳动变成资本，并且再生产劳动；另一部分由资本家消费，他以自己的收入来交换，从而把收入消耗掉。"⑤资本家"把这种成为自己财富的利润换成满足自己需要和愿望的各种消费品时，只要问自己就行了。"⑥但是对于工人阶级来说，

---

① 西斯蒙第：《政治经济学新原理》，商务印书馆 1983 年版，第 197 页。
② 西斯蒙第：《政治经济学新原理》，商务印书馆 1983 年版，第 201-202页。
③ 西斯蒙第：《政治经济学新原理》，商务印书馆 1983 年版，第 87 页。
④ 西斯蒙第：《政治经济学新原理》，商务印书馆 1983 年版，第 84 页。
⑤ 西斯蒙第：《政治经济学新原理》，商务印书馆 1983 年版，第 75 页。
⑥ 西斯蒙第：《政治经济学新原理》，商务印书馆 1983 年版，第 80 页。

"他们在能获得自己的收入以前必须先出卖劳动",① 由此并产生了两个问题：一是他们是否能够找到工作，即劳动能力能否变成现实的收入；其次，即使劳动力得到充分利用，劳动的工资也不等于劳动实际所生产的成果。工人阶级劳动生产的产品大于他们所得到的收入，那么这一部分产品的实现并会遇到困难。西斯蒙第指出："我们绝对不应该忘记：劳动能力和财富是不能等量齐观的。工资不代表劳动的绝对量，只代表维持前一年工人生活的生活资料。同样多的生活资料将在下一年产生出更大的劳动量；由于这两种价值之间的比例的波动，引起了国民财富的增加或减少，生产阶级的富裕或穷困，人口的增多或消灭。"②西斯蒙第后来在与李嘉图学派的主要代表人物麦克库洛赫的论战中，将这一观点阐述得更清楚，他说："我曾按照一个收入学说解释过这种事实，因为有了收入才能使每个人购买一份年产品。我尽力让人了解：大家的收入如何不同于大家的劳动的产品，甚至可能有这种现象：产品增加收入反而减少，人们的劳动多了，仓库积满了，反而钱袋空虚，最后商品无人购买。"③因此，随着经济的增长，工人阶级的收入下降，从而引起消费不足。西斯蒙第还分析了由于资本积累过快，使资本的供给大于需求，从而引起利息率下降，这会更有力地刺激生产，提高固定资本在总资本中的比重，从而使利润率下降，资本家的收入也会相对下降。特别是由于固定资本与流动资本的比例提高，很大一部分产品可以在工业生产部门之间互为市场，从而使社会生产一时可以不依赖于消费，而出现暂时的繁荣。但是它随后将带来生产与消费之间更可怕的不平衡。西斯蒙第看到了当时资本主义经济发展过程中，在自由竞争的压力和资本积累的推动下，资本家会尽量采用新的生产方法和新机器，从而使资本与劳动比率不断提高，一方面造成社会生产不断增长的趋势，另一方面造成了由收入

---

① 西斯蒙第：《政治经济学新原理》，商务印书馆 1983 年版，第 80 页。
② 西斯蒙第：《政治经济学新原理》，商务印书馆 1983 年版，第 75 页。
③ 西斯蒙第：《政治经济学新原理》，商务印书馆 1983 年版，第 482 页。
着重点是引者加的。

决定的社会需求，特别是劳动阶级的需求相对下降。在分析劳动者的工资决定时，西斯蒙第完全接受了英国古典经济学的生存工资学说，认为在资本家和工人之间的"这种分配中，资本家竭力给工人留下一点只能勉强维持生活的东西，却把工人所生产的，超过他的生活价值的一切据为己有。"①他还认为，如果工资上升，工人会选择闲暇，而不会为了满足超过他们所必需的消费，去选择如此繁重的劳动。也就是说，当工资超过维持生存的水平后，劳动的供给曲线会向后倾斜。因而，他的结论是："消费不是生产的必然结果，相反，市场的饱和才是人们所竭力追求的生产方式的必然结果。"②

总而言之，西斯蒙第把生产与消费、供给和需求的失衡看成是由于资本与收入的比例失调引起的。这里存在两种非均衡：一是消费大于生产的非均衡，是由一部分资本转化为收入导致的，其中主要是由于资本家的消费超过了收入，一部分资本变为了消费基金。西斯蒙第认为：这种转变"在当年增加了工人阶级的收入，而资本家以后就要逐年减少工人的收入，因为他们所谓资本的东西，都要用来交换成为工人阶级收入的劳动。富人支配穷人；富人如果吃掉自己的资本，就会破产，这是事实，只有他的利益才能防止这种情况；但是，如果富人忽视这种利益，如果吃掉自己的资本，那么缩减的剩余资本就是穷人来年的劳动价格。"二是消费小于生产的非均衡，是由于资本积累过快，收入相对下降，其中又主要是由于工人阶级的收入下降所致。西斯蒙第认为消费小于生产、需求小于供给这种非均衡是资本主义经济增长的一种普遍的和必然的结果，他的学说就是要论证这种非均衡的必然性。

不仅如此，西斯蒙第还认为生产大于消费的这种失衡不可能通过经济机制内在的力量来加以调整。首先，供给大于需求的状况不可能通过产品价格的变动来调整。这是因为当一种产品的供给大于需求时，产品的价格下降，资本家的收入就会减少。资本家销售收入的这

---

① 西斯蒙第：《政治经济学新原理》，商务印书馆 1983 年版，第 74 页。

② 西斯蒙第：《政治经济学新原理》，商务印书馆 1983 年版，第 76 页。

种损失将会由他们的资本和收入平均负担，这不仅会使资本家的收入和需求下降，而且由于资本不足，对劳动力的需求减少，从而使工人阶级的收入和需求下降。可见，价格的下跌，导致了总需求的进一步下降，总需求与总供给的缺口不仅不会缩小，反而扩大了。其次，生产的过剩也不能通过利润率的变动来调整。西斯蒙第认为，劳动者技能和固定资本的刚性，限制了劳动和资本在多行业中的自由流动，部门之间利润率的变动难以及时引起资源的重新配置，使供给与需求保持平衡。他说："一个生产者即使不能从买者所付的价格中补偿上自己的一切垫支费，他所雇用的工人也很少会转入其他行业；因为工人常常是经过长期而费钱的学徒培养起来的，他们所获得的熟练技术，构成他们财产的一部分，如果他们转业，势必放弃这种熟练技术。"[1]"工厂主改行和工厂主的流动资本改变用途并不那样困难，只是非常缓慢而已。但是，大部分固定资本进行这种转变是绝对不可能的。"[2]"现代经济学家作为计算依据的那些互相竞争的工厂之间利润的平衡，不破坏固定资本，不使一个倒闭的工厂中的就业工人死亡是永远得不到的。"[3]西斯蒙第完全否认了李嘉图学派和萨伊等人为代表的正统学派的观点，即供求的失衡可以通过价格和平均利润率的变动来调整，生产过剩只是局部的和暂时的现象。他强调收入调整，而不是价格调整在恢复供求非均衡中的作用。他的上述理论是以资本和收入的区分为基础，以收入调整为中心，并且注意制度因素的分析。例如，他一再指出科技发明和机器的使用，在当时的社会制度下给工人阶级带来了灾难，这不是发明和机器的过错，而是收入分配的不公平。

第三节 人口增长与经济增长

西斯蒙第十分重视人口增长与财富增长的关系，这一点在本章的

---

[1] 西斯蒙第：《政治经济学新原理》，商务印书馆 1983 年版，第 202 页。

[2] 西斯蒙第：《政治经济学新原理》，商务印书馆 1983 年版，第 203 页。

[3] 西斯蒙第：《政治经济学新原理》，商务印书馆 1983 年版，第 12 页。

第一部分中已有论述。人口问题最终是一个经济问题，在经济发展过程中更是如此。如同他的其他学说一样，西斯蒙第的人口理论与以马尔萨斯为代表的英国经济学家的观点也是大不相同的。

首先，西斯蒙第认为是收入，而不是生活资料的数量限制和调节着人口的增长。马尔萨斯认为，任何国家的人口都受着这个国家所能提供的生活资料的数量的限制，并且把劳动人民的贫困和经济的停滞归结为人口增长超过了生活资料的增长。西斯蒙第认为，马尔萨斯的这种观点只有抽象的正确性，而不能适用于政治经济学。他说："人口从未达到生活资料的最大限度，而且它可能永远不能达到这种限度；所有需要生活资料的人，都没有向土地要生活资料的方法和权利；另一方面，依法垄断土地的人也想使土地所能生产的生活资料完全生产出来。任何国家的土地所有者都反对、而且必须反对专以增加生活资料为目的而不能增加他们收入的耕种方式。早在一个国家不能生产更多的生活资料使人口停止增加以前，人口的增加就由于人们无力购买生活资料或者不能进行生产生活资料的劳动而停止了。"①因此，西斯蒙第认为，限制人口增长的不是马尔萨斯等人所说的体现着自然法则的稀缺土地的边际生产力，而是体现人类意志的法律和社会制度分配给社会各阶层的收入。"人口只能由收入来调节。"②由于劳动阶级的收入取决于劳动的需求，而对劳动的需求又取决于雇佣劳动的资本。所以，西斯蒙第又说："人口永远是按照劳动的需求来调节的。"③"人口是紧紧随着应该养活他们的资本的周转而变化的。"④这里我们又一次看到了资本和收入的比例和收入学说对于西斯蒙第经济理论的重要意义。收入不仅用来解释经济增长，而且也用来说明人口增长，这又必须依据资本和收入的比例进行考察。而人口增长和经济增长的关系又构成他的理论的主题。

---

① 西斯蒙第：《政治经济学新原理》，商务印书馆 1983 年版，第 425 页。
② 西斯蒙第：《政治经济学新原理》，商务印书馆 1983 年版，第 416 页。
③ 西斯蒙第：《政治经济学新原理》，商务印书馆 1983 年版，第 434 页。
④ 西斯蒙第：《政治经济学新原理》，商务印书馆 1983 年版，第 447 页。

人口与收入的不平衡必然导致劳动人民的贫穷和灾难。西斯蒙第认为，为了使人们获得幸福，最主要的是使人口随着收入的变化而增减。"收入与人口之间发生了任何不调和的现象，都一定会使资本减少或劳动的需求降低，而受损失的总是工人，被剥夺的总是工人阶级的收入。"①

西斯蒙第把人口增长与收入增长的不协调的主要原因归结为社会制度存在缺陷。他说："国民收入可能是静止的，逐渐减少的，或是逐渐增加的，人们不只是应该希望人口自然地随着这种变化而变化，而且，只要社会组织没有缺陷，人口自然就会这样"。② 西斯蒙第的这种论点是以这样一种假定为前提的，即人们能够理性地依据他们所获的收入的多少，作出是否建立家庭的决定和控制家庭的规模。他说："一个丈夫要负责供给妻子儿女的生活资料；这种责任足以约束他不能任意而为。……不考虑这些就盲目地建立家庭，他的轻率举动就得由顾虑收入不足而不结婚的人的过分恐惧来补偿；就社会整体来看，人们可以肯定，独身者只有在认为他的收入是以维持新地位的需要时，才能作丈夫或父亲。人口之所以超过这个比例，经常是由于作父亲的在收入方面失算了，或者更确切地说，是社会欺骗了他们。"③ 在西斯蒙第看来，人口增长之所以超过收入，这是因为劳动阶级不能正确估计他们的收入。劳动阶级不能正确估计自己的收入是由于他们一方面丧失了各种财产，另一方面他们的劳动能力不能成为稳定收入的来源，而这是由于社会组织存在缺陷而导致的。他说："任何地方发生只靠出卖劳动力生活的人得不到工作，并且眼看着周围有丰富的生活资料而自己无力购买以致贫困而死的时候，造成这种不调和现象的根源，总是我们的法律和我们的制度。"④穷人的"收入应该和穷人

---

① 西斯蒙第：《政治经济学新原理》，商务印书馆 1983 年版，第 419 页。
② 西斯蒙第：《政治经济学新原理》，商务印书馆 1983 年版，第 417 页。
③ 西斯蒙第：《政治经济学新原理》，商务印书馆 1983 年版，第 416 页。
④ 西斯蒙第：《政治经济学新原理》，商务印书馆 1983 年版，第 436-437页。

的人口成正比，但是他们并不能决定这种收入，因为社会的每个较高阶级都能够破坏甚至毁灭这种收入。现代社会组织的巨大缺陷，就是穷人永远不能知道，他能指望哪种劳动的需求，这就是说，他的劳动能力永远不能成为一项稳定可靠的收入。"①"穷人愈是丧失各种财产，他们就愈弄不准自己的收入，而促进找不到工作，得不到生活资料的人口的形成。"②西斯蒙第还分析了政府、宗教和社会习惯往往总是鼓励人口增长，把人口的增长看成是社会繁荣的标志，但另一方面资本积累和机器的发明却不断地使经济对劳动的需求减少，从而造成人口的过剩。

西斯蒙第并不一概地反对人口增长。他认为如果社会组织不良，使新增人口得不到相应的收入的话，那么人口就不应该增长。假如在人口增加的情况下，每一个人都能通过自己的劳动得到适当的收入和生活，那么人口增长并不是坏事。在他的理论中，看不到像马尔萨斯等人所表现出的关于人口增长对现有资源，特别是土地压力的担忧。他说："只要有劳动需求和供给劳动充足的工资，挣这份工资的工人就会诞生。……工人所需要的生活资料也是永远能生产出来的，必要时还可以由国外输入。"③

第四节　政府干预与经济发展

西斯蒙第通过上述理论分析之后，对自由竞争和自由放任的学说产生了怀疑，并且一再的呼吁和请求政府干预经济，以便使财富的增长能正常进行，使社会的每一个成员都能在经济增长中获得最大的福利。

西斯蒙第指出："在我们刚才阐述的见解与亚当·斯密发表的见解之间的主要区别就是：亚当·斯密一直反对政府干预一切有关增加

---

① 西斯蒙第：《政治经济学新原理》，商务印书馆 1983 年版，第 420 页。
② 西斯蒙第：《政治经济学新原理》，商务印书馆 1983 年版，第 422 页。
③ 西斯蒙第：《政治经济学新原理》，商务印书馆 1983 年版，第 434 页。

国民财富的事，我们却一再呼吁政府对此进行干预。"①

"商业财富的发展不需要政府干预的说法是绝对不正确的；政府对商业财富发展的自由竞争完全任其自流，并不会因此就杜绝某种压迫或使多数人免遭过分的痛苦……如果政府对财富的欲望加以调节和节制，它就可能成为一个无限慈善的政府"。②

西斯蒙第认为在完全自由竞争的条件下，个人利益常常是与社会利益相矛盾的，个人利益的实现可能会以损害他人的和社会的利益为代价。他批判了自由放任和自由竞争经济学的哲学基础，他说："包括在所有其他人的利益中的个人利益确实是公共福利；但是，每个人不顾别人的利益而追求个人的利益，同样，他自己力量的发展并不包括在与他力量相等的其他人的力量之内；于是最强有力的人就会得到自己所要得的利益，而弱者的利益将失去保障；因为人们的政治目的就在于少损失多得利。个人利益乃是一种强取的利益，个人利益常常促使它追求违反最大多数人的利益，甚至归根结底可以说是违反全人类的利益。"③"把政治经济学建立在无限制的竞争的原则上，就是为了同时实现一切个人欲望，而牺牲人类的利益。"④西斯蒙第的上述观点同斯密关于"经济人"和"看不见的手"的论述是针锋相对的，他对利己主义的自发功利作用完全持否定态度。他把这种哲学观点具体运用于资本主义社会，指出了占人口极少数的有产阶级和广大劳动阶级之间利益的对立。他认为有产阶级在追求个人利益最大化时，必然会压低工人的工资，由资本不断积累导致的利息率的下降会使他们多用资本、少用劳动，导致对劳动力的需求下降，这不断直接损害了劳动阶级的利益，同时也破坏了生产与消费的平衡。他指出："他们（即有产阶级和劳动阶级）的区分，他们的利益的对立是我们给人类社会

①　西斯蒙第：《政治经济学新原理》，商务印书馆 1983 年版，第 460 页。
②　西斯蒙第：《政治经济学新原理》，商务印书馆 1983 年版，第 246 页。
③　西斯蒙第：《政治经济学新原理》，商务印书馆 1983 年版，第 243 页。
④　西斯蒙第：《政治经济学新原理》，商务印书馆 1983 年版，第 478 页。

造成的现代的人为组织所产生的后果。"①"造成市场停滞的唯一原因就是参与共同生产的生产者——老板和工人之间的利益的对立"。②他认为政府和国家应该维护劳动阶级的利益，通过法律制度的改革，来保证劳动产品的合理分配，调解这种利益对立和它对社会产生的不良影响。他说："国家的利益决不是工厂主的利益，而是把生产所得的利益在一切参加生产的人中进行合理分配。国家的利益要求劳动所产生的国民收入，由各个阶级来分享。"③他还要求政府采取措施保护居民不受竞争的影响。这些主张反映了在自由竞争的汪洋大海中痛苦挣扎的小生产者的心声，同时，也反映了在资本主义早期的发展过程中，遭到资本和机器不断排斥的工人阶级的利益。他认为劳动人民的贫困遭遇原因在于现存的制度剥夺了他们的财产，但是，他并不主张对现有财产实现再分配，而是主张对现有财富产生的收入进行再分配。

西斯蒙第认为，政府还要协调经济中的各种比例关系，使增长的财富能给人类带来福利。他说："当财富逐渐地均衡地增加时，当它的任何部分都不是过分迅速地发展时，这种增加才能造成普遍的福利；但是只要有一个齿轮比其他齿轮快，先完成了自己的任务，就会产生灾难；刚才我们看到了由于一种节约而形成的超过工业需要所能运用的资本的灾难和由于人口增长超过劳动需求所产生的更大灾难。因此，从各方面看，每个个人的行动都企图加快机器的运动。也许政府的职责就是延缓这种运动，调节这种运动。"④

西斯蒙第虽然从收入分配和经济比例关系的协调等方面，提出了政府干预经济的必要性，但是他并没有提出可行的具体措施。在收入分配上，他承认只是指出了什么是原则，什么是正义，而没有制定执行手段的能力。实际上他也未能指出公平分配的原则和标准。在协调

---

① 西斯蒙第：《政治经济学新原理》，商务印书馆 1983 年版，第 466 页。
② 西斯蒙第：《政治经济学新原理》，商务印书馆 1983 年版，第 523 页。
③ 西斯蒙第：《政治经济学新原理》，商务印书馆 1983 年版，第 226 页。
④ 西斯蒙第：《政治经济学新原理》，商务印书馆 1983 年版，第 244 页。

经济比例关系时，西斯蒙第更是提出了一些阻碍资本主义社会生产力发展的措施，要求限制自由竞争和资本积累，限制机器的使用和技术创新。总之，他是想通过收入的公平分配来增加需求，他说："消费上的平等结果总是扩大生产者的市场，不平等，总是缩小市场。"①另一方面，通过限制资本积累和技术创新来控制供给，从而达到消费和生产的平衡。正是由于他在技术创新和机器发明上的这种立场，使他的论敌把他斥之为喜欢野蛮，而讨厌文明，是社会进步的敌人。西斯蒙第对这种指责大为不满，并且表示抗议。他说："不论是攻击我的人，还是拥护我的人，都没有理解我，有很多次我的同盟和我的敌人一样使我受到耻辱。在政治经济学中，人们把我当作社会进步的敌人，当作野蛮和强迫制度的倡议者。这是不对的，我并不想要已经有过的东西，但是我想要一种比现时的东西更好的东西。我不能用别的方法来判断现在，只能把它和过去比较，当我用废墟来证明社会的永恒的需要时，我远不想恢复废墟。"②

西斯蒙第看到了资本主义在它早期的经济发展过程中的种种弊端，但却是站在即将和已经被资本主义摧毁的旧社会制度的废墟上来观察和批判资本主义的，并且在这种观察和批评中常常把旧制度作为参照系，表现出对它的好感与怀念，试图用旧制度下的老办法来解决资本主义的新问题。从这一方面看他的理论具有落后性和空想性，"是力谋重新把现代的生产和交换资料硬塞进已被这些资料突破而且必然要突破的那种旧的所有制关系的框子里去。"③但是，从另一方面看，西斯蒙第的确提出了一个不同于英国古典经济学的，用来思考资本主义经济增长和经济发展的理论框架。它以收入理论为基础，以收入和资本的区分和比例为轴心，收入分配同时可以决定和调节经济与

---

①　西斯蒙第：《政治经济学新原理》，商务印书馆1983年版，第215页。

②　西斯蒙第：《政治经济学新原理》，商务印书馆1983年版，第513-514页。

③　马克思恩格斯：《马克思恩格斯全集》第4卷，人民出版社1985年版，第494页。

人口的增长。在这里经济增长和人口增长不是被单独决定，而是同时决定。这种理论的政策结论也应该是清楚的和单一的，即收入的公平分配。这应该是西斯蒙第的整个理论的逻辑。西斯蒙第这样指出："我相信我给政治经济学奠定了一个新的基础，因为我确定了全民的收入，和研究了这种收入的分配；收入既然给国家带来莫大的幸福，那末通过研究收入就能够最好地达到这门科学的目的。"①西斯蒙第和李嘉图同把收入和收入的分配作为政治经济学的主题，但西斯蒙第是从总需求的角度来研究收入分配的，通过收入的公平分配，促进总需求提高；而李嘉图是从总供给的角度来研究收入分配，通过利润的不断上升，加速资本积累和总供给增长。西斯蒙第认为经济是手段，社会福利的增进是目的，而收入分配是利用手段达到目的的工具和环节；李嘉图认为资本积累是手段，经济增长是目的，而收入分配是增强手段达到目的的工具和环节。在政策结论上，西斯蒙第主张通过政府干预，和收入再分配来达到目的；而李嘉图主张通过自由贸易，和谷物的自由输入来解决。西斯蒙第和马尔萨斯都重视人口对经济增长和社会福利的影响。但是马尔萨斯认为限制和调节人口增长的是体现着自然法则的稀缺土地的边际生产力，由于人口增长所引起的劳动阶级的贫困是一种自然现象，与社会制度无关；而西斯蒙第则认为限制和调节人口增长的是体现人类意志的法律和社会制度分配给社会各阶层的收入，无论什么地方，由于人口过剩所导致的工人阶级的贫困的根源在于社会制度的缺陷。在生育行为上，马尔萨斯认为，劳动人民缺乏远虑和节制精神，不可能根据自己的收入水平作出合理的生育决定，选择合理的家庭规模；西斯蒙第则认为人们能够理性地根据他们所能获得的收入，作出建立家庭的决定和控制家庭规模。通过上述的比较分析，以及本章开头关于西斯蒙第经济发展思想与英国古典经济学三点分歧的论述，我们足以看到西斯蒙第经济发展思想在理论史上应处的位置。

---

① 西斯蒙第：《政治经济学新原理》，商务印书馆1983年版，第12页。

第五章　萨伊的经济发展思想

让·巴蒂斯特·萨伊(Jean-Baptiste Say，1769—1832 年)是一位与李嘉图、马尔萨斯和西斯蒙第同时代的法国经济学家。在 19 世纪的大部分时间内，萨伊的理论统治了法国官方经济学的讲台，非正统的观点和与他不同的研究方法被排斥在正统学术界之外。西方学者把萨伊称为斯密学说在欧洲大陆的继承者和传播者。

萨伊指出："政治经济学根据那些总是经过仔细观察的事实，告诉我们财富的本质。它根据关于财富本质的知识，推断创造财富的方法，阐明分配财富的制度与跟着财富消灭而出现的现象。"①我们将围绕经济增长(即财富的增长)和经济发展这个主题来介绍和评价萨伊的经济理论。

第一节　决定经济增长的因素

萨伊认为要寻找决定一个国家财富增长和经济繁荣的原因，首先得明确财富的性质。这是因为当财富本质的明确概念还没有形成时，是不能理解国家繁荣的原因的。萨伊正是从什么是财富的角度提出了效用价值理论。他说："我把物品满足人类需要的内在力量叫做效用。……创造具有任何效用的物品，就等于创造财富。这是因为物品的效用就是物品价值的基础，而物品的价值就是财富所由构成的。""物质不是人力所能创造，而物质的量也不会忽增忽减。……人力所能做到的，只不过改变已经存在的物质的形态。所改成的新形态，或

---

① 萨伊：《政治经济学概论》，商务印书馆 1982 年版，第 18 页。

提供前此所不具有的效用，或只扩大原有的效用。因此，人力所创造的不是物质而是效用。这种创造我叫做财富的创造。"①在萨伊看来，财富由价值构成，价值的基础是效用，因而创造和扩大效用，也就创造了财富。

萨伊在说明了财富的性质后，进一步分析了决定财富生产的因素。他把财富的生产"归因于劳动、资本和自然力这三者的作用和协力，其中以能耕种的土地为最重要因素但不是唯一因素。"②

萨伊从两个方面分析了创造财富的劳动：首先，从产业或部门的角度看创造财富的劳动不仅包括农业劳动、工业劳动，而且包括商业劳动。这说明工业、农业和商业都是创造财富的部门，是财富的源泉。萨伊针对重农学派的观点指出："一个国家的每年生产量，不仅仅在于它的农业净产量，而在于它的农业、工业和商业的总生产量。"③其次，萨伊还从产品的生产过程分析了创造财富的劳动。他认为，生产一种产品的劳动可以分为三个步骤：第一，研究关于生产某种产品的规律和自然趋势的哲学家或科学家的劳动；第二，把这些科学知识运用于创造有用产品的企业家的劳动；第三，在前两类人的指挥与管理下提供执行力量的工人的劳动。与上述过程相对应"可把劳动区分为三种：理论、应用和执行。一个国家非在这三方面都优越，否则劳动就达不到十全十美的地位。一个民族如果在那一方面有缺陷，就得不到产品，产品是而且必定是这三种劳动的综合结果。"④科学除了给劳动以直接地推动作用外，还提供了一种间接的帮助，它可以消除人类的成见和愚昧，增强人类的自信心。但是，萨伊认为对于一个国家的财富增长来说后两种劳动特别重要，这是因为一个国家纵使科学不发达，但它可以利用从别国得来的科学知识，而应用知识以供应人类的需要的才能和应用知识的技能只能由本国的人民掌握才有

①　萨伊：《政治经济学概论》，商务印书馆 1982 年版，第 59 页。
②　萨伊：《政治经济学概论》，商务印书馆 1982 年版，第 75-76 页。
③　萨伊：《政治经济学概论》，商务印书馆 1982 年版，第 68 页。
④　萨伊：《政治经济学概论》，商务印书馆 1982 年版，第 81 页。

用。"所以一个存在许多有才智商人、制造者和农业家的国家，比主要以研究艺术和科学为务的国家有更强大的力量达到繁荣。"①他认为英国"虽然在科学方面取得了很高的地位，它巨大财富归功于它的企业家善于把知识应用于有益的途径，以及它的工人能够敏捷地和巧妙地执行手工部分的工作，尤甚于它在科学方面的发展。"②由于任何职业所需要的技巧，只有通过长期的和代价很高的训练才能获得，因而，萨伊认为在训练和教育上的费用也是一种重要的投资，这些费用的总和构成累积资本。他还根据劳动是否对产品的形成作出了贡献为标准提出了生产性劳动和非生产性劳动的规定。运用于产品的生产和协作了产品的生产的劳动都是生产性劳动；"非生产性劳力，即对任何产业部门的产品都无贡献的劳力。"③据此，他认为科学家劳动，无论是使用在试验上或著作上都是生产性劳动；企业家的劳动也是生产性劳动；工人包括农场的散工、船只的驾驶员的劳动都是生产性劳动。

萨伊认为资本必须与劳动协作才能生产产品，他把资本同劳动的这种协作称为资本的生产作用。这种生产性资本包括三个部分：（1）劳动者在生产过程中使用的工具；（2）从事生产的劳动者的生活费用；（3）劳动者在生产过程中使用的原料。资本来自储蓄，即来自剩余产品的积累。资本只有在不断的生产过程才能扩大。它的形成和增长的条件是：（1）人们改善境况的愿望。它是驱使人们节省开支，累积资本，从而促进生产，推动国家富裕和文明的动机。节约不仅对公众，还是对政府都是一种美德。萨伊批评了西斯蒙第和马尔萨斯认为储蓄会限制和妨害消费，从而影响生产的观点。他说："只要把所储蓄的东西再投资生利或用于生产方面，任何储蓄行为都不至减少消费量。相反的，它却会永远地或重复地引起新的消费。"④（2）对财产所

---

① 萨伊：《政治经济学概论》，商务印书馆 1982 年版，第 83 页。
② 萨伊：《政治经济学概论》，商务印书馆 1982 年版，第 83 页。
③ 萨伊：《政治经济学概论》，商务印书馆 1982 年版，第 86 页。
④ 萨伊：《政治经济学概论》，商务印书馆 1982 年版，第 116 页。

有权的保护和社会的安宁。人们能安稳地享有自己的各种生产要素所带来的收益，包括较低的和有规则的税收，乃是诱使人们把这些生产要素投入生产的最有力的动机和重要保证。（3）产业的发达。由于产业的发达，一方面人们可以找到许多更经济使用资本的方法；另一方面资本的报酬会更高、更安全，这会促进资本的积累。（4）以收取、聚集和利用个人小额储蓄的银行和金融机构的建立与扩大，也非常有利于资本积累。

萨伊认为，由于资本具有一种特殊的功能，它除了能给自己带来收入之外，还可以帮助其它生产要素即土地和劳动带来收入，因此，资本的使用在追求最大利润的时候，未必能产生最有利于社会的结果。他说："资本最有利的用法，是在同样风险下能生最大利润的用法，但对他最有利未必对一般社会也最有利，……这是什么对个人最有利也对整个社会最有利这个一般原则的例外。"①例如，一笔资本如果借给外国，可能给资本带来很高的利息，但却无助于国内产业和就业，不能增加本国土地和劳动的收入。萨伊认为就一个国家的利益来看，最有利的资本使用是国内农业，它可以使本国的土地与劳动的生产力增大，并使它们的收入增加；其次是制造业和国内商业。他反对一个国家过早的把资本投向国外和经营对外商业。但是他却认为，活跃的国际贸易的存在能够大大激励国内产业，不管由谁经营都是如此。

萨伊认为限制经济增长的因素不是土地，而是资本。尽管他在例举决定财富增长的三要素时，把土地作为最重要的因素，但在整个分析中，他实际上把资本看成是决定经济增长的关键因素。他明确地指出："国民的劳动，不是受土地大小的限制，而是受资本多寡的限制。"②尽管农业会受到土地的限制，但资本的积累却是无限的。只要资本积累，产出增长，劳动力也会随之增加，因此人们可以通过不断地资本积累，来扩大他们的财富。只要社会和政府能够为资本积累创

① 萨伊：《政治经济学概论》，商务印书馆1982年版，第403页。
② 萨伊：《政治经济学概论》，商务印书馆1982年版，第78页。

造一个良好的条件，资本的积累并会不断扩大。正因为如此，萨伊认为："限制劳动生产力的不是自然，而是愚蠢和不良政府。"①他还说："政治不上轨道的国家，没有一个达到富裕。文明国家所以有许许多多产品以满足人民的需要，能有美术，能有蓄积所赐与的空闲机会，这一切都应该归功于政治组织。"②可见，萨伊十分强调政府的政策和行为在经济发展中的作用。

第二节　总供给和总需求与经济增长

萨伊是专注于供给的经济学家，他认为在需求方面不可能构成经济增长的障碍，从根本上讲经济停滞和增长缓慢只能由供给乏力引起，决不可能由于需求不足所致。在这一点上萨伊继承了斯密的观点，并加以发展，从而与同时代的西斯蒙第和马尔萨斯的需求不足论形成根本对立，而同李嘉图站在一边。

萨伊认为，在市场充分发挥作用和不存在外部干扰的情况下，产品的总供给总是等于总需求，总供给和总需求相互作用推动经济增长。在这种相互作用中，总供给是启动和决定的力量。他的逻辑是这样的：某种产品的供给过剩是可能的，它是由于对产品的需求不足和人们的购买力和需求缺乏导致的；要增加人们的购买力和需求就得增加他们的收入；而他们的收入的增加只能是他们提供的产品的价值实现的结果。因此，要增加需求必然增加供给，解决一种产品过剩的办法就是增加另一些产品的供给。萨伊指出：

"一个人通过劳动创造某种效用，从而把价值授与某些东西。但除非别人掌握有购买这价值的手段，便不会有人赏鉴，有人出价购买这些价值。上述手段由什么东西组成呢？由其他价值组成，即由同样是劳动、资本和土地的果实的其他产品组成。这个事实使我们得到一

① 萨伊：《政治经济学概论》，商务印书馆 1982 年版，第 76 页。
② 萨伊：《政治经济学概论》，商务印书馆 1982 年版，第 140 页。

个乍看起来似乎是很离奇的结论，就是生产给产品创造需求。"①

萨伊对总供给与总需求的这种看法是建立在各个行业和部门互为市场的基础之上的。他说：

"一种产物一经产出，从那时刻起就给价值与它相等的其他产品开辟了销路。……由于这个原因，丰收不但对农民有利，而且对经营一切货物的商人都有利。收成愈佳，农民要购买的东西愈多，反之，收成不佳，一切货物的销售，都不免受到影响。工商业的产品也是这样，一个商业部门如果生意兴隆，它便提供更多购买手段，给其他部门的产品开辟更大的销路。反之，一门商业或一门工业如果不景气，一切其他商业或工业部门都必感受它的影响。"②

萨伊对总供给与总需求的上述观点还与他对货币的看法有关。他认为货币只是一种流通媒介，只是转移价值的手段。他说：

"把销路疲滞归因缺乏货币的说法是错误地把手段看作原因。这种错误的产生是由于差不多一切产品在最终变为其他产品之前，总首先变成货币，……。其实货币只不过是媒介而已。销路呆滞决不是因为缺少货币，而是因为缺少其他产品。"③"在以产品换钱，钱换产品的两道交换过程中，货币只一瞬间起作用。当交易结束时，我们将发觉交易总是以一种货物交换另一种货物。"④

萨伊认为总供给的过剩是外部因素致使市场机制失灵的表现。供给与需求均衡的恢复不是政府干涉的结果，而是市场机制作用的结果，即市场本身具有使总供给和总需求达到均衡的能力。他说：

"由于过度利润一定会刺激有关货物的生产，因此，除非发生某些特殊事件，如政治变动或自然灾害等……否则一种产品供给不足而另一种产品充斥过剩的现象，决不会永久继续存在。这些政治毛病一经消除，生产手段自然会感受上述刺激向空虚的方向去。这些空虚一

---

① 萨伊：《政治经济学概论》，商务印书馆 1982 年版，第 142 页。
② 萨伊：《政治经济学概论》，商务印书馆 1982 年版，第 144 页。
③ 萨伊：《政治经济学概论》，商务印书馆 1982 年版，第 143 页。
④ 萨伊：《政治经济学概论》，商务印书馆 1982 年版，第 144 页。

经填补，其他方面的活动就恢复正常。如果对生产不加干涉，一种生产很少会超过其他生产，一种产品也很少会便宜到与其他产品价格不相称的程度。"①

萨伊特别强调指出："读者不要认为我的主张是不可能发生一种产品比其他产品生产得过多的现象。我不过是主张，最有助于促进一种产品需求的，无过于另一种产品的供给。"②基于他对总供给与总需求的上述基本认识，他推演出了四个重要的结论：

其一、在一切社会，生产者越众多产品越多样化，产品便销得越快、越多和越广泛，而生产者所得的利润也越大。

其二、每一个人都和全体的共同繁荣有利害关系。一个企业办得成功，就可以帮助别的企业也达到成功。事实上，无论一个人从事哪一种职业或哪一门生意，他的周围的人越发达，他就能够得到越丰厚的报酬，越容易找到工作。不仅个人和企业之间的关系如此，城市和乡村之间、地区与地区之间、乃至国家与国家之间、工业、农业和商业之间的关系也是如此。

其三、购买和输入国外货物决不致损害国内或本国产业和生产。其理由是，如果一个国家是以本国产品来购买国外的货物，那么对外贸易直接给本国的产品开辟了销路；如果是以现金来购买国外的货物，现金本身一定是用国内生产的产品换来的。所以不管是用现金或本国产品偿付国外货物，对外贸易都给本国产品开辟了销路。

其四、经济增长的困难不在于鼓励消费，而在于增加供给。"激励生产是贤明的政策，鼓励消费是拙劣的政策。"③

从以上的分析我们可以看到，经济学中的所谓"萨伊定律"只是对萨伊关于总供给和总需求关系的理论的一种简要概括，它实际上应该包含两个基本的观点：第一，从横向的角度看，经济中各个部门、各个行业和各个地区是互为市场的，一个部门、行业和地区的发展会

① 萨伊：《政治经济学概论》，商务印书馆 1982 年版，第 145 页。
② 萨伊：《政治经济学概论》，商务印书馆 1982 年版，第 146 页。
③ 萨伊：《政治经济学概论》，商务印书馆 1982 年版，第 149 页。

给其它部门、行业和地区的产品提供市场和需求。这一观点对发展经济学有重要影响，它可以推演出这样一个结论，即为了使总供给和总需求达到一致，各个经济部门必须要按一定比例来进行投资，从而使各部门保持平衡增长。50、60 年代发展经济学中的平衡增长战略的一个重要的理论依据就是认为产业和部门之间是相互依赖、互为市场的，只有当各个工业部门按照一定比例（这一比例取决于各部门产品的需求收入弹性）增长时，产品的需求和供给才能达到均衡，整个经济才能协调和稳定增长。平衡增长论者纳克斯就认为，平衡增长的理论依据来源于"萨伊定律"。第二，从纵向的角度看，供给产生需求，需求又会引起供给，在供求锁链关系中，供给是启动力量和决定因素。这与需求决定论相比，更接近马克思经济学的观点。萨伊从上述观点出发得出了自由竞争自由贸易和鼓励储蓄刺激供给的政策主张，这些主张与斯密的理论是一脉相承的。我们认为，萨伊关于产业和部门之间互为市场，强调供给在财富生产中的主导地位的看法是具有积极意义的。它的主要错误是忽视了货币在发达商品经济中的作用，把资本主义商品和货币经济看得过于简单，将它与简单商品生产相混同。

第三节　人口与经济增长

在人口理论上，萨伊受到马尔萨斯的影响。但是，他与马尔萨斯和李嘉图的不同之处是，他对人口问题并不担忧。同斯密一样，他是人口增长的乐观派。

在决定人口增长的问题上，萨伊基本上接受了马尔萨斯的看法，即人口的增长取决于生活资料的增长。他说："尽管人有先见之明，尽管理性、法律和社会习惯对人施加限制，但人口总是随着生活资料的增加而增加，甚至稍稍超过生活资料的增加。"①"一个国家的人口

---

① 萨伊：《政治经济学概论》，商务印书馆 1982 年版，第 420-421 页。

总是和它的各种产品的总和成比例。"①

在如何使人口同生活资料的增长保持平衡的问题上，萨伊认为："不应当减少人口，而应当增加总产品。通过个人的更大积极性、勤勉和节俭，以及更好地管理即政府更少地干涉人民，总可以使产品增加。"②为什么不控制人口呢？因为萨伊认为："除侵害生产来源外，什么都不能永久地减少人口。"③要解决因人口过剩而导致的贫困的途径只能是增加产出，以促进经济增长。稠密的人口是生产扩大和经济增长的标志。

萨伊还分析了经济增长对人口分布的影响，即随着经济增长，人口的城市化和乡村人口减少的趋势。他认为把人口集中在最有利于分工和使用技艺的地方会有利于工商业的繁荣；同时，城镇的发展还可以为农业的增长提供市场。"一个国家非到城镇在全国星罗棋布，就不能生产本来能够生产的那么多农产品。没有城市提供便利的设备，工业产品不能臻于完善。"④在萨伊看来人口的城市化既有利于农业发展，也有利于工业发展。他没有像李嘉图那样担心工业化可能导致农产品短缺。他说："如果城市出产供外销的产品，它就能从国外得到粮食，因而能够维持比乡村多得多的人口。"⑤

第四节　政府在经济发展中的作用

萨伊认为决定和约束经济增长的基本因素在供给一方，要促进经济增长必须刺激供给，而要刺激供给就得减少国家的干预。在一种自由竞争、自由放任和社会制度健全的社会里，利己主义动机的驱使和价格信号的引导会使各种生产要素自动流向能产生最大效率的产业和

---

① 萨伊：《政治经济学概论》，商务印书馆 1982 年版，第 422 页。
② 萨伊：《政治经济学概论》，商务印书馆 1982 年版，第 426 页。
③ 萨伊：《政治经济学概论》，商务印书馆 1982 年版，第 422 页。
④ 萨伊：《政治经济学概论》，商务印书馆 1982 年版，第 432 页。
⑤ 萨伊：《政治经济学概论》，商务印书馆 1982 年版，第 431 页。

部门。同时，萨伊还对政府在经济发展中应该承担的职责进行规定。

一、政府不应当干涉经济

萨伊认为，生产什么、怎样生产应该由市场和生产者自己决定。萨伊在其著作中，经常使用十分尖刻的语言来批评政府对经济的干涉，对自由竞争和利己主义原则的破坏。

萨伊指出："政府影响生产的企图，一般有两种目的：使人们生产它认为比其他更有益的东西，使人们采用它认为比其他更适当的方法。"①用现代经济学的语言讲，也就是生产什么、怎样生产的问题。他认为生产什么取决于社会的需求，社会需求的变化会通过产品的价格的变动而反映出来。某种产品需求增加，投入在该部门的生产要素所得到的报酬就会高于其他部门，"这种较高利润，自然会把生产者吸引到这些生产事业。所以产品的性质，总是决定于社会的需要。……产品的总产量越多，社会需要就越大；整个社会所控制的购买手段越多，它所能购买的数量就越多。"②这是生产要素流动的一种自然趋势。那么谁最能认识和遵循这种自然趋势呢？萨伊认为是生产者而不是政府。因为生产者比政府更关心自己的利益，更了解社会需求。如果由于政府干涉，使这种自然趋势受阻，受害的不仅是生产者个人，也包括政府和国家，在这里政府的利益与生产者的利益是一致的。因为个人收入是国家收入的来源，政府不应该对可以为益更大的生产所得的利润表示异议。"在一切国家，顾客的欲望决定产品的性质。最为人想望的产品就是需求最大的产品，而需求最大的产品，就给资本、劳动与土地生最大利润，因此资本、劳动与土地就优先地用于生产这产品。"③所以，生产什么应该由市场和生产者决定，不应由政府决定。萨伊认为政府规定生产方法也是有害的，特别是在工业部门是如此。他也反对政府直接经营企业，因为政府不可能成为成功的

---

① 萨伊：《政治经济学概论》，商务印书馆 1982 年版，第 154 页。
② 萨伊：《政治经济学概论》，商务印书馆 1982 年版，第 155 页。
③ 萨伊：《政治经济学概论》，商务印书馆 1982 年版，第 439 页。

生产者。他以法国当时政府所办的工厂为例，说明政府经营的企业不仅没有增加国家的财富，而且不断把国家累得拮据不堪。此外，政府经营企业还会妨碍私人企业，破坏公平竞争。萨伊的结论是："产业和财富的健全状态，乃是绝对自由，即听任各事业照顾自己的利益"，① "最繁荣的社会必定是不受形式拘束的社会"。②

二、政府在经济发展中必须承担一定的责任

萨伊认为政府有责任为经济的发展创造一个安定、安全、公平和有利的环境。政府的作用包括这样几个方面：（1）保护财产的所有权不受侵害和社会的安宁。财产的不受侵犯有三层含义：第一，保证财产所有权的实际稳定性，只有这样，各种生产要素才能发挥最大生产能力；第二，生产要素的所有者能安稳地享有其生产要素所带来的收入，这是诱使人们把生产要素投于生产用途的最有力动机；第三，人们有自由运用生产要素进行生产活动的权利，只有这样生产要素才能发挥最大效率。萨伊认为，维护社会治安比尊重财产所有权更为重要，因为财产所有权的安全依存于社会的安宁。他把保证人身和财产的安全看成是政府使用鼓励生产的一切方法中最有效的手段。（2）通过计划周详，办理妥善和维修得当的公共工程，特别是公路、运河、港口等强有力地刺激私人生产力，并能在生产费用的节省上产生难以估计的价值。（3）创办各类学校、图书馆、博物馆，主持大型的科学研究和促进科学技术知识的传播，也有利于财富的增长。（4）政府为了防止明显地有害其他生产事业或公共安全的欺诈行为，而不是指定产品的性质和制造方法的管理也是有益和正当的。例如，对关系到人民生命安全的各类医生、药剂师的业务技能的考核和资格的审查；还有重要军事工业的生产与管理。（5）保护消费者利益和国家的商誉，禁止厂商滥登名不符实的广告。（6）政府在节制消费和鼓励储蓄方面也可以起到重要作用。

---

① 萨伊：《政治经济学概论》，商务印书馆 1982 年版，第 184 页。
② 萨伊：《政治经济学概论》，商务印书馆 1982 年版，第 197 页。

三、政府应当执行最有利于经济增长的税收政策

政府要履行经济发展中的职责，必须要有经济来源，这种经济来源主要是税收。从一方面看，政府税收愈多，它承担职责的能力愈强；但从另一方面看，税收增加会增加企业和人民的负担，抑制供给和经济的增长。萨伊认为："课税从社会所取去的，除国库实际收到的价值外，还有征收费用与引起个人的烦劳，以及课税所阻止创造的价值。"①政府应该尽量减少税收，力求勤俭节约，不可竭泽而渔，最好的财政计划是尽量少花费，最好的税收是最轻的租税。它包括以下几点：

（1）确定最适度的税率。萨伊指出，高税率的结果是使私人陷入穷困，而国家并不能因此致富。税率提高，国家的税收反而还会下降。这是因为过高的税率会使私人的收入减少，这可能会产生两方面的影响：如果私人由于收入减少，导致了他们消费减少，那么社会总需求会下降。其结果是："需求减少，产品的供给必然减少，因此成为课税对象的物品的供给必然也减少。这样纳税人的享受减少，生产者的利润减少，国库的收入也减少。"②如果由于私人收入减少而不得挤占一部分储蓄，那么这并会使资本的积累下降，使企业的利润和个人的收入减少，国家的税收也会减少。萨伊指出："这就是税率增加而税收并不比例增加的原因，也就是在财政算术二加二不等于四这句话成为一种格言的原因。"③"相反地，在公正与正常政府统治下，作为课税对象的利润与收入每年逐渐增加，即使不变更税率，由于可课税产品的增多，税收也逐渐增加。"④现代供给学派的所谓拉弗曲线只是萨伊上述观点的复述。

（2）提高税收制度的效率。降低收税的成本，尽量避免只烦扰纳

① 萨伊：《政治经济学概论》，商务印书馆 1982 年版，第 529 页。
② 萨伊：《政治经济学概论》，商务印书馆 1982 年版，第 505 页。
③ 萨伊：《政治经济学概论》，商务印书馆 1982 年版，第 505 页。
④ 萨伊：《政治经济学概论》，商务印书馆 1982 年版，第 518 页。

税人而不增加国库的租税。在人民缴纳的税收一定的情况下，收税的费用或成本下降，可以使国家的税收增长，政府要尽量降低税收的费用比率(征税的费用/征税的收入)。

(3)注意税收的公平负担。萨伊主张累进税制度，他说："除非税率是累进的，不可能做到课税公平。"①这种观点与斯密的主张是相反的，斯密反对累进税率，认为这种税率对勤俭人累积资金起阻碍作用。

(4)在最小程度上妨害再生产的税收。萨伊认为，过高的税率和征收不当会在以下几方面影响再生产：首先它会阻止生产性资本的积累；其次，对财产转移课税会影响资源的流动和配置；最后阻碍原材料和中间产品生产的税收也必定会妨碍再生产。政府应该尽量减少税收可能产生的这些负作用。

(5)税收要有利于国民道德，有利于普及对社会有用或有益的习惯。税收不仅会影响生产和消费，还会影响国民的道德和习惯。政府可以运用这个有力的工具促进勤劳、鼓励节俭，防止懒惰和奢侈。

可见，尽管萨伊极力反对国家干预经济，但是他也认为应当赋予政府在经济发展过程中的重要的职责。正因为如此，他对政府的不良行为常常进行尖刻地批评，而对其正确主动总是极力赞美。

综上所述，萨伊的经济增长与经济发展思想可以概括如下：由于国民经济的各个部门，各个行业是互为市场的，一个部门和一个产业的扩张与繁荣，为其他部门和产业的扩张与繁荣提供了市场和需求，一种产品供给增加，也会创造出使另一些产品的价值得以实现的手段。因此，经济增长的动力来自供给，而不是需求。决定供给和增长的因素是劳动、资本、土地，其中资本是主导因素，但企业家的作用和工人的技能是十分重要的，它们包括在劳动这个生产要素中。要促进经济增长，必须刺激供给，减少国家干预，充分发挥市场机制在资源配置中的作用。政府的职责不是直接干涉经济活动，而是创造这样一个社会和经济的环境和条件：即让企业和个人能动地运用、配置其

①　萨伊：《政治经济学概论》，商务印书馆 1982 年版，第 510-511 页。

生产要素，并能充分地和安稳地享有这些生产要素所带来的报酬。李嘉图和马尔萨斯所担忧的由于人口的不断增长趋势和土地有限性即土地报酬递减规律所导致的经济停滞和增长极限在萨伊的著作难以看到。萨伊认为利润重要，它决定资本积累，进而决定着经济增长，但是他不像李嘉图那样，在严格的假定条件下，通过经济增长过程所导致的利润、工资、地租的此消彼长中来揭示资本积累的来源。而是认为只要政府提供财产安全、教育、训练和必要的基础设置，还有很重要的是自由竞争的环境，那么资本积累并会自然形成。萨伊也看到了需求缺乏会导致供给过剩，但他并不像马尔萨斯那样从消费的角度来探讨扩大需求的途径，而是通过产业之间互为市场这一事实，得出了只有扩大供给才能最终扩大需求，市场的力量可以使总供给与总需求达到均衡的观点。萨伊的这种观点更体现古典经济学自由放任，重视积累、财政平衡和国家不应干预经济的基本精神。在人口问题上，萨伊虽然接受了马尔萨斯的一些观点，但他主张通过增加产品即生活资料的供给，而不是限制人口来建立人口与生活资料的平衡，人口增长是经济繁荣的标志。因此，从经济增长和经济发展的角度看，萨伊的理论更接近斯密，萨伊的经济增长与发展理论属于古典的范畴。

第六章　马尔萨斯的经济发展思想

托马斯·罗伯特·马尔萨斯（Thomas Robert Malthus，1766—1834）的经济增长和经济发展思想集中反映在他的两部重要著作《人口原理》（1803 年）和《政治经济学原理》（1820 年）中。马尔萨斯认为：《人口原理》"致力于探求使一国人口限制在实际供应所容许的水平的原因"，而《政治经济学原理》的"研究目的是要说明影响这些供应的主要原因是什么，或者使生产能力发挥因而财富增加的主要原因是什么"？① 关于他的经济发展思想我们论述和分析如下。

第一节　决定经济增长的因素

马尔萨斯认为："财富是个人或国家自愿占有的，对人类必需的，有用的和合意的物质的东西。"②一个国家是富裕还是贫穷，要看这些物质东西的供应，对比领土面积来说是丰裕，还是稀少。人民是富裕还是贫穷，就要看这些物质东西的供应，对比人口总数来说，是丰裕还是缺少。决定财富增长的因素不仅包括经济因素，而且包括非经济因素。他说："影响国家财富的最重要的基本原因，无疑地必须包括政治方面和道德方面的原因。"③他对影响经济增长的因素从供给和需求两个方面进行分析。

从供给方面看，他的经济增长学说基本上继承了英国传统的经济

---

① 马尔萨斯：《政治经济学原理》，商务印书馆 1962 年版，第 257 页。
② 马尔萨斯：《政治经济学原理》，商务印书馆 1962 年版，第 33 页。
③ 马尔萨斯：《政治经济学原理》，商务印书馆 1962 年版，第 257 页。

理论。他把资本、人口、土地和技术看成是决定经济增长的基本因素。马尔萨斯认为，经济增长的基本原因是生产性劳动的增加，而生产性劳动增加则是资本积累的结果。他说："没有资本的不断增长就不可能有财富的长期的和持续的增长。"①"把产品作为资本和产品作为收入而消费掉，其结果之所以不同，主要地是由于这二者所直接维持的劳动的性质不同。例如，很明显，只有亚当·斯密所说的生产性劳动，才能够维持、恢复或增加一国的物质资本。而且也只有这种劳动，即体现在物质产品的生产和增加价值上的劳动，才需要相当大的一笔资本来继续雇佣它。"②因此，财富的增长决定于生产超过消费的差额。马尔萨斯的上述看法，基本上继承了斯密的观点。丰富的自然资源和肥沃的土地是经济增长的主要条件。"在一个国家可能拥有的财富中，肥沃的土地往往能立即提供最大的自然潜力。"③与李嘉图一样，马尔萨斯把土地报酬递减看成是最终制约经济增长的一个重要因素。技术的创新是促进经济增长的主要因素。一种优良机器的发明，就像土地的肥力一样，会给人类带来巨大的生产能力。从供给的角度看，马尔萨斯认为最能促进供给增加的是资本积累、土地肥力和节约劳动的技术创新。

从需求方面看，马尔萨斯认为，经济增长取决于现有人口对产品的需求和购买能力。马尔萨斯对经济增长分析的一个特点就是，把需求和消费看成影响经济增长的一个重要方面，而不仅仅只是专注于供给和积累。这种分析以他关于财富——价值——有效需求之间的关系的看法为基础。他认为，财富并不完全等于价值，但产品价值的实现是财富生产的必要条件，而产品价值的实现又取决于社会的有效需求。因此，总需求通过价值这个中介，影响财富的增长。下面是马尔萨斯的论述：

"一个国家的财富并不总是跟着价值的增加而比例地增加，因为

① 马尔萨斯：《政治经济学原理》，商务印书馆 1962 年版，第 261 页。
② 马尔萨斯：《政治经济学原理》，商务印书馆 1962 年版，第 35 页。
③ 马尔萨斯：《政治经济学原理》，商务印书馆 1962 年版，第 274 页。

有时在商品的数量实际减少的情况下，价值可能会增加；可是财富也并不是单纯地随着归入财富名义下的东西的数量的增加而比例地增加，因为构成这个数量的各种物品也许不能与社会的需要和购买力相称，从而具有它们原来应有的价值。在质量上最有用的商品，如果在数量上绝对过剩，那就不仅会丧失它们的交换价值，而且会完全丧失满足社会需要的能力，因此，商品中的一部分就会丧失其财富的性质。"

"财富与价值最密切的关系，也许在于价值是财富生产的必要条件。……这种价值不仅是一切财富生产的重大的刺激，而且是决定财富将以什么形式和相对数量存在的伟大的规定者。任何一种财富除非社会上一部分人赋予它的价值等于它的自然价值或必要价格，同时愿意并有能力付出这样的代价，来取得这种财富，那么这种财富就不会继续供应市场。"[1]

因此，马尔萨斯认为，供给和需求的因素在决定财富增长上起着同等重要的作用。"一国的财富，似乎部分地决定于本国的劳动所获得的产品数量，部分地决定于这种数量对现有人口的需要和购买力的适应，这种适应可以使产品具有价值。所以最肯定不过的是财富并不是单独由其中任何一项因素决定的。"[2]但是，马尔萨斯在说明一个国家经济增长的原因时，强调的是需求；而在分析经济增长的前景时，把重点放在供给方面，即由于土地报酬递减引起的利润率的变化；在论述一个国家贫穷的原因时，则用人口增长和生活资料增长的比例关系来说明。如果说斯密属于经济增长的乐观学派，而李嘉图和马尔萨斯同属于经济增长的悲观学派。李嘉图是从增长中看到了停滞，而在马尔萨斯的理论中，似乎只有停滞，而难以看到增长。实际上马尔萨斯分析了三种可能出现的经济停滞：第一，人口增长与生活资料增长的失衡引起的停滞；第二，在经济发展的初期由于有效需求缺乏，即总供给与总需求失衡引起的经济停滞；第三，经济发展到较高阶段之

---

① 马尔萨斯：《政治经济学原理》，商务印书馆 1962 年版，第 250-251 页。

② 马尔萨斯：《政治经济学原理》，商务印书馆 1962 年版，第 251 页。

后，由于土地报酬递减规律的制约，导致资本积累下降引起的经济停滞。前两种停滞在马尔萨斯的理论中是具有特色的，虽然第三种停滞类似于李嘉图的停滞，但是其分析方法却大不相同。

第二节　人口约束与经济发展

马尔萨斯以其人口理论而著称于经济学界。他把一个国家的贫穷与不发达归结为人口增长超过生活资料增长而造成的经济停滞。一位国外学者认为，马尔萨斯的《人口原理》一书，可以看作是对斯密《国富论》的答辩，其书名可以修改为《国民贫困的原因的研究》。他的人口与经济发展的思想可以概括为以下几点：

一、人口增长和生活资料（主要指粮食）的增长的不同性质，导致了二者的不平衡增长

马尔萨斯认为，人口增长是劳动者实际收入水平即实际工资的函数，实际工资提高必然刺激人口增长。其分析逻辑是这样的：在通常情况下，如果私人服务①和生产性劳动的比例没有发生重大的变化，总产品的交换价值的增长和资本的积累一般会自然地增加维持劳动的基金的价值；而维持劳动的基金的增长速度调节着对劳动的需求，它的增加必然使经济产生更大的劳动力需求；劳动需求提高，推动工资上涨，进而刺激人口迅速增长。同时，他认为人口的增长，具有一种加速的趋势，因为，前时期的增长为后一时期的更大增长创造了条件。而食物的增长却表现出另一种不同的性质和趋势。食物的增长取决于土地的性质。由于土地在数量上是有限的，在质量上存在差别，当人口的增长导致粮食生产同时向集约和粗放的耕地边际推进时，粮食的增加量呈现出递减的趋势。因此，人口的增长必然会超过生活资料的增长。下面是马尔萨斯的论述：

"在有限的地域里，土地产出的增长率必定是同人口增长率有大

---

① 马尔萨斯把非生产性劳动称之为私人服务。

不相同的性质的。……假如有食物供应，人口将会以不竭的精力继续增长，而且前一个时期的增长将为后一个时期的更大的增长提供力量，如此推演下去无有穷尽。但是为人类生存所必需的实物的增长却遵循着另一种变动的趋势，当全部良田逐渐地被耕种之后，食物的每年的增加额必然要依靠已占有的土地的改良。从一切土壤性质来说，每年的这个食物的增加额，不但不会递增，而且必然会逐步递减。因此，人口的增长有超过生活资料增长的经常的趋势。"①

二、要使人口增长和生活资料增长保持较好平衡，首先应该增加生活资料的供给，但根本的途径是控制人口的增长

马尔萨斯指出："在努力提高任何国家的生活资料对消费者数量的比例时，我们的注意力自然首先集中在生活资料的绝对数量的增长上。在这样做的时候，我们立即发现消费者人数的增加远远地快于生活资料的增加；并且发现不管我们怎样努力，生活资料老是瞠乎其后。这时，我们应该相信我们仅仅在这个方面上努力一定不会成功。这好像是驱使乌龟去赶上兔子一样。既然发现了由于自然法则的作用，我们不能使生活资料赶上人口而达成适当的比例，那末下一步的打算自然就该使人口适应生活资料了。假使我们能说服兔子使它乖乖地睡着，那末乌龟便一定能够赶上它。……这样我们所希望的两大目标就可以同时达到，即一方面有实际的充实的人口，而另一方面又比较上没有赤贫和求助于人的社会情况。"②

三、抑制人口增长的两种方式，在经济发展的不同阶段上的作用

马尔萨斯认为，自然规律决定了食物是人类生活所必需的，人口实际上永远不可能增加到超过可以支持它的最低限度的食物的供给量。将一国人口限制在实际食物供给所容许的水平的原因是积极抑制和预防抑制。积极抑制的形式是极其多样的，它包括各种不卫生的职

① 马尔萨斯：《人口原理》，商务印书馆 1961 年版，第 4 页。
② 马尔萨斯：《人口原理》，商务印书馆 1961 年版，第 469-470 页。

业、过度的剧烈的劳动、对儿童的恶劣的保育、极度的贫困、大城市的拥挤、多种疾病、战争和饥荒。预防抑制是由人类所特有的一种自主抑制，它是人们由于远虑和保证其生活水平不会下降，而产生的一种对结婚的克制和晚婚。马尔萨斯认为，在过去人类历史上和当时世界上文化落后的地区，预防性抑制的欠缺被强大的积极抑制力量所弥补，人口与生活资料的平衡主要是通过积极抑制实行的。而在近代欧洲一些比较发达的国家，预防性的道德抑制则较占优势，而积极抑制较难行通。在这些国家出于谨慎考虑的晚婚行为是使人口适应于生活资料水平的最有力的手段。在马尔萨斯看来，经济发展水平愈低，人口增长与生活资料增长相互平衡的机制，愈主要地依靠积极抑制来实现，这是自然规律强制发挥作用的结果。在这种情况下，经济增长所导致的任何生活水平的提高，总会被接踵而来的更大的人口增长所压低，对人口增长的积极抑制发挥作用，使人口增长与生活资料增长再度在一种低收入水平上恢复平衡。马尔萨斯指出：劳动者"生活境况方面的这种进进退退的运动又周而复始地重演起来。"①这就是所谓的经济发展中的"马尔萨斯陷阱"。马尔萨斯的这些观点在当代的发展经济学的所谓"低水平均衡陷阱"和"临界最小努力"理论中再现出来。

四、人口转变的思想

马尔萨斯在他的《人口原理》一书中，始终把人口的增长看作是劳动者实际收入水平的函数，只要实际收入水平增长，人口就必然会增长。由贫困和饥饿产生的对人口积极抑制是这种实际收入水平下降的自发作用的结果，而预防性抑制是人们担心未来实际收入水平下降，而采取自觉行动的反映。在后来的《政治经济学原理》一书中，马尔萨斯对人口函数作了一些修改，他说："高的实际工资或买得起一大部分生活必需品的能力，会产生二种结果：一种是人口的迅速增长，这时高工资主要地用来维持人口众多的大家庭；另一种结果是生活状况以及便利品和舒适品的享受的显著提高，而人口增长并没有相

---

① 马尔萨斯：《人口原理》，商务印书馆 1961 年版，第 11 页。

应的加速。"①他认为当时的爱尔兰是第一种结果的突出例子，而英格兰属于第二种结果的一个实例。为什么实际收入上升，而人口并不随之增长呢？马尔萨斯是用非经济因素来说明的。他认为主要取决于各个国家不同历史时期的生活习惯、公民的教育、自由、自尊和政治法律制度。马尔萨斯实际上已经看到了本世纪 50 年代一些学者提出的人口转变(demographic transition)的那种趋势。在经济发展的一定阶段上，人口增长与收入增长的这种"脱钩"，对马尔萨斯的人口理论，乃至整个古典经济增长和发展理论是一种挑战。如果人口的增长并不同资本积累所导致的收入增长而齐头并进的话，那么在古典理论的框架内所推断出的关于经济增长和发展的一些重要结论将难以成立。

第三节　需求约束与经济发展

马尔萨斯在研究一个国家早期的经济发展和经济增长的原因时，提出了这样一个问题：在许多国家，财产制度，道德和宗教的教育和自然潜力都具有相似的条件，为什么财富的增长状况大不相同？也就是说，在一些国家财富的增长为什么与生产财富的能力不成比例：马尔萨斯认为，在一些国家里，远在生活资料的获得碰到真正困难，即土地报酬递减规律对经济增长的制约发挥作用之前，资本的运用已经受到了限制。资本和人口在相当长的一段时期内处于过剩状态。马尔萨斯在这里就是分析这样一种经济停滞的基本原因和摆脱停滞的手段。

一、需求约束是财富的增长落后于生产财富的能力、或者说实际产出的增长小于潜在产出增长的基本原因

马尔萨斯认为，这种财富不足的原因，不在于实际供给能力缺乏，而在于有效需求不足。这种资本和人口的过剩是相对于社会对产品的实际需求而言的。

---

① 马尔萨斯：《政治经济学原理》，商务印书馆 1962 年版，第 425 页。

马尔萨斯指出："要把人口稀少的未开化的国家变为人口众多的文明的国家，最大的困难是用最能激发他们努力于财富的生产的欲望来刺激他们。"①"对生产最有利的三种重大因素是资本积累、土地的肥力和节约劳动的新发明。这三种因素在同一方向发生作用；由于它们都倾向于便利供给，而与需求无关，它们不可能单独地或者共同地对财富的不断增长提供充分的刺激。"②

那么，能使财富的生产能力充分发挥的这种有效刺激是什么呢？

马尔萨斯回答说："这就是不受阻碍的对全部产品的有效需求。""商品的有效需求就是一种能满足商品供给的自然和必要条件的需求；……它是需求者在实际情况下，为了使所需商品能够不断地获得足够供给而必须支付的代价。"③

二、资本积累造成了资本家和地主等富人阶层的消费需求减少，从而导致了有效需求不足

在马尔萨斯的理论中，总需求只包括消费需求，总供给主要来自资本的积累，总需求与总供给的关系也就是总消费与总积累的关系。马尔萨斯关于有效需求的理论，实际上是探讨总收入在二者之间分配的最佳比例，以最大限度地促进经济的增长。同李嘉图一样，他假定劳动者的工资只能维持生存，他们的收入全部用于消费。资本家和地主的收入是积累的来源。在上述假定的条件下，马尔萨斯分析了资本的积累对总需求的影响。他认为，资本的积累是使更多的私人服务转化为生产性劳动的过程。这一过程不会使劳动者阶级的消费或需求下降，也不会使他们的消费或需求增加。在马尔萨斯看来，劳动者在私人服务和生产性劳动中，他们的收入是相等的，他们从前一部门转向后一部门时，其消费不会发生变化，却会使产品大量增加。而资本的积累使资本家和地主等富人阶层的消费或需求减少了，这时，由新增

---

① 马尔萨斯：《政治经济学原理》，商务印书馆 1962 年版，第 330 页。
② 马尔萨斯：《政治经济学原理》，商务印书馆 1962 年版，第 298 页。
③ 马尔萨斯：《政治经济学原理》，商务印书馆 1962 年版，第 71 页。

资本所提供的新的产品就有一部分找不到市场，从而出现总供给大于总需求，以致产品过剩。这时，商品价格就会下跌，资本家的利润并会减少，积累和投资的动机和能力下降，经济出现停滞。

马尔萨斯说："由于资本积累，本来从事私人服务的人都转变成为生产性劳动者，于是，市场上各种商品的数量显然会异常地增加；可是两类劳动者的总数并没有增加，而地主和资本家为了消费而购买的意愿和能力根据假定是下降的，这样，与劳动比较的商品价值就必然会降低，以致大大地降低利润，因而暂时抑制了进一步的生产。这正是过剩这个名词的含义，在这种情况下，这种过剩显然是普遍的，而不是局部的。"①

马尔萨斯坚决反对李嘉图学派和萨伊否认普遍过剩的经济危机的理论，认为他们把商品交换简化为物物交换，而不把它看作是利用货币交换是完全错误的。

三、形成一种能使全部商品的交换价值不断增加的产品分配方式，是增加有效需求的手段

马尔萨斯指出："产品数量的增加，主要决定于生产能力，而产品价值的增加决定于分配方式。生产和分配是财富的两个重大因素，在配合得适当的情况下，就能在不太长的时间内，使地球上的财富和人口增长到自然资源所能容许的最大限度。可是，这两种因素如果分离，或是配合得不适当，那么，经过了几千年以后，只能产生像现在散布在地球表面上的稀少的财富和人口。"②

马尔萨斯所说的分配比一般的收入分配的含义要广泛，它包括能使有效需求不断增长的收入和财产分配制度，不断扩大的市场和良好的交换条件。在一个国家里，分配的缺陷表现为全部产品不能换得和从前数额相同的货币，因而生产者不得不在货币利润下降的条件售出产品。因此，有利于生产的良好分配，将能够产生足够的有效需求，

---

① 马尔萨斯：《政治经济学原理》，商务印书馆 1962 年版，第 262 页。
② 马尔萨斯：《政治经济学原理》，商务印书馆 1962 年版，第 306 页。

使全部产品的价值得以实现，并产生足够的利润，使资本的积累和经济增长能不断地进行。马尔萨斯把最有利于增加有效需求的分配的原因归结为三点：

第一，土地和财产的分割。马尔萨斯认为土地、财产和收入的过度集中会降低有效需求。他说："我总觉得少数人的过多的财富，从有效需求的角度看，决不能等于多数人的适度的财富。""一个很大的地主，周围尽是一些很穷的农民，这是一种最不利于有效需求的财富分配。"因为，"大量的制造业者和商人只能在大地主地位以下的广大消费者阶级中找到他们的商品的市场。"①制造业的财富的增长既是财产合理分配的结果，又是这种分配进一步改善的原因，因为制造业和商业资本的增长必然造成社会上中等阶级比重的增加。所以，土地和资本一定程度的普遍分布，会使有效需求增加，有利于财富的增长。但是，马尔萨斯认为，地产和资本过于分散也会不利于农业、工业和商业中的分工和技术创新。因而土地和财产的分散与集中的比例是财富增长中的重要问题。他说："在整个经济学中，没有其他问题像土地及其他财产的分割那样显著地证明比例关系在财富生产中的重要性。"②

第二，国内外贸易的扩大。马尔萨斯认为国内和国外市场的扩大，可以增加对产品的需求，它既可以提高产品的价格，也可以增加产品的数量。国外贸易给人的最大利益之一，以及它所以总是财富增长的必要因素的原因，就是它能激发新的欲望，形成新的爱好和提供足以使人辛勤劳动的新的动机，而这些因素对于维持商品的市场价格和阻止利润下降是绝对必要的。马尔萨斯从需求的角度来分析对外贸易在经济发展中的作用，把对外贸易看成剩余产品的出路和增加有效需求的途径，认为李嘉图总是把对外贸易看成是获得比较价廉商品的手段，这只是看到了对外贸易的利益的一小部分，特别是对于当时的英国是如此。他说："国外贸易的自然趋势是可以直接增加由利润组

① 马尔萨斯：《政治经济学原理》，商务印书馆1962年版，第307-309页。
② 马尔萨斯：《政治经济学原理》，商务印书馆1962年版，第310页。

成的那部分国民收入的价值，而无须相应地减少其他部分的价值。……正是这种收入的直接增加，可以提供雇佣较多劳动的能力与意愿，并且造成对劳动、产品和资本的活跃的需求，而这种活跃的需求是成功的国外贸易的一种显著和普遍的伴随物。"①

第三，私人服务和非生产性消费者的维持。马尔萨斯认为，比任何有关财富的增长更为重要的理由，就是为了社会上广大人民的幸福，最好是给予劳动阶级以优厚的报酬，但这又会使生产成本增加。因此，提高社会的有效需求不可能通过增加劳动阶级的收入来实现。在马尔萨斯看来，资本家和工人阶级都不可能为全部产品的实现提供足够的需求。商人和工厂主，在繁荣时期，为了保持产品的价值，迅速地积累，其速度远比国民资本增加的要快。因此，他们不可能相互提供足够的市场。马尔萨斯认为生产性劳动者创造的需求也不是足够的需求，因为这种需求决不会与劳动者生产出来的产品相等，否则，资本家的利润并不会存在，这些劳动者也就不会被雇佣。因此，任何商品的利润的实现，必须要有一种与生产这种商品的劳动无关的需求。这种需求来自一个只消费而不向市场提供物质产品的非生产性消费者阶级，它包括非生产性劳动者和土地所有者。他认为，一批非生产性消费者的特殊作用在于保持产品与消费的平衡，使全国人民辛勤劳动的成果获得最大的交换价值，从而促进财富的增长。

马尔萨斯并不认为，在什么条件下都应扩大非生产性消费者数量。社会中生产性劳动者和非生产性消费者的比例取决于经济中有效需求的状况。他说："在劳动充裕的条件下，为任何数量的资本寻找有利的运用途径都没有什么困难，那末，通往财富的大道虽然并不老是很平坦，但也不会十分曲折，而我们的唯一目的就是把一部分收入节约下来，并限制非生产性消费者的人数。但是，假如最大的生产能力因缺乏有效消费而成为相对地无用，……那么在这种情况下，问题就取决于比例关系。"②

---

① 马尔萨斯：《政治经济学原理》，商务印书馆 1962 年版，第 325 页。
② 马尔萨斯：《政治经济学原理》，商务印书馆 1962 年版，第 336 页。

马尔萨斯还认为政府将巨额税收，用于公共工程的建设，可以增加劳动者的就业机会，提高有效需求。他把 19 世纪初（1815 年—1820 年）英国和美国的经济停滞的原因归结为有效需求不足，他认为在这种情况下，"要努力帮助劳动阶级，最好是雇佣他们从事于不需要在市场上出卖劳动成果的那种劳动，例如修筑道路与公共工程。……在筑路和公共工程方面雇佣贫民，以及地主和有财产的人要建筑房屋、改善与美化庭园，雇佣工人与下等奴仆的趋势，都是我们最可靠的手段，最能直接补救由于陆海军兵员和战时雇用的其他各种人手突然转变为生产性劳动者而引起的产品和消费失去平衡的种种弊病。"①

马尔萨斯将上述三方面作为增加有效需求的主要手段，他说："假如由于这三种原因分别地或者联合地发生作用，我们能够使供给和需求之间维持一种比较有利的比例，从而增加总产品的交换价值，那么，利润率就会长期地上升到耕地的土质和耕种者的实际技能两者所能容许的高度。"②

第四节　土地约束与经济增长

马尔萨斯在假定一国经济的增长不受有效需求制约的情况下，进一步研究了经济增长的前景。在这里他的研究重心放在供给一边。和李嘉图一样，马尔萨斯认为："一般利润率一定会受最后耕地的土地的生产力的限制。"③经济增长的前景取决于利润率的变化，农业部门的利润率决定着工业和商业部门的利润率，而农业边际耕地上的劳动生产力决定着该部门利润率的发展趋势。因此，社会的一般利润率最终会受到土地边际生产力的制约。但是，马尔萨斯的分析过程却与李嘉图大不一样。

---

① 马尔萨斯：《政治经济学原理》，商务印书馆 1962 年版，第 350 页。
② 马尔萨斯：《政治经济学原理》，商务印书馆 1962 年版，第 350-351 页。
③ 马尔萨斯：《政治经济学原理》，商务印书馆 1962 年版，第 229 页。

马尔萨斯认为，利润是商品的价值减去成本价值的差，同其成本价值之比，即：

$$利润率 = \frac{商品价值 - 该商品的成本价值}{该商品的成本价值}。$$

因而，利润率的变动取决于改变成本价值和产品价值之间的比例关系的各种因素。而影响这种比例的原因主要有两个：第一，最后投放在土地上的资本的生产力，这种生产力的大小决定总产品价值中用多大一部分来维持所雇佣的劳动者。第二，由于偶然的或通常的供求情况而引起的同一数量的劳动的产品价值的变动，这种变动决定产品中归于工人的部分所占的比例的大小。马尔萨斯把前者称之为"利润限制原理"，它取决于土地的能力和农业的技术进步，并决定着最终的经济增长的前景。把后者称之为"利润调节原理"，它取决于总需求与总供给、消费与积累的比例关系，并决定着增长极限来临之前的漫长的经济增长过程。关于经济增长前景的分析，主要与利润限制原理有关。

利润限制原理揭示了经济发展和经济增长的极限。马尔萨斯认为，在一个拥有较多富饶而肥沃土地的国家的经济发展的初期阶段，产品的价值中只有很少一部分来支付地租。边际耕地上的农业劳动的生产力很高，全部产品的价值都几乎只在利润和工资之间分配。这时，工资和利润都可能很高。由于一国肥沃土地总是有限的，土地质量也存在差别，因而，随着资本、人口和经济的增长，次等土地会相继投入耕种，使用在土地耕种上的劳动生产力必然递减。当一定数量的劳动所获得的报酬愈来愈少时，可以在利润和工资之间进行分配的产品显然会愈来愈少。但是劳动者的工资的下降有一个最低限度，因而，每个劳动者的谷物工资不可能随着产品的减少而比例地减少；全部产品中较大比例的一部分必须用来支付劳动的工资；利润率就会不断地下降，直到农业部门资本的积累、经济增长停顿为止。马尔萨斯指出："这就是在资本不断积累，资本不断用于耕种新的肥力较差的土地或者进一步改善已耕土地中，工资和利润发展的必然过程；根据这里所作的假定，利润率和谷物工资率两者起初都是最高，后来会一同不断地逐渐降低，直到两者在同一时期停止下降，增加农产品的要求不再发生效力为止。"①农业部门的利润率下降，引起资本向利润率较高的制造业和商业部门转移，这一转移过程会不断地进行下去，直到后两个部门的利润率也开始下降，并接近农业利润率的水平为止。因而，马尔萨斯指出："在土地的耕种中，利润必然低减的原因是，用同量劳动所得到的产品数量的减少。在制造业和商业方面，利润率必然下降的原因是，同量产品的交换价值的下降。"②"在社会的发展进步中，当愈来愈贫瘠的土地相继投入耕种时，一般的利润率一定会受最后耕种的土地的生产力的限制。如果最后投入耕种的土地所产生的产品价值，在扣除耕种所必需的资本的最低价值之后，还能有一些剩余的话，一般地说，显然利润不可能高于这个剩余部分。在利润的最高限度方面，这是一种不可逾越的障碍。"③

马尔萨斯认为，来自土地报酬递减对利润的限制最后具有非常大的力量，并能产生压倒一切的影响，但是它的作用是极其缓慢和渐进的。当它似乎以觉察不到的步伐逐渐走向最后时，影响利润的第二个原因——总需求变动产生的利润调节原理将有充分范围来发挥作用。因而，不能仅仅根据第一个原因来估计一个国家十年或二十年的利润率的变化。这并为马尔萨斯分析经济增长极限远未达到之前，总需求不足可能导致利润率下降和经济停滞的理论留下了后路。

在马尔萨斯看来，土地报酬递减规律所引起的利润率下降的趋势最终会达到什么程度，以及它的持续时间的长度取决于下列因素。这些因素可以延缓这种趋势的到来：第一，农业的改良，包括农业机械、生产工具和土地经营管理与耕种制度的改进。第二，劳动阶级中个人努力的加强。第三，当谷物由于需求增加而价格上涨时，农场主的资本的某些构成部分(指构成生产成本的一些工业品的价格，包括劳动工资中的工业消费品)的价格没有出现同比例的上涨。这可以使

① 马尔萨斯：《政治经济原理》，商务印书馆1962年版，第229页。
② 马尔萨斯：《政治经济学原理》，商务印书馆1962年版，第229-230页。
③ 马尔萨斯：《政治经济学原理》，商务印书馆1962年版，第230页。

利润增加。第四，由于工业部门机器的改进和运用，使制造品的价格相对农产品而下降。

第五节 农业与非农产业的平衡发展

在《人口原理》一书中，专门有三章集中论述了农业和非农产业（包括工业和商业）的结合对经济增长的意义和作用。马尔萨斯把工业（包括商业）与农业的平衡发展作为实现经济的持续最大增长的重要条件。

首先，他认为农业的发展是工业和商业，乃至整个经济发展的基础。他说："商业和工业对于农业是必要的，但农业对于商业和工业更为必要。农耕者的剩余产品衡量并限制不用在土地上的那部分社会力量的发展，这是永恒的真理。在全世界任何地方，一切制造业者、商人、业主以及从事各种文武职业的人员的数目都必须完全与这种剩余产品相适应，而且衡情酌理不能超过剩余产品的限度而增加。……随着人类用在土地上的劳动和技巧增加了这种剩余产品，更多的人就可以有时间从事于促进人类文明生活的一切发明；同时，要想利用这些发明而得到利益的欲望也一直刺激着耕种者增加他们的剩余产品。"[1]

马尔萨斯主张农业和工业平衡发展。他分别分析了当时的两类国家：第一类是农业国，它包括美国、欧洲的波兰、俄国和土耳其等国。第二类是工业国，主要是英国。他认为农业国也会出现经济的繁荣与发展，例如当时的美国。但是，由于国内和国外市场的不足，农产品价格与工业品（包括国内和进口的工业品）价格相比会过于低廉，从而不利于劳动者阶级。而单纯发展工业的国家，其工业品的销路主要依赖于国际市场，这一市场一方面可能受到其他国家的工业品的激烈竞争而缩小，另一方面也会因为周围国家财富和需求增长缓慢而受到限制。如果一个国家能使农业与工业平衡发展，就可以消除这种不

---

[1] 马尔萨斯：《人口原理》，商务印书馆1961年版，第378-379页。

利状况。马尔萨斯关于农业与工业互为市场的观点是他的平衡发展理论的基础，工农业贸易条件是衡量平衡发展的尺度，由工农产品的比价的变化引起的资本在两部门之间的流动是实现平衡发展的途径和机制。首先，工业和商业的发展可以为农业提供市场，维持农产品的价格。他说："在一个工商业繁荣的国家里，土地产品总能在国内找到现成的市场；并且这样的一个市场特别有利于资本的不断增加。而资本的不断增加，尤其是维持劳动的基金的数量与价值的增加，乃是对劳动的需求和优厚的谷物工资的主要原因；同时，由于制造业中机器的改良和资本的扩充以及对外贸易的繁荣会导致相对高的谷物价格，使工人能够用他的一定份额的谷物收入去交换很多的本国和外国的便利品和奢侈品。"①同时，马尔萨斯还认为，农业的发展也为工业品的增长提供了市场。一个注重农业发展的、工业发达国家，它的工业品具有较大的市场，它的经济的增长就不会过多的依赖其他国家。

马尔萨斯把工农业之间的贸易条件及其变化看成是衡量工农业平衡发展的尺度和实行资源在两部门之间合理配置、平衡发展的机制。他说：一个工业发达的国家，"当它的工业资本有了余裕，而且制造出来的商品售价过低的时候，它并不须等待它的邻国增加农产品。它可以将它自己的多余资本转移到它自己的土地上去，以便生产新的产品来和它的工业品相交换，并且通过工业品供应相对减少和需求增加的双重作用来提高它们的价格。当农产品太多时，同样的作用可以恢复农业利润与工业利润之间的水平。"②

马尔萨斯把当时的英国看成是一个农业发展滞后的工业发达国家。他认为，农业发展的滞后对英国长期经济发展是极为不利的。英国完全有足够的土地资源来发展农业，养活比当时还要多几倍的人口，因此，他主张用保护政策来发展英国的农业，使工农业能平衡发展，这种保护政策包括对谷物出口补贴和进口限制。他说："如果一个国家的领土大到这样的程度，恰好可以合理希望最后能够以粮食供

---

① 马尔萨斯：《人口原理》，商务印书馆 1961 年版，第 388 页。
② 马尔萨斯：《人口原理》，商务印书馆 1961 年版，第 390 页。

给本国人民的话，……那么，通过人为的办法限制外粮进口，使农业与工业并驾齐驱，并使农业与工业两个阶级之间能保持更大的平衡，可能不失为一种适当的策略。"①

第六节　政府在经济发展中的作用

马尔萨斯一再强调，有关财富增长的一些重要问题实际上取决于比例关系。这些比例关系包括：人口与生活资料的比例、总需求与总供给的比例、农业与工业的比例、生产性劳动者与非生产性劳动者之间的比例等。他实际上认为，如果任其自然发展，上述一些重要的比例关系都难形成一种有利于财富不断增长的条件。在这种情况下，政府来协调这些比例关系，便是理所当然的。他说："一个政府不可能完全听任事物自然发展，……最能干的医师最能节约药物的使用，最相信自然的治疗力量。同样，最了解自己的工作的政治家最不愿意干涉企业和资本的自然趋向。但是，有时候却需要这样的医师和政治家进行干预，他们具有的科学知识愈丰富，工作就做得愈适当。"②

马尔萨斯认为，政府可以通过教育，提倡晚婚来控制人口增长；在经济萧条时，政府可以将巨额税款用于修筑道路与公共工程，增加就业；为了发展落后的农业，可以对农业进行保护。他认为自由贸易是美好的，但却是难以实现的。这是因为在自由贸易条件下，参加贸易的全体国家的总体利益与单个国家的利益会出现矛盾，总体利益的增加会以单个国家的损失和贫困为代价。在这种情况下，个别国家在某一方面实行贸易保护是应该的。他说："我的确认为，对某一个别国家的利益来说对外粮进口加以某种限制，有时也许是有利的，我更肯定地认为，对全欧洲的总体利益来说，如果给予谷物贸易和其他一切商品的贸易以最完全的自由，那就最为有利。这种完全的自由必然会带来更自由和更平均的资本分配，而这种资本分配虽然会大大地增

① 马尔萨斯：《人口原理》，商务印书馆 1961 年版，第 414 页。
② 马尔萨斯：《人口原理》，商务印书馆 1961 年版，第 20 页。

进欧洲的财富和幸福，却毫无疑义会使欧洲的某些部分比它们现在更为贫困，人口更为稀少；并且也没有什么理由可以希望个别的国家能为了全世界的财富而乐于牺牲它本国国境之内的财富。……因此，完全的贸易自由恐怕是一种永远不能实现的幻想。"①

第七节　对马尔萨斯经济发展思想的评论

我们已经比较系统地评述了马尔萨斯的经济发展理论。这些理论在经济发展思想史上具有一定的特点。这种特点表现在他关于人口和总需求对经济增长的制约分析上。

在经济思想史上，很少有一种理论像马尔萨斯的人口理论那样引起如此广泛和持久的争议。从经济发展的角度看，马尔萨斯关于人口增长与生活资料增长的关系，以及它对经济发展的影响的分析是有意义的。他的人口理论实际上构成古典主义经济发展思想的重要理论支柱，并且基本上可以说明西欧人口过渡的第一和第二阶段的人口增长历史。但是，马尔萨斯的人口理论也存在严重的局限性：第一，他脱离社会经济制度和经济发展的政策，把一个国家的贫穷与不发达仅仅归结为人口的过度增长的观点是错误的。第二，忽视或低估了技术进步的作用。马尔萨斯的人口理论是以土地报酬递减为基础的。经济增长的历史表明，递增而不是递减的规模收益已成为现代经济增长的显著特征，科学技术进步的巨大力量足以抵消人口迅速增长带来的阻力，使一个国家摆脱马尔萨斯的人口陷阱。第三，马尔萨斯的人口增长函数也存在缺陷。人口增长函数是马尔萨斯人口理论的另一个基础。他实际上把人均收入看成是决定人口增长的主要、甚至是唯一的变量，除非因食物减少使人口增长受到抑制，否则，人口增长具有一种无限的趋势。这一假定与人口过渡的第三阶段，即人均收入水平上升和人口出生率同时下降的事实不符。现代人口经济学试图从微观的角度对此作出解释，运用新古典主义的理性选择和最优原则来分析家

---

① 马尔萨斯：《政治经济学原理》，商务印书馆1962年版，第425页。

庭规模抉择。

在关于决定经济增长的原因的研究上，马尔萨斯一改英国经济学的传统，将分析的重点从供给转向了需求，并对"供给会创造自身的需求"的定律提出了怀疑和批评。凯恩斯在《货币、利息与就业通论》中，把马尔萨斯的有效需求不足的理论看成是他的就业理论的先声。马尔萨斯的"欲望产生财富"的观点与"需求能创造自身供给"的凯恩斯定律十分相似。第一，马尔萨斯的有效需求不足导致经济停滞的理论是以英国1815年以来一段时期的经济衰退为背景的。他认为这种经济衰退，是由于相对于产品的供给而言的需求的下降引起的。第二，马尔萨斯实际认为必须结合经济中总供给与总需求、积累与消费的比例和平衡来考虑总需求。刺激有效需求是有条件的，这一点我们在前文已有分析。第三，马尔萨斯关于扩大有效需求的政策，没有超出传统经济学关于稳定货币和平衡预算的思想。如果说凯恩斯主要是利用扩张性的财政和货币政策刺激总需求，那么马尔萨斯则是想通过国民收入在积累与消费、生产性劳动者和非生产消费之间的分割来解决。马尔萨斯主张稳定通货。他说："通货的突然紧缩无疑地大大加剧了商人和国家的困苦；为此，我们必须以最大的努力避免将来发生这种事情。然而，维持价格不能靠徒劳无益的办法，即采取既违反公平原则，又违反供求定律的强制发行纸币的办法；而要靠那唯一有效的办法，即稳定地使纸币与纸币所代表的硬币保持等价，除了受贵金属价值波动的影响外不受其他波动的影响。"①马尔萨斯也不主张通过大量举债的办法来扩大支出。他说："即使我们承认对巨大的生产能力起作用的、庞大的公共支出以及维持这种支出所必需的赋税的刺激，在特殊情况下，可能使一国财富增加的程度大于在其他条件下所能达到的程度；可是，由于最大的生产能力最后一定会被过度的借贷所压倒，结果必然增加劳动阶级的困苦，不管我们继续推行下去，还是设法回头，所以为社会着想，确实最好还是始终没有存在过这种财

---

① 马尔萨斯：《政治经济学原理》，商务印书馆1962年版，第352页。

富。"①马尔萨斯没有找到有效地增加需求的途径，把非生产性消费者的存在作为扩大有效需求的重要手段，这显然是错误的。但是，马尔萨斯确实看到了就业水平和经济增长取决于国民收入在积累和消费之间分割的比例，而这一点是斯密、李嘉图等人所没有意识到的。

---

① 马尔萨斯：《政治经济学原理》，商务印书馆 1962 年版，第 355 页。

第七章　西尼尔的经济发展思想

纳骚·威廉·西尼尔（Nassau William Senior，1790—1864）是英国经济学家。他的代表著作是《政治经济学大纲》（1836 年）。

第一节　决定经济增长的因素

西尼尔把财富的性质、生产和分配确定为政治经济学研究的对象。他首先分析了什么是财富、什么因素决定着财富的生产与增长。

西尼尔认为，任何事物要构成一项财富，必须具有三种特质：效用、供给有限性和可转让性。所谓效用并不是指某一事物的内在特殊性质，而是指事物对人们的痛苦与愉快的关系。供给有限性是指限制产品供给的阻力的强度。在这三个特质中间，供给有限性是最重要的。

西尼尔把影响财富的生产与增长的因素归结为：劳动、自然要素和资本的使用。劳动是为了生产的目的，在体力或脑力方面的自觉努力。西尼尔把资本的使用或积累称之为"节欲"，资本的使用的主要利益是生产工具或手段的改进和分工。决定劳动生产率的因素又取决于：（1）劳动者的个性，也就是他的体力、智力、精神的属性。较长的寿命和稳定的或增势比较缓慢的人口有利于劳动生产力的提高；（2）自然要素所给予劳动的协助程度，也就是一个国家的气候、土壤、位置和幅员对其人口的比例；（3）资本所给予劳动的协助程度。西尼尔认为：在"使劳动成为生产性的一切手段中，资本的使用是最有效的。"[1]

---

[1]　西尼尔：《政治经济学大纲》，商务印书馆 1977 年版，第 263 页。

　　同在他之前的经济学家相比，西尼尔突出强调人力资本在经济增长与经济发展中的启动作用和决定作用。他把人力资本称之为个人资本、无形资本或精神资本，而将物质资本称为有形资本，人力资本的形成主要是教育的结果。西尼尔认为人力资本形成的费用要大于物质资本，在英国当时的条件下人力资本对经济增长的贡献已经远远超过了物质资本。西尼尔把人力资本所获得的收入也称之为利润，它可以用来衡量这种资本对经济增长的贡献，因而人力资本在经济增长中贡献的增大表现为人力资本在国民收入中的比重上升。决定一个国家贫穷与富裕、财富的数量的不是自然因素，也不是有形资本的积累，而是无形资本即人力资本的数量和普及程度。他提出了一个响亮的命题：知识就是财富，"一切事业中最重要的是教育"。① 他下面几段话集中地体现了上述观点：

　　"劳动时固然一般说来是需要使用有形资本的，然而却普遍需要使用无形资本；构成这一资本的是相当的知识，是属于精神及属于智力的习性和名誉，要培养并保持这一资本，与有形资本相比，费用较大，可以获得报酬也较大。"②

　　他还说："就我们现在的文化状态说——比较起来这已经算是很高，但是跟我们可以想象得到的、甚至跟我们自信可以盼望得到的状态比起来，还差得很远——我们智力和精神的资本，不但在重要意义上，甚至在生产力上，都已远远超过有形资本。……大部分的国民收入是利润；而利润中单是属于有形资本的利息的那个部分大概不到三分之一，其余是个人资本（也就是教育）的成果。

　　决定国家的财富的，并不是土壤或气候的偶然性，也不是生产的有形手段的现有积累，而是这种无形资本的量及其普及程度。据说爱尔兰在气候、土壤和环境各方面都胜过我们，至少不比我们差。它的贫困据说是由于缺乏有形资本；但是如果将爱尔兰本地七百万居民换成英格兰北部的同胞，他们所缺少的资本很快就可以形成。……爱尔

---

①　西尼尔：《政治经济学大纲》，商务印书馆1977年版，第323页。

②　西尼尔：《政治经济学大纲》，商务印书馆1977年版，第197页。

兰物质上的贫乏是由于它精神和智力上的贫乏，是由于它在精神和智力上没有获得充分发展。它还处于缺乏教育的状态，其人民的愚昧和强暴使该地人民的生命和财产得不到安全保障、使资本无法累积，无法运用。……据说知识就是力量；但是我们可以有更强得多的理由说知识就是财富。小亚细亚、叙利亚、埃及和非洲北部沿海一带一度是世界上最富足的地区，而今却要算是最困难的地区，这只是由于掌握着这些地区的各族人民没有足够的无形资源以保持有形资源。"①

西尼尔关于教育和知识对经济增长的贡献大于物质资本的分析，以及人力资本对经济发展的决定性作用的论述都是颇为深刻的。到20世纪60年代，现代经济增长理论关于经济增长因素的分析、关于余值增长率的研究，从实证的角度进一步证明了教育、知识对经济增长的贡献，这可以看成是西尼尔上述思想的进一步发展。而现代经济发展理论只是在60年代中期之后，才开始认识到人力资源或人力资本对经济发展的重要战略意义，从早期的物质资本决定论，转向重视人力资本，甚至提出了人力资本决定论的观点。其中最有代表性的学者是诺贝尔经济学奖获得者舒尔茨，他指出："改善穷人福利的决定性生产要素不是空间、能源和耕地，决定性要素是人口质量的改善和知识的增进。"②1960年，舒尔茨以美国经济学会会长的身份在经济学年会上发表了题为《人力资本的投资》③的演讲，在这次演讲中，舒尔茨认为过去人们总以为经济增长必须依赖物质资本和劳动力的增加，并把劳动看成是同质的。而根据他的研究，人力资本即人的知识、能力、健康等质量的提高对经济增长的贡献远比物质资本和劳动力数量的增加重要。我们可以看到舒尔茨的这些观点同西尼尔的上述论述是完全一致的，其中有的话简直是一种重复。瑞典皇家科学院在

---

①　西尼尔：《政治经济学大纲》，商务印书馆1977年版，第202-204页。重点符号为引者所加。

②　舒尔茨：《人的投资：人口质量经济学》，1981年英文版，第4页。

③　舒尔茨：《人力资本的投资》，载《美国经济评论》1961年3月号，第3页。

授予舒尔茨诺贝尔经济学奖的公告中称"舒尔茨是研究人力资本理论的先驱者"。从我们对经济增长和经济发展理论的历史的研究表明，古典的经济增长和发展理论早已注意并重视了人力资本的问题。十分重视物质资本在经济增长中作用的斯密，把个人所学得的才能看成是固着在所有者本人身上的资本。这种观点为后来许多经济学所接受，并进行过论述。而西尼尔的上述论述更是一个重要的转折，把个人资本、无形资本放到了比物质资本或有形资本更为重要的位置。并分析了人口的平均寿命、知识、教育对经济增长的贡献和在经济发展中的作用。从历史上看，他们、特别是西尼尔应该看成是研究人力资本理论的先驱，后来的学说是对这些理论的发展。

第二节　生活资料和人口的相对变化与经济发展

从亚当·斯密开始，人口与生活资料的关系一直是英、法经济学研究的重要问题，其观点大致可以分成两派：其一是乐观派，认为人口的增长不会导致对生活资料的压力，当人口增长时，同时出现的不仅是生产力的绝对增长，还有生产力的相对增长，人口的增长和密度是经济繁荣的结果，也是促进繁荣的因素和判断繁荣的标准。斯密就是人口增长的乐观派。萨伊在人口问题也可归于这一派。其二是悲观派，他们认为生活资料的增长必然引起人口的增长，不管生活资料的增长速度如何，人口的增长速度总是具有赶上和超过生活资料增长的趋势。人口增长超过生活资料的增长是社会贫困与经济难以发展的重要原因。马尔萨斯是悲观派的主要代表人物，这一观点也为李嘉图等人所接受。西尼尔的观点同上述两派都存在一些差别，他认为在不同的经济发展水平上，制约人口增长的因素是不同的，人口的增长具有不同的趋势。

西尼尔认为："人类的苦乐主要取决于生活资料与人口两者的相对发展。"[1]一方面他接受了悲观派的观点，认为粮食可能增长的速度

---

[1]　西尼尔：《政治经济学大纲》，商务印书馆1977年版，第78页。

和人口不加制约时可能增长的速度是全然不同的，粮食每作一次增长一般会给粮食的进一步增长增加困难；而现有人口的每一次增加却扩大了人口进一步增加的手段。因此，如果人口不受制约的增长，"无论我们怎样刻苦耐劳，也无法防止我们的生活资料越来越感到缺乏，从而使我们的进展受到阻碍。"①但另一方面，他认为人口的增长实际上受着客观和主观条件的制约。在人类社会发展的不同阶段，人口与生活资料相对增长具有不同趋势和制约因素。人类在低级的野蛮状态和低下的生活状况下，由于生活必需品所造成的贫困和饥饿而引起的灾害与死亡这种自发的制约力量是限制人口，使人口和生活资料相对增长保持平衡的基本因素。而在一个高度文明和富裕的社会里，这种自发的制约力量将被一种自觉的制约因素所代替，经济发展水平决定着这种变化。经济发展水平愈低，自发性制约力量愈强；而经济发展水平愈高，自觉性制约力量愈强。因此，随着经济发展水平的提高，人类可以通过自觉性制约措施来控制人口增长，使自己摆脱"马尔萨斯陷阱"。

西尼尔说："物质上的缺陷发挥作用时，其决定性的和不可抗拒的形态是生活必需品不足——由于艰苦或饥饿而造成死亡。这几乎是无理性动物的增殖的唯一制约。至于人类，随着生活状况的降低，会越来越屈从于这一制约的势力。而在高度文明社会中，这一力量几乎是难以觉察的，但这只是由于另一替代力量在发挥作用。"②

西尼尔还说："一切经验证明，就任何人口众多而文化相当高的广大地域如欧洲、中国或印度说来，移民并不足以抑制人口。因此，看来只有对结婚抱慎重态度和在消费方面要保持相当水平的习惯，才能持久防止生活资料受到人口增长的过大压力，以致不断招致积极制约的痛苦。由于只有文明社会才存在着上述前一习惯，只有富裕社会才存在着上述后一习惯；这就可以清楚地看出，当一个国家在文化程度和富裕程度上日益进展时，积极制约就势必为预防性制约所取

① 西尼尔：《政治经济学大纲》，商务印书馆 1977 年版，第 54 页。
② 西尼尔：《政治经济学大纲》，商务印书馆 1977 年版，第 53 页。

代。……那么，随着社会的逐步发展，人口过剩——说得明确些，也就是人口过多以致不能获得必需品充分的，有规则的供应——的弊害势必逐渐缩减。"①

在西尼尔看来，这是因为：第一，在精神和物质文明都比较高的社会里，人们会自觉控制人口。西尼尔说："不可能设想，像这样一个社会会缺乏充分的明智，从而预见到人口增长过速的弊病，会不具有充分的慎重态度，从而防止这种弊病。在这种情况下，预防性制约就会充分发挥作用，就可以甚至无须接近于任何积极性制约。"②第二，人口增长速度降低和促进生活资料增长都是经济发展的结果，导致这两种变化趋势的主要原因是相同的。西尼尔认为："知识、财产的安全、国内交换和国外交换的自由和获致权力与地位的机会均等是一些主要原因；这些原因既足以促进生活资料增长，并且由于提高了人民的品性，使他们得以在较低的速度下进行繁殖。反之，对交换和商业的限制使多数人不能享有上进机会的人为障碍，尤其是愚昧无知和人身与财产的不安全，是一些一般的原因，由此既足以降低劳动的生产力，而且会造成种只顾眼前不计将来的野蛮状态。在这种状态下，慎重态度这一制约力量将不复存在，生殖力总是尽力争取超过生活资料的供应限度，这时抑制人口增势的就只是贫困和堕落。"③人口和生活资料"两者的发展是有它的原因的，这些原因在人类的控制范围之内，因此是可以调节的。"④

尽管西尼尔认为随着经济和文化水平的逐步提高，人口增长对生活资料的压力会减退，但是这并不是否认在许多国家里这一压力的普遍存在。因此，在这些国家"不论什么样的社会改革方案，如果不兼顾到提高财富生产和防止人口作相应增加的两个方面，就不可能是完

---

① 西尼尔：《政治经济学大纲》，商务印书馆 1977 年版，第 69 页。
② 西尼尔：《政治经济学大纲》，商务印书馆 1977 年版，第 55 页。
③ 西尼尔：《政治经济学大纲》，商务印书馆 1977 年版，第 79 页。
④ 西尼尔：《政治经济学大纲》，商务印书馆 1977 年版，第 78 页。

整的。"①

第三节　农业报酬递减和工业报酬递增与经济增长的前景

在古典经济学的理论框架中，土地报酬递减规律是最终阻止经济增长的主要障碍。西尼尔看到农业技术进一步对土地报酬递减规律的抵消作用，特别是看到了工业报酬递增给制造业包括农产品加工业所展示的无限增长趋势，但是由于他对古典经济增长理论中，土地报酬递减规律的忠诚，使其理论最终也没有摆脱这一困境和局限。不过，西尼尔关注的不是停滞，而是增长。政治经济学在李嘉图和马尔萨斯那里曾被人称之为"忧郁的科学"（dismal science），现在已不那样忧郁了。

西尼尔认为，农业和工业具有不同的特点，"增益劳动，使用于制造业会按比例地提高效率，使用于农业会按比例地降低效率。"②农业和制造业效率的这种重大差别对经济增长的速度和前景具有不同影响。

西尼尔把土地报酬递减规律作为政治经济学的 4 个基本命题之一。但是他认为这一种趋势是就一般性和较长时期而言的，是以技术不变为前提的。它并不排除在某一地区由于灌溉工程的建设，可以用较少量的增加劳动，获得更大的增益产量，也不否认在某一时期由于生产工具创新、耕作方法的改善、分工的贯彻等农业技术的进步，足以抵消、甚至超过土地报酬递减规律的作用，使粮食能成倍增长。

西尼尔指出："器械的求精，轮种法的改善，分工的进一步贯彻，总之，农业技术上的种种改进，一般都足以提高农业劳动。当一国的资本和人口有所增加从而引起劳动力增长时，与这一增长同时存在的必然是农业技术的改进；这类改进必然足以抵消、甚至可能胜过

---

① 西尼尔：《政治经济学大纲》，商务印书馆 1977 年版，第 70 页。

② 西尼尔：《政治经济学大纲》，商务印书馆 1977 年版，第 127 页。

由地力递减所引起的缺陷。近 100 年来英国农业的年产量增加了远不止一倍；但是，如果认为在这一期间每年使用于农业的劳动量也增加了一倍，那是极少可能的。"①

但是，西尼尔未能将上述观点贯彻到底，由于历史条件的局限，他没有看到这是技术进步的必然趋势，而是把它看成是土地报酬递减规律这一通则的显著例外。因此，他又认为农业技术的这种进步不是无限的，农业技术进步只能推迟和打断土地报酬递减规律的作用，但不能使这种作用最终消失。

西尼尔认为，工业的特点却不同于农业。在工业部门资本的积累和运用导致并推动了机器的使用和分工的发展。"借助器械和分工，可以大大促进人类的努力，其促进程度，目前已经无可计量，前途显然还可以有无限发展。"②他认为当时英国的制造业，除非受到战争的妨害，或者是新颁行或继续推行的法律不利于它的发展而受到妨害，否则它在下一世纪的产量还会提高，也许会提高 4 倍，甚至超过 4 倍。所以，"工业劳动者的人数每有一次增加，与之同时存在的不仅是对应的生产力，而且是越来越大的生产力。"③随着经济的增长，增加资本和劳动会自然导向制造业，农业人口相对减少，甚至绝对减少，工业人口不断增加，导致经济不断加速增长。

西尼尔认为，使这种增长受到阻碍的唯一制约因素是从国外输入原料和粮食的难易程度。他说："我们可以估计，迟早会使这些生产者(指工业劳动者——引者)的前进受到阻碍的唯一制约是，输入原料和粮食的越来越大的困难。如果农产品的输入能够跟得上进行加工的力量，则财富和人口的增加就没有限度。"④可见，西尼尔的增长理论最终还是没有跳出李嘉图的框架。

---

① 西尼尔：《政治经济学大纲》，商务印书馆 1977 年版，第 133 页。
② 西尼尔：《政治经济学大纲》，商务印书馆 1977 年版，第 128 页。
③ 西尼尔：《政治经济学大纲》，商务印书馆 1977 年版，第 134 页。
④ 西尼尔：《政治经济学大纲》，商务印书馆 1977 年版，第 134 页。

第四节　对外贸易与经济增长

同李嘉图一样，西尼尔把对外贸易作为一个国家在经济发展过程中，为了摆脱农业报酬递减趋势对增长的制约，谋求经济不断增长的重要手段。他说："当国家的财富和人口增长时，避免在越来越不利的情况下生产农作物的主要手段是向国外输入。"①

同时，由于工业劳动报酬递增，这使工业发达的国家不仅需要，而且能够进口农产品。他指出："当国家的财富和人口有了增长时，对社会有利的是，使增加的人口专一致力于条件越来越有利的制造业，而不是从事条件越来越不利的农业。他们的生产效率既越来越提高，一般说来，就可以用劳动和节制的某一定量的产品，来购得生产效率比较落后的其他国家的数额越来越多的产品。"②

根据西尼尔的理论，随着农产品进口国的工业不断发展，对农产品的需求必然会增加；农产品的出口国要满足这种需要，必须生产更多的粮食，土地报酬递减规律的作用，势必引起粮食成本上升，价格上涨，最后也会妨碍工业国的经济增长。但是，西尼尔认为，这只是遥远的事情，就一般以考虑实际目的为限的时期来说，似乎没有什么足以值得担忧的理由，这是因为：

"第一，在有利可图的贸易的刺激下，必然会促进出口国家农业技术的提高和运输设备的改进；这些因素，尤其是在处于发展初期的国家，往往足以使它在相当长时期间，将越来越多的农产品投入市场，所花费的劳动，按比例计不但相等，甚至还有所降低。第二，即使假定工业国家向国外获得的农产品，是由卖方在对他们说来按比例递增的费用下供给的，这并不表明，对这个国家说来的费用就必然要按比例增加。在这一方面渐增的困难，会被在那一方面渐增的便利所

①　西尼尔：《政治经济学大纲》，商务印书馆 1977 年版，第 166 页。
②　西尼尔：《政治经济学大纲》，商务印书馆 1977 年版，第 166 页。

抵消。"①

西尼尔通过这样一个例子来论证了他的观点：假定 12 个英国人生产 10 万码棉布，可以购买 36 个波兰人种植的 150 夸特小麦。现在假定英国小麦进口由 150 夸特增至 200 夸特，而这 200 夸特小麦在波兰不是按原来的比例由 48 人生产，而是由 60 人种植，这体现了报酬递减规律的作用。同时假定英国生产棉布的工人从 12 人增加到了 18 人，由于工业报酬递增，现在 18 人不是按以前的劳动产出比例只生产出 15 万码棉布，而可能生产 20 万码，或更多。西尼尔认为："在这种情况下的交换，不是不及以前有利，而是比以前更加有利。在较低比例的劳动量之下，英国将购入较多的谷物，波兰将购入较多的棉布。"②可见，西尼尔用农业报酬递减和工业报酬递增规律来分析工业国的制造品与农业国的农产品的贸易条件，企图说明在自由贸易条件下，国际贸易给双方都能带来好处，工业国的制造业部门的技术进步的利益可以通过对外贸易扩散到农业国。

第五节　政府在经济发展中的作用

西尼尔是一个经济自由主义者，他把自由竞争和自由贸易看成是经济增长的必要条件。他认为："政府的主要职责是提供防御力量，保护社会免受国外或国内的暴力和欺诈的伤害。"③也就是说，同斯密一样，西尼尔认为在经济发展中承担着一个"守夜人"的作用。政府只要像一个"守夜人"那样防止外来侵略，并维持社会安定，不必干预经济生活。但是他认为："不幸的是，政府大都认为它们的任务不仅在于提供安全，而且在于提供财富，不仅使其国民得以在安全的环境下从事生产和享乐，而且在于教导他们应当生产些什么，应当怎样享乐，对他们作出指示，应当怎样处理他们自己的事体，并强迫他们

---

① 西尼尔：《政治经济学大纲》，商务印书馆 1977 年版，第 167 页。

② 西尼尔：《政治经济学大纲》，商务印书馆 1977 年版，第 167-168 页。

③ 西尼尔：《政治经济学大纲》，商务印书馆 1977 年版，第 263 页。

遵守这些指示。"①西尼尔认为这是不利于财富的增长的。这是因为政府为了担负这些职责必然会提高税收；这时人们会竭力避免纳税，从而导致生产脱离其自然的轨道。

通过上述分析，我们认为西尼尔仍然是在古典的框架里探讨经济增长和经济发展问题，这在关于决定和限制财富增长的因素，经济增长的前景、对外贸易与经济增长的关系以及政府在经济发展中的作用等问题的分析上都可以表现出来。但是，西尼尔的增长和发展理论具有这样两个特点：第一，在决定经济增长的因素中，西尼尔把人力资本(他称之为无形资本、精神资本和个人资本)提高到了比物质资本更为重要的位置。我们认为这在经济增长和发展思想史上是一个重要转变，在他以前的学者也重视教育和知识所形成的人力资本在经济增长中的作用，但没有像他这样把人力资本提高到比物质资本更为重要的程度。第二，在阻碍经济增长的因素上，西尼尔的理论力争摆脱"马尔萨斯陷阱"；同时由于他对农业技术进步和工业报酬递增的认可，土地报酬递减规律对经济增长的制约也大大减轻。西尼尔实际认为控制人口增长的方式是取决于经济发展水平的。在一个较高的经济发展水平和文化水平的社会里，人类会自觉地控制人口增长，从而在人民生活水平逐渐提高(至少不会下降)的情况下，使人口与生活资料增长保持平衡。同时他也看到了农业技术进步和工业报酬递增对经济增长的影响。从理论的逻辑来看，在上述前提下，不应该得出经济的增长存在极限的李嘉图式结论。但是，由于西尼尔信守土地报酬递减规律，所以他关于经济增长的前景的分析最终仍未摆脱李嘉图的框架。

---

① 西尼尔：《政治经济学大纲》，商务印书馆 1977 年版，第 263-264 页。

第八章　穆勒的经济发展思想

约翰·斯图亚特·穆勒(John Stuart Mill，1806—1873)在经济学方面的代表作是 1848 年出版的《政治经济学原理》。当代发展经济学的先驱人物之一的罗斯托，从经济增长和经济发展问题的角度出发，认为 1848 年标志着从休谟的《人性论》(1739 年)和亚当·斯密的政治经济学的爱丁堡讲演(1748—1751 年)所开始的那一个时代的终结，同时也标志着另一个世纪的开始。① 他作出这种划分的依据是，在这一年诞生了两部重要的经济学论著：马克思、恩格斯的《共产党宣言》和穆勒的《政治经济学原理》。尽管我们并不同意罗斯托把马克思与穆勒相提并论的观点，但是对于穆勒的经济增长与经济发展的理论是值得我们认真研究的。

在经济学的研究对象上，穆勒完全承袭了斯密和李嘉图的看法，他认为政治经济学研究的"主题是财富，政治经济学的著作家以传授或研究财富的性质和财富的生产与分配的规律为职责：导致人类或任何人类社会条件(它与人类欲望这一普遍目标相关)繁荣或衰退的一切原因的间接或直接作用都包括在内。"②"在政治经济学中，没有什么比弄清生产增长的规律、生产增长所依赖的条件，生产的增长是否实际存在限制，它受什么限制更重要的问题了。"③因此，我们认为经济增长与经济发展的理论构成穆勒经济学说的中心。其基本理论可概

① 见罗斯托：《休谟以来的经济增长理论家》，1990 年英文版，第 1 部分第 4 章。

② 穆勒：《政治经济学原理》，1926 年英文版，第 1 页。

③ 穆勒：《政治经济学原理》，1926 年英文版，第 155 页。

述如下。

第一节　决定经济增长的因素

在分析决定经济增长的因素时，穆勒基本上继承了斯密、李嘉图的观点，把经济增长看成是资本、劳动和土地的函数，经济增长取决于这些要素的数量和它们被运用于生产所产生的效率。穆勒指出："生产的必要条件是劳动、资本、土地。因此，生产的增长取决于这些要素的性质，它或是诸要素本身增加的结果，或是它们生产力增加的结果。"[①] 由此可见，经济增长的原因主要可以归结为两个方面：

第一方面，各个生产要素的增长。在这里资本的增长对于经济增长起着决定性作用。因为一个国家土地的供给是有限的，可以被看成是一个既定的量。在劳动与资本这两个可变量中，劳动力的变动取决于资本的变动，或者说取决于社会总资本中，用于雇佣劳动力的那一部分资本(工资基金)同整个人口的比例。穆勒认为，资本的积累，总会引起对劳动力需求增加，从而使市场工资高于自然工资，刺激人口增长，导致劳动力供给上升。所以，只要资本积累能不断进行，劳动力的供给可以看成是无限的，经济的增长决不会因为劳动的短缺而受到影响。资本的积累主要取决于两个因素：储蓄量和储蓄欲望的强弱。储蓄量取决于劳动产品中，用于维持劳动者生活必需后的剩余量；储蓄欲望取决于资本的利润、一定社会的文化、心理和制度，在不同的国家和不同的时期储蓄欲望的强弱不同。

第二方面，各生产要素的生产力。穆勒详细的考察了决定诸要素生产率的因素，它包括：

(1)自然和气候条件。一个国家土地的质量和数量、矿藏资源的拥有量影响生产要素的劳动生产率。但是，它并不构成一国经济增长的决定因素。从历史上看，最富裕和最强大的国家往往并不是拥有良好气候和肥沃土地的国家。

---

① 　穆勒：《政治经济学原理》，1926 年英文版，第 156 页。

(2)劳动者的素质。它包括劳动者的体力、智力、技术和知识，以及诚实性和高尚的道德习惯。穆勒十分重视人力资本和人力投资对于经济发展的重要意义。他说："工人的智力是劳动的生产力的一个最重要的因素，在最文明的国家里，现在(1848年)智力投资是如此之低，以致要无限地改进未来的生产力，最好的资源莫过于使那些目前只用手的人也能用脑。劳动者的谨慎、节俭和诚实可信与他们的智力水平同样重要。"①

(3)社会条件。指人身和财产的安全以及每个人的劳动报酬尽可能地同其劳动所创造的成果成比例的社会制度。穆勒认为：人们的财产愈安全，愈不受到他人侵犯，那么资本积累越快，劳动者的报酬与其劳动成果愈成比例，那么劳动的效率就愈高。

(4)劳动的合作。穆勒认为合作对于提高生产力十分重要，合作分为两种形式：简单合作和复杂合作。简单合作是许多人在同一职业中互相帮助而形成的那种合作。复杂合作是许多人在不同的职业中互相帮助而形成的合作，穆勒把它称之为"分业"(the separation of employment)。他认为，分业不仅是工业文明的基础，而且对生产的影响更具有根本性意义。当不同物品的生产成为不同人们的唯一或主要职业时，不仅仅只是每一种物品的生产数量会大大增加，而且生产的物品会更加多样和丰富，从而使商品的市场扩大。

(5)企业的规模。穆勒从合作原理中，推演出了大规模生产可以促进经济增长的结论。他认为为了使劳动获得最大效率，必须有足够的劳动者进行合作，企业的规模必须能够容纳这些劳动者，资本的数量也必须足以维持这么多工人。因此大规模生产是经济发展的必然趋势和结果。企业规模的扩大，有利于劳动分工，当生产规模扩大到一定程度时，还会使每个适宜从事专门工作的人的工作达到饱和状态，从而取得良好的经济效果。企业规模的扩大，有利于大型机器的采用，只有大企业才具备配备这种机器所需要的大笔资本，并使这些机器的生产能力得到充分的发挥。企业规模的扩大还有利于节省交易成

---

① 约翰·穆勒：《政治经济学原理》，1926年英文版，第187页。

本，节省管理企业的劳动，降低生产成本，从而大大地提高企业的竞争能力。穆勒已经十分清楚地看到并分析了规模经济在工业和农业生产中的作用。他特别分析了股份公司的发展在扩大企业规模中的意义。他认为一个国家是否能用大生产代替小生产方式取决于市场的规模、商业信心和企业家精神，资本的年增长率和占有较大量资本的人数。穆勒指出："如果一个国家存在最广大的市场、商业信用和创业精神最普及，年资本增长额最大、个人拥有的大资本最多，那么各个产业部门并会愈来愈强烈地显露出大企业代替小企业的趋势。"[1]他还比较了大企业和小企业生产各自的利弊，指出大生产方式的优点在农业中没有像工业中耶样明显，分工的利益在农业中难以得到。因此，他主张在农业中应以小农场和自耕农制度为主，这不仅是因为在其他条件相同的条件下，这种小规模生产的农业制度比大农业更能提高劳动效率，而且更有利于改进农业的分配，提高农民的物质福利。他认为，在农业中，小农业是能把效率和公平良好结合的一种经营方式。

第二节　制约经济增长的因素

穆勒认为："对生产增长的限制来自于两个方面：资本或土地的不足。"[2]在决定经济增长的三个因素中，劳动并不构成制约经济增长的要素。资本和土地对经济增长的限制程度，在经济的不同发展阶段上是不同的。在穆勒的理论中，对经济增长的制约可以分为：最初制约和最终制约。最初制约分析的是一个社会开始谋求发展时，制约经济增长的因素是资本稀缺；最终制约分析的是一个社会发展到一定阶段之后，制约经济增长的因素是土地不足，一切数量有限、对经济增长具有重要作用的自然资源，例如矿藏等也可归于这一类。因此，我们可以将其分为两种情况来研究：资本约束型经济的发展与土地约束型经济的发展。

---

①　穆勒：《政治经济学原理》，1926 年英文版，第 142 页。
②　穆勒：《政治经济学原理》，1926 年英文版，第 189 页。

一、资本约束型经济的发展

穆勒把当时的一些亚洲国家和某些欧洲国家归于这一类。他说："有些国家如亚洲各国，储蓄动机很弱，除非有相当高的利润刺激，其人民将不会储蓄，也不会为获得储蓄的手段而工作。……在这些国家生产不足，劳工很多，没有资本能使自然要素和人力二者相结合。从经济的角度看，这些国家急需解决的是加强创业精神和有效积累意愿。其办法是：第一，建立一个更好的政府，财产更加安全，适度税收，免除在税收名义下的各种苛捐杂税，建立起更永久、更有利的土地租赁制度，使耕种者尽可能得到他们勤劳、技能和经济所带来的全部利益。第二，提高公众的知识水平；破除阻碍发挥劳动积极性的各种习俗和迷信；促进精神活动的发展，使人们热心于实现新的欲望。第三，引进外国的技术，以把追加资本的报酬提高到与低积累欲望相适应的水平；输入外国资本，这可以使生产的增加不再完全依靠本国居民的节俭和远见。这些措施即令不能使人们的实际生活状况有所改善，也会逐渐灌输新思想和打破旧习俗的束缚，给本国人民一种刺激，使他们产生新的欲望和新的需求，更多地为将来考虑。这些方法在不同程度上适用于所有的亚洲居民，并且也适用于文明和工业程度较低的一些欧洲国家，如俄国、土耳其、西班牙和爱尔兰。"[①]

二、土地约束型经济的发展

穆勒认为，还有一类国家，以英国为首，在这些国家里创业精神和有效积累的意愿都不需要任何鼓励，在那里人们为了少量酬劳就会辛勤地工作，为了少量的报酬就会拼命地节省。尽管劳动阶级的节俭远未达到所要求的程度，但富裕阶层的积累欲望却太高了，需要的不是鼓励，而是予以抑制。在这些国家，如果资本的增加不是由于报酬的锐减而被制止或陷入停顿，资本永远不会短缺。正是报酬不断递减的趋势，使得生产的增长常常伴随生产者状况的恶化，这种趋势是土地生产

---

① 穆勒：《政治经济学原理》，1926 年英文版，第 189 页。

的必要和固有条件带来的结果，最终会使生产的增长完全停顿。他说：

"一旦农业的发展达到某一并非很高级的阶段，就会出现以下土地生产规律，即：在既定的技术和知识状态下，靠增加劳动量，产量不会以同等程度提高；增加一倍的劳动不会使产量也增加一倍；或者换一种说法，产量的每一增长要求对土地施加更高比例的劳动量。农业的这一普遍规律是政治经济学中最为重要的命题，如果规律不是如此，财富的生产和分配的几乎一切现象都和现在截然不同。"①因此，"土地的有限数量和有限生产力是生产增长的真正限制。"②

这是因为，资本的不足对经济增长的限制可以通过政治制度的改进、人口素质的提高、国外资本和技术的引进而加以克服，而土地的不足对经济增长的限制尽管也可以通过技术的进步和农产品的进口使它推迟和缓解，但不可能把它最终消除，穆勒说："土地的性质对生产的限制，不像一堵墙所起的阻碍作用那样。墙屹立于某个地点不动，除了使运动完全停止外没有别的阻碍作用。我们不如把土地对生产的限制比作一条弹性很大的橡皮筋，这条橡皮筋从未被绷紧得不能再拉长，但是在最后的极限远未达到以前，人们就感到了压力，而愈接近这个限度，这种压力的感觉愈大。"③

穆勒认为，土地报酬递减规律稍加修正也适用于其他一切数量有限的自然生产要素。由于制造业的原料全都来自土地，很多来自农业，因而土地生产的一般规律，即报酬递减规律最终也会像适用于农业那样适用于制造业。但是，这一规律可能因为人类驾驭自然的一般能力的增加，而停止发挥作用或暂时受到控制。

第三节　经济增长与部门之间的贸易条件

经济增长过程中，部门之间特别是工农业之间贸易条件的变动，

---

① 穆勒：《政治经济学原理》，1926年英文版，第177页。
② 穆勒：《政治经济学原理》，1926年英文版，第176页。
③ 穆勒：《政治经济学原理》，1926年英文版，第176-177页。

以及这种变动对经济增长的影响，是穆勒经济发展理论的重要内容。他认为，在没有自然和人为垄断时，一切物品的恒久价值取决于它们的成本。一般来说，经济增长和技术进步会不断提高劳动生产率，降低生产成本，但是穆勒认为，以资本、人口和技术进步为特征的经济增长，对土地的生产品和制造品的生产成本的影响是不同的。随着经济的增长，粮食和矿产品的生产成本有上升的趋势。"工业和生活资料的增长，使人口增长成为可能，人口必然会增加。对大多数土地生产物的需求，特别是粮食的需求，将会以相应的比例增加。……在其他条件不变的情况下，土地生产物的生产成本将随着需求的每一次增加而上升。"①土地生产物的成本上升，主要是因为人口增长引起的。"如果人口静止，土地的生产物在数量上从不需要扩张，那么生产成本上升的原因将不存在。"②农业技术进步是抑制农产品成本上升的力量。因此，农产品主要是粮食的价格的变动，取决于人口增长和农业技术进步的相互作用。尽管穆勒看到了当时英国和法国，由谷物法的废除和农业技术进步产生的力量超过了人口增长的力量，但他还是认为，一般来说，人口增长快于农业技术的进步，因而，农产品的价格具有上升趋势。但是，工业品的价格变动却完全相反。"当制造业生产在较大规模上进行时，一般来说，制造品的生产成本将会更低廉。"③穆勒认为，虽然制造业中有一部分原料来自农业、矿业和自然土地的生产物，制造品的这一部分成本也会受到和农业相同法则的支配，但是这些原料只是制造品总成本中一个较小的部分，它的渐增趋势，会因为其他因素的递减而完全抵消掉。

穆勒的结论是："制造业的劳动生产力具有持久增长的趋势，而农业和矿业存在两种相互冲突的趋势：其一是生产力提高趋势，生产成本可能因改进而下降；其二是生产力下降的趋势，生产成本因人口增加而上升。其结果是：随着人口增长和工业进步，制造品的交换价

① 穆勒：《政治经济学原理》，1926 年英文版，第 702 页。
② 穆勒：《政治经济学原理》，1926 年英文版，第 702 页。
③ 穆勒：《政治经济学原理》，1926 年英文版，第 703 页。

值，同农产品和矿产品相比，具有决然下降的趋势。货币也是一种矿产品，因而随着社会的进步，制造品的货币价格趋于下跌，这也是一条规律。现代国家的产业史，特别是近百年的产业史充分证实了这一论断。"①在下面我们将看到，这一结论运用于收入分配理论时，它对经济增长的影响。

第四节　经济增长与收入分配

穆勒认为，分配的规律同生产的规律是有区别的。决定分配的规律是按社会中居于统治地位的那一部分人的意志和感情制定的，它们是人类本性的各种基本法则同当时的知识、经验、社会制度、智力和道德修养状况相结合的产物。但是穆勒研究的不是财富可据以分配的法则产生的原因，而是这种法则所造成的结果。他认为，这些结果并不是可以任意决定的，它像有关生产的各种法则一样，具有自然法则的性质。如同自然界或精神上的其他真理一样，这些法则发挥作用所产生的实际结果，必须由观察和推理才能发现。穆勒还说明了自由竞争在决定生产要素的价格和收入分配中的作用。他认为，当产品分配成为固定习惯，而不是可变契约时，政治经济学就没有分配的法则可以研究。而在收入被分割为工资、利润和地租的这种分配制度中，竞争仍是决定分配的主要因素，社会习惯仅仅只能在比较小的程度上修正这一条件。因而，穆勒是在把社会制度作为既定的条件下，分析一个竞争的、私人企业的经济制度中的分配规律。他认为这种分配规律和它所产生的结果与生产规律一样具有客观性。下面我们将主要介绍穆勒对在一个经济不断增长的社会中，收入分配变动的趋势的分析，以及它对经济增长和经济发展的影响。

穆勒认为："一般所说的产业进步的特征本身主要可归结为三个原因：资本的增加、人口增加和生产的改良。"②他根据这三个原因的

---

① 穆勒：《政治经济学原理》，1926 年英文版，第 703 页。
② 穆勒：《政治经济学原理》，1926 年英文版，第 710 页。

变动的不同组合，分五种情况，分析了在一个发展的社会中，工资、利润、地租的变动趋势。

第一种情况：人口增长，资本和生产技术静止。

这种配合对分配可能有两种影响（可分为两种情况）：第一，粮食的需求和生产不变。由于人口增长导致劳动供给增加，同时由于资本没有扩大，劳动的需求不变，所以工资必然下降，资本家的利润上升。因为对农产品的需求没有增加，农业生产没有扩大，所以粮食价格不变，地租不变。在这种情况下，分配的状况表现为：工资下降，利润上升，地租不变。这时劳动阶级的处境恶化，而资本家的境况将得到改善。资本家用同样多的资本可以购买到更多的劳动，其利润率必然提高。穆勒认为，由此可以证明，利润率取决于劳动成本。第二，粮食需求增加，农业生产扩大。由于假定资本和技术不变，当人口增加时，只能通过耕种劣质土地或采用相对于支出而言生产率不那么高的生产方法才能获得更多的粮食，因而新增人口所需的粮食，必然在成本递增的情况下生产，以致农产品价格上升。对收入分配的影响表现为：首先是地租上升。这种上升是双重的，它包括由于劣等土地的被耕种所引起的实物地租的上升和由于农产品价格上升所导致的货币地租的上升。其次是实际工资下降。穆勒认为，人口增加会减少劳动的报酬，如果劳动的成本与劳动的实际报酬按同一比例减少的话，利润会相应增加。然而由于新增的粮食是在成本递增的情况下生产的，那么劳动的成本与它的实际报酬不会按同一比例减少。在这种情况下，虽然工资下降了，但利润并没有增加。穆勒的结论是："为增加的人口生产粮食会使生产粮食的费用大大增加，以致工资虽然在数量上有所减少，但可能仍代表同以前一样多的劳动成本，可能仍是同从前一样多的劳动所生产的产品。根据这种假设，劳动者遭受的损失部分被生产最后部分农产品所需增加的劳动吸收了，其余部分为地主所得，只有地主总能分享到人口增加带来的好处。"[1]劳动者的生活状况恶化，资本家的利润并没有提高。

---

[1]　穆勒：《政治经济学原理》，1926 年英文版，第 713 页。

第二种情况：资本增长，人口和技术不变。

由于资本增加，提高了对劳动的需求，而人口和劳动供给保持不变，工资必然上升，利润下降。当劳动者的工资提高后，会使粮食的需求增加，由于技术不变，新增的粮食的供给只能在成本递增的情况下提供，价格必然上涨。这时劳动的成本会由于劳动者工资上升和工资品(主要是粮食)价格的上涨而提高，利润将进一步下降，而地租则会上升。在穆勒看来，这种情况对资本家最为不利，劳动者的境况将有所改善。但是，资本家所减少的利润并没有全部转化为工人的工资。没有转变为工资的利润，"一部分转给了地主，一部分被在劣等地上或生产率较低的生产过程中不断增长的粮食生产的成本所吞噬。"[1]

第三种情况：人口和资本以相同速度增长，技术不变。

这时，农产品的价格和货币工资同时上升，劳动者的实际工资不变。利润量可能增加，但利润率下降，而地租再次上涨。穆勒指出："资本和人口增长的趋势会在牺牲利润的情况下使地租上升，尽管地租并没有获得所损失的全部利润，其中一部分被增加的生产费用吸收了，也就是被雇用或养活更多的劳动者以获得一定数量的产品。"[2]

第四种情况：人口与资本不变，技术进步。

技术的进步来自高效率的机器和低费用的生产方法的发明。此外廉价商品的进口，也具有技术进步的同样效果，因为这些进口商品可以是粮食，也可以是能够直接或间接降低劳动者消费品成本的物品。总之，技术的进步最终使工资品的价格下降，工人的实际工资上升，由于货币工资相对不变，利润将不会发生变化。地租会因为技术进步导致的农产品价格的下跌而减少。穆勒认为，从长期看这种情况对收入分配的影响取决于实际工资上升的效应，即实际工资上升是提高工人消费的"习惯标准"，还是在现有的标准下刺激人口增长。如果是前者，劳动者希望维持较高的消费标准，并会谨慎地控制家庭人口，

---

[1]　穆勒：《政治经济学原理》，1926年英文版，第714页。

[2]　穆勒：《政治经济学原理》，1926年英文版，第714页。

技术进步对劳动阶级所带来的利益并会长久地保持下去。如果是后者，人口的增长，使劳动供给增加，最初利润会因为工资的下降而上升，但最终利润将下降，工资恢复到原来的水平，只有地租上升。

第五种情况：资本、人口和生产技术皆处于上升状态。

穆勒认为，上述四种假定情形的分析，实际可分为两类：一类是人口和资本增长对分配的影响；一类是生产的改进，特别是农业生产的改进对分配的影响。前一原因会提高劳动成本，降低利润，使地租上升。而农业技术的改进则可降低地租，压低劳动成本，使利润提高。但是，穆勒指出，在人口、资本和技术均上升时，收入分配的变动同上述假定的情况下所推理出来的结论大不一样，特别是对地租的影响具有本质的区别。在这种情况下，"虽然总产量提高了，分配给劳动者的产品更多了，总利润也增加了，但工资却要由更多的人口分享，利润也要分摊在更多的资本上，因此，没有哪个劳动者的境况会比过去好，也没有哪个资本家不增加资本就能获得更多的收入。"[1]而地租总是上升。因此，他通过上述分析之后得出了一个相当李嘉图式的结论："在由地主、资本家和劳动者组成的社会中，经济进步往往使地主阶级越来越富有，而劳动者的生活费用整个说来趋于增加，利润趋于下降。农业的改良是抵消后两种结果的力量，但是农业改良虽然有时也会暂时抑制第一种结果，可最终却会大大促进第一种结果。人口的增长往往会把得自农业改良的一切利益全部转给地主。"[2]

第五节　经济增长的目的和前景

穆勒关于经济增长的目的和前景的看法也是颇有特色的。他指出："所谓社会经济进步通常指的是资本的增加、人口的增加以及生产技术的改进。但是人们在思考任何一种有限的前进运动时，往往并不仅仅满足于探索运动的规律，而会不由自主地进一步问道：这种运

---

① 穆勒：《政治经济学原理》，1926年英文版，第723页。

② 穆勒：《政治经济学原理》，1926年英文版，第723-724页。

动会把我们带向何方？产业进步正把社会引向什么样的终点？当进步停止时，人类会处于何种状况？"①

穆勒对单纯追求经济增长的观点提出了批评，呼吁社会要重视经济增长的利益的分配。他说："如果人民大众从人口或任何其他东西的增长中得不到丝毫好处的话，则这种增长也就没有什么重要意义。……只有落后国家，增加生产仍是一项重要目标。在最先进的国家，经济上所需要的是更好地分配财产，而要更好地分配财产便离不开更为严格地限制人口。"②

穆勒认为经济的增长最终将把社会带入静止状态。他说："财富的增长不是无止境的，在所谓进步状态的尽头便是静止状态，财富的增长只不过延缓了静止状态的到来，我们每向前迈进一步，便向静止状态逼近一步。……人类工业的水流最终将不抗拒地汇入表面静止的大海。"③在穆勒看来，这种静止状态的到来是利润率下降的结果。每一个时代和每一个国家在一定时期，都存在一个刚刚能诱使人们积累资本，并把它运用于生产的最低利润率，一旦现实的利润率降到最低利润率以下时，资本的积累便会停止，经济的增长出现停滞，社会便进入静止状态。因此，静止状态是随着经济增长，利润率下降的结果，是收入分配理论的进一步推演。

穆勒并不像他的前辈那样，以忧伤和恐惧的目光来看待静止状态。相反，他认为静止状态是人类社会的理想状态。他说："我宁愿相信，静止状态从总体上看，是对我们现在条件的一个极大的改进。"④这是因为：

第一，在这种情况下，人类可以通过个人的远虑和节俭自觉限制人口，并将它同一个有利于财产公平的法律制度相结合，使收入得到较好的分配。

---

① 穆勒：《政治经济学原理》，1926年英文版，第746页。
② 穆勒：《政治经济学原理》，1926年英文版，第749页。
③ 穆勒：《政治经济学原理》，1926年英文版，第746页。
④ 穆勒：《政治经济学原理》，1926年英文版，第748页。

第二，它可以避免社会中人们为了各自利益彼此践踏、相互冲撞。在这里穆勒表达了他的社会哲学观。他说："一些人认为，人类生活的正常状态就是生存竞争；认为相互倾轧和相互斗争是激动人心的社会生活，是人类的最佳命运，而决不是产业进步诸阶段的可恶象征。坦白地说，我并不欣赏这种生活理想。这种状态也许是文明进步的一个必要阶段，……但是，这种状态并不是未来的博爱主义者们想要帮助实现的那种完美的社会状态。……对于人类的本性来说，最良好的状态终究是，没有一人贫穷，没有人想比别人更富有，因而谁都没有理由害怕其他人努力向前，而把自己抛在后面。"①

第三，静止状态只是资本和人口的静止，并不是人类社会进步的停止。在这种静止状态中，"各种精神文化以及道德和社会的进步会同以前一样具有广阔的发展前景，生活方式也会同以前一样具有广阔的改进前景，……即使是工业技术也会同以前一样得到悉心培育，不断得到改进，同以前的区别只是，工业改良不再仅仅为增加财富服务，而会产生其应有的结果，即缩短人们的劳动时间。"②

尽管穆勒把静止状态作了这样一番美妙的幻想，但是他认为一个社会过早地进入这种静止状态是不好的。当周围的邻国在不断进步时，一个独立的国家处于静止状态，这会对它产生种种不利，因此，政府可以采取一些措施推迟它的到来。

第六节　经济发展中的自由放任与政府的作用

穆勒在这个问题上持有两个观点：

一、自由放任与国家干预相结合的适度干预论

穆勒认为，自由放任是经济发展的一般原则。他的信条是"人民

---

① 移勒：《政治经济学原理》，1926年英文版，第748页。
② 穆勒：《政治经济学原理》，1926年英文版，第751页。

比政府更了解和更关心他们自己的事业和利益。"①由此，他反对国际贸易中的保护主义；反对政府确定法定利息率；反对干预借贷之间的契约自由；反对价格管制；反对政府让某一厂商在生产和销售上拥有垄断权。总之，他对阻碍市场机制正常运行的政府干预持反对态度。但是，他又认为自由放任原则是应当有一定限制的，政府的职能比任何一个狭隘的限制性定义所包括的内容应该更加广泛，从而提出了一种适度干预理论。和他的前辈学者不同，他主张政府在经济活动中应当有更大更多的权利。它们包括：第一，政府在实行收入公平分配上的作用。政府可以通过限制遗产继承权，和对遗产的累进税政策，控制财产分配的不公和收入与劳动成反比的现象。政府还可以干预企业在技术进步时，固定资本增长的速度，使其不减少劳动者的就业和收入。他说："如果资本在机器……上沉淀或凝固速度太快，以致实际损害了维持劳动者的基金，那么采取措施来缓解这种速度，则是立法者义不容辞的职责。"②第二，政府在延缓静止状态到来中的作用。他认为，在一个发达的经济中，政府应把提高资本的利润率作为目标。在这里，他对政府举债、税收和非生产性开支提出了一些新的看法。他说："在一个生活富裕、产业繁荣，资本不断增长的国家，政府适度支出公款或举债，用于真正有价值的非生产性开支，不仅不会枯竭国家富裕的永久性资源，减少维持劳动人口的资金，反而会增加资本的收益。"③如果"资本积累已达到了这样的阶段，在该阶段，生产的不断改良使资本迅速增长——而且这种增长甚至有超过生产改良的强烈倾向，以致由于资本外流和所谓的周期性的商业危机，利润才能保持在最低水平上；由此可见，即使不通过课税拿走一部分利润，一部分资本也会外流或被商业危机毁掉，因而赋税所起的作用与资本外流或商业危机所起的作用是一样的，即为以后的储蓄腾出一块地盘。"④

① 穆勒：《政治经济学原理》，1926年英文版，第947页。
② 穆勒：《政治经济学原理》，1926年英文版，第999页。
③ 穆勒：《政治经济学原理》，1926年英文版，第741页。
④ 穆勒：《政治经济学原理》，1926年英文版，第821页。

第三，政府在启动经济发展中的作用。这在本章的第二节中已经论述。

二、私营经济和国营经济相并存的混合经济观

穆勒并不像以往的学者那样坚决反对政府直接从事经济活动。他把政府对经济的干预分为两种形式：权威性政府干预和非权威性政府干预。他说：如果"政府的干预被扩大到控制个人的自由行动，政府通过命令、规定叫人们做什么，这是权威性的政府干预。还存在另一种非权威性的干预，政府不是采取发布命令和强制性法规，而是通过劝告，公告的方式进行。个人可以自由选用各自的方法去追求与自身利益相关的目标，政府可以不予干涉。但也可以不把这些目标全部委以个人，可以建立国家机构去做。……一个国家可以有国家银行和国营制造厂，但不要形成垄断来反对私人银行和私人制造厂。可以有邮政局，但并不反对以其他方法寄送信件。有政府的工程师被人们应聘，但每个人都可以自由地成为工程师供人们聘用。虽有国立的医院，但对私人的医疗活动不加限制。"①穆勒赞成非权威性政府干预，认为它给了人们比较多的自由。他这里，实际上提出了一种在资本主义制度下，国营经济和私营经济可以相互补充、相互并存的观点。

第七节　对穆勒经济发展思想的评论

上面我们概述了穆勒的经济发展理论，可以看出，它实际上是斯密的财富生产论，李嘉图的财富分配论和马尔萨斯的人口论的综合与发展。然而，穆勒的经济发展理论却具明显的特点：

第一，在分析经济增长问题的过程中，更为关注经济增长利益的分配和人们福利的改善。

第二，从自由放任论转向在自由放任基础上，实行有限政府干预的适度干预论，接受对经济制度进行一定程度改革的主张。

---

① 穆勒：《政治经济学原理》，1926年英文版，第942页。

　　第三，通过对功利主义的重新解释，提出个人利益应与社会利益协调，对李嘉图经济学的社会哲学基础进行了修正。李嘉图的经济学是以边沁的功利主义为基础的，边沁把功利主义原则定义为："当我们对任何行为予以赞成或不赞成的时候……就看该行为增进或违反当事者的幸福为准。"①穆勒则认为："功利主义以幸福为标准定行为之正当，并非指行为者自己的幸福，而是指一切相关人们的幸福。"②"并不在于行为者自己的最大幸福，而是在于全体人的最大幸福"。它"要求人在他自己的幸福与他人幸福之间做到严格公平。"③

　　穆勒对经济理论和政策的新见解，对以后英国经济理论的发展具有重要影响。尽管历史前进了一个半世纪，但这些问题似乎在今天的发展经济学中，仍未找到满意的答案。在本世纪 60 年代末期，发展经济学争论的一些重要问题，同上述论题也具有惊人的相似之处。穆勒关于引进外资，引进技术，促进本国经济发展，以弥补国内资本不足的看法，仍具有现实意义。

　　但是，穆勒的经济发展理论也存在严重不足。他对经济增长的动态分析是建立在两个重要假定之上的：第一，人口增长同资本积累和生产的增长一样，具有相同的速度和无限的趋势，经济增长总会引起人口的增长。他说："在研究工业进步的影响时，我们必须承认这一假定：……即人口增长同生产和积累的增长是同样长久不断的，无限的，甚至可能具有相同的速度"。④ 第二，技术进步所带来的农业产出的增长总是落后于人口与资本增加所产生的对农产品的需求，农产品的成本递增和价格上涨是经济增长的必然结果。穆勒在对收入分配的动态分析后说："整个分析事实上归结为一点，农业技术进步与人口增长这两股力量谁占优势。"⑤"在许多国家，人口和资本增长并不

---

①　《西方伦理学名著选辑》，下卷，商务印书馆，第 210 页。
②　穆勒：《政治经济学原理》，1926 年英文版，第 247 页。
③　穆勒：《政治经济学原理》，1926 年英文版，第 253 页。
④　穆勒：《政治经济学原理》，1926 年英文版，第 699 页。
⑤　穆勒：《政治经济学原理》，1926 年英文版，第 719 页。

迅速，但农业改进更缓慢，人口几乎总是处处紧随农业改进之后，立即把农业改进的结果消灭。"①这两个假定实际上是相互依存的。它不仅对于穆勒的理论至关重要，而且实际上是整个古典主义经济增长理论的两个重要的理论支柱。第一个假定以马尔萨斯的人口理论为基础，第二假定以李嘉图的地租理论，即土地报酬递减规律为基础。我们认为，这两个假定在某些国家，经济发展的某一时期可能具有一定的真实性。有些发展中国家，人口过快增长，技术进步缓慢，农业发展滞后，是制约经济发展的重要因素。但就经济发展的总趋势看，它是不正确的。在许多比较发达的国家，人口增长得到控制，农业技术进步克服了农业报酬递减对经济的制约。如果这两个前提不能成立或失效，那么穆勒对经济前景，以及对收入分配影响的一些重要结论，必然会与经济发展的实际相背离。

---

① 穆勒：《政治经济学原理》，1926 年英文版，第 721 页。

第九章　李斯特的经济发展思想

德国历史学派是 19 世纪 40 年代产生于德国的一支经济学流派。由于这个流派在理论思路和研究方法上自成体系，并曾经同西方主流经济学发生过一场激烈的论战，因而长期被西方主流经济学界视为异端，被置于非主流地位。德国历史学派同主流经济学展开论争的内容已是人所熟知，这里不再赘述。

从本书导言中可见，西方经济学说史包含着极为丰富的思想内容，它既可以从价值理论及其紧密联系的分配理论和资源配置理论的角度来加以考察，也可以从经济发展理论的角度来加以挖掘。就前一个角度而言，无可否认的是，德国历史学派所作的贡献是相当有限的，这一点恐怕是这个学派长期被排斥在主流之外的另一个主要原因。但若从后一个角度来看，则另当别论。德国历史学派经济学家们从其独特的研究方法和理论思路出发，对经济增长和经济发展问题提出了许多独到而又精辟的见解，为经济发展理论的思想宝库增添了不少重要内容。把这个学派的经济发展思想重新挖掘并加以整理，对于从经济发展思想史的角度重新表述西方经济学说史这一尝试性的探讨来说，无疑具有重要的理论意义。

本章及下两章拟概述德国历史学派三位主要代表人物的经济发展思想。第九章评介作为这个学派先驱者的弗里德里希·李斯特的经济发展思想；第十章对旧历史学派主要代表人物威廉·罗雪尔有关经济发展的若干理论观点作一评述；第十一章介绍新历史学派主要代表古斯塔夫·施穆勒有关经济发展问题的看法。

弗里德里希·李斯特（Friedrich List，1789—1846）是德国历史学派的先驱者。作为这个学派的创始人之一，李斯特在首先发起同英国古典学派论战的同时，还根据当时德国国情和国际环境，从历史、理论和政策的多种角度，论述了相对落后于英、法两国的德国应如何促进生产力增长，使之发展成为工业强国的问题。李斯特当时所关心的许多问题，与当代发展经济学的研究领域颇为相近，因此，他的许多有价值的理论观点奠定了他在西方经济发展思想史上的重要地位。

概言之，李斯特的经济发展思想主要表现在三个方面：关于工业进步与经济发展关系的论述；生产力理论；国家干预学说及贸易保护的政策主张。

第一节　工业进步与经济发展

李斯特的经济发展思想形成于19世纪三四十年代。当时，在西方主要国家当中，英国已基本上完成了工业革命，成为独步一时的经济强国，法国和美国等国的工业革命正在蓬勃开展，而德国却仍然是一个落后的农业国家。及时总结英国等国如何通过工业进步促进经济发展的经验，为加速德国的经济发展提供政策依据，这是李斯特建构其理论体系时所面临的历史任务。李斯特在其著作中以大量的篇幅论述了工业进步和经济发展的关系，这就使得他成为西方经济发展思想史上第一个较为系统地对这一领域进行探讨的学者。他在这一方面的论述，包括以工业进步为中心的经济发展阶段论、对工业进步与农业过剩人口关系的分析和工业进步过程中的资本形成问题。

一、以工业进步为中心的经济发展阶段论

在德国历史学派经济学家当中，李斯特率先提出了自己的经济发展阶段理论。他在《政治经济学的国民体系》中写道："从经济方面来看，国家都必须经过如下发展阶段：原始未开化阶段——畜牧业阶段——农业阶段——农业和制造业阶段——农业、制造业和商业阶段"。[①] 在李斯

---

① 《政治经济学的国民体系》（以下简称《体系》），1959年德文版，第177页。值得注意的是，李斯特在《体系》的德文版中，有区别地使用了"制造业"（Manufaktur）和"工业"（Industrie）二词，英文版《体系》中对这两个词的处理大体上与德文版相同，但中文版却未加区别。

特看来，上述五个发展阶段是依次递进的，后一阶段在发展程度上高于前一阶段；另一方面，一个国家的经济发展程度同该国的经济实力以及文明程度成正比，正如他本人所指出的那样："一国的经济越是发达和越是完备，该国就越是文明和越是强大；一国的文明程度越高和实力越是强大，该国的经济发展所能达到的阶段便会越高"。①

在李斯特心目中，处于第五个发展阶段的国家达到了经济发展最理想的状态。在这个阶段上，农业、制造业和商业和谐一致，三者之间相互协作并作等比例发展；全国现有资源都可以供制造业支配；从事农业者与制造业主以及商人结合在一起，这样既能使制造业和商业之间的牢固联系得以巩固，又能使农民共享制造业和商业带来的一切利益。因此，李斯特认为，凡是达到了这个阶段的国家，"拥有最高的生产力，因而也就是最富裕"，② 这样的国家"显然它自身是完美无缺的"。③ 反之，任何未达到这一阶段的国家，都"绝不能拥有强大的实力、巨额的财富以及完全的独立"。④

由于李斯特关注的焦点，在于如何使一个落后的农业国转变成为一个工业强国，所以，他的论述的重心在于后三个阶段上。

李斯特列举了处于农业阶段上的纯农业国的种种落后状态，诸如：传统观念与风俗习惯占统治地位；广大农民生活在封建专制和教士僧侣们的政治统治和经济压迫之下，不懂得怎样来衡量各种政治制度的价值，既缺乏文化，又毫无自由和权利；人口居住分散，对外界孤陋寡闻，终生生活在一成不变的小圈子里，物质交换和精神交流极少；人们习惯于听天由命，忍耐、知足、顺从甚至怠惰是他们的第二天性；发挥智力的机会甚少，缺乏创新精神，毫无价值观念，不懂得珍惜时间；经济增长缓慢，技术进步停滞，大量资源闲置；在农产品

---

① 《政治经济学的国民体系》，1959 年德文版，第 39 页。

② 《政治经济学的国民体系》，1959 年德文版，第 159 页。

③ 《政治经济学的国民体系》，1959 年德文版，第 294 页。

④ 《美国政治经济学大纲》载玛格丽特·E·赫斯特(Margaret E. Hirxt)编纂《弗里德里希·李斯特生平及文选》(以下简称《生平及文选》)，1909 年英文版，第 167-168 页。

对工业国出口方面，受工业国对农业国农产品需求量的制约，对于生产多少，农业国自身无法决定，因而在经济上和政治上处于从属于工业国的依附地位，等等。因此，李斯特认为处于农业阶段的国家，应当倾全力向农业和制造业阶段以及农业、制造业和商业阶段过渡。

李斯特用了大量笔墨，着力于阐述制造业对于农业的促进作用，并试图说明一个落后的处于农业阶段上的国家，如何完成向后续阶段过渡。

李斯特指出，制造业对于农业的促进作用表现在：

第一，制造业的兴起有助于农业更有效地利用资源。在他看来，处于原始农业状态下的农民，对于天然资源的大部分任其闲置而未加以利用。当这样的国家出现制造业之后，情况就会大为改观。制造业的兴起，扩大了对许多种类的食品和原料的需求，这不但使农民从他们所拥有的自然资源中获取了比以前多得多的收入，还可以使大量的原先认为是无用的资源得以开发。例如：燃料（如煤炭）过去被当作耕作中的障碍而被浪费，现在却可以变废为宝；大理石等石料、沙土、石灰、金属矿产等此时也被大量地开发；河流、风力等资源亦被加以利用。

第二，制造业为农业进步提供了必不可少的物质技术手段。农业国建成了制造业之后，必然带来运输业大发展的局面。随着铁路和公路的大规模修筑、运河的开凿，许多农矿产品原先的运输范围不出数里，现在却可以运往全国各地乃至国外。在剩余农产品和矿产品出售的同时，农民也换回了制造业提供的农业机器和化肥，而农业机器和化肥的广泛采用势必提高农业生产力。随着制造业中的毛纺织业的发展，羊的品种会迅速得到改良，加上制造业人口增大之后，对于谷物、蔬菜、水果、肉食品的需求也将增加，这又将推动农民改良谷物、蔬菜、果树和家畜的品种，进而催促农业进步在种植业和畜牧业中同步实现。

第三，制造业的存在和发展成为保证农业稳步进步的基本条件。在纯农业阶段，虽然对外贸易也能给农业部门带来价值增殖，但从根本上来说，本国农产品销售量的大小取决于工业国家需求量的大小。

由于战争、国外商业限制政策、政治措施以及同类国家出售农产品的竞争所引起的生产和销售条件的变化，都将导致需求发生波动乃至下降。这种变化在短期内也许使农业国家仍然能够获得一些利益，但若持续时间过长，则由于农业生产者的生产安排已习惯于一定的消费规模，地产价值因原先的农业收入增加而提高，从而使农民同租赁和贷款机构形成了牢固的联系，加上国外需求突然中断后将会增加国家财政开支等原因，势必会造成"一系列的不平衡状态"，并将带来"国家在经济、政治、精神各方面的破产、窘迫、沮丧、退化等现象"。①本国制造业的建立及其扩张，能够为本国农产品销售保持稳定的市场，能避免国家生产力的倒退和上述不良后果，并最终使农业国家摆脱受奴役的地位。

第四，制造业的出现有助于改变原始状态下农业社会的精神面貌和社会政治制度。在李斯特看来，制造业的产生为农业社会注入了新的活力，有助于人们抛弃传统观念和习俗，突破地域界限，开阔视野，培养起勤劳、节约、未雨绸缪、竞胜情绪、树立时间观念和价值观念等新型的民族素质，促使人们去开拓创新，发明新的生产技术，争取自身身心发展和自由权利。李斯特多次强调落后状态下的农业社会必然同封建专制和愚昧相联系，而先进的农工商社会则与自由和科学相联系，由此他提出了工业进步是促进社会政治制度的变革和文明向前发展的动力，农工商社会比纯农业社会先进的结论。

总之，李斯特认为："如果我们研究一下农业繁荣的根本原因，就会发现主要是由于制造业的发展"。② 正因为制造业的存在和发展，才促成了农业阶段向后续阶段顺利过渡。

是哪些要素在各发展阶段尤其是在后三个阶段中发生作用呢？从以上可见，李斯特实际上举出了两个要素，即对外贸易和工业进步。如果将他有关贸易发展阶段的论述中提到的保护制度也一并考虑，则实际上举出了三个要素。对于这三者，李斯特并没有等量齐观，他无

---

① 《体系》，商务印书馆 1961 年版，第 210 页。
② 《体系》，商务印书馆 1961 年版，第 214 页。

疑把工业进步当作最重要的要素。其理由在于：第一，李斯特在上述阐述中，把农业增长或停滞与否，归结为是否存在出口需求刺激和纯农业国内是否建立了稳步发展的制造业部门。由于农产品对外销售受到国外需求等因素的制约，而本国制造业的建立可增加对本国农产品的需求，进而可以突破受制于国外需求这一局限。这样一来，李斯特事实上把制造业的出现及扩张置于更为重要的地位：它具有为农产品提供长期而稳定的市场和为农业部门供应技术装备，并进而提高农业生产率的双重效应。第二，李斯特认为，对外贸易和关税制度只是在一国经济由农业阶段开始向农业和制造业阶段转变时发生重要作用的因素，一俟该国建立起强大的制造业部门，对外贸易和关税制度的地位便让位于工业进步。第三，农业国剩余农产品的出口，目的仍在于换取包括机器设备在内的国外制造业产品，而保护制度的采用，并不是为了保护本国的农业部门，而是为了保护处在幼年阶段的制造业。第四，李斯特认为在后三个阶段上，工业增长起着带动一国经济发展的关键作用。他写道："要把农业从束缚中解放出来，使它成为一门行业，在技术上和科学上提高到一定水平，从而使地租、农业利润以及工资有所增加，并使地产价值提高，制造业和工厂是一个主要手段"；① 他还说："无论何时何地，只有制造业达到了更高的繁荣状态时，我们才会看到航海业、国内和国外贸易、甚至农业本身繁荣起来"。②

李斯特为了突出制造业的重要地位，使用了制造力（Manufakturkraft）一词。他甚至把这种力量同一国的科学和艺术的兴衰以及政治制度的变迁联系起来，认为一国的制造力可以"促进该国科学、艺术和政治的发展，并能增大人民的福利，增加人口、财政收入和国家实力"。③ 可见，工业进步在李斯特的经济发展阶段论中，不仅成了衡量经济发展水平的标志，也是驱动各阶段更替上升的动态要素，而

---

① 《体系》，1959 年德文版，第 150 页。
② 《体系》，1959 年德文版，第 126 页。
③ 《体系》，1959 年德文版，第 307 页。

且还是促进文化发展、政治和社会制度变迁的催化剂。因此可以说，他的阶段论是一种以工业进步为中心内容的经济发展阶段论。

二、工业进步与农业过剩人口

李斯特认为，当一国由农业阶段向后面的阶段过渡时，会出现两种可能性：其一是过渡过程中受挫而保持原有的落后状态；其二是顺利完成过渡，转变为工业高度发达的经济强国。李斯特对这两种可能性的分析，触及到当代许多发展经济学家所关注的农业过剩人口向城市制造业部门流动的理论问题。

李斯特对第一种可能性作了如下描述。当一个纯农业国的农业发展就其限度来说已经达到了顶点，或者是由于工业国在输出工业品时，拒绝进口该农业国的农产品作交换，或者是由于工业国在该农业国国内市场上的有力竞争而使后者的制造业无法成长，在这种情况下，该农业国的农业生产力就会面临陷于残缺状态的危险(in Gefahr zu verkrüppeln)。[1]

李斯特使用的所谓农业生产力"残缺状态"的概念，是指这样一种状态：一个处于"原始状态下"的纯农业国，[2] 由于缺乏强大的、稳步发展的制造力，加上原有土地有限，致使人口的增加部分，为了求得工作，不得不全部投入农业生产中去；一旦再度出现新增人口，若不迁徙国外，就只好在现有的土地上同原有的农户争夺土地，将土地零星分割，直至每个农户拥有的土地变得如此之小，以至于其产品仅能满足农户在生活资料和原料方面最基本的、必不可少的那部分需求而只够糊口之外，再也没有剩余产品可以用来同国外工商业者交换农业部门所必需的工业品。

这种状态的必然结果是，一方面由于农业部门的剩余产品被显著增加的人口"过剩部分"消耗殆尽，这部分新增人口的生活完全靠农

---

① verkrüppeln 德文原意为"畸形生长"、"致残"、"发育不全"等。

② 李斯特所说的"原始状态下"的农业，是指以传统耕作方式经营的、技术停滞的农业。

业部门自身来维持，农业劳动者及其家庭长期只能维持在最低限度的生活水平上，与此同时，该部门也无从得到新的资本投入；另一方面，由于原有土地不断分割而造成人均土地占有规模日趋缩减，农业人均产出不断下降。后一方面犹如李斯特指出的那样："既不拥有销售其剩余产品的出路，又无能力用这些剩余产品交换必需品和舒适品的农业国，用那部分剩余不能产出任何东西，而只能产出新增人口"。① 若是把李斯特的这一结论用现代发展经济学的术语来表述，就是：纯农业国新增劳动力的边际生产率不能带来任何产出，而是等于零。可见，李斯特对第一种状态的描绘是颇为悲观的。

然而，李斯特所描述的第二种状态却充满了乐观精神。他认为，当一国的制造力在正常发展的情况下，一旦该国达到了一定的文化发展阶段时，其新增人口的大部分就应当转移到制造业部门中去，其剩余农产品，一部分应当用来满足制造业人口在生活资料和原料方面的需求，另一部分则应当换取必需的消费品以及机器等生产工具，以满足农户在消费和提高其产量方面的需要。倘若上述状态能及时出现，农业和制造业的生产力就能同步增长，而且这种增长是无止境的。制造业人口对农产品的需求将不断增加，而在农业方面，除了有必要提供尽可能多的剩余产品之外，不再会有更多的劳动力滞留在农业部门，现有土地也不再会进一步被分割，农户可以消费的工业品数量会愈来愈大，农业人口的过剩部分将不断地在制造业中找到工作，最终趋势是制造业人口不但将在数量上等同于农业人口，而且将大大超过农业人口。这样的局面延续下去的必然结果，是农业和制造业并行不悖地同步增长，直至该国演进为一个工业强国。由此，李斯特提出了除了向国外移民之外阻止农业生产力沦入"残缺状态"的最主要的政策手段，这就是建立起国内制造业部门，这样一来，既可以把新增人口吸引到制造业中去，又可以刺激农业发展。

从上可见，李斯特通过对农业阶段向农业和制造业阶段推进中可

---

① 《美国政治经济学大纲》，载玛格丽特·赫斯特（Margaret Hurst）编纂：《生平及文选》1909 年英文版，第 204 页。着重点是引者加的。

能出现的两种状态的描述，在我们面前呈现了他对人口流动问题的见解。诚然，他的论述颇为粗糙，但他毕竟触及到了农业过剩人口向城市制造业部门流动这个各国经济发展过程中普遍发生过的现象。虽然他的论述远未形成现代发展经济学意义上的人口流动理论模式，但他却以其独特的思路和表述方式探讨了这个问题。从这个意义上来说，我们不妨认为，李斯特的理论体系中含有人口流动理论的成份，而他的表述却是当代人口流动模式的最初的胚胎形式。对此，我们可以提供如下三点理由：

第一，他的分析从总体上指出了经济落后国家存在着两种不同性质的结构或部门，即一个是以传统方法从事生产的、仅够农民及家庭糊口的、只能满足最低收入水平的"原始状态下"的农业部门，另一个是正在建立或已经建立并正在稳步发展的城市制造业部门，两个部门存在着明显的劳动生产率差异。李斯特似乎是用描述两种状态的方式来证明这两个部门的存在，但从他的总体构思或从对后一种状态的描述中仍可以看出他已经意识到两个部门间的差异。

第二，李斯特较为准确地运用了"过剩人口"的概念，并试图得出过剩人口实际上没有提供任何产出的结论。他分别使用"人口的增加部分"、"人口的过剩部分"这两类字眼，明晰地表达了"过剩人口"概念；而他所说的"人口的增加部分，为了求工作不得不全部投入农业生产，……以致所出产的只能勉强供应农民家庭在食物和原料方面最基本的、必不可少的那部分需要，再没有余额可以用来向工商业者交换它所需要的工业品"，① 则意味着农业部门在没有其他要素（尤其是资本）增加投入的情况下，总产量并未减少，甚至还略有增加，其增加部分被新增人口消耗殆尽。他的分析隐含地推导出了"人口的过剩部分"虽然"求得工作"，但实际上处于"隐蔽性失业状态"的结论。此外，他通过土地分割愈来愈小，人均产出下降的论证，得出了"不能产出任何东西"的结论。这一点十分近似于现代发展经济学家们所说的过剩人口一部分的边际生产率很低，甚至等于零的说法。固

① 《体系》，商务印书馆1961年版，第137页。

然，在李斯特那里，是没有边际产量概念的，而是只有人均产量概念。

第三，李斯特认为，制造业部门吸收农业过剩人口的过程是以过剩人口全部转移到制造业部门时为结束，并且认为制造业和农业相互促进、齐头并进的局面将是无止境的。在这一过程中，通过两个部门之间的产品交换，在提高农业部门生产力的同时，也将促进农户收入的增长，促成农业阶段顺利地向后续阶段演进，最终导致整个国民经济结构的改变。值得一提的是，李斯特指出，农业过剩人口向城市制造业部门的转移将最终出现制造业人口超过农业人口的局面。这里的隐含结论是：到这个时候，劳动将同其他要素一样，也变成了一种稀缺要素。

三、工业进步与资本形成

在经济发展思想史上，许多经济学家对资本形成问题给予了足够的关注，李斯特也不例外，但他主要从工业进步同资本形成相互关系的角度，提出了他对资本形成问题的看法。

李斯特认为，英国古典学派经济学家不加区别地使用"资本"一词，他主张资本应当按若干划分标准分别区分为物质资本和精神资本；农业资本、制造业资本和商业资本；以及私人资本和国家资本。李斯特在这里列举的资本诸形态除精神资本（这一概念将在下文中述及）之外，均应包涵在物质资本的范畴之内。

李斯特对物质资本所给出的定义是"生产中的物质工具"，① 也就是被李斯特称之为"工具力"（Instrumentalkräfte）的那些物质手段。从他的著述来看，他在使用"物质资本"这个术语时，具有"物质工具"的涵义，而它的外延则包括农业、制造业和商业部门的资本以及私人资本和国家资本。此外，为表明农业与制造业的部门差异，他还经常使用"农业物质资本"和"制造业物质资本"的字眼。由此可以判定，在大多数情况下，李斯特所说的资本是指同"精神资本"相对应

---

① 《体系》，1959 年德文版，第 211 页。

的"物质资本"。

李斯特对资本形成的理解具有强烈的历史色彩。他把经济发展阶段理论同资本形成问题有机地联系起来，在此基础上论证了经济发展与资本形成的关系。他的表述是：当经济发展从游猎阶段转变到畜牧阶段时，资本的增长主要表现在牲畜数目的迅速增加；当畜牧阶段转变为农业阶段时，资本的增长则主要是由于耕地面积与剩余农产品数量的增多；而当农业阶段转变为农业和制造业阶段时，一国物质资本的迅速扩展主要是通过那些用于建造制造业部门的财富和力量来实现的。

如同他的阶段论一样，李斯特论述资本形成的重点在于由农业阶段向后续阶段的过渡。在他看来，农业本身的资本形成极其有限，其原因是，一方面纯农业国对于现有的天然富源大部分任其废置而未加以利用；另一方面，随着农业中生活资料的增长，人口总是会随之增加，而农业物质资本(牲畜和耕地)也将随着其增加程度被新增人口分割得更零碎，其结果是"纯农业人口不久就会达到这样一个时刻，这时农业物质资本的增进不再能同人口的增进相同步，尽管国家的资本总量在不断增长，但个人的贫困却愈加显著"。[1] 为使农业国摆脱贫困落后状态，为使农业物质资本作大规模的持续不断的增长，唯有在农业国建立起充分发展的制造业才能实现，制造业"能够把未经使用的天然力量转变为物质资本，转变成为很有价值的，能产生收入的工具"。[2]

虽然李斯特提到过农业物质资本同制造业物质资本在资本形成过程中是相互作用的，但他又说："一切剩余农产品在农业国并不是物质资本。有了制造业时，把这项产品收入仓库，首先就成为商业资本，然后卖给工业家，就转化为制造业资本"。[3] 可见，李斯特实际上强调的是制造业物质资本在二者关系中的主导方面。这一点正如他

---

[1] 《体系》，1959 年德文版，第 215 页。

[2] 《体系》，1959 年德文版，第 213 页。

[3] 《体系》，商务印书馆 1961 年版，第 200 页。

本人所说："农业物质资本的增进，主要取决于制造业物质资本的增进；凡是不能认识到这一事实的那些国家，不管它们在农业上的自然条件如何有利，非但不能获得进步，而且在财富、人口、文化和实力方面都将逐渐倒退"。① 他还指出："当一个国家在农业和人口方面有了高度发展，从而建立了自己的制造业时，……它就得以不但把格外适用于制造业而以前没有使用的那些力量加以资本化，而且把有助于农业的制造力的绝大部分也加以资本化"。②

李斯特不赞同斯密关于资本积累只能通过储蓄来实现的见解。在他看来，斯密由来自国民收入的储蓄推及资本形成的说法，"只是那些靠债券利息收入的剪息票者或商人在簿记及贷借收支表上对资本所必然持有的观念"。③ 他觉得斯密的理论对于商人及剪息票者而言是完全行得通的，但对于整个国家则行不通，它必然使国家陷于贫困、落后和孱弱。因为如果人人都竭力从事于储蓄和节约，消费就会大大减少，制造业的市场就会萎缩，生产动机便不复存在，国民便将成为"疯狂的守财奴"。④

李斯特对斯密的抨击显然是走过了头，将斯密的观点推向了极端。他可能不理解储蓄向投资转化这个资本形成的重要渠道，这一点也许同当时处于发展中的德国的金融机构过于不发达有关，以致他未能理解从储蓄到投资直至资本形成之间的机理。然而，李斯特却在此处正确地道出了消费与生产之间的关系，即他所说的："生产使消费成为可能，而消费的愿望又足以刺激生产"。⑤

李斯特如此攻击斯密关于储蓄转化为投资的论点，是为了阐述他本人的这样一种见解：一国（尤其是落后国家）资本的形成，不能依靠剪息票者或商人式的那种缓慢的个人积蓄的途径，而应当借助于国

---

① 《体系》，1959 年德文版，第 233 页。
② 《体系》，商务印书馆 1961 年版，第 220 页。
③ 《体系》，1959 年德文版，第 213 页页。
④ 《体系》，1959 年德文版，第 214 页。
⑤ 《体系》，1959 年德文版，第 217 页。

家的力量，通过建立起制造业得以加速实现。他无疑意识到了落后国家的政府对于加速资本形成所起的重要作用。李斯特在对私人资本和国家资本进行区分时曾经指出："一个制造业主或商人可以一方面将其工厂或货船卖掉，一方面从其制成品或交易中抽回其资本，然后用所得款项购进地产；而整个国家却不能这样做"。① 李斯特所指的国家资本，近似于现代发展经济学家们所说的社会分摊资本或基础设施。他在提到近代西方国家通过国债制度来筹集资本时，明确地将国债同基础设施投资联系在一起。他说："就现在一代的支出来说，再也没有比改进交通运输工具方面的支出更加绝对地有利于后一代"。②

此外，李斯特还多次说到，当本国资金不足时，国家可采取相应措施引进国外资本。

第二节　生产力理论

李斯特在同英国古典学派的论战中，提出了他的生产力理论，他本人认为这一理论是其理论体系不同于英国古典学派经济理论的一个主要标志。李斯特生产力理论的主要内容包括：（1）对价值理论与生产力理论的区别的分析；（2）关于生产力构成要素的论述；（3）对生产力协作与综合的探讨。

一、价值理论与生产力理论

李斯特认为政治经济学的目标并非仅仅在于建立起价值理论，除了价值理论之外，还应当建立起一个独立的生产力理论。他指出："政治经济学这门科学所教导的，并不只是交换价值怎样由个人来生产，怎样在个人之间进行分配，怎样被个人所消费。……作为一个政治家，此外还首先应当并且必须懂得，怎样才能激发、增加并且保护整个国家的生产力；以及由于什么原因国家的生产力将会被削弱、处

---

① 《体系》，1959 年德文版，第 218-219 页。
② 《体系》，1959 年德文版，第 265 页。

于休眠状态或整个地被摧毁；怎样借助于国家的生产力，最佳而又最适当地利用国家资源，从而创造出国家的生存、国家的独立、国家的繁荣、国家的实力、国家的文化以及国家的前途"。①

在李斯特看来，以亚当·斯密为代表的英国古典经济学家及其追随者的经济理论是一种价值理论，它旨在探讨一国"所积累的财富（也就是交换价值）的多少"，② 亦即获取"交换物质的物质"③的大小。由于这种理论"把物质财富或交换价值作为唯一的研究对象"，④这势必导致这种理论所考虑的只是现有的价值，而看不到产生这些价值的力量，从而"把交换物（Vermittler）同创造物（Urheber）混淆了起来"。⑤

李斯特在其论辩中，提出了"财富的原因同财富本身完全不同"⑥这句著名的格言。他指出："个人虽然可以拥有财富（即交换价值），但如果他仅仅拥有财富而不拥有可以产生大于其所消费价值的生产力的话，他将越过越穷；相反，一个人也许很穷，但他若拥有生产力，可以产生比其所消费的价值更大的价值，他就会富裕起来"。因此，"财富的创造力比之财富本身，不知道要重要多少倍"，⑦ 这是因为财富的创造力不但可以保存已有的和已经增大的财富，而且还可以使已经失去的财富得以补偿；对个人来说是如此，对整个国家来说更是如此。李斯特援引了西班牙和英国的实例，以此证明他的推论。他认为西班牙之所以由盛趋衰，其原因在于这个国家逐渐丧失了它的生产力，而英国之所以由弱转强，是因为英国"通过运用它的政

---

① 《体系》，1959 年德文版，第 306 页。

② 《体系》，1959 年德文版，第 152 页。

③ 《美国政治经济学大纲》，载《生平及文选》，1909 年英文版，第 187 页，着重点是引者加的。

④ 《体系》，1959 年德文版，第 150-151 页。

⑤ 《体系》，1959 年德文版，第 150 页。

⑥ 《体系》，1959 年德文版，第 143 页。

⑦ 《体系》，1959 年德文版，第 144 页。

策获得了生产力，进而又通过其生产力而获得财富"。①

　　李斯特正是借助于对以上"交换物"和"创造物"、"财富本身"和"财富的原因"等相对立的范畴的区分，得出了必须建立起生产力理论的结论。由此，他直截了当地指出："要解释经济现象，除了价值理论之外，还必须考虑到一个独立的生产力理论"。②

　　那么，什么是李斯特所说的生产力理论呢？李斯特在《体系》中专门阐述理论的第二篇的头一章(第十一章)里这样写道："政治经济学，即限于对一个在特定世界形势下的特定国家如何凭借农业、工业和商业取得富裕、文明和实力这一方面作出解释的那种科学"。③ 这是李斯特对于"生产力理论"所下的最明确的定义。在其他场合，李斯特着力于阐明生产力理论的内容。譬如，他指出，生产力理论是这样一种学说，它旨在说明"为了国家的文明、富裕、实力、存续与独立自主的特殊利益，怎样使一个完整国家的生产力得以产生、增长并得以继续保持"。④

　　李斯特在建立起自己的生产力理论的同时，还分析了亚当·斯密等英国古典经济学家及其门徒未能明确地提出生产力理论的原因。在他看来，像斯密这样一位具有明彻理解力的经济学家，不可能不意识到财富与财富的原因以及这类原因对国家经济发展的影响。问题在于斯密本人认为分工这个概念是他理论上最卓越的贡献，正是由于这一点妨碍了斯密对生产力问题作进一步深入的探讨。李斯特承认，虽然斯密认识到生产力取决于人们从事劳动时所运用的"技巧与鉴别力"，但是当他触及这类"技巧与鉴别力"的起因时却没有深究下去，而是在分工这一点上止步不前，并最终得出了劳动本身是一国财富源泉的结论。

　　在李斯特看来，劳动本身并不一定能使一国致富，"因为历史告

---

① 《体系》，1959 年德文版，第 81 页。
② 《体系》，1959 年德文版，第 147 页。
③ 《体系》，1959 年德文版，第 133 页。
④ 《体系》，1959 年德文版，第 302 页。

诉我们，就整个国家而言，尽管其国民克勤克俭，还是陷于贫困境地"，① 劳动本身并不能说明"那些现在是繁荣昌盛的国家，凭借什么方法上升到强盛地位，⋯⋯而另一些曾经是强盛的国家由于什么原因失去了原有的强盛地位"②的问题。他认为尽管斯密将其著作冠以《国富论》的题目，尽管在《国富论》绪言中也出现了"生产力"这个名词，但斯密实际上并没有深入论及国民财富的原因及其生产力的问题，而仅仅是在论证"某个在社会中的个人如何同其他人一道创造、增加和消费财富，以及全人类的实业和财富如何对个人的实业和财富施加影响"③而已。

二、生产力的构成要素

李斯特是生产力的多要素论者，他认为生产力系由多种要素构成："基督教、一夫一妻制、奴隶制与农奴制的废除、王位世袭制、拼音文字的发明、印刷、邮政、货币、度量衡、历法和钟表、警察、自由保有地产制度的实行以及交通工具的采用，这些都是生产力的丰富源泉"。④ 当他论及英国巨大生产力与巨大财富产生的原因时，又把"人民先天的自由权利和正义感、人民的活力、他们对宗教的热忱和道德观念⋯⋯国家的宪政、公共机构、政府上层人物的智慧和力量⋯⋯地理环境、国家的气运(die Schicksale des Landes)，甚至机遇本身"⑤等统统列为生产力的构成要素。

李斯特从生产力理论出发，得出了应当重视科学技术和充分估计到技术进步对于经济发展的影响的很有见地的结论。他认为在这方面最有说服力的国家就是英国："英国的力量以及它的生产力的增长，并非完全借助于它的限制进口的政策、航海条例和商业条约，而是在

---

① 《体系》，1959 年德文版，第 145 页。
② 《体系》，1959 年德文版，第 172 页。
③ 《美国政治经济学大纲》，载《生平及文选》，1909 年英文版，第 152页。
④ 《体系》，1959 年德文版，第 148 页。
⑤ 《体系》，1959 年德文版，第 83 页。

很大程度上归功于它在科学技术领域的胜利。"①

李斯特对科技进步的前景表现出乐观态度，他写道："谁能对人类今后在发现、发明和改进方面设定限度呢？"②他对当时正在崛起的农业化学工业给予很高的期望，他说："农业化学尚处在幼年时代，谁能预见到，明天也许通过一项新发明或新发现，就把土地的收成提高五倍至十倍？"③李斯特有关农业技术进步的看法，显然是针对英国古典学派（尤其是李嘉图）的。他不赞同李嘉图等人夸大"报酬渐减规律"作用的观点。值得一提的是，李斯特提出了同李嘉图相左的地租理论，他相信地租也是生产力发展的产物。我们知道，李嘉图试图用劳动价值论来解释地租的来源。他写道："地租是为使用土地的原有的和不可摧毁的生产力而付给地主的那一部分土地产品。"④这在李斯特看来，李嘉图的这一说法仍然承认"地租是由土地本身所固有的自然生产力而来的，"⑤因而依然带有重农学派的尾巴。李斯特认为，即便承认土地具有自然生产力，但这一部分生产力也是"极其微薄的，它对于使用者所能提供的剩余产量是极小的，因此单单由这一点而产生的地租简直少得不值一提。"⑥促成地租增长的真正源泉，在于"国家生产力的增长，其中最重要的是制造力的增长"。⑦ 这是因为有了制造业之后，制造业对农产品的需求将随之增大，农业经营者就能在更加有利的条件下利用其土地和劳动力。随之而来的是地产价值的提高，进而增强了信用能力和筹措物质资本的能力，并终将带来人口的增加、精神资本的累进和文化的进步。总之，"对于地租与地产价值稳定而持久的增长具有保证力量，就只有让它自己有了制造业才能办

---

① 《体系》，1959 年德文版，第 82 页。
② 《体系》，1959 年德文版，第 142 页。
③ 《体系》，1959 年德文版，第 142 页。
④ 李嘉图：《政治经济学及赋税原理》，商务印书馆 1962 年版，第 55 页。
⑤ 《体系》，商务印书馆 1961 年版，第 219 页。
⑥ 《体系》，商务印书馆 1961 年版，第 219 页。
⑦ 《体系》，商务印书馆 1961 年版，第 202 页。

到"。① 李斯特还指出，地租和地产价值的增长程度，取决于这些土地距离制造业的远近程度，特别是取决于制造业与农业之间商业交往的密切程度。这一观点同李嘉图对级差地租的分析颇为近似。

此外，李斯特还直接攻击了马尔萨斯的人口理论。他指出："人口增长在比例上大于生活资料增长的说法不符合事实，至少是荒谬的……只要地球上还有大量的自然力未被开发，人口就是再增加十倍甚至百倍也足以供应……以生产力的现有能力为标准，据以计算已有的土地能够养活多少人口，这种想法纯属目光短浅。"②

李斯特提出的精神资本的概念，也是他的生产力构成说的重要组成部分。李斯特在侨居美国期间所完成的重要著作《美国政治经济学大纲》（这部著作系由李斯特于 1827—1828 年间写给美国费城工业技术促进协会主席查理·英格索尔的十二封信汇集而成）中，就早已明确地使用了"精神资本"概念。他这样写道："把一国生产力局限在其物质资本上，这一说法是不正确的。……生产力的更大的组成部分在于个人的智力和社会条件，对此我称其为精神资本（geistige Kapital）。"③在后来出版的《政治经济学的国民体系》中，他进一步把精神资本定义为"个人所固有的或个人从社会或政治环境中所汲取的精神力量和体力"，④ 亦即"一国国民身心力量的总量"。⑤ 至于这一"总量"的具体内容，在李斯特看来，应当包括"在科学技术、家庭和国家机构、智力培养和生产能力这些方面……"；它们"是世世代代所有发现、发明、改进、完备和努力等等累积的结果，它们构成为现代人类的精神资本"。⑥

李斯特认为教育是使一国精神资本得以延续的主要手段，他主张"一国的大部分消耗，应当用在对下一代的教育方面，用来培植国家

① 《体系》，商务印书馆 1961 年版，第 210 页。
② 《体系》1959 年德文版，第 140 页。
③ 《美国政治经济学大纲》，载《生平及文选》1909 年英文版，第 192 页。
④ 《体系》，1959 年德文版，第 211-212 页。
⑤ 《体系》，1959 年德文版，第 213 页。
⑥ 《体系》，1959 年德文版，第 149 页。

未来的生产力"。① 为了说明教育对培育精神资本的重要意义，李斯特打了一个人所周知的比方。他假定有两个家庭，家长都是地主。前一个地主将其积蓄存储起来以获取利息，而让其儿子们从事于艰苦的劳作；后一个地主则用积蓄来培养其儿子，使他们受到良好教育或学习某种行业。前者到临终时可能比后者富得多，但就生产力来说，情况却完全不同。后一个家族的后代将在精神力量和才能上获得巨大发展，而且一代一代传下去，以至于获取财富的力量将有增无已；而前一个家族的后代由于离开土地后无法生存，其地产将愈分愈小，最终还是无法避免愚昧和贫困。李斯特打这个比方，是想说明一国若不对精神资本投资的话，该国未来的生产力将会减弱甚至趋于毁灭。

在李斯特看来，流行学派所研究的只是"那种能够产生物质价值的人类活动"，② 所以，他们仅仅"把单纯的体力劳动认定为生产力"，③ 这就导致这些人"甚至不承认执行法律和维护秩序、培养和促进教育、宗教、科学、艺术等等这类精神劳动具有生产性"。④

李斯特认为，由英国古典学派及其门徒否认精神劳动生产性的论点出发，注定会推出十分荒谬的结论。首先，这一论点无法解释近代社会的经济发展在规模和速度上大大高于古代社会的原因。若是仅仅把体力劳动看作增加国民财富的起因，那么在古代社会的生产中，所使用的人手比近代社会要多得多，而且劳作也要艰苦得多，为什么古代社会创造的财富远不能同近代社会相比？其次，若是将他们的论点推而广之，一个养猪的具有生产力，而一个教育家却不是生产者；乐器制造者们是生产者，而作曲家和音乐名家却由于他们所表演的东西不能具体地摆在市场上，因而他们的劳动便失去了生产性质；一个制药工人是生产者，治病的医师反倒被排除在生产者之外。由此类推，

---

① 《体系》，1959 年德文版，第 148 页。

② 《体系》，1959 年德文版，第 147 页。李斯特所说的"流行学派"范围很广，既包括英国古典学派，又包括法、德等国主张自由贸易的经济学家。在这里主要是指斯密及其追随者萨伊。

③ 《体系》，1959 年德文版，第 151 页。

④ 《体系》，1959 年德文版，第 146-147 页。

像科学家牛顿和技师瓦特这样一类人物也应被列入非生产者的行列。李斯特在进行了以上归谬法的推理之后，得出了精神生产者的劳动"具有高得多的生产性"①的结论。

如同指出英国古典经济学未能创立生产力理论的原因一样，李斯特也对他们何以否认精神劳动具有生产性的原因作了剖析。对此，李斯特指出了两点：第一，英国古典经济学家（尤其是斯密本人）认为精神生产者（斯密所使用的是"非生产性劳动"的概念②）不直接生产交换价值，而只是参与国民财富的再分配，他们的消费行为不仅减少了物质生产与蓄积的总量，而且也减少了物质财富的总量；第二，精神生产者之所以具有生产性，是由于他们获得了交换价值的报酬，而这部分报酬又是由于牺牲了交换价值得来的，并不是因为他们生产了生产力。

李斯特认为，他的生产力理论之所以能够把"精神生产者"和"精神资本"包容进来，原因就在于"只有把国家的生产力而不是把交换价值的占有视为国家财富时，才能把精神劳动称为具有生产性。"③

三、生产力的协作与综合

生产力协作与综合的理论是李斯特生产力理论中除了生产力构成说之外的另一重要组成部分。在李斯特的生产力理论体系中，协作与综合说同构成说二者紧密联系而不可分割。

在李斯特看来，斯密的分工理论有欠缺之处，他只看到了"在若干个人之间不同的商业操作程序的分工（Teilung）"，而没有看到这类分工"同时也是各种动作、智力和力量为了共同生产目的而进行的联合或协作（Konföderation oder Vereinigung）"。④

---

① 《体系》，1959 年德文版，第 151 页。
② 参见斯密：《国民财富的性质和原因的研究》，第二篇，第三章"论资本积累并论生产性和非生产性劳动"、商务印书馆 1972 年版，第 303-321 页。
③ 《体系》，商务印书馆 1961 年版，第 295 页。
④ 《体系》，1959 年德文版，第 156 页。

李斯特借用了斯密提到的人所皆知的制针业的例子，以此来佐证自己的论点。他的思路是：在制针业的操作程序中，多个人联合起来共同协作比各个人单干时的产量不知要大多少倍；生产力为了同一目的而形成的协作，使得商业操作程序上的分工在生产中发挥更大的效力，没有这种协作，生产效力就会下降。他说："若干个人之间不同商业动作的分工，同时也是各种活动力、智力和力量为了共同生产而进行的联合或协作。这类活动之所以具有生产性，不单单是由于'分工'，主要的还是由于'协作'"。①

李斯特认为生产力协作与综合的理论不仅适用于企业，同样可以用来分析市区、省区、全国乃至国际生产力的协调问题。就市区和省区内生产力的协调而言，如果各省市完全或主要地致力于在自然条件上最适宜的那些部门的生产，并且在各市区和省区之间相互提供原料和产品的话，那么，商业操作程序的分工和生产力的协作的影响就会表现得尤为突出，资源就能获致更大的利用，生产效率就会大大增加；就全国生产力的协调而言，李斯特是指一个国家的"综合国力"；在生产力的国际协作方面，他指出，各国之间如同一个国家内各个不同地区一样，也存在着生产力分工和协作的关系，所不同的是国际间生产力协作往往由于战争、政治变动、商业恐慌等原因而中断，因此，就各国的政策而言，各国的主要目标应首先放在生产力的国内结合上，其次再去考虑国际结合。

论述一个国家的"生产力的均衡与协调"，② 即"国家生产力的综合"以及"这些力量的综合量"，③ 是李斯特生产力协作与综合理论之核心部分。在他看来，"国家生产力的综合"亦即"生产力的量"，④ "并不等于在分别考虑下一切个人生产力的综合；这些力量的综合量主要取决于社会和政治情况，特别有赖于国家在国内分工和国内生产

① 《体系》，商务印书馆 1961 年版，第 132 页。
② 《体系》，1959 年德文版，第 164 页。
③ 参见《体系》商务印书馆 1961 年出版，第 149 页。
④ 参见《体系》商务印书馆 1961 年出版，第 149 页。

力协作这些方面进行时的有效程度。"①由此看来，李斯特关于"国家综合生产力"的概念，包含有整体大于各部分相加总和的哲学思想。

那么，李斯特所说的"国家生产力的综合"或"生产力的均衡与协调"应当包括哪些方面的内容呢？对此，他所给出的回答是：这是指一国"农业、制造业、商业、政治力量和国内财富的均衡发展(leichmäßigen Ausbildung)"。② 他显然知道这样回答过于笼统，为此，他提出在全国生产力的总协调和均衡当中，有两对最主要的关系，即一国物质生产中的分工和协作以及物质生产和精神生产之间的分工和协作。

他认为在物质生产中，最主要的分工与协作存在于农业和制造业之间，而商业则是这两个部门之间的中介。对一个国家来说，农业和制造业这两个基本部门缺一不可。他形象地比喻说："一个国家没有工业，只经营农业，就等于一个个人在物质生产中少了一只膀子……借助于外人的那只膀子也许很有用，但总不及自己有两个膀子好，因为外人之心是难以捉摸的。"③他还认为农业和制造业作等比例的发展，有助于整个国家的生产力趋于协调；但他又强调制造业增长对于农业的带动作用。他写道："制造业所有部门的力量同农业在地区上、商业上和政治上所形成的结合愈紧密，则农业生产力便愈加增长。制造力有了这样的发展以后，在农业中商业操作程序的分工和生产力的协作也将作等比例的发展，从而使农业达到其完善的最高阶段。"④

值得注意的是，李斯特不仅强调国民经济各部门之间的协作，而且还突出地指出，制造业内部各部门之间也应保持相辅相成的协调关系。他说："任何一个特定的制造业部门的成长，是以其他许多制造业部门的成长为条件的"；⑤ 另一方面，他还认为在制造业中又必须

---

① 参见《体系》商务印书馆 1961 年出版，第 149 页。
② 《体系》，1959 年德文版，第 149-150 页。
③ 《体系》，商务印书馆 1961 年版，第 141 页。
④ 《体系》，1959 年德文版，第 159 页。
⑤ 《体系》，1959 年德文版，第 76 页。

有一个主干部门（Stamm），制造业的其他部门围绕这个主干而获得发展。在他看来，17世纪时英国的毛纺织业就曾经担负过主干部门的角色，带动了其他部门的成长。[①]

对于第二类最主要的分工和协作，即物质生产和精神生产的协作，李斯特只是描述了两者之间相互作用的关系，即"精神生产的成就愈大，则物质财富的产量越大。反过来也是一样的，物质生产者生产的物质越多，精神生产就愈加能够获得推进。"[②]

那么，这两类协作各自又是如何实现的呢？两类协作之间的关联又是如何实现的呢？李斯特认为，这个问题应当从整个国民经济的宏观上来看。"全国范围内的生产力的分工和协作取决于农业、制造业和商业均衡而又和谐地得以发展"；就物质生产和精神生产的关系而言，则"取决于国内精神生产同物质生产保持适当比例"。[③] 李斯特并没有进一步论证国民经济中这两种最基本的关系如何实现的实际过程及其机制（显然，他不可能完成这一探讨），但从上面的分析可见，他实际上是假定他所说的这两类最基本的分工和协作的关系可以同时得以实现，并达到"生产力的均衡与协调"。

李斯特还把美国和西班牙作为正反两个相互对立的实例，论证能否正确处理好这两种最基本的关系涉及国家的盛衰。他在《美国政治经济学大纲》中指出，美国由于较好地处理了这两对协作关系，虽然在独立战争中丧失了无数财富，但生产力却得到了长足的发展，同时国民经济各部门也处于良好的均衡和协调发展的状态。西班牙则相反，除了本国未建立完备的制造业部门而无从实现物质生产中的协调之外，更重要的是，国内精神生产者和物质生产者的比例严重失调，大量人口在寺院中谋生，占人口相当大比重的是从事于"精神生产"的僧侣，教士和巫师，整个国民经济承受着巨大重负。这种精神生产和物质生产比例严重不对称的状况，势必"损害国民的德性和勤劳意

---

① 《体系》，1959年德文版，第75页。

② 《体系》，商务印书馆1961年版，第140页。

③ 《体系》，1959年德文版，第41页。

向"，并将"从根本上危及国家的生产力"。① 在李斯特的眼中，从业于神职者亦属于精神生产者，而"国民德性和勤劳意向"当属一国精神生产力或精神资本的构成部分，应当归于"国家生产力的综合量"之内。他认为西班牙衰落的一个重要原因，在于物质生产者和精神生产者之间没有保持适当的比例。他不无感慨地写道："照耀着西班牙人的还是同一个太阳，他们所据有的还是同样的领土，矿藏还是同样丰富，他们还是美洲发现以前、与宗教法庭成立以前同样的人民；但是这一国家逐渐丧失了它的生产力，因此日趋贫困。"②

李斯特通过对主要西方国家经济发展历史的考察，提出了制造业和生产力稳定发展和得以存续的原则。他认为，存续原则同生产力的分工和协作的自然法则很相似，也是一种自然法则。这一法则要求一国国民为了达到促进和延续本国生产力的目标，必须将几个世代中形成的生产力适当地结合在一起。合理地对生产力实行分工和协调，是使本国生产力得以存续的主要手段。若一国生产力未能很好地加以协调，那么该国的生产力就难以世代相传。就以制造业来说，李斯特认为："工业的每一部门总是靠着整个工业的确立与存续而诞生的，反过来它又对许多别的部门起了促进与支持作用，使它们欣欣向荣；同样的道理，一个工业部门的倾覆，总是别的许多部门不能继续存在的先声，最后就会动摇国家制造力的主要基础。"③

李斯特具体地把需要几个世纪加以存续的生产力分解为两个大类。一类是劳动力和生产经验、技能的积累，包括又有技巧又有经验的工人和技术人员、卓越的商业经验、长期保持的商业信用关系、销售策略、策划和市场等等；另一类是生产工具以及基础设施，包括机器及其建筑物、运输工具及其运输能力、运河及堤防系统以及防御工事系统等等。

李斯特尤为强调国家在保护和存续生产力方面起着决定性作用。

---

① 《体系》，商务印书馆 1961 年版，第 177 页。
② 《体系》，商务印书馆 1961 年版，第 118 页。
③ 《体系》，商务印书馆 1961 年版，第 253 页。

在他看来，"个人所具有的生产力，包括经验、习惯和技术，在失去本业之后，一般就会大部分不复存在"。① 国家却不同，一国若实行正确的政策，就能保证该国的生产力世代存续下去，而在这一方面，维持国家的独立自由地位和建立起制造业体系是至关重要的。

李斯特多次阐明，他的生产力协作和综合理论同斯密的分工论之间的区别在于：第一，斯密只看到了分工对于提高劳动生产率的作用，而没有看到在进行分工的同时所带来的生产力协作的效力。尽管斯密认为生活必需品是"成千上万的人的帮助和合作"②的结果，但他的论述至此而裹足不前，没有深究共同劳动和协作对于促进劳动生产力的作用。第二，李斯特认为斯密虽然充分认识到分工如何在微观上有助某一企业的成功，但却不理解分工在宏观上对于整个国家的意义。从李斯特举出的上面两个区别来看，他本人并不反对斯密的分工论，而是觉得斯密的分工论不尽完善，需要加以修补和引申而已。

第三节 国家干预学说和保护贸易理论

在李斯特经济理论形成时期的 19 世纪 20—30 年代，在英、法、德等国经济学论坛上占主导地位的思潮是古典经济学为主要内容的自由放任和自由贸易的学说。李斯特从处于发展中阶段的德国的国情出发，指出了英国古典学派经济自由主义和自由贸易理论及其政策主张具有"世界主义"的根本缺陷，以及不注意各个特定国家的性质和各自特殊利益的倾向。针对这种倾向，李斯特提出了国家干预学说和贸易保护理论，其中若干理论观点和政策见解为他以后的历史学派经济学家们所承袭，从而形成为整个德国历史学派理论体系的一个鲜明特色。

---

① 《体系》，商务印书馆 1961 年版，第 201 页。
② 斯密：《国民财富的性质和原因的研究》，上卷，商务印书馆 1972 年版，第 12 页。

一、国家干预学说

李斯特的国家干预学说，主要包括两个方面的内容，即：国家对经济实行干预的必要性及国家对经济领域实行干预的范围和内容。

李斯特认为，国家之所以要对经济实行干预，是因为私人经济本身存在着种种弊端或局限。这主要表现在：第一，私人经济同国家经济发展的长期利益有时会不一致。在他看来，个人仅仅为自己及家庭筹划，很少想到他人或后代；个人能力及眼界受到限制，很少跨越私人企业的圈子；个人在追求自己的目标（即交换价值）时，很可能损害公共利益，甚至使国家的生产力受到损害。他举例说，商人为了赢利，他可以输入药品，但同时也可以输入毒品。李斯特由此得出的结论是："私人企业如果放任自流并不总是会提高国家的福利和实力。"[1]第二，私人企业的发展离不开国家保护和扶持。李斯特写道："个人无法通过自身力量战胜由整个国家的资本和技术所构成的联合力量"；[2] "个人也许很富有，但若国家不拥有保护个人的力量的话，个人也许在一天之内就会失去经过多年才聚集起来的财富，失去其权利、自由和独立"。[3] 第三，个人主要通过国家才能形成其生产力。李斯特认为，个人生产力的大部分是从国家的政治组织与国家的力量得来的，并且在很大程度上取决于国家的社会环境与政治环境。

李斯特把国家干预视为弥补以上私人经济局限和缺陷的主要手段。因为国家必须为社会大多数成员的需求作筹划，不仅考虑到现在，而且考虑到下一代甚至未来更多的世代；不仅为和平时期作筹划，而且还要为防止发生战争作准备。李斯特并不否认国家干预必然会使一部分个人的利益和要求受到限制，一些经济领域要受到管制，但他认为这一切都是必需的，国家为了民族的最高利益，不但有理由

---

① 《体系》，1959 年德文版，第 65 页。
② 《美国政治经济学大纲》，载《生平与文选》1909 年英文版，第 192 页。
③ 《美国政治经济学大纲》，载《生平与文选》1909 年英文版，第 162 页。

而且有责任对经济部门实行某些约束和管制。一个不被限制和管制的社会无异于一个野蛮人的社会；若是没有国家力量的干预，就不会有人们对铸币的信任，不会有经商的安全感，既不会有度量衡、专利权、版权，也不会有运河及铁路。他甚至得出结论说，"一个国家让任何事情都放任自流，那就意味着自杀"。①

李斯特主张国家干预，尤其应把重点放在本国经济实力迅速发展并且向工业强国转变的关键时期，借助于国家力量，使转变过程尽早完成。他甚而主张这一时期的国家干预应当是有意识、有目的的，使本国的经济发展"趋于人为的方向"。② 为了说明国家干预对加速经济发展的意义，李斯特打了一个植树的比方：风力会把种子从此地带到彼地，荒芜的原野因此会慢慢地变成稠密的森林；但要想培植森林却不能静等风力的作用，让它在几个世纪内完成这样的转变；若是植树者选择树秧，主动栽培，则在几十年内可达到同样的目的。李斯特还总结了各国经济发展的历史经验，说明经济放任自流何以导致国运日衰的原因。在他看来，英国正是实行国家干预，使本国由弱转强并且登上工业强国霸主地位的最有说服力的实例。

那么，国家应当如何对经济领域实行干预呢？对此，李斯特指出，对经济的一切部门实行干预并非明智，国家的干预和管制只能限于部分领域，即："关于国民个人知道得更清楚、更加擅长的那些事，国家并没有越俎代庖；相反地，它（指国家——引者）所做的是，即使个人有所了解、单靠他自己力量也无法进行的那些事。"③李斯特具体提到了国家应做的事情，诸如：借助于海军和航海法规保护本国商船；修筑公路、铁路、桥梁、运河、防海堤等基础设施；制定专利法以及各项有关促进生产力和消费的法规；为推动本国制造业发展，实行贸易保护政策，等等。他指出："国家在经济上越是发展，立法

①　《美国政治经济学大纲》载《生平及文选》，第215页。
②　《体系》，1959年德文版，第214页。
③　《体系》，1959年德文版，第169-170页。

和行政方面的干预就越是必不可少"。① 总之，国家的目标就在于促进财富和生产力的增长，促使本国由野蛮转变为文明，由弱小转变为强大。

李斯特特别强调国家干预学说在他的理论体系中的地位。他这样写道："作为我所创立的体系中的不同特征的是国家。国家的本质是处于个人与整个人类之间的中介体，我的理论的整个结构就是以这一点为基础的。"②

李斯特觉得，亚当·斯密创立的并在各国流行的现有的经济科学由于完全撇开国家，所以它是不完善的。造成这种不完善的原因在于：第一，它没有把政治和政治力量放在政治经济学中来考察，而旨在说明单纯的物质财富的增长；第二，它处处强调各个生产者行动完全自由这一点而忘记了整个国家的利益，没有把国家放在个人前面来考虑；第三，古典经济学的理论大厦完全是建立在有关"世界主义"的幻想和永久和平观念基础上的，因而从根本上漠视各国的存在及其国家的特殊利益；它不懂得"人类文明只有借助于各国的文明和发展才能设想，才有可能"。③ 为此，李斯特主张，应当在现有的经济科学中加进国家经济学，使之趋于完善。那么，什么是国家经济学呢？李斯特将其概括为："国家经济学作为这样一门科学而问世：它承认各国的当前利益和特殊国情，它所教导的是怎样使各个国家上升到上述那样的经济发展阶段，怎样使它同其他同样发展的国家结盟，从而使自由贸易成为可能，并从中获得利益。"④

二、保护贸易理论

实际上，李斯特的保护贸易理论是他的国家干预学说的延伸。李

---

① 《体系》，商务印书馆 1961 年版，第 150-151 页。
② 《体系》，1959 年德文版，第 25 页。
③ 《体系》，商务印书馆 1961 年版，第 175 页。
④ 《体系》，1959 年德文版，第 139 页。

斯特站在经济上相对落后国家的立场上，对经济发展阶段与实行保护贸易的关系、实行自由贸易或保护贸易的不同约束条件及其背景、保护贸易政策的步骤与方法等问题作了一些探讨，他的这些探讨构成为他的贸易理论体系。

李斯特根据他对贸易史所作的考察，提出了大体上同他的经济发展阶段相对应的三个贸易发展阶段。在第一阶段，经济落后国家应当同较先进的国家进行自由贸易，以此为手段，使自身摆脱未开化状态并求得农业上的发展；在第二阶段上应当实行保护贸易，以促进本国制造业、海运业和商业的发展；在第三阶段，当本国制造业、农业、商业及整体经济实力有了高度发展之后，再逐步恢复到实行自由贸易，并且在国内外市场上同其他国家进行毫无限制的竞争。这里的第一阶段大致上包括他所设想的经济发展阶段中的原始未开化阶段、畜牧业阶段以及农业阶段前期；第二阶段相当于农业阶段后期和农业与制造业阶段；第三个阶段就是李斯特所向往的经济上相当发达的农业、制造业和商业阶段。

李斯特贸易理论的主要特色，是论证为何应在第二阶段上实行保护贸易政策。他认为，当一个国家开始向农业和制造业阶段过渡、在物质上和精神上具备了建成工业国的一切必要条件和手段，同时，由于还存在着比本国更为先进的工业强国的竞争，有可能妨碍本国制造业成长时，只有在这种情况下才有理由采取保护措施。李斯特在这里显然是指处于二等地位的工业国（这类国家已经具有相当实力，有资格同第一流的农工商都很发达的工业强国相竞争）或者已经具备了一定的制造业基础并正在向工业国转变的国家。李斯特把应当实行自由贸易的国家亦分为两类：一类是那些未开化或处于畜牧业阶段或农业发展初期阶段的国家，若实行自由贸易，就能促进经济繁荣和文化进步；另一类是处于一等地位的工业强国，它们因为具备了发达的制造业和强大的经济实力，无需顾忌其他国家的竞争，实行自由贸易可获得廉价工业原料及消费品。

在他看来，实施保护政策旨在建立起制造业部门和工商业优势，一旦这一目的达到了，就应当转而采取自由贸易的政策。他认为保护政策具有历史性，其实行和撤销都是合理的。他无疑是把促进制造业成长当作实行保护制度的最主要理由。李斯特如此看重制造业，一方面如前文中提到的那样，他认为制造业是整个国民经济的基础，其繁荣与否同国家的繁荣休戚相关；另一方面，由于制造业从培育直到完全建立需要付出很大努力，需要很长时间；若制造业发展出现间断，即便是极轻微、极短暂的间断，也会带来严重影响；若间断的期间较长，则会成为一国经济的致命伤。

虽然李斯特大致地就经济发展与贸易发展阶段的一般情况作了描述，但他同时也指出了若干特殊情况。他认为，当农业国由农业阶段向后续阶段过渡时亦可实行自由贸易，但是这种情况下有一约束条件，这就是所有其他国家都处在建立制造业的同一进程中，而且一国无法对另一国的制造业成长起阻碍作用。同时，他又指出，现实的转变进程往往要复杂得多，因为某些国家能借助于有利的国际环境，取得制造业、贸易和海运业方面的优势，由此构成了居于其他国家之上的垄断地位；促成其垄断地位的主要政策工具恰恰并不是自由贸易，而是包括禁止进口、鼓励出口、实施进口关税、限制他国海运业的发展等政策措施在内的保护制度政策体系；因此，处于劣势地位的经济相对落后的国家也被迫实行关税制度，限制与企图维持制造业垄断的国家之间的贸易，以保护本国的经济转变顺利实现。事实上，从历史上看，保护制度不是某些理论家的发明，而是各国为求生存和谋福利乃至追求垄断地位的自然结果。

在探讨了贸易发展阶段性问题的基础上，李斯特进一步详细地讨论了施行保护制度的步骤和方法。他指出：保护关税的目标无疑是为本国制造业成长创造条件，但制造业部门的建立犹如树木一样，不可能顷刻出现，其成长需要时间；加上建立制造业势必涉及科学技术的许多方面，且需要技术、人才和经验的积累，这些因素决定了保护关税只能逐步实施。倘若需要保护的国家尚处在制造业发展的初期，保护关税必须一开始定得相当轻微，以后再随着本国的技术能力及其两个比例(即从国外吸引资本和人才的增长比例及本国原先专供出口的农矿产品和原料现在改为本国使用的增长比例)而逐步提高，到了相当时期再逐渐降低。如果不是采用以上步骤，而是一上来就实行极高的进口税，完全排除国外竞争，使本国实际上同他国完全隔离，必将使本国制造业受到伤害，进而阻碍本国的正常发展。但若发生了非人为的意外事件(如长期战争)造成本国同别国隔离开来，致使本国非自愿地禁止别国制造品进口并且被迫自力更生，李斯特觉得这一情况可以被认为是合乎情理的，但即便在这种状态下，该国也应当积极努力，为将来从隔离状态向保护制度转变作好准备。

李斯特特别提到了在施行保护制度时应注意到部门差异。他认为应当"保护国民工业中那些必不可少的部门"，① 制造业的不同部门并不一定在同等程度上受到保护，特别要予以注意的倒是那些最重要的部门，即在初建和经营时需要大量资本、大规模机器设备、高度的技术知识、丰富经验以及为数众多的工人，所生产的主要是生活必需品的那类部门，具体而言是指棉、毛、麻等纺织业部门。对于生产高档奢侈品的行业，李斯特主张只需征收最低限度的关税即可，因为这类行业产品的产值在国民收入中占很小比重，若对这类产品课以高税，反倒容易鼓励逃税和走私。对于复杂机器的进口则应免税，或征收极轻微的进口税，以利于鼓励本国制造业发展。

李斯特尤为反对对国内农业实行保护，因为这样做会导致排斥从国外进口廉价原料，同时也不利于制造业在国内获得它所需要的廉价原料和粮食，相反若采取保护制造业的政策，则在制造业成长起来之后，自然会扩大农业的国内市场。所以，他认为保护农业的做法是极其愚蠢的。此外，李斯特还认为在实行保护制度的同时，还应辅之以全民性的技术教育，② 以提高国民的技术水平。

至于从自由贸易向保护制度转变时进口税应提到什么程度，反过来，由禁止进口过渡到保护制度时进口税应降低到什么程度，李斯特觉得，这是无法从理论上来决定的，而应当看落后国家的国情以及它

---

① 《生平及文选》，1909 年英文版，第 134 页。
② 参见《生平及文选》，1909 年英文版，第 311 页。

同先进国家的相互关系。因此，李斯特的主张是采用灵活、适度而又节制的保护税制，以不削弱国内生产力为限度。他甚至主张在实行保护制度的同时，允许一定限度的国外竞争有利于本国制造业激起活力，但实施此类措施时，必须经过周密而又系统的安排。他坚决不主张同国外竞争完全割断联系的封闭式的高额进口关税制，他认为这种制度无益于提高国内制造业的竞争能力，反倒会降低其素质，并且助长懒惰。

李斯特对英国古典经济学的自由贸易理论主要从两个方面进行了抨击：

第一，攻击其理论的假定前提。在他看来，以亚当·斯密为代表的英国古典学派的自由贸易理论主张各国通过彼此交换各自最擅长的产品而使各国都获得最大利益。这一主张的隐含前提，是整个世界已形成联盟并且实现了持久的世界和平，这一前提实际上是把"还没有出现的情况假定为已经实际存在的情况"，① 没有考虑到各国的特殊国情和特殊利益以及国际上发生战争等现实条件，因而缺乏现实基础。在李斯特看来，古典学派所设想的那种自由贸易只有在各国经济和文化发展达到尽可能接近的程度，一切国家必须像在本国国内那样遵循相同的贸易原则，以及广泛的相互尊重和相互承认、享有同等权利的世界同盟真正形成才有可能。

第二，反驳古典学派有关保护制度会降低国民收入和损害国内消费者利益的论点。斯密认为保护关税虽然有助于建立起本国工业，但同时也会降低国民收入；因为国民工业每年产出的交换价值形成国民收入的一部分，进而保护关税还会削弱资本积累，因为资本是从年收入中得来的储蓄形成的。斯密还认为，保护关税将使国内经营者居于垄断地位，因此也会损害消费者利益。

对于斯密的第一个论点，李斯特的反驳是：保护关税最初采用时会使工业品价格提高，但国家通过保护政策建立起制造业部门之后，"经过相当时期……这些商品由于在国内生产成本较低，价格是会低

---

① 《体系》，1959 年德文版，第138 页。

落到国外进口品价格之下的。因此，保护关税如果使价值有所牺牲的话，它却使生产力有了增长，足以抵偿损失而有余"。① 李斯特认为，实行保护关税在一定时期内所作的物质牺牲实际上可以看作整个国家的一笔再生产支出。

对于斯密的第二个论点，即他认为保护关税会降低国民收入的论点，李斯特指出，在建立本国制造业的过程中，原先未经使用的天然资源能够转化为资本。此外，落后国家在建立制造业过程中，还可以借助于工业政策，把大量的国外物质资本和精神资本吸引到本国来，从而增加本国的资本总量，他觉得仅仅承认物质资本总量决定于国民收入的观点未免过于偏狭。

李斯特对斯密关于保护关税会损害消费者利益的论点所作的反驳是：在保护制度下本国制造业有了保障，由此给国内市场带来的利益人人都可享受，而非仅仅垄断者才能享受。李斯特承认，虽然生产者在开始时会获得高额利润，但这种利润不会达到过高程度或长期存在，因为继起的国内竞争必然迫使价格下降，而且会降低到在外商自由竞争局面下相当稳定的价格水平之下。在这里，李斯特显然是把超额利润和垄断利润相混淆了。由于这个问题同本节内容没有很大关系，这里就不拟展开分析。

李斯特除了从理论上驳斥英国古典学派的自由贸易理论不切合经济相对落后国家的实际之外，还从贸易史上找出论据，说明古典学派理论为何缺乏依据。他认为，事实上英国的强大恰恰不是借助于自由贸易，而是依靠航海条例、不平等条约以及各种重商主义的商业政策和殖民政策，而在其商业政策和殖民政策当中有大量的保护制度的内容。在他看来，英国古典学派经济学家之所以撇开这些方面不谈，反而一味强调实行世界性的自由贸易，目的在于防止别国也采用它曾经采用过的、包括保护制度在内的那些政策。李斯特将这一点形象地描述为："一个人当他已经攀上了高峰以后，就会把他逐步攀高时所使

---

① 《体系》，商务印书馆 1961 年版，第 128 页。

用的那个梯子一脚踢开，免得别人跟着他上来。"①

第四节　对李斯特的经济发展思想的评论

一、关于工业进步与经济发展关系的论述

李斯特针对英国古典学派不加考虑各国不同的经济发展条件和发展程度、忽视民族特性的所谓"世界主义"倾向，提出了自己的经济发展阶段理论。他提出这一理论的真实意图，在于强调各国，尤其是经济上落后的国家，应当根据本国所处的经济发展阶段来选择适合本国的独特发展道路，制定相应的政策，而不要照搬别国的经验和做法。他的经济发展阶段理论构成为他的整个理论体系的前提和出发点，他的所有的理论分析，包括关于工业进步与农业过剩人口关系的分析、对资本形成问题的论述、生产力理论、国家干预学说以及贸易保护理论，都是建立在这个发展阶段论的基础上的。对于当今的发展中国家来说，李斯特强调各国经济发展的民族特性和不同发展道路的观点仍然具有重要的理论意义。

就分析方法而言，李斯特的阶段论，兼用了历史分析、制度与结构分析以及部门分析的方法，涵盖了生产力发展与财富增长、农业、制造业、商业、海运业等多种经济活动部门的产生和发展、国民经济结构和收入分配的变动、利益分享以及同文化发展程度相关联的社会和政治结构的变动等诸多方面，这就使得他的分析不仅仅局限于经济学领域，而且还涉及到政治学、社会学和文化学等领域，从而把经济发展的动态过程勾勒出一幅全方位的画面。对于李斯特的这种分析方法，美国发展经济学家 B·霍塞利茨给予了相当高的评价。他认为李斯特为了"证实以主要生产(或部门)组织对经济制度进化各阶段的划分，同样取决于将这类组织同一个社会总的政治和社会结构联系在一起的可能性"而作的探讨，在思路上是正确的，"虽

---

① 《体系》，1959 年德文版，第 313 页。

然李斯特没有解决这个问题，但即使当代有关经济增长或工业化的文献，也未能在某个显然是更加深刻而又透彻的层次上把真知灼见运用到这样的分析中去"。① 此外，霍塞利茨还指出，李斯特对后三个发展阶段的阐述，隐含着有关三次产业理论的推论。因为霍塞利茨认为，当农业阶段转变为农业——制造业阶段时，经济的"重心"便转向了第二次产业；而当农业——制造业阶段演进为农业——制造业——商业阶段时，则隐含着服务产业即第三次产业的增长。据此，他认为李斯特实际上向人们展现了一个与费雪和柯林·克拉克的三次产业理论极为近似的理论构思。②

人们不难发现，李斯特的阶段论在逻辑上和总体建构上存在着一些明显的缺陷。

首先，他的理论框架很松散。在他所列出的五个阶段当中，只对后三个阶段的内容作了一些阐述，而对前两个阶段(即原始未开化和畜牧业阶段)的内容未作任何展开。另外，他未能指出后两个阶段(即农业和制造业及农业、制造业和商业阶段)的区别所在，似乎让人感到这两者没有加以区分的必要。他划分各阶段的一个基本条件是后一阶段在发展程度上高于前者，就这一点而言，他未能指出二者的差异所在，这就表明他的理论缺乏严密性。

其次，尽管李斯特的阶段论采用了包括历史分析、制度和结构分析及部门分析的方法，并涉及经济发展过程中社会、政治、经济、文化诸多方面，但他实际上是把经济活动部门，尤其是制造业是否发达，作为划分各发展阶段的基本标志。这种划分标准就李斯特所处的时代而言不失其正确性，但在各经济活动部门高度发展的现代社会，这种划分标准似乎说服力不足。人们熟知，在当今发达国家，第三产业在国民经济中占绝大比重并呈上升趋势。按照李斯特的划分标准，就很难说明这类国家的经济发展程度究竟是处在高水平还是处于低水平，尤其在多种高度发达的经济部门并存的条件下，这一划分标准更

---

① 霍塞利茨等：《经济增长学说》，1963 年英文第二版，第 204 页。
② 霍塞利茨等：《经济增长学说》，1963 年英文第二版，第 202-203 页。

显出其局限性。这表明他的理论不具备较大的包容性。

第三，李斯特过于强调工业进步的作用，似乎把制造业存在及发达与否视为推动经济发展、社会政治制度变革和文明进步的最重要的甚至是唯一的因素。在他那里，工业进步几乎是经济发展的同义语。他的这一见解，显然同他所处的德国当时的历史条件和国际环境以及他渴望德国在尽可能短的时间内由农业国转变为工业强国的主观愿望有关，但这一见解是失之偏颇的，易于导致忽视农业自身发展的倾向。李斯特因此而被人们当作"唯工业论者"最早的代表人物之一，并对战后初期发展经济学的理论形成产生了深远的影响。

李斯特有关农业阶段向后续阶段转变时可能出现两种状态的分析中，论述了农业过剩人口向城市工业部门流动的问题。虽然他的论述远未形成当代发展经济学意义上的人口流动模式，但这一论述比当代发展经济学当中最早问世的刘易斯二元经济模式要早出现一百多年，这就使得李斯特事实上成了经济发展思想史上第一个较为系统地对人口流动现象进行分析的学者。

李斯特联系他的经济发展阶段理论，考察了资本形成在各发展阶段上的历史特征，他的分析赋予资本形成理论以历史动态感。他尤其强调一国物质资本形成的关键时期，在于农业国向工业国转变的时期，为此，他主张落后国家政府应当在加速本国物质资本形成过程中发挥重要作用，这一观点为当今许多发展中国家在建国初期建立本国工业体系的实践提供了理论依据。

二、关于生产力理论

在西方经济学说史上，李斯特无疑是第一位对生产力构成要素进行专门研究的学者。诚然，他所开列的许多构成要素过于庞杂过于宽泛，一些非相关或者至多是间接相关的因素(例如王位世袭制、宗教热忱、国家气运等)以及一些本应属于上层建筑的构成因素(例如国家宪政、警察、公共机构等)也被囊括了进来，致使他无法解释诸因素之间的相互关系以及它们对生产力增长所作的贡献。但是应当承认，他强调生产力构成应当从多方面来考虑的思路同当代增长经济学家 M·阿布拉莫维茨、E·丹尼森、J·卡德里克等人的多要素生产率理论有相通之处。与此同时，李斯特还是西方经济学说史上最先明确地提出"精神资本"概念的经济学家。他的"精神资本"概念，无论从其内涵还是从其外延来看，大体上与当代发展经济学中的"人力资本"概念相吻合。当然，他的"精神资本"概念也有过于庞杂和过于宽泛的缺陷。他在某些场合，把"精神资本"定义为"国民身心力量"的总和时，又带有过于强调人的精神力量的主观唯心主义倾向，这一倾向对后来德国历史学派经济学家具有深远的影响。

　　李斯特将斯密的分工学说加以发挥，从微观推及宏观，并从部门平衡和宏观经济平衡的两个角度，提出了"生产力协作与综合"或"生产力的均衡与协调"的理论命题，进而推出了国民经济各部门应当均衡、等比例、协调地得以发展这一很有价值的见解。

　　从部门平衡理论来看，李斯特的理论，要比战后初期的发展经济学家 P. 罗森斯坦——罗丹、R. 纳克斯、P. 斯特里顿等人的平衡增长理论早出现很多年。P. 斯特里顿本人曾经指出，20 世纪 50 年代和 60 年代为人们所广泛讨论的有关欠发达国家平衡增长的问题，在李斯特那里就已经作了"明晰的阐述"。[1] B. 霍泽利茨进一步指出，李斯特甚至提出了近似于"外部经济"的观点。为此，他引述了下面一段文字："每一个新设企业在相当长一段时间内，由于缺乏经验和技术，与之相伴随的是大量亏损。每一种类工厂的预付资本额既有赖于许多其他种类工厂的预付资本额，又有赖于商号和厂房的适当的建设以及各种工具和机器"。[2] 此外，需要指出的是，李斯特的"生产力协作和综合"的理论中，还含有不平衡增长的思想。除了前面提到的他使用"主干部门"的说法之外，他还在其他场合写道："为了广大平原地区的福利，应当有一个富裕的并且以制造业为主的城市位于其

---

　　① 斯特里顿（P. Streeten）："不平衡增长"。载《牛津经济文献》1959 年 6 月号，第 167-190 页。

　　② 《生平与文选》，1909 年英文版，第 133 页。

中心"。① 这一说法同当代法国发展经济学家弗朗索瓦·佩鲁的"发展极"概念有近似之处。由此可见，李斯特的生产力均衡和协调的命题中兼有平衡增长和不平衡增长两种色彩。

再从整个国民经济宏观平衡的角度来看，李斯特的"生产力均衡和协调"、"国家生产力的综合"、"这些力量的综合量"的提法，在其建构上已近似于现代宏观经济学中的总量分析和总量均衡的思路，而这一思路本身又隐含了对整个国民经济实行计划管理的推论，这一推论若与他有关国家干预的学说联系起来考虑似乎是符合实情的、也符合逻辑的。因为李斯特主张通过国家干预以求得国家生产力按比例地均衡地发展。

当然，李斯特的生产力均衡理论中也有缺陷。例如，尽管他认为西班牙的衰落在很大程度上是因为教士、僧侣、法官等人数的比例过大这一制度因素引致的看法是很有见地，但他却将此解释为精神生产者与物质生产者的比例配置不当。他不懂得上层建筑同经济基础的关系，他虽然向科学的解释接近了一步，但未能推出科学的结论，由此最终造成他在理论上的荒谬。这一点同他对生产力构成要素、精神资本的定义及其构成的分析不严密是不无关系的。

三、关于国家干预学说和保护贸易理论

李斯特主张落后国家在经济发展过程中，尤其当原始状态下的纯农业国向工业国转变的时期，应当加强政府干预。他的这一主张一方面以各国社会经济条件和经济状况有其特殊性以及各国所处经济发展阶段不同的观点为出发点，另一方面反映了当时在经济和政治上都很孱弱的德国资产阶级企望借助于国家的政治权力来促进经济发展的期待和心态。他并没有完全否认古典经济学自由放任的政策思想，也不是一概否认私人经济的作用，而是强调在古典学派的理论体系中"加进"国家经济学和政府干预的内容，部分地对经济领域实行干预。他的这些看法同当代发展经济学家们有关在发展中国家实行市场调节和

---

① 《体系》，1959 年德文版，第 163 页。

政府干预"两手并举"的理论及政策主张有近似之处，而他主张要加速落后国家经济发展，国家不妨有目的地干预经济生活，使之"趋于人为化"的观点对当今发展中国家仍然具有启发意义。

李斯特联系他的经济发展阶段理论探讨了由落后国家发展为经济强国的进程中应当实施什么样的贸易政策的问题。虽然他的讨论涉及自由贸易和保护贸易两种政策，但他的论述的重心仍然在于保护贸易上。他的理论的精彩之处，在于详尽地分析了实行保护贸易或自由贸易的不同约束条件及其政策步骤，主张发展中国家应根据本国国情和国际背景，把握时机，采用正确的贸易政策来增进本国制造业乃至整个经济的发展。他有关实行有节制的、多样化的、适度的保护税率的想法及强调对处于发展初期阶段的制造业部门尤其是在国民经济中居于重要地位的部门实行保护的理论，成为当今发展经济学贸易理论中的关税结构理论和保护幼稚工业理论的重要的思想来源。

李斯特经济发展思想的许多观点是他侨居美国期间形成的，美国经济加速增长的实际进程给他以很大启发。他的主要著作《政治经济学的国民体系》便是从他在美国期间完成的《美国政治经济学大纲》脱胎而来。据此，熊彼特认为，李斯特的贸易保护理论显然是受了汉密尔顿的影响。[1] 熊彼特的判断不无道理。汉密尔顿主张以彼此配合的"一揽子"式的保护关税政策体系来促进本国制造业的成长；他还主张政府应对基础设施投资，把原先的十三个殖民地统一为一个没有内部关税的统一市场，并建立起一个统一的具有币值信誉的金融制度。我们翻开汉密尔顿于 1791 年起草的《关于制造业的报告》，随处可见他关于对构成本国制造业竞争威胁的外国产品分别实行保护关税、禁止性关税、禁止制造业原料出口以及对制造行业实行奖励金制度等保护制度的政策主张。[2] 美国经济学家 R·多夫曼认为，李斯特实际上是把汉密尔顿上述一整套经济发展的计划搬到了德国并加以应用，在

---

① 熊彼特：《经济分析史》，1986 年英文版，第 505 页。

② J·库克（Jacob E. Cooke）编纂：《亚历山大·汉密尔顿报告集》，1964 年英文版，第 167-175 页。

李斯特极力鼓励下成立的统一的关税同盟（Zollverein）便是其实例。①另一位美国经济学家诺贝尔经济学奖获奖者萨缪尔森则以李斯特的经济发展理论是他在美国期间形成的，并且受到美国思想界影响，以及李斯特具有保护主义倾向因而带有过去美国大多数经济学家所共有的理论特征这两个方面为理由，干脆把李斯特作为一位美国经济学家来看待。②

李斯特贸易理论中的糟粕成分，莫过于他的殖民主义观念和狭隘的民族主义观念。一方面他主张凡是处在农业阶段的国家倾全力向农业和制造业阶段过渡时，应当实行保护制度，另一方面，他以地理位置、气候等自然条件为依据，认为"热带地区（指除欧美之外出口农产品的经济文化落后的殖民地国家——引者）与温带地区（指包括北美在内的一切欧美国家——引者）之间的交换是出于自然之理，这一点是永不会变的"。③ 据此，他不赞同热带地区国家发展本国制造业和实行保护制度，他说："假如一个热带地区的国家试图成为一个制造业国家，那它就会犯下一个非常致命的错误，"④相反，倒是"一切欧美国家，凡是有条件发展自己的工业的，……可以使自己的工业生产充分地活跃起来"，⑤ 同时，"还应当有力量对落后国家的文化发生有利影响，用它的过剩人口以及精神与物质资本来建立殖民地"。⑥李斯特的上述说法，再明显不过地表露出植根于其内心深处的殖民主义观念：他希望广大经济落后国家放弃发展制造业，以便长期保持对德国在内的欧美工业国家的依附关系。这种观念与他的发展阶段理论和保护贸易理论在逻辑上是完全相悖的。李斯特的这种建立在殖民主

---

① R·多夫曼（R. Dorfman）："书评：经济发展，从开端到罗斯托"，载《经济学文献杂志》1991年6月号，第578-579页。

② 参见 R·E·弗雷曼（R. E. Freeman）主编：《战后美国经济趋向》，1960年英文版。

③ 《体系》，商务印书馆1961年版，第230页。

④ 《体系》，1959年德文版，第75页。

⑤ 《体系》，商务印书馆1961年版，第227-228页。

⑥ 《体系》，商务印书馆1961年版，第153页。

义观念基础上的狭隘自私的品格，阻碍了他以真正科学的态度去分析问题，从而使他的以保护制度为特色的贸易理论在逻辑上未能贯彻到底，并使人明显地感到有欠公正之处。

尽管李斯特的理论有诸多缺陷，但仍然可以认为他是一位在西方经济发展思想史上占据着非常重要地位的经济学家。从以上评述中可见，他对在现代发展经济学意义上的这个学科的相当大的一部分领域进行了探讨。因此，李斯特可以说是一位杰出的发展经济学家，他的经济学说在一定程度上就是现代意义上的发展经济学，他的著作是经济发展思想史上的重要文献。对此，历史学派经济学家和一些经济学说史研究者均给予了充分的肯定。新历史学派主要代表 G. 施穆勒认为李斯特"把欧洲的经济经验和美国的经济经验，把历史的知识和生活的实际体会以宏伟的气派结合起来"，他不仅"提出了一个生产力的学说"，而且还"对文明民族的国民经济的历史发展进程有所阐述"，他的"出现毕竟形成了我们这门科学的转折点"。① 美国的经济学说史研究者 H. 斯皮格尔也谈到了李斯特的经济发展思想具有许多预见性的内容，他将这一点表述为其中"包含着许多前瞻要素（forward-looking elements）"。② B. 霍塞利茨则指出："李斯特所表达的许多观点在当代有关经济增长的文献中再次被人们所发现，或者换句话说，李斯特著作的某些章节具有彻头彻尾的"现代口味""。③ 正因为李斯特在经济发展理论方面作出了重要贡献，同时在研究方法上同历史学派的后来者罗雪尔、克尼斯、希尔德布兰德、施穆勒、毕歇尔、瓦格纳、桑巴特等人表现出诸多不同，因此，在西方经济学说史上，人们不是一般地将李斯特划入历史学派之列，而是称他为这个学派的先驱者。

---

① 施穆勒：《一般国民经济学大纲》第一册，1923 年德文版，第 118 页。

② 斯皮格尔（H. Spiegel）：《经济思想的增长》，1983 年英文版，第 419 页。

③ 霍塞利茨等合著：《经济增长学说》，1963 年英文版，第 196 页。

第十章 罗雪尔的经济发展思想

如果说，对于当时在德国广为流行并占据了统治地位的英国古典学派经济学，弗里德里希·李斯特表现出不畏权威、勇于挑战的论辩风格的话，那么，威廉·罗雪尔（Wilhelm Roscher，1817—1894）却表现出力避争执、兼收并蓄的包容色彩。李斯特的著作，是他对欧美诸国特别是美国作了长期考察，勤勤恳恳地学习"现实生活的书本"，[①] 并对照德国的现实状况，进行苦苦思索的产物。与其说他的著作"提出了一个学说体系"，[②] 倒不如说是对古典学派作出评论，并讨论如何促进落后国家生产力增长的最适宜的经济政策，力图在理论上有所创新，罗雪尔则不同，他的著作在建构上和内容上就像是对斯密、李嘉图、穆勒、马尔萨斯、西斯蒙第以及萨伊等人的若干理论观点和见解的"拼凑"，以浓厚的、学究气十足的教科书形式问世，也许是因为罗雪尔过于注重对各家之言兼容并蓄的缘故，经济学说史研究者们一般都认为他没有提出什么创见。若是仅仅就罗雪尔着力于使古典经济学的理论观点"教科书化"，而在发展古典经济学的价值理论、分配理论、消费理论等方面几乎无所贡献的话，这种看法既切中弊害又符合实情。然而，若是我们换另一种角度，即沿着西方经济发展思想史的脉络来重新认识罗雪尔的经济理论，结论就会迥然相异。

从罗雪尔的两部主要著作《历史方法的国民经济学讲义大纲》和《国民经济学原理》来看，对国民经济发展及其规律的探讨是贯穿始终的一条主线。他把一国的经济发展问题放在国民生活总体中和各国

---

① 《体系》，商务印书馆 1961 年版，第 7 页。
② 《体系》，商务印书馆 1961 年版，第 7 页。

经济发展的历史长河中去加以考察，从而折射地反映出他对本国和其他国家经济发展历史演进及其前景的思考。当我们翻开罗雪尔的著作就会发现，这位旧历史学派主要代表人物正是以学理的方式，表达了他的经济发展思想，这包括：有关经济发展是国民经济学研究对象的见解、对经济发展阶段的划分、关于生产要素投入与经济发展关系的分析、关于国际贸易和工业保护制度的看法。

第一节　经济发展是国民经济学的研究对象

罗雪尔显然是以经济发展及其规律作为国民经济学研究的对象及其出发点。关于国民经济学的研究对象，他在 1843 年出版的《历史方法的国民经济学讲义大纲》的序言中，开宗明义地指出："如何才能最好地增进国家富强这个问题，……仍不失为一个主要课题"。① 在 1854 年出版的《国民经济学体系》第一卷《国民经济学原理》中，罗雪尔进一步讨论了国民经济学的研究对象问题，他写道："就国民经济学或政治经济学来说，我们的理解是，它是论述一个国家经济发展诸规律或论述其国民经济生活的科学"。② 至于规律在国民经济学中的含意，在罗雪尔看来，是指某种类似性。他说："各个国民发展中的类似性，可归结为一种发展规律"。③

既然罗雪尔指出国民经济学的研究对象是经济发展，也就是他所说的"增进国家富强"，那么，他就必须回答什么是财富的问题。他把"财富"区别为"财货"和"富有"这两个不同的概念。他说："所谓

---

① 《历史方法的国民经济学讲义大纲》(以下简称《大纲》)，商务印书馆 1981 年版，第 7 页。

② 罗雪尔著：《国民经济学体系》第一卷为《国民经济学原理》，该卷的第十三版被译成英文，书名改为《政治经济学原理》，为 1、2 两册。引文引自《政治经济学原理》(以下简称《原理》)，1878 年英文版，第 1 册，第 87 页，着重点是引者加的。

③ 《大纲》，商务印书馆 1981 年版，第 12 页。

财货，是指一切可以满足人们欲望的东西"。① 财货的概念是历史的和相对的，随着文化的发展，其范围不断扩大。对于国民经济学来说，它所研究的是进入交换的财货，即"经济财货"，经济财货又分为物、劳动和关系三类。何谓"富有"呢？罗雪尔指出，"所谓富有，是指大量财产。所谓大量是指所有者的欲望而言，是指同类人们的财产状况而言"。② 从这个意义上讲，所谓"经济"不外乎是"对财产的维持、增加和利用的持续行为"。③

在对"财货"和"富有"作了以上区分的基础上，罗雪尔列出了判别一国国民财富大小的五个标志。(1)在人类应有的生存条件的意义上，甚至连构成人口绝大多数的下层阶级也感到舒适，这包括肉类、奶油和奶酪、茶等食用品的大量供应，而且这些食用品的质量也达到了大多数人所期望的最佳程度，以及高水平的平均寿命期限和相对较高的出生率。(2)大量的支出自发地用于满足更高层次上的欲望，如科学研究和宗教活动等。国家支出也属于这一类，但同时必须假定征税没有遭到人民的强烈反抗。(3)大规模的有价值的建筑物的修建和改造，包括铺设道路、修筑灌溉和排水系统、拓宽街道及修建广场等基础设施和民用设施。(4)由频繁的商业活动引起的付款额大量增加，尤其是表现在流通中交换媒介不仅数量极大而且显得阔绰浮华(例如大量金币用于大额直接支付)。罗雪尔认为，交换媒介的流通及与之相伴随的商品流通迅速与否，是判定一国财富及文明程度大小的重要标志。(5)频繁地对国外贷款。罗雪尔觉得这五个标志虽然对于判断一国财富的大小来说并不是非常完善的，但它们有助于"得出有关一国资源使用价值的近似概念"。④

罗雪尔认为国民经济的发展规律和国民经济生活同属于国民经济学研究的范围，所以，要正确地理解国民经济的发展规律，又必须理

---

① 《大纲》，商务印书馆1981年版，第12-13页。
② 《大纲》，商务印书馆1981年版，第13页。
③ 《大纲》，商务印书馆1981年版，第13-14页。着重点是引者加的。
④ 《原理》1878年英文版，第1册，第70-73页。

解国民生活的构成。对于后一方面，他强调应当从整体上加以把握。

　　国民生活由哪些方面所构成呢？罗雪尔认为："国民生活，如同一切生活一样，是一个整体，它的各方面现象之间是最紧密地联系在一起的。因此，要科学地理解它的一个方面，就必须同时知道它的所有方面。但是，必须特别注意下列七个部分：语言、宗教、艺术、科学、法律、国家和经济"；① 在这七个部分构成的全面的关系当中，"法律、国家和经济又构成为一个宛然独立的并且更密切地联系着的类别"。②

　　罗雪尔为了突出国家在国民经济学体系和国民经济生活中的地位，进一步提出了"公共经济"的概念。他指出："如果一国的公共经济，照我们的理解，是指经济立法和政府对私人经济的指导和管理的话，公共经济学这门科学就成了……政治学的一个分支，……政治学的目标几乎同政治经济学的目标是相吻合的"，③ "显然，在政治学和政治经济学之间存在着紧密的联系"。④ 罗雪尔之所以把公共经济同政治学联系起来，是因为他认为对经济问题的理解离不开政治因素，"必须同样强调国民经济学的政治方面和经济方面"。⑤ 从政治和经济不可分离这一点出发，罗雪尔主张在经济发展中应当实施国家干预。他写道："一国国民公共经济的组织形式，在经济法规和国家机构中找到了最清晰的表达方式"。⑥ 他还把国家对国民经济实行干预的关系比作类似于人体生理机能中的相互关系："正如生理学家不理解大脑的机能就无法理解人体的机能一样，假如我们撇开国家这个在所有经济中最重要的、而且是从未间断和不可抗拒地对所有其他经

　　① 《原理》1878 年英文版，第 1 册，第 88 页。
　　② 《原理》1878 年英文版，第 1 册，第 89 页。
　　③ 罗雪尔在《大纲》中对政治学下了一个在表述上同国民经济学的定义相近似的定义，即："政治学是关于国家发展规律的科学"。参见《大纲》商务印书馆 1981 年版，第 15 页。
　　④ 《大纲》，商务印书馆 1981 年版，第 91-92 页。
　　⑤ 《大纲》，商务印书馆 1981 年版，第 15 页。
　　⑥ 《原理》，第 1 册，1878 年英文版，第 80 页。

济发生作用的经济，我们就无法掌握国民经济的有机的整体"。①

罗雪尔一再宣称，他的国民经济学体系中应用了不同于英国古典经济学的新方法，即历史的方法，罗雪尔因此而被公认为德国旧历史学派的创始人。

按照罗雪尔的逻辑，国民经济学的研究对象是国民经济的发展规律及其国民生活的诸方面，这就意味着国民经济是有规律地发展着的，而国民生活的诸个方面也处在不断变化当中。因此，由国民经济学所要研究的以上两个方面的内容所决定，历史的方法便是与国民经济学的研究对象相适应的最佳的方法。在罗雪尔看来，古典经济学家们使用演绎法来建构其理论体系，这就造成其理论仅仅以"所有的人在本性上都是相同的"等一系列抽象概念为依据，他们忽视了人们"是为很不相同的和非经济的动机所驱使，并且是归属于完全一定的民族，国家和时代"②这一点。历史的方法恰恰相反，它旨在"照人的本来面目如实地来处理他们"，③ 与此同时，尽可能做到忠实地描述国民经济生活的现实状况，把人类进化的过程记述下来。这种方法尽管在外在形式上表现为依时代的顺序来研究现象，但它实际上是对"人类进化中的连续各阶段"④进行探讨。

罗雪尔向人们展示了他所创立的历史方法的四个基本特征。(1)由于国民经济学的研究对象是国民经济及国民生活发展的规律，这就决定了历史方法的目的在于记述各个国民在经济方面想了什么，要求了些什么(即罗雪尔所说的一国国民的食、衣、燃料、居住等各种欲望)，发现了些什么；他们作了什么努力，有了些什么成就；他们为什么要努力，又为什么获得成就。罗雪尔认为，对上述方面的记述，只有同法制史、政治史及文化史紧密地结合起来，才能做到。(2)国民经济的现状是历史发展的产物，所以，对国民经济的研究，不能仅

---

① 《原理》，第 1 册，1878 年英文版，第 91-92 页。
② 《原理》，第 1 册，1878 年英文版，第 105-106 页。
③ 《原理》，第 1 册，1878 年英文版，第 105-106 页。
④ 《原理》，第一册，1878 年英文版，第 115 页。着重点是引者加的。

仅满足于对现代经济关系的观察，"对过去各文化阶段的研究，任何一种情况，都是现代一切未发达国民的最好教师"。① 在这里，罗雪尔明确地使用了"未发达"这个字眼。(3)整体分析和类比分析是历史方法最主要的两种手段。整体分析要求把"人类的历史作为一个整体来考虑，而各个国家的历史则是它的构成部分"。② 假使缺乏对整体的观察，就不可能对某一国家的国民作出根本性的观察；同时，整体分析理应包括"过去的国民——已经灭亡的国民，它们的发展过程都已成为一种完结的存在摆在我们面前，给我们以特殊的启示和教训"。③ 就类比分析而言，罗雪尔相信这是发现和揭示国民经济发展规律的一条重要途径。在他看来，类比分析所关注的是"相异之点和相似之点"，应当从相似之点当中去探寻规律，因为规律本身表现为"各个国民发展中的类似性"。④ 他还说，"如果新的国民经济表现出一种同过去的国民经济相类似的倾向，我们在认识这种倾向时就可以从这种类比关系中得到极为宝贵的启示"。⑤ 至于在类比分析中发现的相异之点则应当"作为例外，并努力加以说明"。⑥ (4)用历史的方法对国民经济的发展过程加以考察，不免要涉及经济制度的问题。罗雪尔认为，历史的方法不主张对任何一种经济制度轻易地一概颂扬或一律否定，而在于解释为什么以及如何会逐渐发生由"理性变成荒谬，恩惠转为苦恼"⑦的原因及其过程。

罗雪尔主张在国民经济学中使用历史的方法，其目的显然是为了更好地阐述国民经济学为何以经济发展及其规律作为其研究对象。他的这个目的，新历史学派主要代表施穆勒看得很清楚，他指出罗雪尔使用的包括类比分析在内的历史的方法，旨在"揭示出国民经济的发

---

① 《大纲》，商务印书馆1981年版，第8页。着重点是引者加的。
② 《原理》，第1册，1878年英文版，第115页。
③ 《大纲》，商务印书馆1981年版，第8页。着重点是引者加的。
④ 《大纲》，商务印书馆1981年版，第12页。
⑤ 《大纲》，商务印书馆1981年版，第8页。着重点是引者加的。
⑥ 《原理》、第1册，1878年英文版，第112页。
⑦ 《原理》、第1册，1878年英文版，第110页。

展规律"。①

第二节　经济发展阶段理论

罗雪尔认为，国民经济发展或国民生活在机理上如同生物界一样，要经过四个发展时期，即幼年期、青年期（开花期）、成年期（成熟期）和老年期（衰老期），国民经济的"成熟时期可以认为是最完善的形态；较早的形态不成熟，较晚的则又属于衰落的年代"。② 在他看来，人们一般很难把握各个时期的实际情形，尤其是"要准确地判定一国国民文化的最高峰，是一桩极端困难的事情"。③ 但他又认为，由于公共经济的发展同国民经济四个时期的更替联系最为紧密，所以，对公共经济发展的考察，有助于判断国民经济所处的时期。他指出，一国国民的公共经济同该国国民一样，有着共同的起源，"一国的公共经济和这个国家一道成长。它和这个国家一道进入青年期和成年期。它的开花期和成熟的季节就是这个国家最强大，并且同时也是它的一切比较重要的机构发展得最完善的时期。……最后，一个国家的公共经济同其国民是同时衰落的"。④ 鉴于国民经济发展具有生物进化的特征，所以，罗雪尔认为任何国家都应当尽一切努力，"促进国家最富足和最多样化发展的时期提早到来"，⑤ 并尽量延缓成熟形态的国民经济走向衰落的进程。

罗雪尔多次重复他有关任何国家都不可能永无止境地持续发展的结论，他断言这是一个"既不能证实又无可否定的命题"。⑥ 为此，罗雪尔列举了说明一国达到繁荣的顶点之后何以不可避免地趋于衰落

---

①　转引自季陶达主编：《资产阶级庸俗政治经济学选辑》，商务印书馆，1963 年版，第 365 页。

②　《原理》，第 1 册，1878 年英文版。第 115 页。

③　《原理》，第 1 册，1878 年英文版。第 115 页。

④　《原理》，第 1 册，1878 年英文版，第 84-85 页。

⑤　《原理》，第 1 册，1878 年英文版，第 84-85 页。

⑥　《原理》，第 1 册，1878 年英文版，第 384 页。

的理由。在他看来，农业生产是证明增长具有不可逾越限制的实例，因为在农业中，"总产量的增长必然伴随着净产量的绝对减少"。①然而，当农业生产达到这一状态时，该国国民尚可通过从事工商业以及服务业，以获取报酬和他们所必需的制造业产品。但对工业国家来说，情形却是两样。罗雪尔从外部和内部两方面作出解释。就外部而言，罗雪尔赞同大卫·休谟(David Hume)的观点，即"工业优势地位注定要不断地从一国转向另一国"。② 这是因为高度发达的工业国拥有充足的货币，因而提高了生活必需品价格，而且其工资率也偏高，致使它们无法在物价较低国家的市场上竞争，其结果是工业向后一类国家迁移。而且工业国还面临着来自两个方面的竞争：一方面是来自未开化国家的竞争，这类国家有可能自身也发展起工商业，进而从原来同工业国的商业联系中解脱出来；另一方面来自别的高度发达国家的竞争，后一类竞争者甚至可能诉诸战争来保住其原料市场。就内部而言，高度发达国家的进一步发展，还面临着国内障碍，这主要是指来自社会、政治、伦理、心理以及国民性等方面的不利因素。在罗雪尔看来，工业国家在经济上要谋求新的发展，势必要触动某些既得利益阶级，这些阶级势必反对改进，并设法推迟改革的进程。在某些情况下，改革被延宕的时间一旦拖得很长，又将毒化国民的心理并使之陷于麻木状态，最终导致国民既无进取意愿又无进取的力量。

罗雪尔力图从心理上和道德上对引起国民经济衰落的内部原因作出解释。他认为，成功本身会带来空虚；一般而论，芸芸众生追求的是物质利益而很少怀有高尚理想，尤其是在人口过多和资本过剩的情况下，国民道德愈加容易受到损害。在他看来，那些在历史上消亡了的国家，其灭亡确切地说并非因为它们遭到破坏，而是因为它们丧失了其原有的国民性。固然，国家的灭亡毕竟不同于动植物生物机体的

---

① 《原理》，第1册，1878年英文版，第379-380页。罗雪尔在这一句的注释中写道："最后一个被雇佣的工人的产品，不足以满足他自身的需要。"可见，罗雪尔多少受到边际学派的影响。

② 《原理》，第1册，1878年英文版，第381页。

死亡。按罗雪尔的看法，国家的灭亡意味着这个国家在地球上消失，其原有的国民依旧在继续生存、繁衍，但"仅仅是作为某个别国的构成部分而存在"。① 罗雪尔从以上分析中得出了一个近似于生物学意义上的结论："地球上的一切存在物自一开始就在其自身中携带有衰落的种子"。② 但他又说，在国民素质较高的国家，衰落的过程会推迟。他指出："一国国民构成愈是以技能高的人居多，衰落就愈是不会急促地到来"，③ 新的发明和创造"只会来自那些在智力上没有出现衰退的国家"。④ 总之，在罗雪尔眼中，任何一个国民经济都无法避免从产生到衰落的四个发展阶段，当衰落过程结束之后，一切又将从头开始。

罗雪尔认为，在每个国民经济进化过程的四个时期背后起支配作用的要素有三个，即外部自然、劳动和资本。他根据这三个要素在各个国民经济的各个时期是否起支配作用这一原则为标准，把每个国家公共经济⑤的发展分为三个大的时期。

在最早的时期，即第一个时期，是国民经济的"低级的文化阶段"，⑥ 外在自然到处占据着绝对优势。森林、水泽和草地几乎自发地为当时稀少的人口提供食物来源。"严格地说来，财富在这里是不存在的"。⑦ 虽然资本在此时已经存在，劳动所作的贡献也很小，而自然却占最重要地位。因此，"土地几乎是一切"。⑧

在第二个时期，也就是近代各国自中世纪后期以来所经历的那个时期。随着手工业的兴起和分工的发展，"人类劳动逐渐抬头"，⑨

---

① 《原理》、第 1 册，1878 年英文版，第 385 页。
② 《原理》，第 1 册，1878 年英文版，第 383 页。
③ 《原理》，第 1 册，1878 年英文版，第 383 页。
④ 《原理》，第 1 册，1878 年英文版，第 384 页。
⑤ 罗雪尔在某些场合把"公共经济"与"国民经济"作为同义语交替使用。
⑥ 《大纲》，商务印书馆 1981 年版，第 19 页。
⑦ 《原理》，第 1 册，1878 年英文版，第 165 页。
⑧ 《原理》，第 1 册，1878 年英文版，第 165 页。
⑨ 《大纲》，商务印书馆 1981 年版，第 19 页。

并已上升为"日益重要的地位"。① 这一普遍现象"有利于城市特权以及自治村镇和基尔特权利的起源和发展，通过这种方式，劳动可以说是资本化了。一个中间阶级在土地所有者和农奴主之间形成了"。② 这一时期是第一阶段向第三阶段的过渡时期。

到了第三个时期，资本这一要素占据了显著优势，"在每一件事物上都嗅到了资本的味道"。③ 土地的价值由于大量资本的投入而极大地增长。在制造业中，因机器劳动压倒了手工劳动而更显出资本的重要。国民财富日渐增长，国民随之进入了最幸福的时代。但是，罗雪尔觉得好景不长，因为"在这一时期，有适当舒适和坚实文化的中间阶级的数目可能缩小，而巨大的财富却面对着最贫穷的苦难"。④

罗雪尔认为在所有高度文明国家的发展史上，这三个阶段都存在过。但相对而言，古代各国即使在它们最强盛的时代，也从未发展到超过第二个时期。因为在近代社会中，"大部分用资本和机器来完成的工作，在古希腊和罗马人那里是由奴隶劳动来完成的"。⑤ 因此，罗雪尔认为，古代社会公共经济同近代社会公共经济之间的基本差异就在于此。

第三节　生产要素投入与国民经济发展

如果说罗雪尔的经济发展阶段理论，只是大致地勾勒出自然、劳动、资本三要素支配着国民经济的历史演进的话，那么，他有关生产要素投入与国民经济发展关系的分析，则旨在阐明生产要素的构成和质量对于提高国民生产产出量和促进经济增长的影响，进而揭示出国民经济发展的内在原因。

① 《原理》，第 1 册，1878 年英文版，第 165 页，第 166 页。
② 《原理》，第 1 册，1878 年英文版，第 165 页，第 166 页。
③ 《原理》，第 1 册，1878 年英文版，第 165 页，第 166 页。
④ 《原理》，第 1 册，1878 年英文版，第 166 页。
⑤ 《原理》，第 1 册，1878 年英文版，第 166 页。

具体说来，罗雪尔对生产要素投入与国民经济发展相互关系的分析，包括如下内容：(1)生产一般与生产危机；(2)自然力的形态及其对国民经济发展的影响；(3)劳动的分类及其素质与国民经济发展的关系；(4)资本类别、资本形成与国民经济发展。

一、生产一般与生产危机

罗雪尔认为国民经济学只研究进入交换的财货，即"经济财货"(economic goods)。由这一规定性出发，创造经济财货的生产便是"经济生产"(economic production)。在罗雪尔看来，所谓"生产"亦即"经济生产"，"就它最广泛的意义上来说，我们指的是产出新的财货——新的效用的发现，已经存在的财货的改造或变形并使之具有新的效用，从原先在世界上已经存在的物质总量中创造出各种手段以满足人类的各种欲望。……就一个次级的而且是进一步限定的意义上来说，就所产出的财货比在生产本身中使用的财货满足更大的人类欲望这一点而论，生产便是资源的增加。……经济生产变得愈加完善，生产者在其产品上所感受到的满足就愈加增大"。① 罗雪尔还认为："所有的经济生产一般都要求这三种要素，即外在自然、劳动和资本的合作"。②

综观以上罗雪尔对生产或经济生产所下的定义可见，他所指的生产(或经济生产)既牵涉到生产要素的投入，即他所说的自然、劳动和资本在生产中的合作，又涉及作为生产结果的产出，也就是他所说的"产出新的财货"、"资源的增加"。罗雪尔虽然没有明确说明生产要素投入的结果是国民收入的增长，但却指出了这个结果是产出的增加这一点。

既然生产牵涉到生产要素的投入，那么，这种投入的成本便成为生产中不可忽视的方面。罗雪尔指出，由自然、劳动和资本形成的

---

① 《原理》，第1册，1878年英文版，第119-120页。着重点是引者加的。
② 《原理》，第1册，1878年英文版，第163页。

"生产三要素都构成生产成本"。① 他把三要素同价格变动相联系，指出三者随国民经济发展的不同程度而占据着不同的位置："国民经济愈发展，在生产上那些自然要素占重要位置的财货价格就愈上涨；相反，劳动和资本占支配地位的财货价格则愈下跌。因为自然力的增加极其有限，相反，劳动与资本的扩大差不多是无限的。前者如兽肉、牛、淡水鱼、木材等，后者如商品及许多制成品"。② 罗雪尔据此认为，可以根据三要素价格变动的涨跌关系中，准确地判断出一国经济发展所达到的程度。他还正确地道出了生产成本同国民财富间的反比关系。他说："生产成本降低，国民财产的使用价值就增大"。③

罗雪尔把技术进步当作降低生产成本的重要途径。在他看来，最早实行技术改进的创新者可获得降低生产成本的利益，随之而来的是同一行业中所有生产者对新的改进加以模仿，由此造成这种利益变成了整个国家的"公益"(Common good)。最终结果将是一国国民拥有资源的使用价值的增大，而其交换价值却因为生产成本下跌而趋于下降。罗雪尔进而认为，同旨在通过提高技艺来超过竞争对手的创新手段相伴随的广泛竞争，可以"增大一国财富的真实源泉及其实力"。④

罗雪尔的分析没有仅仅停留在生产上，他把生产同国民经济学的出发点相联系，探讨了生产的最终目的性问题。他写道：国民经济学"考察的是一国国民的各种需要，特别是食物、衣着、燃料、居住以及两性间的天性等需要如何可以得到满足；这些需要的满足如何影响总体的国民生活，并且反过来，它们如何为国民生活所影响"。⑤ 他认为就生产与各种需要之间的关系而言，"只有当各种需要增加时，生产才会同时增加"；⑥ "只有同需要的增长程度保持同一比例，生

---

①　《大纲》，商务印书馆 1981 年版，第 24 页。
②　《大纲》，商务印书馆 1981 年版，第 29 页。
③　《大纲》，商务印书馆 1981 年版，第 24 页。
④　《原理》，第 1 册，1878 年英文版，第 322 页。
⑤　《原理》，第 1 册，1878 年英文版，第 99 页。
⑥　《原理》，第 2 册，1878 年英文版，第 198 页。

产方能经常增长".① 由于一国国民的各种需要现实地反映在消费上,所以,从这个意义上讲,"没有消费就不可能有生产。为生产目的进行的消费,是生产性的消费".②

罗雪尔指出,国民经济若想保持长期稳定的发展势头,就应当正确理解总体经济中生产与消费的平衡。一方面,"一个繁荣的国民经济,其最基本的条件之一就是消费的发展应与生产的发展保持同步,供给应与需求保持同步";另一方面,"一国经济的增长无疑取决于这一点:生产应当总是,可以说,先于消费一步,这正如动物机体的成长机理以这个事实为依据,即分泌物的总量总是少于追加营养物的总量".③ 但他又指出,分泌物过多固然是疾病的症兆,但营养物过多则会更糟。他认为生产滞后于消费会导致"政治和经济上的疾病",而供给超过需求造成的疾病称为"商业(或市场)危机".④

在 1843 年出版的《历史方法的国民经济学讲义大纲》中,罗雪尔将商业危机称为"生产危机"。他认为生产危机发生的原因在于:分工的过于发达;短期内各个生产部门的收益差距过大;在长期和平之后所爆发的战争或长期战争之后缔结了和平;对好景气的预期过高;频繁而又过多地发行纸币;对外贸易的变化,等等。罗雪尔批判了萨伊有关"生产给产品创造需求"⑤的论断。他指出建立在萨伊这一论断之上的"萨伊定律"显然是忽视了两点:其一是"如把整个世界看成是一大经济体系,勉强算是真理,但是政治的界限往往严重妨害一国的过剩与别一国的匮乏之间的相互调剂";其二是"即使全体生产者中的一半具有交换另一半人的产品的能力,但它还不是具有必然要去交换的意志。在这种情况下,财产分配方面一发生急剧变化,就会带来生产危机".⑥

---

① 《大纲》,商务印书馆 1981 年版,第 39 页。
② 《大纲》,商务印书馆 1981 年版,第 39 页。
③ 《原理》,第 2 册,第 202-204 页。
④ 《原理》,第 2 册,第 204 页。
⑤ 萨伊:《政治经济学概论》,商务印书馆 1963 年版,第 142 页。
⑥ 《大纲》,商务印书馆 1981 年版,第 40 页。

罗雪尔由他对国民经济增长必须满足生产同消费相同步、供给与需求相一致这两个基本条件的理解，得出了他对资本主义社会经济危机的看法，并对"萨伊定律"给予了批评。虽然他未能指出资本主义经济危机根源于这个社会的基本矛盾这一深层原因，而是比较浮面地列举了若干引致经济危机爆发或加重危机程度的直接的或非根本性因素，但他的看法仍不乏有价值的内容。我们知道，资本主义社会的基本矛盾始终存在，但危机的发生或加重往往是他所提到的那些因素而引起，所以，从这个意义上来说，他的看法有一定道理。

二、自然力的形态及其对经济发展的影响

罗雪尔认为，一国的资源总量应当包括自然资源禀赋在内，但同时他又不赞同重农学派经济学家过分地将外在自然看成社会财富源泉的观点，一再重申他自己关于自然、劳动和资本三要素及其合作对经济生产和国民经济发展来说不可或缺的论点。

罗雪尔在《历史方法的国民经济学讲义大纲》中提出了"自然力"概念。他把这种力量分成三种形态：(1)动物自然力，即野兽或家畜的生殖力。(2)化学自然力，如土壤的肥力等。(3)机械自然力，如水力、风力和蒸汽力等。在后来出版的《国民经济学原理》中，罗雪尔把动物自然力改称"有机的自然力(organic natural forces)"。这一改动似乎更符合人类早期社会的生产力状况。在人类社会早期发展阶段上，不仅仅是捕猎业或畜牧业的生殖力向人类提供食物，还包括蕴含着原始农业的采集业为人类生存提供了食物等来源。

罗雪尔认为，三种自然力当中，"最早被利用的是动物的自然力，最晚的是机械的自然力"。① 但他又指出，在经济学当中，自然力划分的意义已不再显得重要，因为人们趋向于把自然力的一部分归入化学自然力，另一部分归入机械自然力，而且机械自然力和化学自然力之间的界定也不那么严格了。

在罗雪尔看来，一国资源禀赋可以分为"直接可以消费的(例如

---

① 《大纲》，商务印书馆1981年版，第17页。

生活用品)和只是促进生产用的(例如港湾、航运的河流)"①两部分。资源禀赋，"不管是极端过剩或是极端贫乏，都会妨碍文化的发展(例如热带地方、两极地方)"。② 在资源匮乏的国家，其国民不可能富裕地维持其生活。罗雪尔甚至认为，一国地理特征，"一般说来，不仅极为密切地同该国的动植物区系相关联，而且还极为密切地同其国民的性情相关联"。③ 虽然罗雪尔强调自然条件对国民经济发展具有重要影响，但他并没有陷入地理因素决定论的泥淖。他指出，一国文明的发展可以减弱自然力量对该国国民生活的影响，他说："一国国民的文明程度愈高，该国国民对该国自然条件的依赖就愈少"。④

罗雪尔认为，在国民经济各部门中，农业受自然条件的影响最大。土壤的质量、地表的肥力、不同土质的混合程度、可耕地的松硬及深浅、土壤的湿度和温度及蓄水和排水能力、吸热和储热能力以及气候条件等都在不同程度上对农业收成施加影响。罗雪尔特别提到了一国的地理位置和气候，其中等温线"对公共经济来说最为重要，因为'生产区域'主要依赖于等温线"，"这一点会造成植被上的巨大差异"。⑤ 罗雪尔把以上提到的有关区分土壤及不同土壤种类、土地耕作、不同作物的栽培和动物饲养等方面内容归为农业科学或农艺学的研究领域，而把农业中所有涉及生产成本、资本利用、劳动工资、农产品交换、土地价格等内容归于国民经济学的研究范围。

有必要提到的是，罗雪尔对李嘉图及西尼尔关于报酬渐减规律对农业生产增长具有约束作用的观点，持既不完全赞同又不完全反对的态度。他写道："当追加劳动投在给定的一定量的土地上时，一般来说，产出的是相对较少的收益，当然需要假定农业技术保持不变。不论是一般而论，还是在特例中，为阻止随着增加劳动和资本支出而来

①《大纲》，商务印书馆1981年版，第17-18页。
②《大纲》，商务印书馆1981年版，第17-18页。
③《原理》，第1册，1878年英文版，第135页。
④《原理》，第1册，1878年英文版，第137页。
⑤《原理》，第1册，1878年英文版，第122-123页。

的收益相对减少，要确定农业生产应当中止的那一点，这是不可能的。农艺的改进可以把这一点移到很远。但这一点是有可能存在的。"①

罗雪尔还指出了作为投入要素的外在自然和作为国民资源的外在自然两者间的差别。他认为外在自然的资源禀赋可以区分为"能够获得交换价值的一类"和"不能获得交换价值的一类"。② 前者如经过耕作的土地具有交换价值，属于生产中的投入要素，后者如阳光和空气，它们同人类需求相比是取之不竭的资源禀赋，不可能为任何人所专有，所以，不具有交换价值。尽管如此，但是从国民经济学意义上来说，它们"由于同整个国家具有特殊的不可迁徙的联系，都构成为国民资源的基本要素"。③

三、劳动的分类及其素质同经济发展的关系

罗雪尔认为，"经济劳动④可分为：发明发现、对自然产物的直接占有、新原料的生产、粗制品的加工、对使用者进行的贮藏品的分配、服务性的劳役等"。⑤ 在这里，罗雪尔实际上把劳动区分为三个大类，即从事科学技术的劳动（发明和发现）、物质生产中投入的劳动（加工原料和粗制品）以及服务性劳动。

同李斯特一样，罗雪尔也反对斯密等人对劳动所作的"生产性"或"非生产性"的划分。他按照自己的理解，对"生产性劳动"和"非生产性劳动"重新加以解释。

罗雪尔将劳动的生产性和非生产性问题置于整个国民经济整体中来加以考虑。他这样写道："一国国民的公共经济被看作是一种组织，……整个公共经济的总欲求（the aggre gate of wants）由该国国民的总活动（the aggregate activity）来满足。每一个个人都是为了整体而

---

① 《原理》，第 1 册，1878 年英文版，第 128-129 页。
② 《原理》，第 1 册，1878 年英文版，第 120-121 页。
③ 《大纲》，商务印书馆 1981 年版，第 18 页。
④ 有关罗雪尔的"经济劳动"的含意，将在下文中述及。
⑤ 《大纲》，商务印书馆 1981 年版，第 18 页。

使用土地、劳动和资本，并且获取他在总产出（the aggregate produce）中的份额"，① 支付给他的不是实物，而是"按货币计算的总产品成果中的一部分"。② 每个人之所以能够从国民收入中获得其份额，是因为他在国民生产中提供了劳动，"而这些劳动则按照分工的原则来分担"。③ 因此，对每一个企业来说，都有"一个理性的需求（a rational demand）"，④ 每一个企业的劳动都是生产性的，只有当没有人需要它的产品时，该企业才是非生产性的。在这种情况下，这个企业的产出就如作家找不到读者，歌唱家没有听众，农民的谷物烂在谷仓里销售不出去一样。

罗雪尔觉得，对劳动生产性和非生产性的区分有一个重要的前提，这就是必须看到私人经济同国民经济以及最广义的世界经济之间的显著差异。劳动的生产性在私人经济的场合按照其产出的交换价值来测定，在国民经济或世界经济中却按照使用价值来测定。在经济活动中有大量的就业对私人来说具有很大的赢利性，但就全人类而论则完全是非生产性的，甚至是有害的。另一方面，在科学实验或通讯系统中的劳动对私人经济而言或许完全是非生产性的，但对国家和整个人类而言意味着更多的利润。在这里，国家在私人经济和世界经济之间占据着一个中间位置。罗雪尔进而指出："严格说来，唯有增加世界资源的那一类就业才应当被称之为生产性的……一个就业的生产性同时还意味着这个就业的继续存在，不是以舍去其他的在失缺的情况下会有更大困难的就业为代价的"。⑤ 罗雪尔就此把私人经济同国家经济、世界经济之间的关联概括为："一个国家愈是富足、愈是自由和愈是发达，私人经济的生产性就愈是可能同时成为国民经济的生产性，国民经济的生产性愈是可能成为世界经济的生产性"。⑥

---

① 《原理》，第 1 册，1878 年英文版，第 178 页。
② 《原理》，第 1 册，1878 年英文版，第 178 页。
③ 《大纲》，商务印书馆 1981 年版，第 21-22 页。
④ 《原理》，第 1 册，1878 年英文版，第 178 页。
⑤ 《原理》，第 1 册，1878 年英文版，第 180 页。
⑥ 《原理》，第 1 册，1878 年英文版，第 180 页。

罗雪尔继而把他的生产性和非生产性的概念应用于部门分析。他强调在各个不同的具有生产性的部门之间保持适当比例的重要性。他同样援引了西班牙作为反面的例证，认为这个国家"在世界上最有利的环境中却一直保持着贫困状态"，其原因就在于"它听任私人服务业以不成比例的压倒优势而存在"。① 为此，西班牙人的财富被大量地耗费在维持"这个如此庞大的教士和仆从队伍"②上了。在罗雪尔看来，私人服务业虽然具有生产性，但"私人服务业并不是给生产力指出方向，相反却是对生产力的滥用，而那样做是有害的"。③

罗雪尔还指出了生产性的程度问题。他认为，"当生产要素的运用，伴随着生产工具的最低限度的支出，并满足一国国民经济中最大限度的需要时，这种运用就最具生产性"。④ 此外，生产性的程度还同国民经济发展程度相联系，他说："一般说来，农业是欠发达国家最具生产性的劳动，而工业在高度发达的国家中最具生产性"。⑤

罗雪尔觉得，同重农学派学者及亚当·斯密、马尔萨斯、麦克库洛赫等人相比，他对劳动所给出的是"较广的定义"，这样定义劳动"只要比较完整地掌握全部经济生活，较之其他定义更为确切"；如果像斯密等人那样，"将决定劳动生产性的基准放在它是否产生物质的成果上，整个概念就会模糊不清"。⑥ 总之，他本人认为他对劳动的划分，是在包容了前人研究成果的基础上的发展。他尤其认为自己是站在整个国民经济的宏观角度，通过对每个个人(不论是物质生产者还是精神生产者)投入生产要素后可获得相应报酬以及未获得相应报酬的劳动不具生产性的推论，得出了具有广泛意义的生产性劳动和非生产性劳动的概念，从而既包容了斯密的原有概念，又弥补了李斯特对物质生产者和精神生产者的划分缺乏理论依据的不足之处。

① 《原理》，第1册，1878年英文版，第180-181页。
② 《原理》，第1册，1878年英文版，第183页。
③ 《原理》，第1册，1878年英文版，第183页。
④ 《原理》，第1册，1878年英文版，第184-185页。
⑤ 《原理》，第1册，1878年英文版，第184-185页。
⑥ 《大纲》，商务印书馆1981年版，第21页。

前文中我们提到了罗雪尔使用的"经济劳动"这一概念。在罗雪尔看来，"经济劳动"是"更有效率"的劳动，如同"心灵比物质优越"①的道理一样。他认为最佳的经济劳动分为如下六类：（1）发现和发明；（2）对天然的自然禀赋（如野生植物和动物及矿物）的直接占有；（3）原料的直接生产，亦即通过不包括采矿业在内的牲畜饲养业、农业和造林业来从事原料生产；（4）依靠制造业和商业对原料进行加工；（5）在使用原料的人们当中对贮藏的财货进行直接分配，属于这一类经济劳动的行业有批发业和零售业、租赁业、信贷业等；（6）能提供非物质的、精神的、无形的财货的各种服务，如医生、教师、艺术名家、政治家、法官、牧师等人的劳动。罗雪尔认为，法官、政治家和牧师这类人生产和保存了非物质的财富，这就是国家与教会。从以上罗雪尔对"经济劳动"所下的定义和划分来看，他显然是指没有中间环节、直接进入生产过程或者直接提供劳务并且是赢利大的那一类劳动。

罗雪尔还探讨了作为劳动力资源的人口发展同国民经济发展的关系。他认为人口增长同任何有机物的增长一样，都无法超越某种限制，这就是必不可少的消费资料。他把消费资料总量设定为被除数，人口数量设定为除数，则每一个人的平均消费资料占有量便是商，可用公式表示如下：

$$\frac{消费资料总量}{人口数量}=人均占有消费资料量$$

罗雪尔旨在说明，当消费资料有了很大增长时，人口及人均消费资料可同时增长（这意味着人口增长处在繁荣状态）；如果在国民经济发展中，消费资料总量保持不变，人口增长便是以人均消费资料占有量的减少为代价的（这意味着人口增长伴随着一部分人不足以糊口）。由以上推论罗雪尔作了如下预测：在消费资料数量和每个个人对消费资料的需求均为给定的前提下，人口的出生率和死亡率是互为

---

① 《原理》，第 1 册，1878 年英文版，第 137 页。

条件的。所以，他得出了"人口始终是随生活资料而增减"①的结论。

罗雪尔认为，"在经济达到最充分发展的国家里，其最大数目的人口需要同时得到了最充分的满足。稠密的人口不仅是巨大生产力达到对它加以利用的某个高点（a high point of utilization）的征象，而且它自身就是一种生产力，稠密的人口作为利用其他力量的推进器和备用力量具有极为重要的意义"。② 这是因为"劳动分工和组合在人口增长稠密的情况下普遍地变得更为容易"。③ 罗雪尔把分工的扩大视为"不仅是人口增长的结果，而且也是它的原因"。④

罗雪尔显然是把人口稠密作为一国经济发展处于较高阶段的一个重要标志。他说，"在其他条件相同的前提下，一个更为强大和繁荣的国家同时相应地拥有大量身强力壮的、富裕的、受过教育的、感到满足的人口"。⑤ 在历史上，"一般说来，许多国家在进入繁荣期以前都对国民人数的增加给予鼓励，以后则设法限制人口增长"。⑥ 在低级发展阶段上，对人口的抑制性限制占主要地位，而在经济高度发展的阶段，预防性限制占主要地位。但是，当进入国民经济的衰老期时，抑制性限制必将再度加强，因此，"在衰落的国家中重新需要在低级文化阶段曾受欢迎的人口政策"。⑦ 罗雪尔并不否认人口过剩的可能性。所谓"人口过剩"，在他看来，"存在于人口和生活资料两者之间比例失调的时候"，⑧ 对其医治的办法，无非或者是在国内设法增加生活资料（尤其是食物）的数量，或者是向国外移民。罗雪尔接受了马尔萨斯的人口理论，所不同的是罗雪尔将它同历史发展相联系并重新加以阐述。

---

① 《大纲》，商务印书馆 1981 年版，第 121 页。
② 《原理》，第 2 册，1878 年英文版，第 337-338 页。
③ 《原理》，第 2 册，1878 年英文版，第 339 页。
④ 《大纲》，商务印书馆 1981 年版，第 121 页。
⑤ 《原理》，第 2 册，1878 年英文版，第 340 页。
⑥ 《大纲》，商务印书馆 1981 年版，第 122 页。
⑦ 《大纲》，商务印书馆 1981 年版，第 123 页。
⑧ 《原理》，第 2 册，1878 年英文版，第 340 页。

罗雪尔认为，各国之间个人的平均劳动力有很大差异，部分原因在于各国自然禀赋上的差异，国民的价值观念、道德水准和受教育程度亦是在其中施以影响的因素。在他看来，"文明愈是向前进步，劳动就愈益受到尊重"，与这一事实相并存的是，"在那些最发达的国家"，人们"最重视时间"。① 罗雪尔在谈到满足一国物质利益的手段时指出："一国人民的智力是他们最重要的素质"，② 他主张在德国实行对"任何人都开放的"技术教育制度，并使这一制度同小学教育同时实行；他还主张推广"技术专科学校与高等学校并立，工科大学与大学并存"③的全方位的教育体制。罗雪尔的这些见解值得肯定。事实上，人们普遍认为德国成为后来居上的工业强国，推行普及性的技术教育制度是它获得成功的一条重要经验。

四、资本类别、资本形成与国民经济发展

罗雪尔对资本所下的一般定义是"为了扩大生产的目的而储备的所有产品"。④ 在另外的场合，罗雪尔又根据资本的利用方式，将资本定义为生产资本（productive capital）和使用资本（capital inuse），⑤前者对原料财货施加影响，后者有助于个人财货的形成。二者之间的主要差异之一，是生产资本即使在最审慎地使用的场合，也不能像使用资本那样直接通过收益来重置。罗雪尔认为这两类资本在许多方面是相互重合的，几乎所有的使用资本都可以转换成生产资本，因此，使用资本又可以称之为休眠资本（quiescent capital）⑥，生产资本又可以称之为工作资本（working capital）。罗雪尔把使用资本能够转换成

---

① 《原理》，第 1 册，1878 年英文版，第 99 页。
② 《大纲》，商务印书馆 1981 年版，第 96 页。
③ 《原理》，第 1 册，1878 年英文版，第 150 页。
④ 《原理》，第 1 册，1878 年英文版，第 150 页。
⑤ 在《国民经济学原理》法文版中，"使用资本（Gebrauchskapitalien）"被译为"消费资本（capital de consommation）"，因为罗雪尔认为这种资本的主要构成部分是消费品。
⑥ 休眠资本亦被罗雪尔称为呆滞资本（dormant capital）。

生产资本因而处于休眠状态的理由解释为：休眠资本是这样一种资本，它暂时处在未被使用的状态，因此这种资本不能为个人所享用。这种资本的总额由于储蓄银行这类金融机构的存在而大大减少，非生产性地使用的信贷资本也属于这一类，它不构成一国的国民财富。罗雪尔认为，一般说来，"在高度文明的国民当中，同一国生产资本相比，使用资本的数额巨大，可以被认为是巨额财富的真实标志"。①

罗雪尔进而从整个国家的意义上来考察资本的分类。他认为，国家的资本特别地是由如下几类所构成：(1)土壤的改进，例如：修筑排水系统和灌溉系统、堤坝以及各类永久性的种植园等。这类设施往往不能把它们同土地区分开来。(2)建筑物，包括厂房、仓库和住宅等，各种人工修筑的道路也属此列。(3)各种工具、机器和器具。后者不仅可供个人使用，而且可用来保存和运输其他财货。(4)各类有用的和能用于耕作的动物，即为人们所饲养和培育的牲畜。(5)用于加工使之变形的各种原料，无论是构成某种新产品的主要原料(如纺织业用的纱线、羊毛、丝或棉等)，还是进入工序的第二级原料(如紫胶、金叶(gold-leaf)、染料等)都属于此列。(5)辅助性原料，它们在生产过程中被消耗掉，不构成新产品中的有形部分，如煤、火药、盐酸、漂白液等。(6)生产者的生活资料，它们被预付给生产者直到生产结束。(7)商业存货，商人将其存放在手边以满足客户的需要。(8)货币，在每一个行业中，货币是必不可少的基本交换工具。(9)无形资本，它们既被用于生产过程中，又是其他资本生产的结果，其中大部分是用之不竭的。这类资本包括人们的劳动能力、在科学研究中获得的机敏和灵巧以及通过长期实验而树立的更大的信心，甚至包括一个信誉好的厂商的名声。罗雪尔在这类资本中还把国家囊括其中，他写道："国家本身就是每一个民族的最重要的无形资本，因为它对经济生产来说，显然是不可失缺的，或至少是间接地起作用的"。②

---

① 《原理》，第1册，1878年英文版，第156页注3。
② 《原理》，第1册，1878年英文版，第154页。

罗雪尔不仅按照自己的理解讨论了资本的分类问题，而且还讨论了资本的形成和转移。他通过对浪费和储蓄这两种行为的界定及其同国民经济发展关系的分析，对资本形成问题作了探讨。关于浪费，他写道："浪费较之贪婪看起来不那么可恶，同某些美德相比也不是那么不可接受，但无可比较的是，它对国民经济更加有害"。① 在罗雪尔看来，浪费会损害资源，既损害构成资本的财货，又损害那些可能会变成资本的财货。尽管与此同时，浪费可以直接或间接地增加对商品的需求，短期内还可提高资本利息及许多商品的价格(其间消费者必受其害)，但从长期来看，资本会最终突然枯竭，需求会骤然减少，生产者难免遇到危机。关于储蓄，罗雪尔认为如果减少的消费属于生产性消费的话，那么，储蓄行为对公益(common good)来说是有害的，因为此时国民经济中的一部分真实需求未得到满足。在罗雪尔看来，储蓄对整个国民经济究竟是有益还是有害，取决于储蓄了什么以及怎样储蓄。他对此作了 A 和 B 两类储蓄的划分：A 类情况是指财货被储存起来而且闲置未作利用。这种情况往往表现为货币的窖藏，使得一笔本应用作商业中的交换工具减少了，其结果或者是商品价格普遍下降，或者是某些商品销售不出去。这将引起较大或较小程度的商业危机。倘若这是发生在部分直接消费的财货(即直接消费品，如食物和衣着)被囤积和闲置的情况下，这类商品的价格必将因新产生的需求和非正常的需求增加而上涨。B 类情况是指所进行的储蓄被用来创造固定资本，这时情形会是两样，这类储蓄有助于带来真实的国民财富。

罗雪尔在界定了浪费和储蓄行为并且区分了两种储蓄行为的基础上，指出单纯的资本储蓄有其局限性。即便每一个消费者都趋向于扩大其消费和增加其使用资本，这种扩张也是有限度的；每一个理智的生产者不会希望其生产资本无限增长，除非他预期扩大生产会有一个更大的市场，这就决定了生产者的储蓄也有其限度。罗雪尔认为这种现象需要用国家资源或世界资源同私人资源之间的第二种差异来解

---

① 《原理》，第 2 册，1878 年英文版，第 210 页。

释。私人资源是按其构成各部分的交换价值来估算的，并且总是随储蓄的增长而增加。由于私人储蓄主要由包括消费品在内的个人财货所构成，所以，即使是某类商品供给的增长达到最大限度的过剩状态（这种情况会导致该类商品的价格大幅度下降），一般也绝不会使该类商品的个人所需数量的价格降至零以下或几乎接近于零。但国家资源或世界资源的情形却截然两样，这是因为这两种资源是按照其构成部分的使用价值来估算的。对于国家或世界资源来说，每一次利用都假定了相应的需求。在一种商品的需求没有增加而且其供给还在继续增加的场合，其唯一结果必然是每个个人资源被利用的部分相应减少。假使一国国民储蓄其保存的所有财货，以至于其比重高于他们最急需的必需品，他们将很快不得不到国外去寻求更大的市场，或者把他们的资本向国外贷放，然而他们却不可能在较高的文化层次上取得任何进步，也不可能为他们的生活乐趣增添任何东西。另一方面，假使一国国民不进行任何储蓄，那么他们虽然能增加其享乐，但这种增加却是以牺牲他们的资本和他们的未来为代价的。这两种极端现象自身是矛盾的：在前者，当市场饱和后不久却能造成消费的增长，但生产却在下降；在后者，情形则相反。

罗雪尔在论及资本转移时，指出信用是使资本由闲散者手中转移到事业家手中，转移到最有用的地方去的最佳办法；在国际间，资本通常是向利率高的国家转移，具体途径有三"（1）资本家移居国外；（2）临时投资；（3）特别是通过信用来进行"。①

当罗雪尔谈到资本形成的深层原因时，他提到了文明发展与资本形成两者间的关系。他指出："文明进步本身可以增加现存资本的价值……由储蓄所引起的资本增长不久就会遇到局限，除非这种局限被文明的进步所突破。"②在他看来，"在文明处在最高状态的地方，一般说来，储蓄的倾向非常明显。而当文明开始衰落时，那里的国民本

---

① 《大纲》，商务印书馆 1981 年版，第 35 页。
② 《原理》，第 1 册，1878 年英文版，第 162 页。

身也随着文明而衰落，特别是在法律保障失去效力时更是如此"。①
在那里，由于缺乏财产的法律保障，人人都被迫将其财产转换为某种
最易于转移的形态，以便从此地带到彼地并且将其隐藏。罗雪尔认
为，这种现象构成为低文明国家资本不容易形成，甚至流失或积累缓
慢的原因之一。

第四节　对外贸易与工业保护制度

罗雪尔有关对外贸易和工业保护制度的论述，同他的整个理论体
系一样，也呈现了兼容并蓄的特征：既谈到自由贸易的好处，又论及
保护制度的重要性与合理性。然而。他论述的重心，不是放在自由贸
易理论上，而是放在工业保护制度上。

罗雪尔认为，一国若长期保持出口而不从国外进口，这种情况是
不可能的，国际贸易有利于改善进出口双方各自的条件。在他看来，
每一个国家借助于国际贸易这个手段，"不仅可以获得那些自然界完
全拒绝提供的商品，而且还可以获得本国自身只能按很高的成本才能
生产的那样一类商品"。② 在这里，比较成本具有决定性的意义。他
举例说，A 国在各种生产性方面都优越于 B 国；但是当这种优势在一
组 x 类商品中总计只达到 50%，而在另一组 y 类商品中达到 100%时，
若 A 国把它所拥有的有限的生产要素生产 y 商品而获得剩余，并用
那部分剩余来交换它所需要的 x 商品则对 A 国是有利的。同样道理，
B 国也会这样做，即使 B 国得到的商品不能完全像 A 国所供给的商
品一样便宜，但仍然绝对比 B 国自己生产要便宜。罗雪尔显然是赞
同比较成本说的，但他走得更远，他认为："假如双方都从国际贸易
中获得了利益，就没有任何必要要求这一利益应当在双方都是均等
的"。③

---

① 《原理》，第 1 册，1878 年英文版，第 162 页。
② 《原理》，第 2 册，1878 年英文版，第 409 页。
③ 《原理》，第 2 册，1878 年英文版，第 410 页。

罗雪尔在比较成本说的基础上论述了工业保护制度的问题。他分析了实行工业保护制度会带来不利后果的三种情况。

在第一种情况下，保护制度成为多余之举。如果在某种条件下提供的商品在质量上同外国生产的一样好，在价格上同外国生产的一样便宜，那么所有保护措施，如进口税甚或禁止性关税，都是多余的了。一般来说，国内生产者较之外国生产者不仅有运费成本较低的优势，而且还因为接近消费者，易于更早地得到有关消费者嗜好发生变动的信息。假如国外生产者提供的商品质量更佳、价格更便宜，但他们向国内市场的供给又因为本国的人为手段而受阻，这种情况意味着国家迫使国内消费者牺牲了一部分享受，这种牺牲将不能通过受到保护的国内生产者赚取的利润完全得到补偿。这种情况意味着"进口税妨碍着消费者获得最好或最廉价的生活"。① 但如果不对这一部分生产者实行保护的话，他们就会把其生产力投入其他部门，而在其他部门中，这些生产者同国外竞争者相比，据有同等的甚至更胜一筹的优势。根据分工规律，这一类部门的生产最好是让外国生产者去从事。另一方面，对进口的限制在其他条件不变的前提下，必然伴随着相应的对出口的限制。因此，在这种情况下，对进口设置障碍并没有直接带来产出的增长，而仅仅意味着该国的资本和劳动的使用调转了方向而已。这时，"进口税的作用主要在于它使资本投到较之没有进口税时将被投入的渠道获利要少的其他渠道中去"。② 只有当外国生产者将其生产力转移到不超出实行保护的国家采取了限制措施的那些部门时，才意味着产出的增长。罗雪尔认为，这种情况"无疑可以被认为是保护制度的最大胜利"。③ 同时，他又指出，把保护制度推及国民经济的所有部门是"荒唐的"，这意味着"不存在真正的保护"。④

第二种情况是指采用对原料出口课税、禁止原料出口、降低用这

① 《大纲》，商务印书馆1981年版，第86页。
② 《大纲》，商务印书馆1981年版，第86页。
③ 《原理》，第2册，1878年英文版，第425页。
④ 《原理》，第2册，1878年英文版，第426页。

类原料所生产的物品的价格等措施，以阻止国外购买者的竞争。从长期看，被课税的原料生产者的损失，不会给国内制造商们带来相应的收益，在国内允许自由竞争的前提下，由于部门间存在着利润率差异，这类措施只能引致生产要素向有利可图的部门增加流入，以及生产要素相应地从受损的部门流出。生产要素流入和流出的过程直到国内利润的正常水平得以回复时才会中止。所以，同前一种情况一样，对原料出口课税，其最终结果仍然仅仅是方向的改变，而没有直接促成生产力的增长。

第三种情况指的是实行出口奖励金的场合。罗雪尔认为有必要区分两类不同的出口奖励金：一类是单纯的退税，另一类是实际赠款，即发放产品出口补助金。前者不会产生任何后果，除非某种产品的生产在其他场合下由于税收原因而受阻；后者却相反，它迫使纳税者以缴税方式向工业中某一个特殊阶级提供了一笔贡赋。这意味着所有消费者被迫为某类商品支付了更高的价格。此外，由于生产成本未见增加，而生产者的利润却高于该国利润的一般水平，这势必引诱生产要素转向有利可图的部门，最终结果并未给在该部门中从业的个人带来较高利润，而只是那些最有利可图的行业得到了扩充而已。罗雪尔认为在这个过程中坐收渔利的是外国，它们获取了最大的好处，因为外国是以馈赠品价格得到了它们的所需商品。在这种情况下，奖励金的发放无助于出口，反倒有利于某种商品的生产，而该种商品的生产行业并不是没有奖励金就无法生存，所以，这种情形无异于"国家在鼓励亏损性生产"，① 从而造成国民经济的更大损失。

罗雪尔转而指出，尽管保护制度会造成上面提到的三种不利情形，但是，这一制度对国民经济发展仍然具有重大意义。他将其概括为如下四个方面：

第一，保护制度有助于培养起一国的生产力。他认为，尽管工业保护制度直接使国民蒙受牺牲(因为在尽量利用该国等量生产要素的前提下，其国民所得到的产品和享受同在自由贸易条件下相比要

---

① 《原理》，第 2 册，1878 年英文版，第 428 页。

少)，但是，借助于保护制度这一手段培育起来的新的生产力，有利于"唤醒处于休眠中的那部分生产力"，① 从长期看，保护制度所造成的只是交换价值上的牺牲，却可以带来比这种牺牲大得多的生产力。同李斯特一样，罗雪尔认为，一个纯农业国无论在人口和资本数量上，还是在劳动技术和资本能力上，都不及一个农业和工业相并存的国家充裕，甚至它还无能力将其自然力充分地加以利用。所以，"只有通过发展工业，国民经济才能变得成熟起来"。② 在罗雪尔看来，如果保护制度可以促成一门民族工业，而这门工业在创立初期可能会造成国民利益的牺牲，那么，"这种牺牲……应当看作是犹如由播种者所造成的种子的牺牲一样"。③ 他十分明确地写道："任何一种保护制度都要给国民带来牺牲，所以应该经常记住，完美无缺的保护制度是极其少有的"。④ 实行保护制度就如学生需付学费一样，他反问道："谁会说最廉价的教育总是最好的教育呢?"⑤此外，罗雪尔还把对受保护的工业的培育比喻成播下的种子一样，必须满足三个条件："(1)种子必须能够发芽；(2)土壤肥沃并且宜于耕作；(3)季节适宜"。⑥

　　第二，保护制度的终结是自由贸易的开端。罗雪尔认为，当一个国家在政治上已取得独立而在经济上尚处于很低的发展阶段时，其最佳办法就是同外部世界进行完全的自由贸易，因为通商自由会对该国的活力、需求及其满足需求的手段施以影响，对促成该国向高级文化阶段发展能够最迅速地起到促进和助长作用。在这个时期，如果没有保护制度，就不可能同已经发达的工业国家竞争。他说："如果两国相互竞争，一国有保护关税，而另一国没有，则没有保护关税国家的生产者就会陷入孤立；反之，有保护关税国家的生产者则得到全国力

----

① 《原理》，第 2 册，1878 年英文版，第 432 页。
② 《原理》，第 2 册，1878 年英文版，第 432 页。
③ 《原理》，第 2 册，1878 年英文版，第 433 页。
④ 《大纲》，商务印书馆 1981 年版，第 90 页。
⑤ 《原理》、第 2 册，1878 年英文版，第 432 页。
⑥ 《原理》，第 2 册，1878 年英文版，第 433 页。

量的支持。完全无限制的通商自由，尤其是在交通非常发达条件下的通商自由，将使已占优势地位的工业强国处于这样一种地位，即它对待别一国家，正象商业都市对待纯粹农业地区的情况一样。"①但是，"当一国进入繁荣时期，就不需要任何保护制度"，②在他看来，正是"借助于保护制度的手段，才会出现达到自由贸易的前景"。③在高度发达的国家，如果还存在着实行保护制度的愿望，那就"必然会被看作是某种疾病的征兆"。④他相信，"在最发达的经济阶段会出现彻底的通商自由"。⑤

第三，保护制度在必然地影响到国内阶级和财产关系的同时，还能促进国内不发达地区的发展。保护制度的实行，将迫使劳动和资本从原料生产部门流出，注入到工业中去；当对谷物出口实行限制时，将使资本和劳动中的一定数量人为地从农业转移到商业方面；当时谷物进口采取限制措施时则起相反的作用。因此，保护制度势必对一国的阶级关系和财产关系发生重大影响，同时这种制度"可以人为地对一国未发达的那一部分或尚未得到适当发展的那一部分注入国家的养分"。⑥

第四，保护制度可促进国民教育。在这里，罗雪尔所说的教育具有双重含意。其一，工业保护制度本身就是一种教育措施。他相信，实行保护制度的年轻国家，往往可以从达到了高度工业水平的国家获得资本和技术工人，并能够立即将最新的加工程序投入应用。其二，实行保护制度应伴随以全民性教育。他指出，实行保护制度"这样一种工业教育的努力，唯有在大规模的即全民的基础上才能获得相当的成功"，⑦这一点"正像在学校或大学教育中要力求得到一定程度的

---

① 《大纲》，商务印书馆 1981 年版，第 87 页。
② 《大纲》，商务印书馆 1981 年版，第 88 页。
③ 《原理》，第 2 册，1878 年英文版，第 445-446 页。
④ 《原理》，第 2 册，1878 年英文版，第 447 页。
⑤ 《大纲》，商务印书馆 1981 年版，第 74 页。
⑥ 《大纲》，商务印书馆 1981 年版，第 88 页。
⑦ 《原理》，第 2 册，1878 年英文版，第 440 页。

全面发展一样"。①

罗雪尔联系前面提到的实行工业保护制度会造成三种不利情况，对在实行工业保护制度时需要特别注意的几项限制性手段的利弊进行了详尽的分析。他指出，在一国试图人为地促进工业发展已成为确定无疑的事实这一前提下，采用适度的进口税不仅是最稳妥的，而且还伴随着最大数目的次级利益（secondary advan tages）。在这里，牺牲虽然强加给了购买受保护行业生产的商品的消费者，即全体国民，并对其他相关商品发生连锁反应，但是，实行进口税除了可为国家财政提供收入之外，还可以或多或少地阻止其他许多经济疾病的侵入，如市场饱和及严重的毁灭性的长期低工资病。对原料出口征税将迫使国民中的某一阶级作出牺牲，但却为有利的工业部门提供了预付款。商品出口奖励金则需要区分为两类，即进攻性的和防卫性的，前者人为地促进贸易，后者却减少贸易。明智的政府会向经营工业的个人发放奖励金、无利息预付款，甚至赠送机器设备，但这类资源往往并未流到最有技艺的制造商手中，而是流向那些善于钻营的申请者，他们很可能成为前一类人的竞争者。在罗雪尔看来，禁止进口一般说来是灾难性的。它虽让人感到有很大的安全感，但却从根本上使在工业中从业的人们受到损害，甚至还可能在国家幅员小和该工业部门具有非常大的平均值的情况下导致完全的垄断。此外，禁止进口还会诱发走私性贸易。所以，罗雪尔主张，不论是撤销禁止进口的措施，还是废除某项接近于禁止性关税的税种，都应当尽早通知企业，使它们能有足够长的时间预先把投资在受保护工业中的资本在损失不太大的情况下抽走。

第五节　对罗雪尔的经济发展理论的评论

以下拟分两个方面来讨论这个问题：其一是就罗雪尔理论体系中有关经济发展的若干具体观点作出评价；其二是对他的经济发展理论

---

① 《大纲》，商务印书馆1981年版，第88页。

作一个总体评价。

一、对有关经济发展的若干理论观点的评价

罗雪尔明确地限定了国民经济学的任务，在于"考察各国国民和整个人类的经济发展，发现现有经济文明和目前尚待解决的问题的基础"。① 他还提出了同现代发展经济学中的"发展中"、"不发达"、"欠发达"的术语完全相同或十分贴近的"未发达"、"不发达"（undeveloped）、"高度发达"、"高度开化"（highly civilized；hishly cultivated）的概念。罗雪尔在谈到衡量不同区域经济实力应依据什么标准时，提出"不仅有必要机械地估量双方工人的数量、资本总量等等，而且有必要有机地估量其发展的能力（the capacity for development）及其对双方全部国民生活的影响"。② 可见，在罗雪尔的理论中始终存在着一个经济发展的主题，他列举的历史方法的几个主要特征正是紧紧扣住这个主题来表述的。此外，罗雪尔提出的判别一个国家财富大小的五个标志尽管涵盖范围过窄，有的内容，如频繁的支付额和对外贷款，显得过于浮面，但其中仍不乏有价值的内容。他实际上提出了若干同当代发展经济学家 I·阿德尔曼和 M·莫里斯的经济发展综合指标以及同 F·哈比逊、J·玛鲁尼克的经济福利和生活水平综合指标这两套体系中的某些指标完全一致或相近似的衡量指标。例如：他提出的食用品数量和质量的标准已接近于前一套体系中的基本必需品的消费量指标；他所说的较高的平均寿命同这两套体系中的预期寿命指标几乎完全吻合，而较高的出生率又同后一套体系中的婴儿死亡率指标非常接近。但他把宗教活动和科学研究相并列，认为宗教活动属于人类"更高层次的欲望"，甚至将人们是否广泛地参与宗教活动作为判别经济发达程度的标志之一，则是十分荒唐的。

罗雪尔把国民经济发展描述成类似于生物的出生、成长、衰老和

---

① 载《国民经济和统计年鉴》，第 1 卷，第 145 页。转引自夏尔·季德和夏尔·利斯特合著：《经济学说史》下册，商务印书馆 1986 年版，第 468 页。

② 《原理》，第 2 册，1878 年英文版，第 454 页。

死亡的过程，并认为在这一过程背后起支配作用的是自然、劳动和资本三要素，由此又引伸出国民经济发展的三大时期。他的这种说法似乎告诉人们经济发展是一种周而复始的过程。对此，美国经济学说史研究者 H·斯皮格尔认为，他的说法"不过是某种周期性的假定"。① 罗雪尔在分析一国国民经济不可避免地会走向衰落的原因时，又把各个民族之间的差异说成是"上帝极妙地操纵"的结果，是"神的意志"②的表现，并且断言每个国家势必走向衰落是一个"既不能证实又无可否定的命题"，③ 这就使他的阶段论带有神秘感和宿命论的色彩，因而极大地冲淡了他的理论中所包含的科学成分。罗雪尔有关国民经济发展到成熟阶段后势必走向衰落的见解，可能多少受到了研究古罗马史的历史学家吉本和法国启蒙学派代表人物之一孟德斯鸠的影响。他把一国经济由盛转衰作为一个经济发展问题提出来，是很有见地的。在人类社会经济发展史上不乏大国走向衰落的实例：在古代社会有古罗马和拜占廷帝国等；在中世纪末期和近代有意大利和荷兰等；在现代社会有英国。这些实例对当今从事发展问题研究的人们来说，仍然是值得深思的。此外，罗雪尔关于经济发展不可能是一个顺利的过程，必然会遇到来自内部和外部的社会政治制度以及社会心理和道德等因素的阻碍的见解是值得重视的。当今发展中国家经济发展的实际进程表明，任何一个国家的经济起飞都不是一帆风顺的。值得一提的是，罗雪尔在论述中采用的伦理和心理分析对施穆勒为首的新历史学派产生了极为重要的影响。这一点将在下一章中予以展开。

罗雪尔关于生产要素投入与国民经济发展关系的分析，是他的经济发展理论的重要组成部分，其中不乏精彩的内容。譬如，他把国民经济发展看作旨在满足国民各种需求的财货的产出量大于生产要素投入量(按他的说法，即资源的增加)的过程，这一见解近似于现代经济学中通常使用的经济增长的概念。又如，他关于生产必须由自然、

① 斯皮格尔：《经济思想的增长》，1983 年英文版，第 421 页。
② 《原理》，1878 年英文版第 1 册，第 387 页。
③ 《原理》，1878 年英文版第 2 册，第 384 页。

劳动和资本三要素相结合才能进行的观点，同当代西方经济学中的柯布——道格拉斯生产函数所表述的内容从总体上说是相契合的。但是，罗雪尔的分析中也存在着一些缺陷。同李斯特一样，他把医生、教师、艺术家等人的劳动划入"经济劳动"的范畴，是有一定见地的看法，但他又把教士等也列入其中，并称教士创造的财富是教会，这就使得他的论点走向谬误。此外，他关于资本的定义过于宽泛；他把属于个人消费品的财货定义为使用资本；又如，他把厂商信誉、国家等也划入资本之列，这些方面都是其理论缺乏严密性的例证。

罗雪尔有关对外贸易和工业保护制度的看法基本上是对英国古典学派贸易理论和李斯特的保护贸易理论的综合和延伸。由于罗雪尔主张在考虑到比较利益的基础上实行保护主义措施，因而他被认为是一个"温和的保护主义者"。但罗雪尔有一个观点不同于李斯特，即他主张当一国进入繁荣期因而不必要继续实行工业保护制度时，"就要转而保护农业"[1]，他还主张在实行关税调节时，应考虑到协调城市和乡村之间的利益。他指出："限制谷物出口只能增进都市居民和工业人口的利益，如限制谷物进口则只增进农民阶级的利益"。[2] 他的这些见解颇有参考价值。

二、对罗雪尔经济发展理论的总体评价

从总体上对罗雪尔经济发展理论作出评价，不可回避地要触及如何看待罗雪尔所创立的国民经济学体系这个问题。研究西方经济学说史的学者大都认为，罗雪尔的国民经济学体系是英国古典经济学及法国经济学家萨伊和西斯蒙第等人的各种理论观点"左拼右凑"的产物，这种看法有一定道理。从罗雪尔的国民经济学理论体系各部分和各篇章的布局来看，他的国民收入理论吸取了斯密的观点；他的生产和分配理论以萨伊三要素论为基础；他的人口理论和危机理论又仿佛是对马尔萨斯观点的重述；他的地租理论接受了李嘉图的分析工具；而他

---

[1] 《大纲》，商务印书馆 1981 年版，第 88 页。
[2] 《大纲》，商务印书馆 1981 年版，第 74 页。

的贸易理论似乎又是对李嘉图的比较成本说和李斯特的保护贸易理论的揉和，这种兼容并蓄的色彩使得整个体系的内在联系不甚清楚，缺乏李斯特的著作那种高屋建瓴、一气呵成的气魄。可以想见，罗雪尔在建构其国民经济学体系时，显然处于某种两难境地：在方法上，他认为古典经济学广泛使用演绎法造成了种种缺陷，他力图以历史的归纳和类比方法弥补之，但他同时又不愿意舍弃古典经济学应用演绎法推导出来的使用价值、交换价值、分工、供求关系、均衡等理论范畴，① 这就使得他在使用归纳和类比方法的同时不得不兼用演绎法；在体系上，罗雪尔显然想标新立异，以突出不同于英国古典经济学及其追随者萨伊等人经济学说的"德国风格"的国民经济学，但他在理论框架的总体构思上却借用了当时萨伊等人著作的体例，依财货的生产、流通、分配、消费和国家财政等内容的顺序把各篇章衔接起来；从这一点来看，他建构其体系的兴趣远在对体系中的理论加以阐述之上；加上罗雪尔的著作又是以教科书形式撰写而成，使整个理论体系既有浓厚的兼容特征，又在很多地方显得同古典经济学有着密切的亲缘关系。当人们面对这样一个庞杂的理论建构时，是不容易将囿于其中的经济发展理论挖掘出来的。

然而，应当看到，阐述经济发展问题是罗雪尔国民经济学体系的主题。罗雪尔是在西方主流经济学呈现出由古典主义转向新古典主义，由经济发展的研究兴趣转向特别专注于研究既定资源的静态配置问题的压倒趋势的时期，仍然把对经济发展的研究作为己任，以德国学者特有的思维方式建筑起国民经济学的理论大厦，探讨如何"增进国家富强"的主题，试图揭示各国经济发展的规律。

我们知道，经济发展理论一般被公认为具有宏观、动态和长期这三个主要特征。这三者在罗雪尔的国民经济学体系中充分地反映了出来。

---

① 熊彼特认为："就罗雪尔的分析工具而言，"罗雪尔"是一位卓有功勋的英国'古典经济学'的追随者，尽管他碰巧成了一位对历史描述具有某种特别强烈嗜好的追随者"。熊彼特：《经济分析史》1986 年英文版，第 508 页。

就宏观特征而言，所谓宏观，是指对国民经济的总量进行考察。这些总量如一个社会的总产量及其资源的利用程度、国民收入的大小、总投资、总消费、总供给等。罗雪尔对国民财富构成标志所作的分析；他关于生产是一国资源总量的增加、国民财富增长与社会总成本呈反比关系的看法，以及技术进步可以增大一国财富源泉的观点；他所提出的总产出概念，他有关社会总产出应同社会总消费保持适当比例关系的看法；他对生产性部门和非生产性部门之间以及人口增长与国民财富增长之间相互关系的分析；他关于总储蓄与总消费（包括浪费）同总产出之间关系的分析；他强调从整个国家意义上考察资本分类及资本形成的主张，等等，都是他运用宏观和总量分析的实证。罗雪尔还正确地表述了近似于今天人们普遍使用的宏观经济学的定义。他指出"政治经济学几乎总是被认为旨在论述一个人民的总量的国民活动(the aggregate national activity of a people)"。① 此外，罗雪尔从经济现象同其他社会现象的相互依存性出发，强调对国民经济的总体研究，既要重视经济过程自身的发展，又要重视政治和社会等制度因素以及伦理和社会心理因素对经济发展的影响，力图揭示出在国民经济演进背后的某种深层机制(尽管他是用组织学和生理学现象的机理来解释)，从而表现出同当代发展经济学中的结构主义流派具有相通之处。

作为一种经济发展理论，它必须具有宏观分析的理论内容，但宏观分析仅仅是经济发展理论的一个必要条件，而非充分必要条件。作为一种经济发展理论，还必须具有动态的分析和长期分析的理论内容。

所谓动态分析，相对于静态分析而言，它强调的是不均衡状态及其变量的变化。这种分析由于引入了时间这个持续变量，对如何确定均衡状态及其实现条件不加考虑，而着重阐述各种变量如何在随时间推移的过程中影响经济体系的运动发展，或者讨论各种变量在两种均衡状态之间被加以调整的过程。所谓长期分析，相对于短期或近期分

---

① 《原理》，第1册，1878年英文版，第78页。

析而言，它强调的是有一个较长的时间过程，其间所有的投入要素均可得到调整，不存在任何固定不变的要素。

罗雪尔的整个国民经济学体系，向人们展示的就是一幅国民经济动态地长期地发展演化的过程图景。他根据自然、劳动、资本三要素在国民经济历史推进中不同时期的支配地位来划分经济发展阶段的论述以及三要素的投入同国民经济发展相互关系的分析，就是他进行动态分析和长期分析的典范。罗雪尔无疑接受了古典学派价值理论、生产理论和分配理论，但他不是完全抄袭或机械地照搬，而是试图在不同的时间和空间中加以应用和展开。他把存在于古典学派理论体系中那些用于静态分析和短期分析的诸个变量和范畴接过来，将它们加以改造，使之动态化，从而同古典理论在方法论上形成了鲜明的对照。这种把原有理论体系中的变量和范畴加以改造和运用的方法，何尝不是一种可贵的理论上的尝试和创新？虽然罗雪尔在论述过程中，也局部地使用过均衡分析和过际分析的方法，例如在对农业生产的分析中，又如在国际贸易理论中他对比较成本的论述都带有静态或边际分析的色彩，但他总的意图仍然在于说明投入要素对国民经济的影响是在变化着的动态过程中和长期过程中实现的，即使当他使用静态或边际分析时，也注意到将它们同历史过程相联系并使之动态化。关于这一点，西方经济学界给予了正确而公允的评价。具有学术权威性的《国际社会科学大百科全书》以下面一段文字对罗雪尔的理论作了如下评论："罗雪尔接受了古典学派的价值理论，将其用于分析经济的给定阶段，并且构想出一个发生在静态地构思出来的各阶段之间的有机发展过程。"①

毫无疑问，罗雪尔之所以能进行宏观的、动态的和长期的分析，主要得益于他所创立的旨在分析"人类进化中的连续各阶段"和"过去的国民……它们的发展过程"的历史方法。罗雪尔在对演绎法和归纳法作对比分析时曾经这样写道："研究者把它（指经济事实——引者）

---

① 详见《国际社会科学大百科全书》，第 13 卷，1972 年英文第二版，第 559 页。

的独特性质所要考察的那个因素暂时在思维上隔离开来，这是特别合适的。于是在所有别的因素，都被看作暂时地不发生作用和不变动的假定之下提出问题：该被考察因素一有变动，不论这种变动是由该因素的扩大或缩小而发生，其结果会怎样？可是，决不要忘记，这种方法到底只是一种抽象，因为它不仅在过渡到实践上，而且即使在已完成的理论上，我们都必须转而面对实际生活中无穷的、多种多样的变化"。① 罗雪尔以上所言是想告诉人们，经济发展过程是一个变化着的长期的过程，若仅仅使用抽象的演绎方法有其局限性。需要指出的是，罗雪尔的历史方法是以他的社会进化论哲学为基础的。他强调社会进步只能以逐步进化而不是以飞跃的方式实现。他说："文明的普遍进步……一般说来，只能极为缓慢地发生"。② 罗雪尔及其后来的历史学派经济学家们的进化论观点，对英国经济学家马歇尔产生了十分重要的影响。

综观以上分析，我们不妨得出如下结论：如果仅仅认为罗雪尔的国民经济学体系是各家之言加以拼凑的产物，而未能看到其中丰富的经济发展理论同这个体系之间的关联，实有过于片面之嫌。事实上，罗雪尔没有追随西方主流经济学由古典主义向新古典主义转变的潮流，而是继承了古典经济学家们把经济进步视为由累积力量所促成的发展观，并赋予这种发展观以宏观的、动态的和长期的特征。罗雪尔确实既没有推进古典经济学的价值理论、生产理论和分配理论，也没有随波逐流转向对既定资源配置进行静态的研究，而是相反，沉浸在建立起一个探讨国民经济发展及其规律的经济理论体系中。从这个意义上来说，罗雪尔似乎成了西方经济学说史上第一位有意识地对经济发展过程系统地进行了宏观的、动态的和长期的分析的学者。至于他为什么要将这个体系同历史的方法及其考察相联系，则是与德国经济学界特有的理论氛围(在这个氛围中，以英国古典学派为代表的古典经济学理论和以门格尔等人为代表的新古典经济学理论缺乏扎根的土

---

① 《原理》，第 1 册，1878 年英文版，第 106 页。
② 《原理》，第 2 册，1878 年英文版，第 200 页。

壤）以及罗雪尔本人的知识结构和阅历有关。因此，当西方主流经济学家们忙于演奏"静态的插曲"的时候，罗雪尔却独树一帜，奏响了一曲具有德国风格的乐章，因而保持了自李斯特以来的德国经济学的传统。罗雪尔的经济理论构成为从德国历史学派先驱者李斯特过渡到这个学派最完备形态的新历史学派之间的桥梁。①

　　若是与此相反，罗雪尔也加入了"静态插曲"的演奏或是忙于推进古典经济学的价值理论、生产理论和分配理论，那么罗雪尔就不是罗雪尔了，德国经济学的历史也将重新改写，德国经济学甚或可能成为主流经济学的一支。可见，罗雪尔创立的国民经济学体系不仅在德国经济学历史上占据着尤为重要的地位，同时也使得德国经济学成了西方经济发展学说史这根链条中的重要的一环。尽管同演奏"静态插曲"的主流经济学的恢宏的交响乐相比，德国历史学派的独奏曲显得如此"曲高和寡"，但这个学派毕竟演奏的是发展的乐章，而主流经济学在总的韵律上偏离了发展的主题。也许正是因为罗雪尔的国民经济学体系的这一基本特征，才使得罗雪尔的经济理论，其影响远远超过了与他同属于历史学派阵营的同时代的希尔德布兰德和克尼斯，他的著作在德国境内外备受青睐，其出版发行量如此之多，成了"德国流传最广的教科书，远非其他同类的书所能及"。② 在研究西方经济学说史的学者中，对罗雪尔备加褒扬者甚有之，H. 斯皮格尔认为"罗雪尔的学识是渊博的"；③ 熊彼特则在他的巨著《经济分析史》中写道，罗雪尔的理论是"专业学识的具体体现"，他是一位"学院经济学舞台上的主角"。④

　　总之，我们认为罗雪尔的国民经济学体系，本质上是一部论述经济发展主题的著作，罗雪尔本人是一位在西方经济发展思想史上

---

　　①　施穆勒认为：罗雪尔"为所有后起的德国学者开辟了一条新的道路"，"罗雪尔的贡献到底是巨大的和划时代的"。转引自季陶达主编：《资产阶级庸俗政治经济学选辑》，商务印书馆 1963 年版，第 365 页。

　　②　转引自季陶达主编：《资产阶级庸俗政治经济学选辑》第 364 页。

　　③　斯皮格尔：《经济思想的增长》，1983 年英文版，第 421 页。

　　④　熊彼特：《经济分析史》，1986 年英文版，第 809 页。

有着不容忽视的历史地位的人物，他所创造的国民经济学是一种进行宏观的、动态的和长期的分析的发展理论。我们之所以把罗雪尔的理论称之为经济发展理论，而不是称其为经济发展思想，其原因就在于此。

第十一章　施穆勒的经济发展思想

古斯塔夫·施穆勒(Gustav Schmoller，1838—1917)系德国新历史学派主要代表人物。新历史学派脱胎于旧历史学派。同旧历史学派相比，新历史学派把旧历史学派理论体系中有关伦理、心理和制度因素对经济发展产生影响的方面进一步加以发挥，并使之与经济政策的分析联系起来；在方法论上，新历史学派主张用"历史的统计方法"取代旧历史学派的"历史的生理方法"，并认为不应当像旧历史学派那样急于在历史分析的基础上求得结论，而应当"要求做到经济史的分类论述，……替当今的各种经济制度就其历史演变，就其来龙去脉提供说明"。① 一般说来，新历史学派经济学家都具有忽视经济理论的倾向，这一点在新历史学派创始人施穆勒身上表现得尤为突出。罗雪尔在批评古典经济学理论体系的同时尚能对其中的经济范畴加以借鉴、应用并使之动态化，因而在一定程度上被主流经济学家们加以肯定。施穆勒却走过了头，他主张用历史探讨、制度分析和政策分析来完全取代古典主义和新古典主义的经济学理论，因此，在西方经济学说史上，施穆勒为首的新历史学派向来被当作异端，屡屡遭到来自主流经济学的最激烈的抨击。

然而，无可否认的是，施穆勒同李斯特、罗雪尔一样，也推出了值得注意的经济发展思想。施穆勒在把德国历史学派的方法论研究推向其最高发展形态的同时，不仅创立了对后来的经济学分析工具的发

---

① 施穆勒：《一般国民经济学大纲》转引自季陶达主编：《资产阶级庸俗政治经济学选辑》(以下简称《选辑》)商务印书馆 1963 年版，第 365 页，着重号为引者所加。

展具有深远影响的历史——经验分析的方法，而且继承和保持了自李斯特开始的以动态的眼光看待经济发展过程的德国经济学传统，并把这一传统用于阐释他的经济发展观、他有关国民经济发展与国家作用的看法以及他的经济发展阶段理论，从而把他对经济发展的见解以新历史学派的理论风格表述了出来。

我们拟先评述施穆勒的经济发展思想，然后对他创立的历史——经验分析方法和结构分析方法及其在西方经济发展学说史上的影响作出评断。

第一节　对经济发展的基本看法

施穆勒在他的主要著作《一般国民经济学大纲》中明确地指出，新历史学派有三个主要特征：第一，"承认发展的观点是我们这门科学的思想主流"；第二，这个学派"掌握了一个心理的、道德的观点，这个观点是现实地从人的各种欲望和感觉出发的，它承认道德的力量，把凡是属于国民经济的都视为与风俗和法律、与制度和组织密切相关的社会现象，并由这个角度加以观察"；第三，对古典经济学的"个人主义的自然法学说"采取"批判的态度，汰粗摘精，把正确的分离出来予以肯定，错误的则予以剔除"。① 施穆勒所列出的这三个特征，是他的经济发展观的集中体现。

下面我们分别对他所列举的诸个特征进行剖析，然后对他的经济发展观作一个总的评论。

一、关于"发展的观点"

施穆勒主张以动态的和历史的眼光来看待经济进步。他认为对国民经济及其进步的分析应当"根据时间和空间以及根据尺度和历史顺

---

① 转引自《选辑》，商务印书馆 1963 年版，第 367 页，着重号为引者所加。

216

序"①来进行。他指出，古典和新古典经济学的抽象的、演绎的、静态的分析方法毫无用处，或者顶多只有微不足道的意义。施穆勒觉得，古典学派的方法只能适用于对社会生活中极小的并且是被人为地隔离开来的部分进行分析。施穆勒实际上指出了古典及新古典经济学分析方法的静态特征，只是他没有明确地使用"静态"这个词。在他看来，古典学派用静态的分析方法推导出来的一般结论，连他们自己也会"感觉到自己的脚跟实在是站得不够稳的"。② 施穆勒还这样写道："再也没有比老一代英国经济学家(指英国古典经济学家——引者)的谬误更糟糕的谬误了。这种谬误是：某些简单的、自然的、法律的、经济的制度从来就有并且将永远继续存在下去；文明和财富的一切进步不过是某种个人的进步或技术的进步罢了；一切都不过是一个增加生产或消费的问题，这个问题注定并且能够在同一个法律制度的基础上加以解决。这种植根于经济制度具有稳定性的信念，是老一代经济学家们相信个人及其个人生活的能力是万能的这一天真而又自以为是的信念的产物。"③显然，施穆勒反对古典学派认为经济制度具有稳定性，因而一经形成，具有一成不变特征的观点，而强调经济制度是不稳定的、是随人类进化而不断变动着的，这种看法包含着关于经济发展过程是一个动态过程的推论。施穆勒曾经指出："经济制度和经济理论的进化"是同"一般经济进步的问题"④紧密地联系在一起的。在施穆勒心目中，同经济进步齐头并进的经济制度是一个覆盖面极广的概念，包括家庭经济、分工、社会各阶级的构成、不同形态的商业组织、市场、贸易和基尔特组织、国内贸易自由、乡村生活的范式，等等。

---

① 转引自《选辑》，商务印书馆 1963 年版，第 355 页。

② 转引自《选辑》，商务印书馆 1963 年版，第 354 页。

③ 施穆勒：《政治经济学中的公正观念》，转引自 J. 奥泽尔(Jacob Oser)和 S. 布鲁(Stanley L. Brue)合著：《经济思想的演进》，1988 年英文第 4 版，第 205 页。

④ 转引自 J. 奥泽尔和 S. 布鲁合著：《经济思想的演进》，1988 年英文第 4 版，第 204 页，着重号为引者所加。

二、关于"心理的、道德的观点"

在施穆勒看来，"各种经济制度不过是人的情感和思想、人的各种行为、人的各种风俗和法律的产物"。① 由此可见，施穆勒是把人的情感、观念、行为以及同人类行为有关的风俗和法律等因素作为在经济进步和制度演化背后发生作用的驱动力。他认为，假使不存在伦理的、社会心理的以及制度的因素，包括经济进步在内的人类社会的演化将是难以设想的，而上述因素正是人类社会有别于自然界的一个主要标志。他认为在社会进化过程中，虽然有许多相互倾轧的实例，但占主导地位的倾向是人类行为愈来愈受到法律和道德习俗的制约，人类自身也趋向于道德的完善。为此，他强调人类的伦理品质最为重要。

施穆勒认为，赢利心是人类社会经济发展的重要动因。在他看来，在人类社会早期阶段上，赢利心是不存在的。在那个时期，人类只有一些原始的快乐或痛苦的感觉以及相关的其他生存欲望，如拥有武器和工具及其自我表现的欲望，以及表示身份显赫和从事装饰的心理。这些欲望和心理成了"促成经济行为的最先的和持久的动因"。② 但到了近代社会，尤其是在新教徒的民族当中，由于提倡勤劳起家、合理治家和鼓励提高职业才干，因而"促进了殖财致富的风气，进而帮助了富于赢利心的现代的生意人这一人物典型的培成"。③ 在他看来，"赢利心是在人类的自存冲动和劳作冲动发展到较高阶段以后，以及当这个发展在一定的经济的文明阶段造成自私心的进一步的发达以后产生的"。④ 因此，赢利心自产生到达到充分发展的地步，需要借助于一定的社会、经济、技术、制度、道德及社会心理的条件。这

① 转引自 J. 奥泽尔和 S. 布鲁合著：《经济思想的演进》，1988 年英文第 4 版，第 204 页，着重号为引者所加。

② 转引自季陶达主编：《选辑》，商务印书馆 1963 年版，第 341 页，着重点为引者所加。

③ 转引自季陶达主编：《选辑》，商务印书馆 1963 年版，第 347 页。

④ 转引自季陶达主编：《选辑》，商务印书馆 1963 年版，第 351 页。

些条件包括："第一是以技术的社会的一定发达程度为前提，第二它是建立在一定的道德观念、习惯和法律限制的基础上，第三它受到凡人皆同的原始欲望和享乐感觉的催动，不过其自私的程度却因人不同而已"；① 以及第四，"只有当自给的生产让位给为市场而生产，只有当多数的人利用错综复杂的商品交换关系来赚取自己的主要收入，而这种分配制度并且有助于使愈坚强、愈聪明、愈勤劳的人能够取得愈大的份额"。②

施穆勒并没有一味强调赢利心作为动因对于经济发展所起的作用，他也指出了当赢利心达到极度状态时会给社会带来危害。他写道，一方面"假使没有强烈的甚至于是肆无忌惮的赢利心的话，那么当今所有文明民族的巨大的经济努力和成就似乎是难以想象的"③，但是，另一方面，"在极度发达的经济里，……当哪里有了高度发展的商业交易、货币交易和信用交易的时候，原先许多传统习惯和法律限制被推翻了，于是本来正当的赢利心变成了无所不用其极的赢利狂，……总之只要能赚得更多的财富就无所不用其极"。④ 在后面一种情况下，赢利心"一定会毒害社会的关系，摧毁社会的和平，并且由于因此造成的仇恨和道德上的粗犷性，以至于因此而产生了斗争，难免将断送和埋葬已有的富庶和繁荣"。⑤ 施穆勒由赢利心的弊害的一面得出了赢利心应当"永远受到一定的道德习惯、各种法律和制度规范的管束和制约"⑥的结论。他说："单纯的赤裸裸的赢利心，无疑是邪恶的，在经济上是有害的，因为一切更高的经济生活……假如缺少同情的心理和道德的规范，那就很难于维持存在了。"⑦所以，施

---

① 转引自季陶达主编：《选辑》，商务印书馆 1963 年版，第 349 页。首重号为引者所加。
② 转引自季陶达主编：《选辑》，商务印书馆 1963 年版，第 348 页。
③ 转引自季陶达主编：《选辑》，商务印书馆 1963 年版，第 350 页。
④ 转引自季陶达主编：《选辑》，商务印书馆 1963 年版，第 349 页。
⑤ 转引自季陶达主编：《选辑》，商务印书馆 1963 年版，第 350 页。
⑥ 转引自季陶达主编：《选辑》，商务印书馆 1963 年版，第 352 页。
⑦ 转引自季陶达主编：《选辑》，商务印书馆 1963 年版，第 353 页。

穆勒主张在经济分析中不能仅仅以经济眼光看待事物，而且还应当具有道德眼光。在他看来，生产、分配、分工、交换、工资等等不仅是经济和技术范畴，同时也是道德范畴。

施穆勒从赢利心在各个民族中表现出不同差异这一点出发，认为在有些文明民族中，人们能够出色地把赢利心同较高尚的品质和道德作风连属起来，因而"赢利心是有可能变得越来越纯洁，有可能按照一种错综复杂的情况去同别的道德力量相联系起来"。① 可见，施穆勒实际上是把经济进步的终极原因归结为道德和心理力量，这正是他反复强调的"心理的、道德的观点"。施穆勒本人常常把他的理论称为"历史——伦理"(historical-ethical)的理论②。由于赢利心具有促进经济进步的一面，因此，施穆勒主张在社会生活的更高形式上，"不是把赢利心消灭掉，而是对它加以正确的调节"。③

施穆勒无疑是把赢利心视为驱动经济发展的心理道德因素中的诸多因素之一。他指出："不等于说一切经济行为都可以一股脑按照赢利心去解释，对国民经济说来也是如此……更不能说，衡量赢利心增长的尺度就是衡量民族财富增长的尺度"。④

三、关于古典学派的"个人主义自然法学说"

施穆勒断言，英国古典学派把个人利益当作人类行为的唯一动机。对此，他指出："据我们看来，自私、利己主义、个人利益观点，这些是另外一些概念，它不限于经济活动方面"，因而同在经济活动中发生作用的"赢利心不是等同的。"⑤施穆勒相信人类的行为系

---

① 转引自季陶达主编：《选辑》，商务印书馆 1963 年版，第 350 页。

② 熊彼特认为，施穆勒使用"历史—伦理"这个术语，包含有针对古典经济学有关个人主义及其追求利润动机的含意，因为施穆勒强调经济动机具有超个人的成分。详见熊彼特：《经济分析史》，1986 年英文版、第 812 页。

③ 转引自季陶达主编：《选辑》，商务印书馆 1963 年版，第 350 页。

④ 转引自季陶达主编：《选辑》，商务印书馆 1963 年版，第 352 页。着重点为引者所加。

⑤ 转引自季陶达主编：《选辑》，商务印书馆 1963 年版，第 351 页。

由多种多样的动机引起，虚荣心、赢利心、光荣感、亲情之爱、仁慈、怜悯等都构成为动机的一部分。正因为人们的动机是复杂的，所以，不能把人类行为仅仅归结为个人利益这个唯一动机。此外，在他看来，用建立在抽象演绎法基础上的逻辑推理方式来分析人的动机和行为是很难奏效的。据此，施穆勒同样反对新古典学派在经济分析中使用数学方法，因为人的反应太复杂以至于无法作微分分析，再加上经济发展是不断变化着的，数学分析并不能解决问题。

施穆勒认为，既然人类行为是由多种动机所引起，而由人类行为促成的人类社会经济发展又是不断变化着的，因此，对人类社会经济生活及经济发展的分析，不能局限于经济学。施穆勒极力主张把政治学、社会学、心理学、伦理学、历史学、人类学、地理与地质学、科学史和技术史等多种学科同经济学勾通起来，这样就能把经济学真正地转变为一门主要的社会科学，这种转变若能实现，无疑有益于对经济发展过程的分析。他相信真正的理论必然是在运用多种学科知识的基础上，对过去和现在、对制度和结构，对伦理和心理等领域作了大量描述性分析之后所得出的最终结果。由于施穆勒强调将多种学科用来研究经济发展过程，所以，西方经济学界许多人，包括熊彼特在内，[1] 不认为施穆勒是一位经济学家，而把他作为社会学家看待。但施穆勒本人觉得他自己基本上可以说是一位经济学家。

四、对施穆勒发展观的评论

从上面对施穆勒所列举的三个主要特征的分析中不难看出，他所要表达的是一种有关经济发展及其原因的观点：他试图在运用多种学科知识的基础上，把经济发展描述成一个不稳定的、动态的和长期的过程，并且将这一过程置于由心理和道德力量、风俗和法律等多种因素在其中发生作用的背景中来加以解释。对于这一点，施穆勒本人在《一般国民经济学大纲》中写下的一段文字作出了最清晰的说明。他

---

① 熊彼特认为，"施穆勒式的经济学家，事实上是某种具有历史心理的社会学家"。详见熊彼特：《经济分析史》，1986 年英文版，第 812 页。

写道："首先要弄清一国的幅员、地理形势、土地和气候，以及先要弄清它的资源和自然交通条件，但是尤关重要的是去弄清它是如何利用这些资源、如何采取措施来增加从中的收益；要去弄清它的人口有多少、人口密度如何、资本手段为数多少，尤其要去弄清它的人民的知识水平和道德水平、他们所受的技术训练、他们的习惯和需求状况、他们的家庭、田庄、农村和城市的组织、他们的国民财产和资本的分配状况、分工和阶级构成的状态、他们的市场、贸易和货币制度，以及他们的财政和他们的国家经济的制度对于个体经济和经济进步具有如何的影响。"①显而易见，施穆勒意在把经济发展过程（即他所说的经济进步）置于某种多元的和立体的图景中来加以解释。此外，施穆勒还预见到，在经济发展的较高阶段上，各国在经济现象及其结构方面具有同一性的特征。他说："在达到一定的文化水平时，国民经济的基本现象和社会结构到处说来是大致相同的。"②他所说"一定的文化水平"具有处于较高的经济发展阶段的含意，而他提到的"社会结构"则包括社会的心理、道德、风俗、习惯、时尚以及法制和政治结构等政体方面的内容。施穆勒显然是想说明，经济发展达到较高阶段时，各国在经济现象上和结构上会呈现出趋同性的趋向。他的这一见解为当今发达国家经济发展的现实过程所证实。值得提到的是，他的见解中还隐含着一个颇有价值的推论：即经济发展过程将伴随着经济结构和社会政治结构的变化。

由于施穆勒把人类行为及经济发展的动因归结为由人的道德力量等社会心理因素，因而具有浓厚的主观唯心主义特征。这是他的经济发展观中的糟粕部分；但另一方面，施穆勒主张对人类经济进步的研究不应当仅仅局限于经济过程本身，而应当对风俗习惯和社会心理、伦理等意识形态以及政治和法律等上层建筑方面进行考察。他的这一

---

① 转引自季陶达主编：《选辑》，商务印书馆1963年版，第344页。着重号为引者所加。

② 转引自季陶达主编：《选辑》，商务印书馆1963年版，第358页。着重号为引者所加。

见解富有启发意义，有助于人们在更广阔的视野上对经济发展问题加以研究，由此扩大了经济发展理论的研究范围，因而值得予以肯定。

第二节　国民经济的形成和国家的作用

一、经济活动的主要目的与国民经济的形成

施穆勒在论述经济活动的主要目的以及从事经济活动的一定方式的基础上，推导出了国民经济的概念。

在施穆勒看来，"经济活动的主要目的在于获得最大量的财货。财货的供应越丰富，我们的生存就越有保障，为着将来的储备就越充足，也就越有可能跳出直接的财货生产的圈子而进入间接的、从技术和社会的角度上看来都是更错综复杂的财货生产"，这样的生产将是"更丰富的"和"更能节省力量的生产"，而实现这种生产的方法是"依靠建立更大的、复合的技术装备"。①

施穆勒认为，同经济活动主要目的相适应的"从事经济的方式"，只能是"联合的方式"，因此，"个人只不过是一个或者几个较大的经济结构中的一个成员"，同样，"无论哪一个经济组织都不可能不参加一定的社会结构"。② 施穆勒显然是把为了实现经济主要目的而形成的"联合的方式"（即他所说的"经济结构"）置于更广阔的社会结构当中来加以考察的。他指出："我们称作'经济'的，是指由互相联属的个人所构成的或大或小的集体，构成这种联属的因素是心理的、道德的或者是法律的因素"，因此，不管是个人还是某个经济组织"永远是为了技术和为了取得一定的成果而去改造自然的这样一个人类组织活动中的一员，也永远是道德的法律的社会结构中的一员"，"而所有各种社会结构又莫不为了体现我们统称为社会生活的这一目的；

---

① 转引自季陶达主编：《选辑》，商务印书馆 1963 年版，第 340-341 页。着重号为引者所加。

② 转引自季陶达主编：《选辑》，商务印书馆 1963 年版，第 340-341 页。

因此，诸如家庭、民族、公社、部落以及国家，都是自从古远时代以来就有了的主要的经济结构"。①

施穆勒继而从一国经济内部结构的角度论述了国民经济的构成及其起源。他指出："国民经济这一概念不是别的，而是包括着一个领域、一个民族、一个国家之所有并立的同时又是上下统属的一切经济单元的整体。"②因此，"只有当人们是属于同一种族，每每还是属于同一语言，被共同的情感和理想、习俗和法律所维系，同时又拥有一个统一的民族的经济制度并具备一个中央的财政制度，以及是维持着一个统一的交通体系和活泼的交易关系，只有这样，然后才有国民经济之可言"。③ 施穆勒认为，国民经济是伴随着"较近年代的发展"而产生的，"国民经济只不过是近三百年的产物而已"。④

施穆勒还指出，国民经济的产生，依附于一系列"发展条件"，它们可以概括为三个方面，其一是形成了一定的"社会结构"；其二是"伴随着交换和货币流通的发展"，迫使"家庭经济分离出了单纯以贸易和商品生产为目的之地区性的自成单元的各种企业，而市场交易越来越迫使一切个体经济受其支配并同市场交易形成了依存的关系"；其三是"国家权力形成了一切权力的中心，组成了巨大的中央经济"，这个中央经济"以其货币制度和道路建设、以其农业和工业立法、以其交通和贸易政策、以其钱币税收制度和军事建制"⑤等所构成。施穆勒强调国民经济形成的基础，在于一定的社会结构所组成的社会生活，其中心理因素发挥着重要的联属作用。他说："国民经济是社会生活中的一个部分；尽管国民经济是以自然和技术为基础，它是依存于这方面而成长起来的，但是国民经济的根本原则到底是赋

---

① 转引自季陶达主编：《选辑》，商务印书馆1963年版，第341页。
② 转引自季陶达主编：《选辑》，商务印书馆1963年版，第342页。
③ 转引自季陶达主编：《选辑》，商务印书馆1963年版，第343页。
④ 转引自季陶达主编：《选辑》，商务印书馆1963年版，第343页。着重点为引者所加。
⑤ 转引自季陶达主编：《选辑》，商务印书馆1963年版，第342页。

予经济生活以社会的形态。"①当他谈及心理因素与国民经济的关系时，他又指出："在国家里边也好，在国民经济里边也好，总之是存在着一个不受外在组织支配的心理力量的统一物"；② 他还说："在越来越发展的国民经济的利益的驱使之下，人们的整个感官欲望及其整个道德观念，尤其在一定的阶层当中，又是会改变的。但是，无论如何改变，这些属于心理范畴的因素到底是统一的民族精神的一部分"。③ 总之，施穆勒把国民经济归结为"一半是各种力量之自然的、技术的体系"，"一半是各种力量之精神的、社会的体系"④这两种体系的结合体。他还认为，当经济"发展到更高更复杂的阶段时，受法律和国家的制约就逐渐大起来，并且只有同国家和法律的权力相一致时国民经济才有完全的形式"。⑤

二、国家干预的作用及社会经济政策

如同李斯特和罗雪尔一样，施穆勒突出地指出了国家对于加速国民经济发展具有特殊的作用。他写道："国家处在种种不同的利益要求中间也始终不失为一个实行控制的集中的权力机关。"因此，"没有一个坚强组织的国家权力并具备充分的经济功用，没有一个"国家经济"构成其余一切经济的中心，那就很难设想有一个高度发展的国民经济"。⑥ 在这里，施穆勒明确地提出了"国家经济"的概念，他指出，国家经济犹如"到处进行干预的国家权力"，虽然这种经济在各

---

① 转引自季陶达主编：《选辑》，商务印书馆1963年版，第344页。
② 转引自季陶达主编：《选辑》，商务印书馆1963年版，第345页。
③ 转引自季陶达主编：《选辑》，商务印书馆1963年版，第343页。
④ 转引自季陶达主编：《选辑》，商务印书馆1963年版，第345页。着重点为引者所加。
⑤ 转引自季陶达主编：《选辑》，商务印书馆1963年版，第345页。着重点为引者所加。
⑥ 转引自季陶达主编：《选辑》，商务印书馆1963年版，第344页。着重点为引者所加。

个不同的国民经济中，其作用有大有小，但"其存在是无可置疑的"。①

以施穆勒为代表的新历史学派，极力主张借助于国家权力对经济领域实行广泛的干预。为此，他们提出了一系列政策主张，诸如：对铁路、交通等公用事业以及银行、河流、森林、矿山实行国有化；制定工厂立法，实行工厂监督，限制土地私有制以及改革财政赋税以制裁私有经济等。在对外贸易方面，施穆勒本人在青年时代曾经是一位自由贸易论者，但后来倾向于在德国实行保护制度。他认为若保护制度使用娴熟的话，可以成为有利于本国经济发展的"国际性武器"。

在新历史学派经济学家当中，瓦格纳(A. Wagner)在主张国家应对经济领域实行广泛干预的同时，又担心随着国家干预范围扩大，国家财政支出具有日益膨胀的趋向。瓦格纳提出了著名的"财政需求递增规律"(the law of increasing fiscal requiremens)，即此一轮财政开支的扩大必然会引发下一轮新的财政需求的增长。

施穆勒还以人类本性趋向于道德完善以及国家处于各种利益之间的调节者这一点为前提，主张对各种制度和有关法律进行改革的同时，还需推行广泛的社会政策。他写道："经济进步基本上是同社会制度的改革联系在一起的。"②他认为推行社会政策的目的，在于促使财富的生产和收入分配趋于合理化，以满足公正及道德完善的需要。社会政策的主要内容包括：孤寡救济、劳资纠纷仲裁、制定有关干涉劳动契约的法令、使工人接受更好的技术教育、鼓励劳资双方合作，等等。施穆勒为了推动上述社会政策付诸实施，于1872年成立了"社会政策协会"，并认为社会科学应当为社会政策目标的实现提供指导。

施穆勒继承了李斯特的国家干预学说，同时把罗雪尔有关从整体上观察国民生活和国民经济的观点进一步加以发挥，强调对国民经济

---

① 转引自季陶达主编：《选辑》，商务印书馆1963年版，第345页。
② 施穆勒：《政治经济学中的公正观念》，转引自 J. 奥泽尔和 S. 布鲁合著：《经济思想的演进》，1988年英文第4版，第205页。

形成及其发展的理解不仅应当考虑到经济结构，还应当考虑到社会结构，并且认为国家应当发挥更大的作用，以促使本国经济向"高度发展"阶段推进，从而形成了自己的有关国民经济形成及其发展的理论。他的理论实际上指出了任何国家的经济发展不仅意味着财富的增长、还意味着经济结构、社会结构乃至包括伦理、心理因素在内的观念的变化，而他所提出的包括促使收入分配趋于合理化和孤寡救济在内的社会政策又包含了改变分配结构和增加社会福利的内容。他的这些思想同当代发展经济学对于"经济发展"的一般理解大体上相一致。此外，他有关经济活动的主要目的是"获得最大量财货"和"跳出直接的财货生产的圈子"的说法同"依靠建立更大的、复合的技术装备"，以实现"更丰富的"或"更能节省力量"的生产的说法，则又包含着通过技术进步来提高生产力的有价值的见解。

第三节　经济发展阶段理论

一、人类社会经济进步的六个阶段

施穆勒按照他对经济进步的理解，提出了自己的经济发展阶段论。他对经济发展阶段的表述，最早见于1884年出版的《重商主义制度及其历史意义》一书，后来在1904年出版的《一般国民经济学大纲》中，施穆勒又对各阶段作了进一步的论述。他把人类社会的经济发展划分为氏族和部落经济、马克公社或村落经济、城市经济、地域经济、国民经济和世界经济六个阶段。他认为，这种划分既表现为"一个持续的发展过程"，又有助于"创造一种有关人类发展的完整理论"。①

施穆勒把由捕猎人和牧羊人所组成的最原始的部落列为经济发展的第一个阶段，即氏族和部落经济阶段。这种原始部落组织只有依靠

---

① 施穆勒：《重商主义制度及其历史意义》（以下简称《重商主义》），1884年英文版，第2-3页。

某种亲族关系才能维持其存在，它实际上是一种为了防卫和安全以及逐牧场而居的共同生存需要等共同利益而形成的联盟，部落酋长在其中发挥着最重要的领导作用。当部落最终定居下来之后，土地不归个人所有，而是为整个部落或氏族所共有，与此同时，宗教、语言、政治生活等方面在更广阔的范围内保持着某种共性。

当原始部落经济生活的重心转向马克公社或村落时，便开始了经济发展的第二个阶段，即马克公社或村落经济阶段。施穆勒认为，在这种社会经济形态中，马克—社区（mark-community）或村落—社区（village-community）机构发挥着领导和控制作用。个人只有在社区组织允许的条件下才能拥有住宅、院落、菜园和土地，才能使用牧场、树林、鱼塘和猎场；个人可以从公用森林中获取木材，但不允许将木材或用木材制成的木炭运出社区之外；个人可以在公用牧场上放牧，但牲畜只能供自己使用，不能借给非本社区成员使用。总之，社区组织各种严厉的规定使个人几乎不可能同外界进行较为亲密的交往。因此，在施穆勒看来，这一时期的马克—社区或村落—社区"本身成了一种经济的和商业的完整体系，并且对外部世界保持着隔绝状态。"[1]

村落经济这种古老的组织因诸个强大国家的崛起或其他力量的冲击而解体，于是出现了另一种更高的经济生活的发展形态。与这一发展相伴随的是村落或城镇演变为一个经济实体的过程。施穆勒把这一过程描述为：起初人们选择了某个地域，制定出规划，修筑了道路、桥梁和城墙；接着又拓平了街道，引来了水源，架起了灯火；最后，人们发现有必要开辟一个市场，这就导致了公用的市场区域和公用天秤的出现；与此同时，随着人口居住日渐稠密，更高形式的分工、通货和信贷也相继出现。所有这一切造成了某种公认的制度，从而促使人类社会进入了城市经济阶段。施穆勒认为，经济进步在长达数世纪的时间内是同城市的兴起以及市民制度的形成密切联系在一起的。每个城市，尤其是大城市，在整体上保持其自主地位，同时在对外关系上尽可能向周边地区辐射其影响。他指出，在古代和中世纪相当长的

---

① 施穆勒：《重商主义》，1884 年英文版，第 6 页。

时期内，城市经济最完备的政治结构形态表现为城市国家或城邦。

施穆勒继而探讨了城市经济时代实行过的各种经济政策。随着独立司法权和市政会议的产生，城市经济便有了一个对其经济生活实行指导和控制的机构。他认为，城市经济时代经济政策的精髓在于把本城市民置于有利地位，而把来自外部的竞争者置于不利地位。城市经济政策的主要目的在于对城市市民的购买和城外农村村民的销售之间的供求关系实行管制，而物价管制在某种程度上成为反对来自农村的谷物、木材、猎物、蔬菜等农产品的销售者和保护城市市民利益的武器。城市经济政策的其他措施，包括禁止城际间的酒类进口，禁止谷物、羊毛和羊皮的出口，限制通货和贵金属输出，除集市外禁止外国商人从事零售业，限制对外国商人贷放货币和外商同本城市民的合作经营，等等。施穆勒认为，只要文明进步和经济福利主要依赖于城市的繁荣，那么城市经济政策便被公认是合理的；而城市的繁荣所依赖的正是团体的私利（corporate selfishness）。施穆勒还指出，在城市经济时代，地方经济的私利性质、城市爱国主义（town patriotism）①在政治冲突和经济竞争中力求维护本城市的自身利益，这些方面促使城市经济中既形成了一个完整的通货、信用、贸易、税收和财政制度，又培育起一种借助于集体力量来为经济利益而斗争的共同情感和观念，城市市政当局则以一整套完整的保护措施将这类情感和观念具体地体现了出来。

但是，随着商业活动的扩大、联盟精神和整个地区共同利益的意识的增长以及单纯建立在城市和乡村利益之上的经济生活和机构变得越来越困难，城市经济阶段逐渐为地域经济阶段所取代。这一取代过程最初表现为城市联盟（the town-leagues）的形式。城市联盟由数个诸侯国和乡村区域所构成，仍然保留了传统的对待周边乡村的自私自利的政策，试图满足各诸侯国的长远利益和贸易需要。后来，这一联盟

---

① 按施穆勒的解释，这种类型的爱国主义包括设法击败与本城市相竞争的邻近城市和郊区、对周边农村地区筑起屏障、鼓励本城商业和扶植本城工业等内容。

中的较大的城市不断地获取乡村、土地、贵族领地和小城市，从而逐渐形成为区域国家(the territorialstate)。这类大城市往往在经济上高度发达，在工业和商业方面有强大的实力，由此形成为地域经济的中心。施穆勒认为，佛罗伦萨、米兰和威尼斯就曾经扮演过这种大城市的角色。在地域经济时代，地域性组织成了推动经济和政治发展的机构。地域经济仍然保持着对外界的封闭状态，并形成了封闭式的地域性生产和消费、地域性分工、地域性的度量衡和通货制度。

地域经济时代之后是国民经济时代。地域经济的封闭性质逐渐成了贸易和经济进一步发展的障碍，人们渴望从地域经济中解脱出来，以便把各地区联合成一个更大的实体，这就形成了国民性意识(the sense of nationality)。施穆勒指出，在国民性意识愈是强烈的地域，其政治和经济力量便愈是强大，把各个地域统一为一个完整国家的运动便愈是强烈。重商主义正是顺应了这一潮流，对于民族国家的形成起了有力的催化作用，而"开明的"专制君主担负起了民族国家形成这场运动的领导者角色。

在施穆勒看来，民族国家形成的运动在政治上是一场反对大贵族、城市和地域等地方势力的斗争，以实现改革行政机构和建立新的政治控制机构的目的；在经济上是一场取消一切传统的经济制度、统一度量衡和铸币权、理顺信贷关系、在本土范围内创造更自由的交通条件和新型的分工制度的斗争，其目的在于把本土的所有资源动员起来，以促成经济进步。在过去是城市当局或地域政治组织为共同的经济私利服务，但到了重商主义时代，随着国家机构对市政当局和地域组织的取代，原先城市和地域的经济政策自然而然转变成国家的经济政策；与此同时，国家的政治和经济生活也找到了其赖以生存的基础，这就是国民性意识。施穆勒指出，尽管在国家形成的运动中充满了"过度的政治——商业斗争，而且到处都有不公正和邪恶与之搅和在一起"，但是，这些都是"新的国家的政策，即发展中的国民经济(the developing national economies)的必不可少的伴随物"。① 总之，

---

① 施穆勒：《重商主义》，1884 年英文版，第 72 页。

施穆勒认为，重商主义"这一制度的实质既不是某种货币学说或贸易均衡学说，也不是关税壁垒、保护关税或航海法，而是某种重要得多的事物——即社会及其组织、国家及其制度在总体上的变革以及民族国家的经济政策对地方性和区域性经济政策的替代"。①

世界经济时代是施穆勒所描述的最后一个经济发展阶段。他认为，在世界经济时代，人们开始能够按照自由贸易的精神思考问题和采取行动。因此，"一个具有世界主义情感、并且同庞大的制度体系、国际交往利益、符合人性的国际法相伴随的，同时主张自由放任的著述得以到处传播的时代已经开始"。②

然而，施穆勒并没有把世界经济时代描绘成一个毫无矛盾和利益冲突的和睦时代。在他看来，那种认为所有国家的经济利益完全一致的"自然和谐说"同主张在国际交往中对一个国家有利必然同时对另一个国家不利的看法一样，都是片面的和错误的。他指出现实情况是：所有的社会实体或经济实体(包括城市和区域、民族和国家)相互之间存在着某种双重关系，即"某种通过作用和反作用来相互适应的关系和某种依赖、剥削及争夺霸权的关系"。③ 施穆勒承认，甚至在他所处的时代，英国和法国这类经济强国寻求的是在国际关系的所有方面确立其经济上的优势，并设法使弱小国家处于依附地位。因此，"任何一个半开化的民族或部落……正处于某种先是因为债务和不利的国际收支而沦为屈从地位，接踵而来的是政治上被吞并、经济上受剥削的危险境地"。④

二、对施穆勒经济发展阶段论的评论

施穆勒在描述了依次衔接的六个发展阶段之后，进而得出了关于重商主义制度历史意义的结论。这一结论以如下三个重要前提为

---

① 施穆勒：《重商主义》，1884 年英文版，第 51 页。
② 施穆勒：《重商主义》，1884 年英文版，第 62 页。
③ 施穆勒：《重商主义》，1884 年英文版，第 63 页。
④ 施穆勒：《重商主义》，1884 年英文版，第 63 页。

依据:

第一,不同于英国古典学派的团体利己主义或团体自我主义(a corporate egoism)。施穆勒认为,虽然事实上个人和家庭构成为从事劳作、生产、交易和消费的基本单位,但是,更大的社会实体通过其态度和行为的影响,创造了一个社会完整的经济秩序,这种秩序构成为每个时代的一般经济政策(尤其是商业政策)发生作用的基础。他写道:"我们所看到的是;由经济连带关系(economic solidarity)①而产生的情感和认同……必然与此同时创造出某种团体自我主义。每一个时代的商业政策正是从这种自我主义当中找到了它的推动力。"②施穆勒显然是想以经济连带关系和团体利己主义或团体自我的概念同英国古典学派的个人主义概念相抗衡。在他看来,古典学派的"个人自我主义(egoism of the individual)"③的概念、他们有关"经济生活从来就是一个主要地取决于个人行为的过程"的观点以及将这一观点用来解释"人类文明的所有阶段"④的做法都是错误的。他所提到的在第一和第二发展阶段上个人不能拥有土地或个人在被允许的前提下才能拥有小块土地的例证,以及城市经济繁荣的基础在于团体利己主义的说法,显然也是为了反驳古典学派的"个人自我主义",并试图证明古典学派的"个人主义自然法学说"缺乏历史根据。

第二,历史进步同作为经济政策控制者的愈来愈庞大的团体机构的确立过程和对较小机构的替代过程并行不悖。施穆勒指出:"在经济生活同社会与政治生活的必不可少的控制机构之间存在着某种联系,即任何阶段主要的经济制度取决于政治实体或在当时最重要的那

---

① 施穆勒在这里借用了社会连带主义者(solidarist)使用的概念"solidarity",即连带关系,它有共同责任、休戚相关、相互依存等含义。社会连带主义是一种社会学理论,认为利害相关的社会组织是以社会成员间的相互依存为基础的。施穆勒借用了"连带关系"的概念,用以表达人类社会中的各个个人在经济上利害相关并且相互依存的含意。

② 施穆勒:《重商主义》,1884年英文版,第77页。

③ 施穆勒:《重商主义》,1884年英文版,第80页。

④ 施穆勒:《重商主义》,1884年英文版,第3-4页。

一类实体的特征，"①因此，"在经济发展的每一个阶段上，在种族或国家生活中，总有一个政治机构扮演着领导和控制的角色。"②在相应的经济发展阶段上，氏族或部落的联盟、马克或村落社区机构、市政机构、区域机构、国家甚或国家联盟，曾经分别扮演过这种角色。这类政治机构"不仅支配着经济生活，而且还支配着政治生活，决定着其结构和制度"。③ 在他看来，虽然这类机构"并不是解释经济进化的唯一要素"，但它却是"对历史上曾经出现过的不同类型的经济组织施加最深刻影响的一个要素"，④ 从这类政治机构及其它们同经济组织之间的相互关联中，"我们就能推导出一个持续不断的发展过程。"⑤

　　第三，经济进步中的文明和道德的趋向。施穆勒认为，人类社会的经济进步往往在此一时表现为军事斗争，彼一时又表现为单纯的经济斗争，但同文明进步相伴随的是某种"更高尚的品格和放弃最粗暴与最野蛮的争夺手段"⑥的趋向，这是因为存在于竞争双方在利益、互惠性交往、财货交换中相互依存的连带关系使得人类趋于更加文明和更加人道的本能变得愈发强烈了。这一趋向足以说明城市和地域之间的争斗为什么会随着时间推移而逐渐减弱和变得愈来愈有节制的原因，并且有助于说明在更大的社会实体即国家出现之后，由于这一趋向所产生的道德影响，促使国家在更大的共同体内承担起教育和资助那些贫弱成员的义务。施穆勒把17世纪和18世纪看作为创造现代民族经济的时代，而把19世纪视为促使国际间相互关系变得"人道化"的时代。随着美国的独立和南美殖民地从宗主国手中解脱出来，继续保持传统而又粗暴的殖民政策变得愈益困难，加上国际法逐渐得以完善和自由贸易学说的传播，于是出现了国际间更为人道地展开竞争的

---

① 施穆勒：《重商主义》，1884年英文版，第2页。
② 施穆勒：《重商主义》，1884年英文版，第2页。
③ 施穆勒：《重商主义》，1884年英文版，第2页。
④ 施穆勒：《重商主义》，1884年英文版，第2-3页。
⑤ 施穆勒：《重商主义》，1884年英文版，第3页。
⑥ 施穆勒：《重商主义》，1884年英文版，第78页。

可能性，而 1860—1875 年间欧洲各国广泛开展的自由贸易运动又成了这一可能性的现实基础。因此，这一时期的自由贸易运动，"我们无疑应当把它当作是人类所取得的伟大进步之一"。①

综上可见，施穆勒对经济发展阶段的表述，实际上是他的经济发展观的三个基本观点（即发展的观点、心理和道德的观点以及反"个人主义自然法学说"的观点）的应用、发挥和延伸。一方面，施穆勒把他提出这三个基本观点运用于历史过程的分析，尝试着将人类社会的"经济进步"解释为多元的、动态的和长期的过程。就这一点而言，施穆勒承继了旧历史学派代表人物罗雪尔从宏观、动态和长期的角度对经济发展过程进行分析的思路，所不同的是施穆勒更加强调与这一过程相伴随的伦理、心理和制度的方面。另一方面，施穆勒经济发展观的三个基本观点同时也隐含着他有关什么是经济发展驱动因素的理解。他在结论部分提到的三个前提，实际上就是他所理解的经济进步的三大要素，即团体利己主义（或团体的自我）、居于支配者和控制者地位的政治机构以及人类本性中的文明和道德趋向。施穆勒显然旨在超越经济过程本身的视阈，从经济、政治、社会、心理、伦理等多种角度来探讨经济发展问题，这使得他的视野比他同时代的主流经济学家们要开阔得多。因此，他的经济发展阶段论同李斯特的经济发展阶段论在总体构思上可以说是异曲而同工。施穆勒不同于李斯特之处，在于他着力于阐述政治结构、道德等社会心理因素对于经济发展的影响。他的论述中虽然存在着淡化经济发展过程本身和把制度与心理因素放在过于重要地位因而有其片面性的一面，但他意识到这两类因素在现实生活中同经济行为之间的关联，并试图对此作出制度的和结构的分析，这种尝试是难能可贵的。此外，他采用团体利己主义概念同古典与新古典经济学的个人利己主义概念相对抗，在理论上也具有十分重要的意义，因为他的团体利己主义概念是同他对经济发展所作的制度分析和结构分析紧密相联的。至于该概念同制度和结构分析的关联所隐含的理论意义，将在下一节中加以论述。

---

① 施穆勒：《重商主义》，1884 年英文版，第 79 页。

施穆勒主张对经济发展过程的分析应从多种角度展开的见解，基于他的如下想法，即他认为分析发展过程，只有将经济学同政治学、社会学、心理学、伦理学、历史学等多学科沟通起来才能奏效。对于他的这一看法，西方主流经济学界并未过于抨击，相反在一定程度上还予以肯定。① 但同时主流经济学又认为，他的经济发展阶段理论同他的经济理论一样，"所缺乏的是把各个部分溶为一体的分析框架"。② 这种看法的确是一语中的。施穆勒之所以提出他的经济发展阶段，是想以经济进步的过程来佐证建构其整个理论体系的三个基本观点，而这三个基本观点则是支撑其理论大厦的三大支柱。遗憾的是，人们很难从他的著作中看出这三个基本观点之间有着紧密的逻辑联系；与此同时，尽管施穆勒事实上是把团体自我、起支配和控制作用的政治机构以及道德和文明完善的趋向当作推动各个发展阶段更替和演进的要素，但他却未对这三个要素之间的内在关联作出解释。此外，有的经济思想史学者还对施穆勒划分发展阶段所依据的历史背景问题提出了异议。美国经济学家霍塞利茨指出，施穆勒划分出的经济发展各阶段是以德国经济史的发展线索为原型的，不适用于除中欧以外的其他国家经济发展的实际过程，因而有其局限性。③

应当提到的是，施穆勒在对他的第六个经济发展阶段即世界经济时代所作的分析中，承认在国际经济关系中既有促进经济发展的一面，又有强国剥削和奴役弱国的不平等的一面。他既没有像斯密等人那样回避国际经济关系中的利益冲突或单纯地认为通过国际贸易便能促进贸易参加国的经济增长，也不像李斯特那样，站在狭隘的殖民主义和民族利己主义立场上，把发达国家对落后国家的剥削和掠夺视为

---

① 作为非主流经济学家的熊彼特认为，施穆勒是主张以多要素观点分析经济发展过程的学者，同单要素论者相比，多要素论者更胜一筹。详见《经济分析史》，1986 年英文版，第 811 页。

② 详见《国际社会科学大百科全书》，第 14 卷，1972 年英文第二版，第 61 页。

③ 详见霍塞利茨等合著：《经济增长学说》，1963 年英文第二版，第 222 页。

天经地义，而是勇于承认和面对现实，中肯地指出了国际经济关系中的不平等的事实，这就为战后出现的激进主义经济发展理论提供了思想素材。与此同时，施穆勒意识到各国在国际交往中面临经济矛盾和利益冲突时总是将本国利益(即他所称团体利己主义)置于首位，因而为他晚年时由自由贸易转向保护主义埋下了伏笔。

第四节　对施穆勒经济发展思想的评论

在经济学领域中应用历史——经验分析和结构分析，是施穆勒学说的突出之点。本节拟先对这两种分析方法作进一步的概括，然后就施穆勒在西方经济发展思想史上的地位问题作一总的评价。

一、历史——经验分析方法及其影响

施穆勒认为，国民经济学或政治经济学是一门讲究实证的科学，其目的既不是"替经济"应当怎样"来说教"，也不是为经济活动"提出规范"，而在于"掌握事物的规律"和"阐明事物的内在联系"。① 他写道："国民经济学这门科学，要求认清国民经济的整个图景，要求根据时间和空间以及根据尺度和历史秩序来揭发和解释国民经济的现象。"②为了达到这个目的，需要把观察到的东西进行"比较和检验"，在"加以验证"的同时，还应当根据所观察到的东西的"同一性和不同性整理成一个概念体系"。③ 施穆勒把这一过程分解为如下三个步骤：

第一是正确地观察。他认为，所谓正确的或科学的观察，是指针对同一经济现象所进行的反复多次观测、并且能够证实多次观测所得出的结果相同的研究方法。正确而科学的观察，必须遵循"客观的有效性、透彻的准确性和广泛的完整性"④这三个基本原则。在他看来，

---

① 转引自季陶达主编：《选辑》，商务印书馆 1963 年版，第 354 页。
② 转引自季陶达主编：《选辑》，商务印书馆 1963 年版，第 355 页。
③ 转引自季陶达主编：《选辑》，商务印书馆 1963 年版，第 355 页。
④ 转引自季陶达主编：《选辑》，商务印书馆 1963 年版，第 355 页。

观察总是"同时涉及到时间上和空间上极为分散的却又是互相依存的各种因素"，所以，"越是一个重大的现象，牵连的越广，情况越复杂，那么观察发生错误的机会也就越多"。① 为避免出错，他主张"把观察的对象分解为最小部分，就其每个部分区别地进行观察，然后把特定的观察结果汇总为一个整体图景"。②

第二是"善于树立界说和分类"。③ 为了做到这一点，应当把特定现象"看作是独立的而同时又是整体的部分，并从它与整体之间的可能掌握的各种关系上，以及它与别的现象的同一性和差异性的比较上来加以观察"。④

第三是"找出典型的范例并从因果的关系上加以说明"。⑤ 在这一方面，施穆勒使用了"表述"这个词。他说，所谓表述，"就是把观察到的东西科学地固定下来"。⑥ 由于表述总是要运用固定化了的概念，总是要以已经确立的真理为依据，亦即"以预先具备一个完整的概念体系并对已知和明确了的形式和因果关系有了认识为先决条件"，⑦ 因此，施穆勒认为："表述本身不等于归纳，表述也得依靠演绎，并反复地拿去和实际相验证。"⑧事实上，施穆勒并未一概否认演绎法的作用，他曾经指出："归纳法和演绎法都是这门科学（指经济学—引者）所必需的，正像左脚和右脚都是行走所需要的那样。"⑨他还说："当今在新兴的德语国民经济学中代表归纳法一派的人们，并非根本反对演绎法，反对的只是肤浅的不充分的前提罢了，……仅

---

① 转引自季陶达主编：《选辑》，商务印书馆 1963 年版，第 356 页。
② 转引自季陶达主编：《选辑》，商务印书馆 1963 年版，第 356 页。
③ 转引自季陶达主编：《选辑》，商务印书馆 1963 年版，第 355 页。
④ 转引自季陶达主编：《选辑》，商务印书馆 1963 年版，第 355 页。
⑤ 转引自季陶达主编：《选辑》，商务印书馆 1963 年版，第 355 页。
⑥ 转引自季陶达主编：《选辑》，商务印书馆 1963 年版，第 355 页。
⑦ 转引自季陶达主编：《选辑》，商务印书馆 1963 年版，第 355 页。
⑧ 转引自季陶达主编：《选辑》，商务印书馆 1963 年版，第 357 页。
⑨ 施穆勒：《国家科学辞典》，转引自夏尔·季德和夏尔·利斯特合著：《经济学说史》下册，商务印书馆 1986 年版，第 459 页。

仅反对那些由伦理的原则或社会理想，诸如那些由平等、自由、公正的原则引伸出来的片面的演绎的论断罢了。"①在他看来，以卡尔·门格尔为首的奥地利学派经济学家觉得只要抓住一两个心理学的命题便可以解释所有经济现象，这势必把经济学这门科学的领域弄得过于狭窄。

施穆勒认为，上述三个步骤足以体现新历史学派研究方法的精髓。他的这种方法被称为归纳法或经验分析法。之所以称为"归纳法"，是因为该方法系由他所理解的观察、分类和表述这三项要素所构成，并且具有在对众多的个别事实和数据进行广泛观测的基础上概括出适合于同类事物和现象的一般结论的归纳分析特征；之所以同时又被称为"经验分析法"，又是因为由归纳分析得出的结果需由经验来验证，也就是说，任何运用这种方法得到的初步结果，"必须验证它是否普遍适用于类同的问题"。② 因此，这一方法又是"凭经验为主"③的经验分析法。

至此，还不能说我们已经掌握了施穆勒所创立的这一分析方法的全部内容。他认为对于国民经济领域，应当"从多方面去科学地进行分析，需要采取各种非常不同的方法"，④ 他尤其推崇统计方法。前文中我们提到，施穆勒把"历史的统计方法"视为新历史学派不同于使用"历史的生理方法"的旧历史学派的一个主要标志。

在施穆勒看来，历史规律是难于认识的，但国民经济和统计的规律却是可以认识的。当人们应用归纳法或经验分析法研究国民经济现象及其发展过程时，只不过是在"经验的法则"应用过程中得出了"部分属于经常重演的典型的现象系列而已"，⑤ 而这一现象系列背后的"因果关系或者根本还没有被揭发出来，或者至少还做不到从数量上

① 转引自季陶达主编：《选辑》，商务印书馆1963年版，第362页。
② 转引自季陶达主编：《选辑》，商务印书馆1963年版，第361页。
③ 转引自季陶达主编：《选辑》，商务印书馆1963年版，第355页。
④ 转引自季陶达主编：《选辑》，商务印书馆1963年版，第358页。
⑤ 转引自季陶达主编：《选辑》，商务印书馆1963年版，第358页。

加以衡量"。① 鉴于经验法则的不足，施穆勒认为，要真正揭示出现象系列背后的因果关系，还必须"在数量上找到数据"。② 为此，他主张人们应当"试验着把各种心理的、社会的力量的集体作用从它的常数或按一定比例变化的数据加以衡量"。③ 但他又觉得"企图把心理力量从数量上加上计算可能是永远做不到的事"，④ 人们能够做到的是，在搜集一定比例变化的有关人口、工资、价格、地租等数据的基础上，按照自变量和变化率的关系建立起人口法则、工资法则、价格法则、地租法则，等等。

以施穆勒为代表的德国新历史学派经济学家，将其大部分精力倾注于搜集、整理和阐述经济史及经济政策方面的史料，涉及领域包括上古和中古时期的经济制度及近代社会的政治机构。他们发表了大量关于某些欧洲国家（主要是德国）的经济制度、社会经济结构和经济生活等专题的著作。对他们来说，从事这样的研究，统计方法是不可或缺的。

总起来说，施穆勒的上述分析方法是一种历史—经验分析法，应用这一方法的目的，在于探讨国民经济生活的诸个方面，并且对人类社会的经济进步进行动态的和长期的分析。归纳历史资料、应用统计工具、进行经验检验是这一分析方法的三大支柱。归纳历史资料是进行历史—经验分析的前提。施穆勒认为，对国民经济现象及其发展过程起制约作用的因素太多，因果关系不容易把握，所以，他强调应当尽可能多地搜集原始资料，努力做到广泛的完整性。运用统计工具，则是为了有效地对搜集到的原始资料在数量上加以衡量，以便建立起在一定程度上能反映出某些局部因果关系的若干经济法则。进行经验检验，则是指对从广泛观察中得出的归纳性结果加以验证，以便判定其是否有广泛的意义。

---

① 转引自季陶达主编：《选辑》，商务印书馆 1963 年版，第 358 页。
② 转引自季陶达主编：《选辑》，商务印书馆 1963 年版，第 358 页。
③ 转引自季陶达主编：《选辑》，商务印书馆 1963 年版，第 359 页。
④ 转引自季陶达主编：《选辑》，商务印书馆 1963 年版，第 358 页。

施穆勒本人曾经点明了他所创立的这一方法具有"历史—经验"（historical-empirical）的特征。他在论及历史—经验分析方法对于政治经济学有什么意义时写道："就知识和现实而论，历史科学提供了使学者从一个十足的乞丐摇身一变成为富翁的经验材料和数据。而正是这些历史—经验材料——如同所有完美的观察和描述一样——足以证明和验证理论结论，表明某些真理有效性的限度，尤其是有助于归纳性地获得新的真理。这特别适用于政治经济学中更为复杂的领域，在这些领域，唯有以历史考察为依据才有可能取得进展。"①

在西方经济学说史上，约翰·斯图亚特·穆勒是第一位在理论上主张在经济学领域使用经验概括和归纳法的经济学家（尽管他同时是演绎法的推崇者），施穆勒则是实际地运用历史—经验分析方法，搜集和归纳历史资料，从而把穆勒的主张身体力行地付诸实践的经济学家。在运用计量和数理分析工具的当代经济学的经验分析方法登上经济学舞台之前，还没有任何一位学者或一个学派像施穆勒本人及其学派那样，对经济生活的诸多领域和经济发展过程进行了如此广泛的历史分析和经验研究。他们的研究对西方经济学界产生了很大的影响，举其要者，主要表现在两个方面。

第一，影响和培育了第一代专业经济史家。受益于德国新历史学派的经济史学者，在英国有汤因比（A. Toynbee）、坎宁汉（W. Cunningham）、阿什利（W. J. Ashley）（他后来应聘执教于哈佛大学，成为美国的第一位经济史讲座教授）以及韦布（B. I. Webb）夫妇等；在法国有 P. 芒图（P. Mantoux）；在瑞典有赫克歇尔（E. F. Heckscher）；在加拿大有英里斯（H. A. Innis）等。值得注意的是，第一代专业经济史学者多半关注于经济组织和社会经济制度的变迁和经济发展等问题。

第二，对美国制度学派中的一些从事经验分析的经济学家和当代一部分发展经济学家产生了深刻的影响。西方经济学说史研究者们一般认为，美国制度学派是德国历史学派的直接继承者。这个学派有两

① 转引自：J. 奥泽尔和 S. 布鲁合著：《经济思想的进化》，1988 年英文第 4 版，第 203 页。

个支脉，以凡勃伦(T. Veblen)为首的一支承袭了施穆勒等人的制度分析方法，强调经济制度的进化是以逐步演变的方式完成的；另一支以密契尔(W. Mitchell)为代表，继承的是施穆勒的历史—经验分析方法。密契尔等人认为，经济理论的研究是次要的，不是先有某种理论，再用这种理论来整理资料和数据，而是反过来，先对资料和数据进行经验统计分析，然后再从中概括出理论的一般原理。为此，密契尔等人主张应当依照数据之间的关系建立起"数量规则"，并应用这些规则对受不同因素影响而表现出来的趋势加以检测。他们把自己称作"经验统计学派"。美国著名发展经济学家、1971 年诺贝尔经济学奖得主库兹涅茨(Simon Kuznets)曾经同密契尔共事过，深受其影响。库兹涅茨通过分析大量的统计资料和数据，描述了近一个世纪以来各国现代经济增长在总量和结构等多方面呈现出来的特征和发展趋势，并分析了形成这些特征和趋势的原因及其相互关系。继库兹涅茨之后，又有 H. 钱纳里、I. 阿德尔曼、C. 莫里斯等人分别对生产结构中发展和体系变化模式、经济发展中的两缺口模型、经济增长与收入分配、经济发展中经济、社会与政治力量的相互作用以及组织结构和制度对经济发展的影响等问题作了大量的经验分析，从而在当代发展经济学界形成了一批采用经验分析方法的经济学家。在从施穆勒到密契尔，再由密契尔到库兹涅茨和钱纳里等人的整个前后相继的序列中，我们无可否认施穆勒提出的历史—经验分析方法所产生的初始影响。任何一位西方经济学说史研究者，若是想对经济学中采用经验分析方法的历史作出公正评断的话，都会得出如下符合事实的结论：如果承认没有以密契尔为首的经验统计学派对库兹涅茨所产生的影响，就不可能有库兹涅茨在经验分析及增长理论方面的贡献，而没有库兹涅茨的这些贡献，也就不会有钱纳里等人在经验分析上对经济发展理论所起的进一步推进的作用；那么与此同理，没有施穆勒及他所倡导的历史—经验分析方法，也就不会有密契尔及其学派的经验统计方法。所不同的是，密契尔、库兹涅茨和钱纳里等人的经验分析法，可以看作是施穆勒提出的历史—经验分析方法在更高层次上的延伸和发展。

二、结构分析方法及其影响

结构分析是制度分析和整体分析进一步发展的必然产物。施穆勒继承了李斯特的国家干预学说和罗雪尔关于国民经济整体性的思想，并作了进一步的发挥，使之转变成为一种从结构角度探讨国民经济及其发展过程的分析方法。虽然施穆勒并没有明确地使用"结构分析"这样的字眼，但他却在他的著述中广泛地使用了"结构"的概念。我们认为，在施穆勒的理论体系中已经存有类似于当代发展经济学中结构主义思路的若干理论要素和方法论要素。概括起来，这些要素主要包括：

第一，把整个国民经济作为一个有机结合体来看待，并且将国民经济分解为若干构成部分。施穆勒不仅把总体的国民经济视为"一半是各种力量之自然的、技术的体系，一半是各种力量之精神的、社会的体系"的有机结合，而且还提出了表现为"联合方式"的经济结构概念和以道德和法律为主的"社会结构"的概念。他显然认为，他所理解的包括自然、技术、道德(他把道德在一定意义上理解为技术的范畴)和法律在内的涉及面宽泛的国民经济，是一个由可以分解为若干子结构的，同时又具有内在的有机联系的结合体。

第二，认为发展过程应当是非均衡的，而不是均衡的。施穆勒的这一见解隐含在他对"个人主义自然法学说"的批评和对经济发展过程的描述当中。在他心目中，古典主义和新古典主义经济学以"个人主义自然法学说"之"个人利己主义"原则作为假定前提，把孤立的个人作为行为主体，当作经济活动的基本单元。对此，他指出："那种关于经济生活从来就是一个主要地取决于个人行为的过程的观念……被用来解释人类文明的所有阶段，这是错误的。"①施穆勒在这一段文字里实际上所要道出的含意是：以"个人利己主义"原则为前提的古典和新古典分析方法，是一种均衡分析方法，而经济发展是一个长期过程，因而是非均衡的，因此，他们的分析方法不适用于分析发展过

① 施穆勒:《重商主义》，1884年英文版，第3-4页。

程。施穆勒为了表明其理论的非均衡含意，创造了"团体利己主义"的概念。一方面，这一概念是非个人的，并且能引出集体行为的总量概念，另一方面，这个概念又同他所要进行的非均衡的发展阶段的过程分析相联系。从施穆勒描绘的人类社会经济进步的 6 个经济阶段中，我们看到的是一个相对稳定的经济形态被另一个处于更高层次的经济形态所更替的动态的、不均衡的过程图景。我们认为，施穆勒虽然没有使用"均衡"和"非均衡"这类术语，但他的描述中隐含着有关经济发展应当是非均衡过程的理解。

第三，提出了具有结构分析含意的政策方案。他认为，随着经济进步，一国的经济结构和社会政治结构不可避免地会发生变化，并且力主实行制度改革和推行旨在增加财富的生产和促使收入分配趋于合理化的社会政策。他所主张的，并不是对现有财产的重新分配，而是在增加财富的基础上对收入分配增量进行重新分配；同时，为了防止财富过于向两极分化，又辅以限制私人经济发展的强制性政策。此外，施穆勒等人还建议政府广泛干预经济领域。这些思想同当代结构主义发展经济学家们的见解几乎完全一致。

前一章中提到，在罗雪尔的理论体系中已经包含有结构分析的思想，这主要是就罗雪尔承认国民经济的整体性和各个部分之间相互关联和他试图从生理学现象的机理的角度揭示出经济发展背后的深层原因这两点见解而言。施穆勒和罗雪尔两人都是对结构分析有过贡献的德国经济学家，两人在承认国民经济整体性及其各部分的相互依存性这一点上是一致的，而这一点是运用结构分析的基本前提。罗雪尔尝试对国民经济进行表层与深层的探讨（这一探讨体现在对生理学中的机能主义方法的模仿上），这是当代结构主义经济分析的典型特征之一，因而显得比施穆勒胜于一筹，但是，同后者相比，罗雪尔在理论体系总的构思上所表现出的结构分析特征和运用结构概念的广泛性等方面显得过于薄弱。此外，施穆勒还在如下几个方面尤为显露出其结构分析的风格：

第一，施穆勒强调在经济分析中运用经验验证，这是当今许多结构主义思路的发展经济学家普遍采纳的方法。

第二，施穆勒在同新古典经济学家代表门格尔的方法论论战（Methodenstreit）中，表现出强烈的反古典和反新古典的倾向。争论的焦点虽然集中在批评各自建构其经济理论体系的假定前提及方法论上，但对施穆勒来说，具有更为深入一层的意义：他的锋芒所指是古典经济学和新古典经济学的整座理论大厦，表现出对待后者的势不两立的态度。罗雪尔则不同，由于他的经济理论同古典经济学有着难以割断的联系，因而他不可能站出来加入对门格尔的理论争论。由于施穆勒攻击的是包括发展观在内的古典和新古典的整个理论体系，从这个意义上来说，一百多年前施穆勒同门格尔之间爆发的那场论战，实际上成了当代结构主义经济发展理论和新古典主义经济发展理论这两种思路的论战的最早的一个回合，进而言之，当今这两种有关经济发展的理论思路之间的所有歧异，都可以在当年的那场论战中窥见其端倪。施穆勒正是在两个方面（即主张在经验验证的基础上应用经验分析的方法以及在同门格尔的论辩中捍卫了隐含着有关经济发展过程是动态化和长期化的见解）更多地体现了同当代结构主义经济发展理论的脉承关系。

总之，我们认为，施穆勒的理论体系中蕴含着为后来结构主义经济发展理论提供理论材料的结构分析的要素。严格地说，施穆勒远未形成系统而完整的结构主义思路的经济理论，其原因在于他本人及他的整个学派对经济理论的仇视心态，造成他们的理论中缺乏系统的、严密的经济学概念，使得他和他的同事们无法构成结构主义经济理论所不可缺少的、经系统的严密论证的非均衡概念及其相应的分析工具。历史地说，施穆勒的结构分析方法仍处于经济学中的结构分析的初始形态上，充其量只不过刚刚具备了这种理论及其分析方法的胚胎形式。

施穆勒的结构分析探讨对西方经济发展思想史的影响，突出地反映在瑞典著名发展经济学家、1974年诺贝尔经济学奖获奖者缪尔达尔（G. Myrdal）身上。缪尔达尔曾在1925年至1929年间留学于德国和英国，又于1929—1930年间访问了美国。从他自1930年发表的《经济理论发展中的政治要素》，到《富国与穷国》、《亚洲戏剧》等一系列著作来看，缪尔达尔的经济发展思想深受德国经济学尤其是以施穆勒为首的新历史学派和美国制度学派的影响。瑞典皇家科学院在向缪尔达尔颁发诺贝尔奖时宣布，他之所以被授予这一桂冠，除了他在货币理论方面的贡献之外，还因为他"对经济、社会和制度现象的相互依赖关系的深刻分析"，并"寻求把经济分析联系到社会的、人口的和制度的条件"。① 联系社会政治结构和制度等"非经济因素"来分析不发达国家中存在的非均衡现象和阻碍经济发展的深层原因，这是典型的结构分析的思路，缪尔达尔正是因为这一点而长期被公认为发展经济学中结构主义思路的主要代表。虽然他早年在英国也留学过，但从他的理论体系来看，似乎看不出英国经济学对他的理论体系的建构产生过重要影响，相反，倒是德国经济学，尤其是施穆勒为首的新历史学派及其结构分析方法对他施予了影响。从缪尔达尔的许多著作中，可以明显地看出结构分析是他的一贯思路。此外，缪尔达尔本人把自己所作的研究称为制度研究，虽然国内外经济学界在评论缪尔达尔究竟应归于结构主义经济学家阵营，还是应当归于制度学派行列，这只是一个枝节问题，对本节论述内容富有验证意义的是，缪尔达尔本人认定自己是从事制度研究的学者，这意味着他毕竟认可了德国经济学对他的理论形成所施加的影响。

三、施穆勒的历史地位

对施穆勒的历史地位作出评断，需要触及两个方面：其一是施穆勒在德国历史学派自身的经济发展理论体系中居于什么地位；其二是如何看待施穆勒在西方经济发展思想史上的地位。

1. 施穆勒在德国历史学派中的历史地位

在施穆勒之前，从李斯特到罗雪尔这数十年间，在德国经济学界已经初步形成了以动态眼光看待经济发展和以研究经济发展为中心的理论传统。对于这一传统，施穆勒在有所继承的基础上作了某些拓展

---

① 引自王宏昌编译：《诺贝尔经济学奖获奖者演讲集》，中国社会科学出版社 1986 年版，第 189 页。

性的工作，同时也放弃了某些研究领域。施穆勒没有沿着李斯特开拓的生产力理论的思路继续走下去（罗雪尔对生产力理论的继承表现在他对生产一般、技术进步、要素投入和经济增长关系的分析中），这可能是因为施穆勒觉得在他所处时代，德国的生产力已经有了巨大增进，这个国家已经跻身于欧洲强国之林，因而发展生产力问题不再像李斯特所处时代那样迫在眉睫。另外，施穆勒基本上否认了经济发展规律（亦即他所说的历史的规律）是可以认识的。他对罗雪尔提出的国民经济的使命在于探讨经济发展诸规律的命题不感兴趣，而只限于承认统计规律的意义，并试图建立一些能局部地反映经济动态现象的"经济规则"。虽然他坚持认为，"发展的观点"是新历史学派理论体系中的一个基本特征，但同时又否认经济发展规律的存在及其进行探讨的意义，因而使得他的"发展的观点"仅有单纯的历史过程的含意，缺乏必要的逻辑上和理论上的证明。

在继承和拓宽德国经济学的理论传统方面，施穆勒沿袭他的前人把经济发展过程划分为若干经济发展阶段的做法，提出了自己的以"类型概念"[①]为特色的经济发展阶段。为了从历史过程的本身发展来证明他划分各阶段的依据，同时也为了找到他所提出的标志着新历史学派"三个基本特征"（或三个基本观点）的历史依据，施穆勒及其同事们花费了大量时间和精力从事于历史研究。熊彼特对施穆勒等人的研究工作所涉及的领域如此宏博大为惊叹。在他看来，施穆勒等人除了对农业领域没有作什么历史考察之外，再也没有任何事物不是在施穆勒等人的视野之外。他把施穆勒的研究范围排列成如下序列："经济（尤其是财政）政策及管理；社会的阶级结构；中世纪和后来的工业诸形态，特别是手工行会和商会的各种形态；城市的增长、功能及结构；单个工业部门的进化；银行与信贷，以及（作为施穆勒著作中最精彩部分之一的）政府与私人企业。"[②]他认为尽管施穆勒著作的

---

① 熊彼特认为，施穆勒所划分的各个历史阶段表现为一个"类型系列"（type-series）。参见熊彼特：《经济分析史》，1986 年英文版，第 442 页。

② 熊彼特：《经济分析史》，1986 年英文版，第 810 页。

大部分内容"无疑是相当枯燥无味的"，但在总体上"对于准确地理解社会过程来说意味着一次巨大的进步"。[1] 他还指出，虽然施穆勒的历史研究"本身并非一种创新，但在当时却是在前所未有的规模上和按照一种崭新的精神来进行的"。[2]

施穆勒还拓宽了李斯特的国家干预学说。他把包括促进收入分配均等化等内容在内的社会政策溶入了国家干预学说，并且把经济发展与国家的制度变革相联系，进而在他的经济发展阶段论中描述了国家及其干预政策形成的过程，使得原有的国家干预理论有了更丰富的内容。从伦理、心理、风俗、法律、组织、制度及社会经济结构等多种因素角度分析经济发展过程，则是施穆勒对德国经济学以经济发展为中心的理论传统所作的最重要的贡献。多要素发展观，一方面包容了李斯特在分析生产力构成时列举的部分要素，另一方面又吸收了罗雪尔从心理、伦理和制度方面探讨经济盛衰原因的思路。施穆勒在溶合两位前人思想成果的基础上，提出了一个囊括社会、政治、经济、伦理、心理等诸多领域的全方位的、立体的发展概念，并着力通过发展过程的描述为这一概念寻觅出历史的解释。熊彼特对此评论道："我们绝对不可忽视的是，尽管这样的研究同与它的结果相搭配的研究加在一起，也绝不会产生出条分缕析的理论，但却可能在某种被适当加以限制的智力状态下，产生出别的更有价值得多的某种东西。它们有可能显露出某种微妙的启示，隐含地表达出某种关于社会过程或者尤其是经济过程的理解，转达有关历史透视的某种思考或者说……有关那些欲想系统地加以表述是极其困难或也许根本不可能的事物的有机联系的某种思考。"[3]熊彼特的以上评论，既指出了施穆勒从事的探讨所具有的理论缺陷，又肯定了这一探讨的重要价值。

在德国经济学的理论传统中，还有对待主流经济学的态度以及与

---

[1]　熊彼特:《经济分析史》，1986 年英文版，第 810 页。着重号为引者所加。

[2]　熊彼特:《经济分析史》，1986 年英文版，第 810 页。

[3]　熊彼特:《经济分析史》，1986 年英文版。第 813 页。

它的关系的一面。李斯特是首先对以斯密为代表的古典经济学发难的德国经济学家，但他的发难并没有在古典经济学界产生多大的反弹效应。他的著作虽然提出了生产力理论及保护贸易的政策主张，但在理论阐述上仍欠力度，主流经济学把它看作只不过是某种渗合了一定理论分析的政策建议而已。罗雪尔则把主要精力倾注在建立他的国民经济学的体系上，加上他从古典经济学中吸收了大量有用的理论要素和分析工具，即使他可能意识到了古典学派的理论缺陷，碍于他同古典经济学之间的承继关系，使得他不便同古典经济学发生理论上的正面冲突，而是把他不同于古典学派的某些经济发展思想铸进他建构的理论体系中去，以这种方式折射地显露出他的理论锋芒。施穆勒则不然。他对包括古典学派和新古典学派在内的主流经济学摆开了兴师问鼎之势，他的锋芒直接对准了作为主流经济学理论分析假定前提的"个人主义自然法学说"及其作为分析工具的演绎法。他指出，主流经济学以该假定前提为出发点，试图应用微分工具来推出经济学中的一些"永恒的常数"[1]的做法是错误的。施穆勒的攻击在一定程度上击中了要害。表面上看，他同门格尔的争论表现在归纳法与演绎法对于建立经济学理论有何意义的问题上，但这一争辩的深层含意却是耐人寻味的。施穆勒实际上隐含地道出了这样一个推论：仅仅使用演绎法和从个人利己主义假定前提下推导出来的理论具有静态、均衡和短期分析的特征，不适用于经济发展这样的主题。这一隐含的推论，同时还从理论假定前提和分析工具的角度，揭示了主流经济学为什么会在总的趋向上逐渐偏离经济发展的主题，而专注于既定资源条件下分析静态配置、价值形成和收入分配等问题的原因。

　　施穆勒对主流经济学的攻势，打破了西方经济学界长期由主流经济学一家独霸的局面，给沉闷的理论氛围中注入了一股清新的空气。对施穆勒而言，他发起的"方法论之战"无异于向主流经济学射去了一串重磅炮弹，在包括经济学界在内的整个西方思想界产生了很大的影响：一方面主流经济学界再也无法继续对德国经济学保持漠视的不

予理睬的态度，不得不以平等地位同这个来自德国的经济学流派进行
学术争论；另一方面这场理论之战反过来又迫使德国经济学对自身进
行重新铸造，借以弥补其内在的理论缺陷。更为重要的是，施穆勒为
首的新历史学派通过这场论战，继续维持着自李斯特以来形成的以经
济发展为中心的德国经济学传统，并为这一传统添加了新的内容。显
然，同罗雪尔相比，施穆勒是想更为彻底地摆脱主流经济学。他接替
罗雪尔，成了指挥，率领新历史学派这支乐队，演奏具有更为明显的
德国风格的发展主题的乐章。他的理论研究更强调多因素分析并且具
有拓广研究发展问题的视野和淡化对一般经济过程进行分析的趋向，
因而使得他所指挥的演奏变成了发展主题乐章的"变奏曲"，但人们
仍然可以从他和他的同事们的演奏中清晰地分辨出其中的发展主题的
旋律，从中品味到有别于主流经济学"静态插曲"风格的德国风味。
所以说，德国历史学派的理论传统之所以能够在主流经济学呈压倒之
势的理论环境中继续维持并向前推进，施穆勒无疑起了关键作用。我
们认为，这一点正是评判施穆勒在德国历史学派中处于何种地位的基
本出发点。

2. 施穆勒在西方经济发展思想史上的地位

施穆勒从整体上忽视甚至敌视包括主流经济在内的各种经济理
论，这种心态造成了他内心深处的某种情结。但是，在他同门格尔的
论战中，他的对手的频频回击使他感到完全否认经济理论及演绎法的
作用未必行得通。因此，后来他也承认经济理论的确有其作用，但
只是具有一定范围内的有效性。与此同时，当他创立历史—经验分
析方法时，也肯定了演绎法的作用，并把演绎法作为一个构成要素
引入了他的归纳分析的框架中。然而，他所做的这一切不过是为了
弥补他的理论体系及方法论上的漏洞，并没有从根本上改变他对整
个经济理论的态度。在"方法论论战"结束后直至他去世之前的相
当长的时期内，他对经济学基本理论仍采取不予理睬的态度。由于
施穆勒握有审批德国社会科学界教授职位的决定性权力，并同政界
联系密切，他利用这种特殊地位，把主流经济学完全拒绝于德国国门
之外。他甚至公开宣布，赞同"抽象学派"的教师"不适合于在任何一

所德国的大学里授课"。① 主流经济学界对施穆勒的做法予以强烈抨击甚至谴责。他们认为施穆勒"对 1870—1920 年间德国对经济理论的忽视负有主要责任",② 并且指出,施穆勒"对于德国社会科学发展所施加的影响,总的来说,是颇为灾难性的"。③ 美国经济学说史研究者 H. 斯皮格尔则认为,由于施穆勒一味强调对经济史的研究并且忽视对现实经济作理论分析,因而在德国经济学界培养起一种脱离实际的不良学风。当第一次大战后德国面临恶性通货膨胀时,德国经济学家们竟然束手无策,"拿不出任何行之有效的建议来"。④ 斯皮格尔的看法大致上表达的是主流学派的见解,但这一见解有其道理,那就是:对经济理论的忽视和对经济理论与现实经济过程关系的忽视的倾向是错误的。

作为西方主流学派一个分支的奥地利学派首领门格尔,曾经把施穆勒的理论体系攻击为"理论的不生产"。实际上,施穆勒既没有推进主流经济学的价值理论、分配理论和资源配置理论(他不可能起推进作用),也没有关注处于低发展阶段的国家如何谋求发展的问题。就后一方面而言,施穆勒不仅比他的前辈李斯特和罗雪尔逊色得多,甚至可以说是几乎毫无建树。在施穆勒的整个理论体系中,几乎看不到任何严格意义的有关经济发展的概念,而是从一开始就把有关发展的内容置于广义的发展定义之下,给人们描绘出一幅覆盖多种要素和几乎是人类生活所有领域的全景画面。在他的著述中,广泛借用了前人提出的许多经济学术语和概念,但问题在于,被他所引入理论体系中的那些术语和概念,往往不是按照严格的经济学的本来意义加以使用,而是常常被用来转达政治学、法学、历史学和社会学等学科的含

---

① 奥泽尔和布鲁合著:《经济思想的演进》,1988 年英文第 4 版,第 203 页。

② 《国际社会科学大百科全书》,1972 年英文版第二版,第 14 卷,第 62 页。

③ 《国际社会科学大百科全书》,1972 年英文版第二版,第 14 卷,第 62 页。

④ 斯皮格尔:《经济思想的增长》,1983 年英文修订版,第 427 页。

意，有时甚至被用作道德范畴。这种情形表明，施穆勒事实上缺乏一个严格意义上的经济学家所具备的理论修养。

那么，这是否意味着施穆勒的广义的发展理论就变得一无是处了呢？是否意味着他在西方经济发展思想史上毫无历史地位可言了呢？假使我们这样认为，便正好同主流经济学中相当一部分人的看法相吻合，但这种看法并不反映我们的观点。我们认为，正是施穆勒的广义的发展观才使得他在西方经济发展思想史上据有重要位置；正是这种发展观才使得德国经济学在步入了它的"最高度的"历史学派""①阶段的同时，以前所未有的能量向西方经济学界施加了广泛而又深入的影响。但是，应当承认，在当代西方经济学舞台上，历史学派这个曾经轰动一时的经济学流派已失去其影响，然而，我们至今仍然可以从当今的许多经济学流派（诸如：结构主义发展经济学、新制度学派、新自由主义学派、激进经济学派、计量经济史学流派等）的理论构思及分析思路上或明或暗地看得见这个学派的影子。

施穆勒提出的历史—经验分析方法，无疑也应当在西方经济学说史和分析工具史上占有一定地位。尽管这一方法远不如战后问世的计量经济学的分析方法精密和更具可操作性，但它毕竟是近一百年前的理论产物，并确实曾一度在西方经济发展思想史上产生过影响并留下了印迹。就方法设计而言，历史—经验分析和计量分析有某些共同要素。计量经济学包括建立模型、估算参数、验证理论和预测未来这四个要素，而历史—经验分析则含有除预测未来之外的其他三个要素。他主张经验地验证理论；他所说的对于"常数或按一定比例变化的数据加以衡量"，② 指的就是对某一个或某一类未知的常数作出估计，这正是现代计量经济中的估算参数的计量方法；他强调经验分析中应建立起统一的"类型概念"则同模型的意义相接近。美国经济学说史研究者、发展经济学家霍塞利茨认为，施穆勒的发展阶段实际上就是

① 熊彼特：《经济学说与方法》，台湾银行经济研究室编印，1971 年中文版，第 124 页。

② 转引自季陶达主编：《选辑》，商务印书馆 1963 年版，第 359 页。

一种类型概念，一种逻辑结构，近似于德国社会学家和经济史家马克斯·韦伯(M. Weber)的"理想类型"(ideal type)①。韦伯认为，所谓"理想类型"，是研究者为实现认识目的而设计的。建立"理想类型"的目的，在于论述各类抽象概念尚未得到详细规定之前它们是如何结合到一起来的。"理想类型"既体现了研究的主题，又提供了研究的手段。可见，韦伯的"理想类型"定义已基本具备了当代西方社会科学界广泛使用的理论模型的含意，所不同的是，它不具有经济学意义上的设定一个方程或一组方程的数学模型的意义。施穆勒曾多年同韦伯共事，显然受到了后者的影响。熊彼特在评论施穆勒为首的新历史学派学者使用经验分析方法的重要意义时，曾经说过一句意味深长的话："如果我们将'经验论者'视为历史学派的一分子，则后者将包括所有全部经济学家。"②

①　霍塞利茨等人合著：《经济增长学说》，1963 年英文第二版，第 222 页。

②　熊彼特：《经济学说与方法》，台湾银行经济研究室编印，1971 年中文版、第 126 页。

第十二章　J.B.克拉克的经济发展思想

J.B.克拉克(John Bates Clark，1847—1938)是第一个获得国际名声的美国经济学家。这种名声主要来自他在1898年出版的《财富的分配》。该书被认为在经济学说史上第一次提出了完整的新古典分配理论——边际生产力分配论。实际上，综观J.B.克拉克一生的全部理论创作，他更加着重的是长期的经济变动和经济进步，而非短期的分配和效率；他关于动态经济学或经济进步的理论，应当看成是他对经济学的主要贡献。

早在熊彼特很久之前，J.B.克拉克便写道："一个状态不可能如此之好以至于缺乏进步也不会使它枯萎；它也不可能如此之坏以至于进步的事实也不会拯救它……对经济制度的决定性检验是运动的速度和方向。"①在《财富的分配》一书中，克拉克又明确表示了要写《经济动态学》或《产业进步法则》的愿望②。这个愿望在20多年后实现于《经济理论纲要》(1927)一书。在该书中，他指出：自从亚当·斯密发表"国富论"以来，政治经济学便转向处理静态而非动态问题。唯一一个系统陈述经济变化一般规律的是马尔萨斯人口理论。因此，他要在研究动态经济规律上带个头③。但是，事实上，克拉克并没有能够扭转经济学的静态化趋势。在《经济理论纲要》发表之后的几十年中，经济学进一步朝静态方向发展。在这一趋势中，克拉克本人的

① 参见J.B.克拉克：《经济进步理论》，1896年。载《美国经济学会：经济研究1》，4月号，第1至22页。

② 参见J.B.克拉克：《经济理论纲要》，1927年英文版，第Ⅴ页。

③ 参见J.B.克拉克：《经济理论纲要》，1927年英文版，第Ⅴ页至第Ⅵ页。

《经济理论纲要》及其动态经济理论被忽略了，没有得到应有的重视，甚至在今天，它们也没有得到充分的评价。

以下我们主要根据《经济理论纲要》介绍 J.B.克拉克的经济动态学及其人口和资本积累规律。

第一节　经济动态学

J.B.克拉克常常把自己的经济动态学称为社会经济动态学。他的"社会"一词与通常的含义不一样，实际上是指作为一个整体的发达资本主义的广大区域。这个区域在当时包括北美、西欧、日本以及澳大利亚的一部分，即包括整个已经工业化的发达地区。克拉克把这个地区叫做"中心心"（center）或"中心区域"（central region）——世界经济活动的中心；而把地球上的其余落后地区叫做中心的"外部区域"（outer region）或"外围区域"（environing region）。

J.B.克拉克认为，中心和外部区域的区别在于：中心具有充分的自由竞争，在中心之内，人口、资本以及技术等等都可以充分地自由流动，组成中心的各个部分对发生在中心或外部区域的经济变化的反应都非常迅速。总之，中心是一个有机的整体，它的各个部分的关系非常紧密。与此相反，组成外部区域的各个部分之间的关系则比较松散。在那里，人口、资本以及技术等等的流动缓慢，对经济变化的反应迟钝。

在将整个世界一分为二之后，克拉克并没有把中心孤立起来，而是把外部区域看成中心所处的"环境"，在外部环境和中心的相互影响下来考察中心的发展。他认为，不仅在中心所发生的一切变化会影响中心，而且外部区域的变化也会越过"边界"来影响中心。更进一步，中心的变化还会通过影响外部区域再由外部区域反馈回来而影响中心。由此可见，克拉克所研究的社会一开始就是一个开放的系统。

J.B.克拉克指出，影响中心经济发展的因素很多，但可以将它们归为如下 5 类，即人口的增长、资本的积累、技术的进步、组织的改善以及欲望的变化。前 4 项因素"影响社会的生产力"，后一项因素

"决定生产力如何被使用"。① 5 项因素共同作用改变着社会的结构。

一、人口的增长

如果资本的数量和使用资本的方法(即技术和组织)保持不变，则人口的增长将造成整个社会中劳动和资本的"向下"流动——从高级商品的生产转向初级商品的生产②，从而整个社会结构偏重于初级生产。按照克拉克的看法，更多的人口不仅意味着劳动力数量的增加，而且意味着消费者数量的增加。一方面，更多的消费者意味着更多的肚子要吃饭、更多的身体要穿衣，等等；另一方面，在资本、技术和组织不变的条件下，更多的劳动者意味着每一个劳动者的劳动生产力下降，因而只能得到较少的收入。这两个方面综合起来就决定了社会财富的越来越大的部分必然由低级的食物、便宜的衣服以及简陋的房屋等来构成。于是，一部分劳动和资本不得不离开原来的高级商品生产而下移到初级产品的生产。

二、资本的积累

J.B.克拉克认为，资本增长和人口增长的效果恰好相反。假定其它条件不变，资本增长尽管使单位资本的盈利即利率水平下降，但却会促成大部分单个人收入水平提高：一方面，由于总的资本数量扩大，利息量可以不因利息率的下降的影响而提高；另一方面，资本积累又提高了劳动生产力，从而提高了劳动者的工资水平。随着收入水平的提高，人们的消费水平也将随之提高。他们将需要越来越多的高级商品而非低级商品。需要优质的服装、华丽的住宅和家具等，而这又引起生产结构的变化——劳动和资本"向上"流动。

如果资本和劳动同时增长，其结果将是，资本增长将抵销人口增长的效果，更快的资本增长甚至会扭转人口增长所引起的社会结构的"向下"变动，从而导致总的运动呈现"向上"的趋势。那么，实际上

---

① J.B.克拉克：《经济理论纲要》，1927 年英文版，第 557 页。
② J.B.克拉克：《经济理论纲要》，1927 年英文版，第 244 页。

的资本和劳动的变动情况如何呢？克拉克断言，实际上，资本增长要比劳动快得多，结果是消费日益高级化，人口向制造业和商业中心集中。城市的发展就是这种向上运动的标志。

三、技术的进步①

J.B.克拉克认为，技术进步有多种形式，例如发明和使用新的生产过程、新的机器、新的动力、新的原料等，但其基本特点都是"节约劳动"的。这是因为，生产者在生产产品时都力图减少开支，而做到这一点的最普通方法就是发明和使用能代替人力的机械力。由于技术进步通常以"节约劳动"的方式出现，故在局部范围内和在短时期中，可能会引起劳动力的"转移"，或者不如说"流离失所"。但克拉克相信，技术进步不会减少总的劳动需求，它在关闭一个就业领域的大门的同时打开了许多其它就业领域的大门。事实上，在经历了 $1\frac{1}{4}$ 世纪之久的快速技术进步和广泛地以机器代替手工劳动之后，闲置人口的比例并未比过去有所上升。因此，从全局和长远的观点来看，技术进步带来了巨大的好处。克拉克甚至认为，在他所处的时代，劳动者的所有生产力几乎都是过去岁月中技术进步的结果，而如果从现在起没有技术进步，则工资阶层的未来就不会有什么希望。他也承认，过去的技术进步也曾带来局部的和暂时的劳动力流离失所的痛苦，现在和将来的技术进步也不可能没有代价，但他坚信，这种痛苦和代价会越来越少、越来越小，而技术进步的好处将大大超过它带来的负作用。由于技术进步提高了收入水平，它也如资本积累一样促使劳动力和资本的"向上"流动。J.B.克拉克在技术进步的论证中强调自由竞争。在竞争的条件下，先进技术必定取代落后技术。先进技术生产既定产量的成本较小，因此，其产品可以以较低价格出售，这就迫使采用其它技术的企业或者也采用先进技术，或者就破产倒闭。

---

① 在这里，J.B.克拉克本人使用的术语不是技术而是"方法"（method）。

四、组织的改善

在J.B.克拉克的心目中，组织的改善毫无疑问也能促进生产力提高，特别是当它还未妨碍竞争的时候更是如此。随着组织的改善，企业的规模变得较大而数目相对减少，即出现了集中化的趋势。大企业可以比小企业更加廉价地出售商品，从而将小企业排挤出去，使自己越来越庞大。大企业更加有利于改进技术，不断地提高人们创造财富的能力，从而提高工资。J.B.克拉克也注意到，当集中形成垄断、压制了竞争时，则这种组织的变化就不再是完全有利的了。

五、欲望的变化

J.B.克拉克在讨论影响经济增长的因素时的一个特点是，不但考察供给方面，而且考察需求方面。例如，在研究人口问题时，他不但把人口增长看成是劳动者的增长，而且看成是消费者的增长，并且主要从后一个方面来分析人口增长的经济后果。此外，无论是在讨论资本，还是在讨论技术或者组织变化的影响时，他的分析思路中总存在着这样一条因果关系链：

资本(或技术、组织)的变化→收入的变化→
消费的变化→社会结构的变化

现在，J.B.克拉克更是把欲望的变化与人口、资本、技术和组织的变化并列在一起，看成独立影响经济发展的一个因素来加以分析。J.B.克拉克认为，欲望总是在变化，其变化方向是更加多样、更加高尚(refined)和更加理智(intellectual)。欲望随着生产力的增长而扩张，它一旦满足便会产生新的进一步的欲望。欲望的变化会改变商品的价值，引起劳动和资本的转移，使社会多生产某些商品而少生产另外一些商品。

如果将上述所有因素的影响综合在一起，总的结果会是什么呢？J.B.克拉克的结论是：在作为世界经济中心的保持充分竞争的工业社会内部，劳动工资(以及其它形式的收入)将不断上升，同时，商品价值(以劳动衡量的最后单位价值)将不断下降，结果，一定量劳动可以交换到越来越多的商品；另一方面，随着收入水平和消费水平的不断提高，劳动、资本以及整个社会结构也不断地"向上"流动。总之，中心的经济将不断地增长和发展。另一方面，整个中心与中心附近的外部区域的关系将越来越密切。随着中心的发展，这些"郊区"也呈现出越来越多的中心的特征，最后甚至变成中心的一个部分。换句话说，随着中心的经济增长和发展，中心的边界也在"向外"移动，不断扩大自己的范围，最后将整个世界变成一个单一的经济机体。

J.B.克拉克的经济动态学有一个值得注意的特点，即它不仅研究经济增长（收入和财富的增加），而且也研究经济发展（社会经济结构的变化）。在J.B.克拉克的理论中，正是经济增长促进了经济的发展：伴随增长，消费结构发生变化，这又引起人口和资本流动，造成产业结构变化，从而实现发展。这种综合增长和发展于一体的研究显然优越于许多只考虑增长而忽略发展的经济增长模型。但应当指出的是，J.B.克拉克所说的增长和发展都是指发达资本主义而非广大发展中地区的经济增长和发展。他很少谈到发展中地区的情况。唯一的例外是他的这样一个观点，即随着世界经济中心的发展，中心附近的外部区域开始呈现越来越多的中心特征，并逐渐成为中心的一部分。然而，不幸的是，这个关于发展中地区发展前景的看法是错误的。事实上，现在中心与不发达外部之间的差距正在日益扩大。

第二节　人口规律和资本积累规律

在J.B.克拉克的经济动态学中，人口增长和资本积累等因素共同决定着经济社会变化的方向和速度。其中，资本积累促进社会的增长和发展，人口增长则起着相反的作用。如果资本积累快于人口增长，则社会就进步；反之亦然。

现在考虑一个相反的问题：社会进步是如何影响人口增长和资本积累的？或者更具体地说，随着社会的进步，人口和资本的变化的方向及速度怎样？显而易见，这个问题非常重要，它关系到社会进步过程是否能够持续下去：它是加速的还是减速的，或甚至是自我停滞的。

如果随着社会的进步，人口将加速增长，资本将放慢积累，则最终这种进步将会终止；反之，如果随着社会的进步，人口将放慢增长，资本将加快积累，则社会进步将会越来越快，且永无止境。因此，社会的未来要取决于(至少部分地取决于)人口和资本积累的规律。

一、J.B.克拉克的人口规律——人口增长随社会进步而放慢

系统的人口理论始于马尔萨斯。马尔萨斯人口论有一个悲观的推断：每当工资上涨，人口就迅速增加，从而又反过来将工资降回到原来水平。如果这个推断属实，则经济增长的前景就非常暗淡，因为任何一点经济进步最后都将会被由此而引起的人口增长所吞噬。

与马尔萨斯完全相反，J.B.克拉克的看法是乐观的。他指出两个"历史的事实"：其一，越是发达的国家，人口增长越是缓慢，人口增长与经济增长反方向变化。他说，"在某个繁荣的国家即法国，人口事实上成为停滞的。甚至在从前(人口)增长最为迅速的美国，人口增长(除去移民)也比十九世纪上半叶要慢得多"；[①] 其二，在大多数国家，出生率与家庭的挣钱能力反方向变化，越是富裕的家庭，出生率越是低。"富裕阶层拥有小家庭，而贫穷阶层拥有大家庭……由小雇主、拿薪水的和专业人员、以及众多高工资工人组成的中等阶层拥有既不很大也不很小的中等家庭。"[②]

为什么人口增长的实际情况并不像马尔萨斯预言的那样呢？J.B.克拉克认为根本的原因还是在经济方面。在他看来，工资提高之后，人口不会象马尔萨斯所说的那样立即增加并引起工资迅速回落到原来水平。相反，J.B.克拉克认为，在工资提高和马尔萨斯期望的可能回落到来之前有足够长的时间，在这段时间里，习惯的力量将发挥作用，使人们习惯于较高工资带来的较高的生活方式。因此，随着工资的提高，结果首先是人们的生活标准的提高：生存上升为温饱、温饱上升为小康、小康上升为奢华等等。随着生活标准的不断提高，有两

---

① J.B.克拉克：《经济理论纲要》，1927年英文版，第327页。
② J.B.克拉克：《经济理论纲要》，1927年英文版，第328页。

个经济动机开始发挥作用，防止生活标准降回到原先的水平。一是绝对动机，即人们唯恐失去已经获得的一切，唯恐自己的社会地位下降；另一是相对动机，即人们唯恐在改善生活的竞赛中落后于他人。而且，这两个动机还随着生活标准的不断提高而愈加强烈。例如，富裕家庭比贫穷家庭更担心自己的沦落。为了保证自己的生活标准不至于下降，甚至不至于在竞赛过程中落后于他人，家庭就必须更多地积累财富，使孩子得到更加良好的教育，把他们培养成更好的生产者和消费者，而所有这一切，都要求家庭不能太大。家庭过大意味着当前全家人生活标准的降低，意味着孩子们将来的生活标准降低，意味着家庭的败落。当生活标准已经很低的时候，大家庭不一定意味着生活标准进一步降低的危险。例如，在不发达社会中，抚养孩子的费用（包括吃、穿、住以及教育等）很低，孩子很小便能自己养活自己，此时，不管家庭生育多少孩子，其真正负担的不会超过5个或6个，因为即使隔一年生一个，同时也有隔一年一个孩子变得可以自己养活自己，故所要负担的孩子数目并不变化。但是，当生活标准较高时，当抚养孩子的费用（尤其是教育费用）很高时，情况就完全不同了。此时，过大的家庭几乎必然会使生活标准下降。这是人们所竭力要避免的。因此，随着工资从而生活标准的提高，人口将不是加快而是相反地减慢增长。最后，由于随着经济增长，人口增长不是加快而是减慢，故实际的工资水平也将和生活标准一样趋于不断上升。它围绕着稳定上升的生活标准而波动上升（参见下图）。因此，马尔萨斯预言

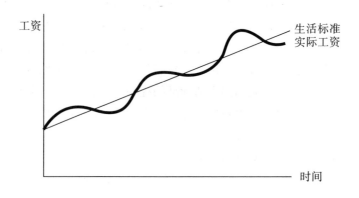

的工资向原有水平的回落不会真正实现。

J.B.克拉克还根据自己的上述人口理论讨论了禁止童工法和强制教育法的意义。按照他的理论，下述似乎令人难解的结论显然是正确的：孩子很小工作而不是接受教育，则实际工资和生活标准都会下降，因为它会引起人口增长加快；反之，如果强制孩子接受教育而不得过早工作，则实际工资和生活标准反而会提高，因为它引起人口增长减慢。因此，禁止童工和强制教育从人口学角度来看也是积极的。

二、克拉克的资本积累规律——资本积累随社会进步而加快

J.B.克拉克的人口理论是反对马尔萨斯的，而他的资本理论则是反对当时的正统理论的。

当时关于资本理论的正统看法是，储蓄的变化方向与利率相同，即储蓄随着利率的上升而增加。这几乎被看成是一个不言自明的真理。如果这确实是一个真理的话，则可得到如下悲观的推论：财富的增长(通过降低利率)将减少进一步积累财富的动机，因而使经济增长停顿下来。正统看法依赖于如下这样一个潜在的推理，即人们因储蓄而损失掉的是不储蓄而消费所能得到的满足。这个损失在给定的时期显然是固定的；但储蓄者在未来某个时期(例如一年或两年以后等)花费其本金和利息并由此得到未来的满足。这个未来的满足显然与利息的大小从而利率的高低有关，它随利率上升而增大。由于人们是通过比较目前损失的满足(它为固定量)和将来得到的满足(它与利率变化方向一致)来决定自己的储蓄的，由此可以得到储蓄随利率的上升而增加的结论。

J.B.克拉克认为，传统看法的错误在于，它只强调了未来财富越多所可能得到的满足越大，但却忽视了未来财富在未来的重要性本身。人们储蓄一定的资金并由此获取一定的利息收入，其目的是为了防止未来的贫困(例如由于失去工作能力)和其它灾难，或是为了保持未来的生活标准和在改善生活的竞争中不落后于他人。为了前一个目的，即防止贫困，人们需要在将来有一笔财富可供利用，为此便需要现在就积累。如果利率本来就高，则较少的储蓄即可达到目的；反

之，如果利率很低，则必须储蓄更多。因此，如果储蓄的动机是为了预防未来的不测的话，则结论将是：储蓄随利率的上升而降低。这恰好与正统看法截然相反。

如同分析人口问题一样，J.B.克拉克在分析资本问题时最为强调的也是维持未来生活标准的极端重要性。他说，"对劳动者来说，有必要防止饥饿或者沦落到被救济的境地；对于收入尚丰的工匠，还似乎有必要为后代作好准备，以使他们和自己处于同一阶层；对于由于企业成功而超出工匠阶层之上的资本家来说，似乎有必要使后代超出他使全家已经超出的那个阶层；并且，同样的原则适用于所有更加富裕的阶层。一个人维持生活地位的韧性要超过他增加当前消费的欲望，而他保证后代的某种生活地位的雄心又远远超过他增加自己当前消费的欲望。"[1]"为了维持或高或低的任何标准，要求在利率低时比在利率高时有更大的财富。"[2]

除了不断提高的生活标准之外，J.B.克拉克还谈到低利率引起高储蓄的其它一些原因：

1. 享受的技术。假定生活标准在 10 年中不变，则"高度理性的人宁愿把本属于前 5 年的一部分消费放到后 5 年去。感受到每年都将有从前从未经历过的新享受将使整个生活比本来的更加辉煌"。[3]

2. 暂时的收入。储蓄主要来源于企业家的利润和高级劳动者的薪水。这两部分收入(特别是利润)都具有暂时性。暂时收入意味着确立和维持未来生活标准并进行足够投资以实现此目的需要。

3. 企业的扩大。为了企业的扩大，利润在很大程度上须放在一边准备投资。

J.B.克拉克最后表达了他对资本积累和经济增长的乐观看法："就资本增长而言，社会没有达到静止状态的危险。财富的增加不会妨碍自身……如果持续稳定在低水平上的利率为储蓄提供了一个特别

---

① J.B.克拉克：《经济理论纲要》，1927 年英文版，第 343-344 页。

② J.B.克拉克：《经济理论纲要》，1927 年英文版，第 345 页。

③ J.B.克拉克：《经济理论纲要》，1927 年英文版，第 348 页。

有力的刺激，则由低水平开始不断下降的利率就提供了一个更加有力的刺激。"①

第三节　对J.B.克拉克经济发展思想的简评

在当时的西方经济学日益静态化的趋势之中，J.B.克拉克站出来，大声疾呼要重视研究动态的经济规律，这是颇有眼光的。他的《经济理论纲要》确实可以说在这个方面起了带头作用。

J.B.克拉克的经济动态理论有许多值得注意的地方：

第一，他强调动态的经济进步的重要性，甚至把是否能促进经济的迅速进步看成是检验经济制度的优劣的决定性标准，这应当说是比较正确的。

第二，他在开放的体系中研究经济的进步规律。他把整个世界分为资本主义的"中心"和其它落后地区的"外部区域"两个部分，并在中心和外部区域的相互作用、相互影响中考察资本主义中心的发展。这种开放性的研究与某些主要是封闭的经济增长模型形成鲜明的对比。同时，中心和外部区域的划分在形式上与后来普雷维什的"中心—外围"论非常相似，尽管二者的很多结论很不相同。

第三，他把经济增长和经济发展综合在一起研究。他不仅讨论了经济增长，即国民收入的增长，而且讨论了经济发展，即伴随国民收入增长而来的经济结构等方面的变化。这种综合增长与发展于一体的研究明显地优越于许多只重视增长而忽视发展的经济增长理论。

第四，他提出了反马尔萨斯人口论的人口规律：人口增长与经济增长反方向变化。这条规律得到了许多历史事实的支持。

---

① J.B.克拉克：《经济理论纲要》，1927年英文版，第356页。

第十三章　马歇尔的经济发展思想

西方经济学史的研究者一般认为：阿弗里德·马歇尔（Alfred Marshall，1842—1924）的经济思想除了继承英国经济学自 19 世纪起开始背离劳动价值论的倾向之外，还受达尔文生物进化论、德国历史学派和法国数理经济学的影响。他的代表作《经济学原理》（第 1 版发行于 1890 年，最后一版为第 8 版，发行于 1920 年）把供求均衡论、边际生产力论、生产费用论等融合在一起，构成了一个相当完整的折衷主义经济学体系。应当承认，对马歇尔经济学说这一评论是具有一定的概括性的，另一方面，人们又认为：马歇尔以供求均衡机制的运作作为基本分析工具，提出了他的价值理论和分配理论，并由此而确立了资源最佳配置的原则。马歇尔的这些学说在 19 世纪末至 20 世纪 30 年代的西方经济学界占有支配地位，时至今日仍然是西方微观经济学的基础，因此，除了从"自然不能飞跃"这一命题推演出他特有的经济发展过程观之外，马歇尔主要关注的是静态的价格决定、收入分配、资源配置问题，而不是动态的经济增长、经济发展问题。也应当承认，对马歇尔学说这一评论是言之有理的。

但是，在本书第一章《导论》中，我们已经指出，不应当把经济增长、经济发展问题同价格决定、收入分配、资源配置完全分割开而忽视两者之间的关系。而且，如果我们较为全面而深入地研究马歇尔的全部著作，我们又可以发现其中蕴藏着相当丰富的经济发展思想，主要表现在 4 个方面：对经济变化的基本看法；对影响经济增长的因素分析；对人力资源开发的研究；对经济增长前景的看法。

第一节　对经济变化的基本看法

人们通常注意到：马歇尔的经济学说有一个中心点，即从供求决定价格出发的局部均衡分析。他认为，一种商品的价格，在其他条件不变的情况下，是由该商品的需求和供给决定的，也就是说，商品的均衡价格是它的需求价格和供给价格相一致的价格。马歇尔还把均衡分析方法应用到分配原则上，认为一种生产要素的价格是由它的边际生产力和边际成本决定的。很明显，均衡分析的结果，在一般商品价格决定上，马歇尔用商品的市场价格代替了商品的内在价值，在生产要素的分配原则上，马歇尔接受了"三位一体"的公式。人们认为，建立在局部均衡分析基础上的均衡价格论是马歇尔经济理论的核心。

然而，也应当注意到，马歇尔对他的局部均衡分析方法曾在自己的著作中作过反省，认识到它与现实经济生活的脱节，指出了它的不完全性。例如，他说："正常供求的稳定均衡理论，的确有助于我们概念的具体化，在其初级阶段，它与现实生活相去不远，从而对最强而经常出现的经济力量作用的主要方法提供了一幅相当逼真的图景。但是如果把它推到悠远复杂的逻辑结果，它就与现实生活隔绝了。事实上我们在这里接近经济进步(economic progress)的主题；因此，在这里特别需要记住的是，经济问题，如它们被当作静态均衡而不当作有机增长(organic growth)的问题时，是表述得不完全的。因为虽然只有静态讨论能给予我们以明确的思想，从而，是把社会较达观地看作一个有机体的必由之路，但那仅仅是一个开始而已。静态均衡理论只是经济研究的入门；它甚至也只是对那些有报酬递加趋势的工业的进步和发展的研究的入门。它的局限性(Limitations)经常为那些特别是从抽象观点来研究它的人们所忽略，以致有使这种理论完全定型的危险。"①

---

① 马歇尔：《经济学原理》，商务印书馆1983年版，下卷，第141页。"economic progress"原译为"经济发展"，"organic growth"原译为"有机发展"。着重点是引者加的。此外，对原译文还有一些改动。

马歇尔在《经济学原理》的附录 8"关于报酬递加的静态假设的运用的局限性"中，进一步指出，在一个不断引进新技术的经济中，许多厂商和部门的报酬递增是正常的情况。在这种情况下，价格和产量都不会处于静态均衡的位置，技术革新导致生产能力和产量的增长并从而引起价格的变动，技术革新的暂时停止，也不会导致生产回归到初始的能力——产量——成本——价格的位置。

马歇尔提出经济生物学（economic biology）和经济力学（economic dynamics）两种不同的概念。经济力学把复杂的、不断变化中的经济现象简单化为经济力量的机械的、位置的移动，尽管这样做可以说明局部的、静态的现象，但并不切合经济生活的实际。经济生物学则关注经济现象的复杂性和关联性，关注它们的活力、它们的运动和它们的有机增长。他认为，尽管在《经济学原理》中，对经济现象的初始研究方法是局部均衡分析，但他的目标始终是了解经济现象的全貌、特别是引起经济运动（economic movement）的各种因素。换言之，马歇尔认为他的经济理论并非是经济力学而是经济生物学。他说："经济学家的目标应当在于经济生物学，而不是经济力学。但是，生物学的概念比力学的概念较为复杂；所以，研究基础的书对力学上的类似性必须给予较大的重视；并使用"均衡"这个名词，它含有静态的相似之意。这个事实以及本书（指《经济学原理》——引者）中特别注意的近代生活的正常状态，都含有本书的中心概念是"静态的"而不是"动态的"之意。但是，事实上本书始终是研究引起运动（movement）的种种力量，它的基调是动态的，而不是静态的。"①他还说："经济学主要是研究不论为好为坏都不得不要求变化和进步的人类。片断的静态假定，是被用来暂时辅助动态的——或不如说是生物学的——概念。但是，经济学的中心概念必须是关于活动力量（living forces）和运

---

① 马歇尔：《经济学原理》，商务印书馆 1983 年版，上卷，第 18-19 页。"movement"原译为"发展"。着重点是引者加的。

动的概念，即使只在研究它的基础时也是这样。"①

由上可见，马歇尔对经济问题的研究有以下几点基本看法：

第一，社会经济是一个变化中、运动中的各种经济力量互相联系、互相作用的有机体，它的增长、变化和发展，是经济学家进行研究的主题或主要目标。

第二，静态的均衡分析、特别是初始阶段的供求均衡价格分析，虽与现实经济生活比较接近，但和变化中的经济运动相距甚远，不能用作分析经济增长、变化和发展的手段。

第三，经济增长和发展是运动中的过程，不是如力学上的机械的位置移动，而是如生物学上的有机的向前运动。

因此，不少经济学家认为马歇尔学说的趣味中心是经济增长和经济发展。例如，当代发展经济学的先驱人物之一罗斯托(W. W. Rostow)把"马歇尔长期"(Marshalian long period)看作"发展"的同义语。② 著名的英国经济学家罗宾斯(L. Robbins)还对马歇尔的经济思想作出了如下的评论：

"……马歇尔的注意焦点是增长。诚然，或者自己独立地，或者由于古诺、杜普伊和屠能等早期数理经济学家的帮助，他发现了边际革命的许多有名的创新——边际效用、边际生产力、经济数量互相依存关系，但是，他对它们的用法却是另一回事。和许多与他同时代的人不一样，他拒绝——正确地或错误地——受到静态均衡的束缚。他运用他称之为静态方法，但他这样做是为了研究变化和增长，在致大名鼎鼎的静态与动态分析内容二分法的作者 J.B.克拉克一封为世所知的信中，他抗议道："正如我不能写出一本关于一只只在逆水中每小时移动 3 英里的船，而又写出一本关于一只在静水中每小时移动 5 英里的船一样，我不能写出一本关于我的静态的书，而又写出关于我的

---

① 马歇尔：《经济学原理》，商务印书馆 1983 年版，上卷，第 19 页。"Living forces"原译为"活力"。着重点是引者加的。

② 《发展经济学的先驱》，1984 年英文版，第 227 页。

动态的书。"①

应当指出，尽管马歇尔曾经有一个愿望：摆脱静态分析的束缚而转向经济动态变化的研究，突破局部均衡价格分析的局限而将视野扩大到国民经济的增长，但是，世界观和方法论限制了他，使他的愿望未能充分实现。他的动态分析涉及的经济范围很狭窄，他的经济发展观也不符合客观的经济变化和进步的现实。

马歇尔自认为他的《经济学原理》的基调不是静态的而是动态的。他怎样证明这一点呢？他说："……我们要研究的力量是如此之多，以致最好一次研究几种力量，作出若干局部的解答，以辅助我们主要的研究。这样，我们首先单独研究某一特殊商品的供求和价格的初步关系。我们用"其它情况不变"这句话，把其他一切力量当作是不起作用的；我们并非认为这些力量是不活动的(inert)，不过是把它们的活动暂不过问而已。这种科学的方法在科学发生之前就已存在了，自古以来明达的人研究日常生活中的每个困难问题，就有意或无意采用这个方法了。到了第二阶段，在原来被假定不起作用的那些力量中，有较多的力量发生作用：特殊种类商品之需求和供给的条件之变化开始发挥它的作用，我们开始对这些条件之复杂的相互作用加以观察。渐渐地，动态问题之范围扩大了，而暂时的静态的假定之范围缩小了；最后就接触到国民收益分配于许多不同的生产要素这一重大的中心问题。同时，动态的'替代'原理经常发生作用，使任何一类生产要素的需求和供给间接受到其他要素的供求发展的影响，即使这些要素是属于毫无关联的产业部门。"②

从马歇尔上述的话可以了解：供求均衡分析从一般商品的价格决定引伸到生产要素的价格决定，从价值论扩大到分配论，就是马歇尔

---

① 罗宾斯：《经济思想史中的经济发展思想》，1968 年英文版，第 17 页。着重点是引者加上的。文中引文见庇古(A. C. Pigou)：《马歇尔回忆录》，1975 年英文版，第 1 卷，第 97-98 页。

② 马歇尔：《经济学原理》，商务印书馆 1983 年版，上卷，第 19 页。"inert"原译为"不起作用的"。

的《经济学原理》对经济现象的研究从静态分析到动态分析的转化。

马歇尔还进一步认为他这种从静态分析到动态分析的转化是从"价值问题的认识到一个连续而和谐的总体的认识的转化"。① 这样，他把静态分析的动态化与经济发展过程的基本认识结合起来。在他的心目中，作为有机体的社会经济的变动是"连续而和谐的总体"的变动。在《经济学原理》第 8 版序言中，有一段对西方经济发展理论影响很大的话："经济进步有时由于政治上的事变而停顿或倒退，但是，它的前进运动决不是突然的；因为，即使西方和日本，它也是以部分自觉与部分不自觉的习惯为基础。天才的发明家、组织者或财政家虽然似乎可以一举而改变一个民族的经济结构（structure），但是，他的不纯然是表面的和暂时的那一部分影响，一经研究就可知道，也不外乎是使得很久已在准备中的广泛的建设性的运动（movement）达到成熟而已。……自然不能飞跃，这句格言，对于研究经济学的基础之书尤为适合。"②在《经济学原理》第 1 版序言中，马歇尔还说："……本书如有它自己的特点的话，那可说是在于注重对连续原理的各种应用。"③

马歇尔把经济发展看成是一个渐进的、连续的、和谐的过程，其思想渊源有二：一是生物学中的进化论；一是数学中的微分、增量的概念。如自己所说："关于发展的连续之概念，对一切近代经济思想的派别都是共同的。不论对这些派别所发生的主要影响是生物学的影响——如赫伯特·斯班塞著作所代表的；还是历史和哲学的影响——如黑格尔的《历史哲学讲演录》和欧洲大陆及其他地方新近发生的伦理历史研究所代表的。这两种影响左右本书所表明的观点之实质，比其他任何影响为大；但是这些观点在形式上却最受数学的连续概念的

---

① 见惠塔克（J. K. Whitaker）：《马歇尔早期著作》，1975 年英文版，第 1卷，第 98 页。

② 马歇尔：《经济学原理》，商务印书馆 1983 年版，上卷，第 17-18 页。"movement"原译为"发展"。"structure"原译为"组织"。

③ 马歇尔：《经济学原理》，商务印书馆 1983 年版，上卷，第 12 页。

影响——如古诺的《财富理论中数学原理的研究》所代表的，……在古诺和屠能的启发下（后者的影响较小），使我对以下的事实大为重视：在精神和物质世界中，我们对自然的观察，与总量的关系没有与增量的关系那样大；……。"①

马歇尔认识到，把经济现象看作静态均衡是一种力学的机械分析，这种分析不符合经济现象是一种"有机增长"的现实，他由此而产生"经济生物学"的想法。应当承认，这在思想认识上前进了一大步。但是，他又接受了生物学中达尔文的进化论观点：物种不变，生物界的演化是渐进的，而不是突变的。另一方面，他又接受了数学中的微分观念，认为事物的变化只不过是微量或增量的变化。由此，马歇尔从经济发展中所看见的是它的渐进性和连续性，并声称"自然不能飞跃"这一命题对于研究经济学的基础特别适合。

在此基础上，承袭马歇尔思想的新古典主义经济学家把马歇尔的经济发展观分解为3点内容：第一，经济发展是一个渐进的、连续的过程，从而政策效果依靠边际调节；第二，经济发展是一个和谐的、累积的过程，它的进行依靠自动的均衡机制；第三，经济发展的前景是令人乐观的，通过扩散效应和涓流效应，增长会自然而然地带来良好的发展。由此出发，新古典主义经济学家把价格机制、市场调节、刺激与反馈、要素的替代与流动提到至高无上的地位，认为只要不受外力干扰，这些机制、作用和关系，就会使经济增长的利益普及所有的主要收入阶层。他们还把这种观点延伸到国际经济关系中去，认为只要自由往来，穷国和富国都可以从国际贸易中得到各自的利益。显然，新古典主义经济学家这种无质变、无冲突、无矛盾的经济发展观在理论上存在着片面性，而且也不符合一国国内和国际间经济发展过程中不断出现利害矛盾、利害冲突和结构质变的现实。片面强调经济发展过程中各个阶层、各个集团和各个国家的利益和谐一致，就必然为不平等、不合理的经济秩序作辩护，这又是不言而喻的。

---

① 马歇尔：《经济学原理》，商务印书馆1983年版，上卷，第14-15页。着重点是引者加的。

作为上述的系统的新古典主义经济发展观的奠基人，马歇尔曾力图冲破局部均衡分析的束缚而放眼于经济总体的发展，但是，在历史条件和世界观的限制下，他对经济变化的基本看法不过是从牛顿力学的观点转换为达尔文生物学的观点，正如他的静态均衡分析一样，他的动态发展分析也具有重大的缺陷。

第二节　影响经济增长的因素

马歇尔承袭了古典学派亚当·斯密的思想，在分析影响经济增长的因素时，特别突出资本积累和劳动力的数量与效率的作用。在《经济学原理》的第4篇和第1篇的不少章节中对此作了大量的论证。

马歇尔认为，一国的实际总收入决定于：劳动者的数目和平均效率、积累的财富量、自然资源的丰欠和便利情况、生产技术水平以及公共安全状况和作为由劳动和节制所得成果的产业与资本的保证。而可供储蓄的总净收入是总收入减去必须用来提供生活品的那一部分和为了维持公共安全而不得不缴纳的租税。一国利用由净收入而得到的储蓄的能力之大小决定于净收入量、居民牺牲现在享受以换取未来享受的意愿、家庭情感和利息率。利息率的高低又决定于已积累起来的财富量、劳动力的数量和效率、使用机器和其他形式的资本品的生产技术以及为现在享受而借人财富与牺牲现在享受而贷人财富两种意愿的强弱比较。

另一方面，马歇尔又指出，劳动力数量增加和效率提高决定于现有人口的数量和效率、分配在各个阶层的实际总收入量、收入分配的公平程度（在不损害公共安全的情况下，较富有阶层收入的减少和较不富有阶层收入的增加会导致人口数量的增加和效率的提高）、家庭的爱心（使人们过着能承受困难和教育子女的家庭生活）、牺牲眼前享乐以换取未来享乐的意愿（使人们一方面推迟结婚以保持高生活水平，同时重视良好教育的效益）以及现有生产技术所获报酬的大小。

惠塔克根据上述的论证认为马歇尔的经济增长思想可以用如下的

方程式来表示:①

设 g 代表一国的实际总收入，n 代表该国劳动力的数量，e 代表劳动力的效率，w 代表积累的财富量，F 代表自然资源的丰欠程度，A 代表生产技术水平、S 代表公共安全状况，则

$$g=f_1(n,\ e,\ w,\ F,\ A,\ S)$$

又设 s 代表可供储蓄的净收入，$f_2(e)$ 为具有平均效率的人口所需的必需品，T 为维持公共安全状况而付出的租税。

$$s=g-T-nf_2(e)$$

w 既为积累的财富量，则 $\mathrm{d}w/\mathrm{d}t$ 为储蓄率。又设 D 代表未来享受的贴现率，A' 代表家庭爱心的强度，i 为利息率，则

$$\frac{\mathrm{d}w}{\mathrm{d}t}=f_3(s、D,\ A',\ i)$$

如 E 为分配的平均程度，则

$$\frac{\mathrm{d}n}{\mathrm{d}t}=f_4(n,\ e,\ g,\ E,\ A',\ D)$$

$$\frac{\mathrm{d}e}{\mathrm{d}t}=f_5(n,\ e,\ g,\ E,\ A',\ D)$$

从上述的方程式，可以看到现代新古典主义增长模式的雏形。

第三节　对人力资源开发的研究

开发人力资源，从根本上说是提高人民的质量或素质。如前所述，马歇尔在论证影响经济增长两个决定因素之一的劳动力时，不仅注意到劳动力的数量，还注意到劳动力的效率即质量。如何提高劳动者的效率或质量呢？马歇尔指出，要通过教育和训练。他说："优良的教育，即使对于普通工人也予以很大的间接利益。它刺激他的智力活动；使他养成善于研究的习惯；使他在日常工作上更为聪明、更为敏捷和更为可靠；在工作时间内和工作时间外它提高他的生活的风

---

① 惠塔克:《马歇尔早期著作》，1975 年英文版，第 1 卷，第 309-316 页。

格；因此，它是物质财富生产上的一个重要手段；同时，即使它被看作是为了本身的目的，它也不比物质财富的生产所能助成的任何事情为低劣。"①

马歇尔还认为科学知识，不仅是一国的财富，而且是世界的财富。他说："德国经济学家往往着重国家财富中非物质因素；在关于国家财富的有些问题上这样做是对的，但却不能在一切问题上都这样做。科学的知识，不管在哪里发现，的确不久就会变成整个文明世界的财产，并且可以被认为是世界的财富，而不光是一国的财富。机械上的发明和其他许多生产方法的改进都是这样；……"②

可见，马歇尔从一国的角度、甚至世界的角度把人力资源和物质财富看成同等重要，而人力资源的开发，则有赖于教育。他说："把公私资金用于教育之是否明智，不能单以它的直接结果来衡量。教育仅仅当作是一种投资，使大多数人有比他们自己通常能利用的大得多的机会，也就是有利的。因为，依靠这个手段，许多原来会默默无闻而死的人就能获得发挥他们的潜在能力所需要的开端。而且，一个伟大的工业天才的经济价值，足以抵偿整个城市的教育费用；因为，像白塞麦的主要发明那样的一种新思想之能增加英国的生产力，等于十万人的劳动那样多。医学上的发明——像古纳或巴士特的发明那样——能增进我们的健康和工作能力，以及像数学上或生物学上的科学研究工作，即使也许要经过许多代以后才能显出增大物质福利的功效，它们对生产所给予的帮助，虽没有前者那样直接，但重要性是一样的"。③

从马歇尔的上述论述，可以发现当代发展经济学家关于教育重要性的分析原来是前者的复本。当代发展经济学家一般都认为教育具有

①　马歇尔：《经济学原理》，商务印书馆 1983 年版，上卷，第 229 页。着重点是引者加的。

②　马歇尔：《经济学原理》，商务印书馆 1983 年版，上卷，第 79 页。着重点是引者加的。

③　马歇尔：《经济学原理》，商务印书馆 1983 年版，上卷，第 233 页。着重点是引者加的。

两重效应：一方面，人们受教育后，获得了知识并提高了技能，从而增加了在工作中发挥专门才能的可能性和对新的工作机会的适应性，这叫做"知识效应"；另一方面，人们受教育后，可以改变不正确的价值判断，提高纪律性，增强对工作和社会的责任感，从而促进受教育者参加工作和经济活动的积极性，这叫做"非知识效应"。

马歇尔关于人力资源的开发还有以下的一些看法。

他十分强调普通教育的重要性，他认为，不同的职业诚然需要不同的特殊的技能，但首先必不可少的是孜孜不倦的精神，而只有经过长期的教育，劳动者才能养成这种精神。马歇尔把工作能力分为一般能力和专门能力两类。前者指"在不同程度上作为一切高级工业的共同特性的那种才能以及一般知识和智慧"①，后者指"为个别行业的特殊目的所需要的手工技能和对特殊精神及方法的熟悉"。② 劳动效率的提高要靠特殊职业训练以提高劳动者的专门能力，但大部分要靠普通教育来提高劳动者的一般能力。他说："能一下子记住许多事情，需要什么东西时就准备好什么东西，无论什么事一有差错时行动敏捷并表现出机智，对于所做的工作在细节上发生变化时能迅速适应、坚定和可靠，总是养精蓄锐以便应付紧急之事——这些是成为一个伟大的工业民族的特性。这些特性不是某一职业所专有的，而是为一切职业所需要的；……"③

一切职业所需的一般能力如何培养起来呢？在马歇尔看来，除了家庭环境之外，一般的学校教育极为重要。他说："关于普通教育，我们不需要说什么了；虽然即使普通教育对于工业效率的影响，也比表面上为大。……在学校中得到的进步之所以重要，除了由于它本身的缘故之外，更多的是因为学校教育给予将来进步的能力，因为，真正的普通教育，使人能在业务上使用最好的才能，并使业务本身作为

---

① 马歇尔：《经济学原理》，商务印书馆 1983 年版，上卷，第 225 页。
② 马歇尔：《经济学原理》，商务印书馆 1983 年版，上卷，第 225 页。
③ 马歇尔：《经济学原理》，商务印书馆 1983 年版，上卷，第 224-225 页。

增进文化的一种手段；……。"①

同时，马歇尔也很重视职业教育的作用，他认为职业教育的目的有二：一是使人对眼和手能一般地运用自如，从而适应特殊的具体工作；二是传授对特殊职业有用的、而且在实际工作的过程中很少适当地学到的产业技能和知识以及研究的方法。职业教育应当像普通教育那样，不断以发展才能为目的；职业教育应当与完善的普通教育建立在同一基础上，但应进一步详细订出特殊的学科，以利于特殊的行业。

此外，马歇尔还着重指出中等教育和美术教育对物质财富生产的重要作用。他指出，有助于物质财富迅速增长的变化，莫过于学校、特别是中等学校的改良。中等学校的改良，与普遍奖学金制度相结合，对劳动者阶层的子弟特别有利。他又指出，美术教育的重要性在于人们的美术才能的发展，本身就是一个最重要的目的，并成为工业效率的一个主要因素。

第四节　对经济增长前景的看法

马歇尔从他所处的历史条件出发，看见了由于技术的快速进步和资本积累的迅速扩大而促成生产中的报酬渐增趋势，并认为这种趋势将因外在经济的出现而加强。但在另一方面，他又注意到，技术进步不能只作为一个总量现象来理解，还要联系到特定部门的具体情况，因此，宏观的技术进步不一定会扭转一切部门的报酬渐减趋势。而且，外在经济自身在发达也在衰落，从而它所带来的报酬渐增趋势也不是稳定不变的。还有，当马歇尔看见因技术进步和资本积累而引起工业部门迅速扩大的时候，他仍念念不忘农业部门因自然条件的特殊限制而受到约束。

基于上述认识，马歇尔对他所在的英国的经济增长前景的看法是：粮食和原料的价格将比工业品的价格相对地上涨，从而经济发展

---

① 马歇尔：《经济学原理》，商务印书馆 1983 年版，上卷，第 225-226 页。

将受到障碍。对世界经济发展前景，他同样抱悲观看法。他认为，自然资源条件约束农业的发展，而粮食和原料的需求却因人口的增加而增加，尽管科学技术的潜在力量不小，利用自然资源的报酬渐减终将限制世界经济发展。

罗斯托认为，在考察马歇尔关于经济增长的阶段和限制问题的论证时，要注意其中的几个特点。第一，基本上根据古典学派的思路，同时也吸收德国历史学派的一些观点来分析经济增长的前景。第二，把历史的进程直接和当时的制度特点和技术特点（如银行和股份公司的发展、对城市供应粮食引起的交通运输的发展等）联系起来。第三，反映了当时英国在经济上的领导地位受到德国和美国的挑战。第四，表现出对长期之后粮食和原料价格将相对地高于工业品价格这一趋势的深切忧虑。①

人们熟知，马歇尔在分析经济过程中由于生产规模的扩大而发生的内部经济效果（internal economy）和外部经济效果（externaleconomy）两种现象。按照马歇尔的解释，内部经济效果指一个行业中个别企业的资源、组织和经营效率的经济效果，而外部经济效果则指由于行业的一般发展（general development）而出现的经济效果。② 其后，马歇尔的门生庇古（A. C. Pigou）在马歇尔关于外部经济论证的基础上提出了外部经济效果（externalities）的概念。由于私人（或单个企业）成本和社会成本、或私人（或单个企业）利益和社会利益不相一致，外部经济效果可表现为外部经济正效果，也可表现为外部经济负效果（external diseconomy）。例如，当一个企业的生产造成污染影响了其他企业的环境卫生，则社会成本大于这个企业的成本，于是，产生了外部经济负效果。庇古在他的《福利经济学》中，着重地分析了外部经济负效果，并引申出政府干预私人经济的政策思想，在当代发展经济学中，人们在主张发展中国家必须大力发展市场经济的同时，也十分强调政府对市场的宏观调控。这种观点显然是以庇古的理论为基础

---

① 罗斯托：《休谟以来的经济增长理论家》，1990 年英文版，第 185 页。
② 见马歇尔：《经济学原理》，商务印书馆 1983 年版，上卷，第 280 页。

的，而其思想渊源则来自马歇尔的经济学说。

从以上的考察，我们认为，马歇尔著作中含有的经济增长和经济发展思想是值得研究的，不应当把他的全部理论简单归结为一种静态均衡的微观分析。一位经济理论史学者曾经说过："马歇尔的伟大之处在于，当他的同代人已差不多完全无视国民财富之研究的时候，他却能认识静态微观分析距离实际问题很遥远。"①这句话并非溢美之词。但是，必须指出，由于主客观条件的限制，马歇尔的经济增长和经济发展思想又并非是完美无缺的，19世纪初叶和中叶的英国经济学的整个倾向毕竟给他的影响很深。正如一位美国发展经济学家所说："马歇尔关于环境影响人们观点的理论可以应用在他自己的身上，他是一位其基本思想形成于19世纪60年代和80年代的社会科学家，他差不多终其一生生活在一个英国人看来完全是平静的、增量变化的一个世纪之中。"②

---

① 布劳格（M. Blaug）：《经济学说的回顾》，1978 年英文版，第 443 页。
② 罗斯托：《休谟以来的经济增长理论家》，1990 年英文版，第 164 页。

第十四章　庇古的福利经济理论

福利经济理论是当代西方经济学的理论基础之一，也是西方发展经济学的理论基础之一，它的产生以庇古（A. C. Pigou，1877—1952）在1920年出版的《福利经济学》一书为标志。庇古一生，著述颇丰，但大都是阐释其前辈们（如马歇尔等）的思想，具有独创性的建树不是很多。福利经济学是他少数创造性成果之一。

第一节　资源最优配置的条件

福利经济学属于规范经济学的领域。它是在一定的社会价值判断标准下，研究整个经济的资源配置和福利的关系，特别是市场经济体系的资源配置与福利的关系，以及与此有关的各种政策问题。换句话说，福利经济学研究使社会福利达到最大的生产要素的最优配置。

为了研究社会福利及其最大化，庇古首先讨论个人的福利。按照他的说法，个人福利由两个方面构成：经济福利和非经济福利。个人的非经济福利包括"自由""家庭幸福""精神愉快""友谊""正义"等。所有这些，显然是难以进行计量的，因而经济学不予考虑。个人的经济福利指个人的效用或者满足。对于个人的效用或者满足，庇古持"基数论"的立场，认为它们可以用商品的价格来计量，即通过货币来计量。于是，个人的经济福利可以成为经济学的研究对象。

在确定了个人的经济福利之后，庇古接着讨论了社会的总福利问题。由于个人的经济福利可以通过货币而在基数的意义上计量，故容易由个人的经济福利加总求得全社会的福利或者"总福利"。庇古的加总公式非常简单，即一国的全部经济福利等于全部个人的经济福利的总和。更进一步，由于个人的经济福利可以通过货币来计量，故一国的总经济福利也可以用国民收入量来表示。这样一来，庞古就把社会总福利的大小与国民收入的状况联系起来了。

下一个问题是：决定社会总福利大小的因素有哪些？庞古提出了两个基本因素：一是国民收入的数量，一是国民收入的分配。具体来说，国民收入的数量越大，一国的经济福利越大；国民收入的分配越是均等，一国的经济福利越大。这就是庞古福利经济学的两个基本命题。第一个命题容易理解，因为按照庞古的看法，社会福利本来就是用国民收入来表示的，故国民收入数量越大，社会福利理所当然也越大。第二个命题则以所谓"货币收入的边际效用递减规律"为根据。如果货币收入的边际效用是递减的，则富人的货币收入的边际效用就要小于穷人的货币收入的边际效用。因此，如果把富人收入的一个部分转移给穷人，则富人由此损失的效用即个人福利就要小于穷人由此增加的效用即个人福利。由于社会总福利是所有个人经济福利的简单相加，故这种收入转移的结果将增加总的社会福利。

根据两个基本命题，庞古提出增进社会总福利的两个措施：第一，通过资源在各个生产部门的最优配置使国民收入总量达到最大；第二，通过累进税和社会福利设施把富人的钱转移给穷人一部分，使国民收入的分配均等化。

正是在讨论资源的最优配置问题时，庞古提出了其颇具特色的理论。庞古的资源最优配置学说是以他的所谓"纯产品"或者"边际纯产品"概念为基础的。按照他的定义，一定量资源的边际纯产品等于在该资源上增加（或者减去）任意一个微小部分所引起的产出变化。根据这个定义，如何来求出某既定资源量例如 K 的边际纯产品呢？可以这样求解：设给定了一定量资源 K，当这些资源适当地组织起来时，生产一个总产量 Q；如果现在在该给定资源上加上（或者减去）一个微小部分例如 ΔK，则得到另外一个既定资源量 $K+\Delta K$（或 $K-\Delta K$）。当 $K+\Delta K$（或 $K-\Delta K$）适当地组织起来时，它生产一个总产量 Q'。显然，一般来说，这个新的总产量 Q' 与原来情况下的那个总产量 Q 相比，在数量上会有所不同，比如说，增加（或者减少）ΔQ，而

$Q'-Q=\Delta Q$。于是，这个 ΔQ 就是原有既定资源 K 的边际纯产品。

界定边际纯产品的概念之后，庇古指出，存在着两种不同类型的边际纯产品，即边际社会纯产品和边际私人纯产品。所谓边际社会纯产品是指由于资源的边际(微小)变化引起的由整个社会得到的全部纯产品；所谓边际私人纯产品是指由于资源的边际(微小)变化引起的整个社会得到的全部纯产品中由进行该项资源投资的人所得到的那一部分。这一部分在不同的条件下可以大于、小于或等于相应的边际社会纯产品。于是，可以从两个方面来考察任意厂商(私人)增加一单位生产要素的效果；一是它给厂商自己造成的影响，即边际私人纯产品——厂商每增加一单位生产要素使自己增加的纯产品；另一是它给社会(包括该厂商在内)造成的影响，即边际社会纯产品——厂商每增加一单位生产要素使社会增加的纯产品。

如果用市场价格或者货币来表示纯产品，则可以得到与边际社会纯产品和边际私人纯产品相对应的两个概念，即边际社会纯产品价值和边际私人纯产品价值，它们分别等于边际社会纯产品和边际私人纯产品与市场价格的乘积。换句话说，所谓边际社会(或者私人)纯产品价值就是边际社会(或者私人)纯产品在市场上所值的货币数量。

得到边际社会纯产品价值(以及边际私人纯产品价值)的概念之后，庇古进一步论述了资源最优配置的必要条件。设给定一定量的资源，怎样才能使得这一定量的资源配置能够产生最大的国民收入呢？庇古认为，如果假定不存在资源在不同地区和不同行业之间的转移费用，且只有一种资源配置方式可以使得边际社会纯产品价值处处相等，则这种资源配置方式就使得国民收入达到了最大。换句话说，资源最优配置的必要条件是资源的边际社会纯产品价值处处相等。这个资源最优配置的必要条件很容易理解。可以反过来这样看：如果在某种资源配置方式中，在某个地方或者某个行业的资源的边际社会纯产品价值不等于(例如小于)其它地方或者其它行业的资源的边际社会纯产品价值，则这种资源配置方式就不是最优的，因为在这种情况下，我们可以通过把资源从边际社会纯产品价值低的地方和行业转移到边际社会纯产品价值高的地方和行业中去，以增加国民收入总量。

由资源最优配置的上述条件可以直接得到一个推论，即促进资源的流动以减少各处资源的边际社会纯产品价值的不相等程度可能有利于提高国民收入总量。

第二节　市场机制与资源配置

在论证了资源最优配置的必要条件之后，庇古提出了这样一个问题：看不见的手的市场机制（或者用庇古自己的话来说是"自我利益的自由作用"）在多大程度上能使资源配置达到最优，即在多大程度上能使得边际社会纯产品价值处处相等呢？"自利的自由作用"追求的是私人的利益而非社会的利益，因而，在它的"指引"下，资源的流动不可能直接促使资源的边际社会纯产品价值处处相等，而最多只能是促使资源的边际私人纯产品价值处处相等。从这一思路出发，庇古讨论了看不见的手在实现资源最优配置问题上所可能遇到的种种困难。

首先，看不见的手是否能导致资源的边际私人纯产品价值处处相等呢？为做到这一点，看不见的手必须能够引导资源从边际私人纯产品价值低的地方向边际私人纯产品价值高的地方流动。但是，在现实的经济中，存在着许多的障碍阻碍着资源的这种流动。例如，资源的流动需要成本，投资者必须向在资本市场上帮助进行资源流动的各种代理人支付费用。流动成本的存在本身就是阻碍自由流动的一个重要因素；资源的流动也需要知识或者信息。如果不知道各个地方、各个行业的资源的边际私人纯产品价值是多少，则资源就不可能正确地流动。但投资者的知识和信息总是不完全的。私人企业的盈利状况往往不公开；股份企业则存在有资本渗水等假象。此外，还有长期利润的不确定问题：长期利润涉及到预期，而关于将来的知识总是远远不够完备的。阻碍资源自由流动的还有许多其它因素，例如垄断等。在垄断的情况下，资源的流动受到了人为的阻碍。

其次，即使看不见的手能够引导资源自由流动，以致使得资源的边际私人纯产品价值处处相等，但这是否同时也就是边际社会纯产品价值处处相等呢？答案显然也是否定的。存在有各种各样的原因造成边际私人纯产品价值与边际社会纯产品价值的背离。庇古指出，即使是在简单竞争的情况下，边际私人和边际社会的纯产品价值也并不总是相等的，这是因为每单位资源生产的产品的一部分可能不是直接落到该资源的投资者手里，而是落到了其它人手里。庇古把这些"局外人"分成三类，即耐用设备的所有者、产品的非生产者以及其它的生产者。在第一种情况下，投资者为改进资本设备而进行的投资不属于设备所有者，但该投资的好处最后却可能为所有者拥有。相反的例子是，投资者拼命地过度使用资本设备，结果设备所有者遭到了额外的损失。在第二种情况下，某个人例如 A 从第二个人 B 那里得到一笔钱并向 B 提供服务。但是，在 A 向 B 提供服务的过程中，A 也向其他人提供了服务，而却无法向这些其他人征收服务费用。第三种情况类似于技术上的规模经济：某个生产者增加生产时，结果使得其他生产者也得到了好处，例如，使他们的投入要素更加便宜、要素生产力得到了提高等等。如果考虑的不是简单竞争，而是其他情况，则边际私人和社会纯产品价值将进一步背离。例如，在垄断竞争条件下出现的"竞争性"广告、在寡头条件下出现的讨价还价和欺诈行为等等。所有这些也造成了边际私人纯产品价值不等于边际社会纯产品价值。

最后，即使不存在资源流动的障碍，并且，资源的边际私人和社会纯产品价值处处相等，从而看不见的手可以导致边际社会纯产品价值处处相等，但还有一个问题：这样导致的资源配置状态是否真的使国民收入达到了最大？答案仍然是不一定。边际社会纯产品价值处处相等只是资源最优配置的一个必要条件，而非充分条件。就是说，如果边际社会纯产品价值不是处处相等，则资源配置就没有达到最优；但不能反过来断言：有了边际社会纯产品价值处处相等，资源配置就一定最优。庇古指出，可能存在着这样的情况，即不仅仅只有一种，而是有很多种资源配置方式能够使得边际社会纯产品价值处处相等。例如，当某个地方或者某个行业的边际社会纯产品价值随该处资源的增加而递增(亦即供给价格递减)，或者，当某种产品的市场价格随该产品的数量增加而递增时，就可能出现多种使边际社会纯产品价值处处相等的资源配置方式，即出现所谓的"多重均衡"的情况。在多重均衡的情况下，每一种均衡都意味着一种使国民收入在某个局部范围内达到最大的资源配置方式，或者说，资源配置达到了相对的局部的最大。但在多重均衡中，只有其中的一种才是绝对的全局的最优。经济体系在看不见的手的指引下所达到的也许只是相对的局部的最优状态，而非绝对的全局的最优状态。

综上所述，自利的自由作用在引导资源最优配置问题上存在有许多困难。庇古由此指出，政府可以在看不见的手失效时采取行动以帮助经济体系实现最优。例如，政府可以采取减少流动费用、增加信息、反对垄断等措施来加强资源的流动性，帮助看不见的手实现边际私人纯产品价值的处处相等；政府可以采取各种消除外部影响的措施使得边际社会纯产品价值与边际私人纯产品价值趋于一致；最后，政府还可以采取各种奖励或保护措施使经济体系从相对的局部的最优均衡状态中摆脱出来，进入到绝对的全局的最优均衡状态中去。在这里，庇古特别指出了暂时保护幼稚行业的意义：如果选择的幼稚行业正确，保护的程度恰当，且在合适的时候取消保护，则这种保护就是合理的。

庇古关于资源最优配置的条件还可以换一种方式来加以说明：只有当任意一个厂商增加一单位生产要素所造成的边际社会纯产品价值和边际私人纯产品价值相等时，社会的资源配置才达到了最优。如果边际私人纯产品价值大于边际社会纯产品价值，则厂商的活动给社会带来的好处就小于给自己带来的好处，即使得社会上其他人遭到损失。因此，应当减少这种活动，把资本从该厂商的那种活动中转移出来一些。例如，可以通过税收来限制它的生产。如果边际私人纯产品价值小于边际社会纯产品价值，则厂商的活动给社会带来的好处就大于给自己带来的好处，即使得社会上其他人也得到好处。因此，应当增加这种活动，把资源从其他地方转移过来一些。例如，可以通过补贴来扩大它的生产。

尽管庇古的福利经济学并不直接涉及到经济增长和发展的问题，但仍然在当代经济增长理论中受到很大重视。例如，庇古关于福利经济学的两个基本命题和增进社会福利的两个措施对后来的西方发展经济学就产生了不小的影响。实际上，在当代经济发展理论中，如何在发展中国家解决国民收入最大化(即效率)和收入分配均等化(即平等)这两个问题，特别是如何解决在效率和平等这二者之间的权衡问题，仍然是非常重要的课题。又例如，庇古的边际私人和社会纯产品理论，尤其是其中关于"外部经济效果"的讨论也对后来的发展经济学产生了很大的影响。当代发展经济学家普遍认识到，外部影响问题在发展中国家相当严重，常常阻碍着资源的优化配置，构成其发展的障碍。

第十五章 维克塞尔的累积过程理论

维克塞尔(Knut Wicksell，1851—1926)是瑞典学派的奠基人，他在19世纪末20世纪初创立了一个所谓新货币理论——累积过程学说。这一学说经过他的追随者们的传播和修补，在西方经济学界颇有影响。①

累积过程学说是维克塞尔在批判传统的货币数量说的基础上建立起来的一种货币经济理论，它反对把货币看作是覆盖于实物经济上的面纱和经济运行过程中的润滑油，而坚持认为货币是影响实际经济变量的重要因素。

第一节 货币在资本积累中的积极作用

资本积累是经济增长的主要源泉。维克塞尔早在本世纪初就认识到了货币和信用具有促进资本积累的作用。他指出："在实际经济情况中，一切交换、投资或资本转移在事实上都是通过货币实现的。……货币的使用(或滥用)可在实际上积极地影响着实物交换和资本交易。滥用货币(如政府纸币)——这的确是常常发生的——可破坏大量的实物资本并使社会的整个经济生活陷于绝望的混乱。但另

---

① 关于累积过程学说的主要著作有：维克塞尔的《利息与价格》(1898年)和《国民经济学讲义》(下卷)(1906年)，缪尔达尔的《货币均衡论》(1931年，英文版1939年)，林达尔(E. Lindahl)的《货币与资本理论研究》(第二篇)(1930年，英文版1939年)，伦德堡(E. Lundberg)的《经济扩张理论的研究》(1937年)等。

一方面，通过货币的合理使用，实际上又可以积极地促进实物资本的积累和一般生产的增加。……信用还给资本提供最大可能的生产力。"①这段话明确地表达了维克塞尔关于货币作用的观点。

那么，货币是怎样促进资本积累和经济增长的呢？首先从货币的职能来看。维克塞尔认为，货币具有三种职能：价值尺度、价值储藏手段和交换媒介。货币之所以具有促进资本积累的作用，是因为具有价值储藏手段的职能。当然，仅有这个职能，还不能促进资本积累。假如一个人把一部分收入储藏在自己箱子里，则有一部分货币将退出流通界，从而迫使商品价格下跌。于是，购买者用同样多的货币能够买到比以前更多的商品，或者说，这些人"共同分享储蓄人所放弃的那部分消费品"。②"当储蓄人欲使用其储蓄时，那也同样意味着他将分享其他储蓄人在那时所放弃的消费品。"③由此，维克塞尔说，"储蓄的效果可以比拟于一种消费贷款，即储蓄人贷款于其同时代的人，到以后又向这些人或其后代索还其所贷放的原本（虽然没有利息》。"④在这种情况下，货币并没有起到促进资本积累的作用，因为"现在消费的限制是实物资本积累的源泉，"⑤而从整个社会来看，没有人放弃任何消费品的消费。

但是，在信用发达的现代银行制度下，储蓄者往往把不消费的货币（除了必要的之外）存入银行，而不是放在私人钱柜里。银行则尽快地把这部分货币贷放给生产企业，企业运用借入货币来购买生产品

①　维克塞尔：《国民经济学讲义》，上海译文出版社 1983 年版，第 214 页。着重号是引者加的。

②　维克塞尔：《国民经济学讲义》，上海译文出版社 1983 年版，第 219 页。

③　维克塞尔：《国民经济学讲义》，上海译文出版社 1983 年版，第 219 页。

④　维克塞尔：《国民经济学讲义》，上海译文出版社 1983 年版，第 219 页。

⑤　维克塞尔：《国民经济学讲义》，上海译文出版社 1983 年版，第 214 页。

和雇佣工人，从事一种或他种生产活动。"因此，货币离开流通界就只是一顷刻的时间，甚至于完全不离开流通界。因而物价就不会下跌。储蓄人所放弃消费的商品，在一个有正常秩序的制度下，就完全不会再被生产。这样，一向为生产这些商品所使用的劳动与自然资源，现在就可以用来准备未来的生产。所以，除开一些不可避免的经济摩擦而外，在储蓄期间内，其他一切均将保持不变，而生产则已变成更资本主义化了，即生产更朝向将来，因而一般说来，生产成果也较前为多。"①简略地说，由于发达的银行制度，原来纯粹作为价值储藏的货币现在已变成了资本，把社会资源从消费品生产转到资本品生产，从而促进了资本积累和经济增长。

以上是就价格不变这个假定来说的。维克塞尔进一步指出，一方面，随着现代银行制度的发展，越来越多的人把不用的货币存入银行，从而流通中的货币量增加；另一方面，信用的发展使货币流通速度加快。其结果是"物价或多或少地显著上涨。而物价的上涨在事实上则又是企业增加的必要条件。因为，由物价上涨所造成的消费的强制性的普遍减少，正构成实物资本的积累；而实物资本的积累则又为更高度的资本主义生产之不可缺少的前提"。②

综上所述，维克塞尔观点可以总结如下：在现代银行信用制度下，作为价值储藏手段的货币对资本积累具有双重作用：一方面，把储蓄的货币迅速贷放于生产性企业，从而把社会产品中的一部分消费品转变为投资品；另一方面，通过增加货币流通量来提高物价，降低公众手中货币的购买力，从而迫使消费减少，引诱投资增加。

维克塞尔从货币职能的角度认识到货币在促进资本积累中的积极作用，这种认识在他那个时代是新颖而又比较深刻的。在他以前，占主导地位的货币理论是货币数量论，这一学说只把货币作为交换媒

---

① 维克塞尔：《国民经济学讲义》，上海译文出版社 1983 年版，第 221 页。

② 维克塞尔：《国民经济学讲义》，上海译文出版社 1983 年版，第 221 页。

介。由于这个观点，自然不能认识到货币的这一重要作用。但是，必须指出，维克塞尔对经济变动理论作出的贡献不止于他对货币职能的论述，而且主要不在这一点。他从利率角度所阐述的累积过程理论才使他在经济发展理论史中占有一席。

第二节　累积过程理论

一、维克塞尔的累积过程理论

维克塞尔创立的累积过程理论是关于利率与价格水平关系的理论。在这里，维克塞尔首次把利率区分为自然利率与货币利率。所谓自然利率与传统经济学所说的实物资本利率相同，即与资本边际生产力相同，维克塞尔有时也把它定义为新创造的资本预期收益率。货币利率则是指货币在借贷中发生的利率。维克塞尔的观点是，这两个利率不是等同的，但是可以比较的。当货币利率与自然利率相等时，投资与储蓄也相等，价格水平保持稳定不变，整个经济处在均衡状态。反之，当货币利率与自然利率不一致时，则投资与储蓄不等，价格水平发生变动，整个经济就处在不均衡的累积过程中。

维克塞尔认为，自然利率与货币利率在现实中是经常发生变动的，而且变动的幅度也不尽一致。它们变动的特点是，"平均自然率的变动（以大数法为根据）是持续的、不间断的，而货币利率则大都只是在不连续的、突跃的方式下作譬如千分之五或百分之一的提高或降低。"[1]因此，"这两个利率准确的吻合是不会有的"。[2]

维克塞尔描述的累积过程的主要之点是，当货币利率低于自然利率时，价格水平将上涨，而且累积性地上涨；反之，当货币利率高于自然利率时，价格水平将趋于下降，而且累积性地下降。

首先假定经济处在均衡状态中。这时，由于某种原因（或是银行

---

①　维克塞尔:《利息与价格》，商务印书馆1982年版，第86-87页。

②　维克塞尔:《利息与价格》，商务印书馆1982年版，第86页。

降低利率，或是自然利率上升），货币利率开始低于自然利率。在这种情况下，企业将获得一种超额利润，即超过相当于货币利息的利润的利润。于是，那些原来处于利润边际的企业被引诱增加投资，扩大生产，从而生产要素需求增加；原来不是企业家的人此时也被引诱创办企业，购买生产资料，雇佣劳动力，租用土地。结果，生产要素的需求更加扩大，导致生产要素价格和收入上升。而收入的增加引起消费品需求也增加，这样，消费品价格上涨。此外，维克塞尔假定没有未经使用的资源存在，因此，以前为生产消费品所用的一部分生产要素，现在已被引致到生产资本品，于是，消费品生产缩减，这又造成消费品价格上涨得更高。最后，货币利率的低下抑制了储蓄，刺激了消费，结果，消费品价格又增加了一个上涨的因素。总之，在消费品市场上，来自两个方面需求上升的压力面对着供给缩减的倾向，消费品价格水平上涨是不可避免的了。

那么，这种价格上涨的趋势怎样呢？可从两个方面来分析。如果这时货币利率上升到等于自然利率，或者，自然利率下跌到等于货币利率，超额利润不复存在，扩张生产的动机和欲望随之消失了，于是，企业家将不再增加投资，扩大生产。结果，货币需求下降，投资将下降到等于储蓄的水平，价格水平将不再上升。但是，这时的价格不再回到原有的基础上，而是保持在较高的水平上。这是因为，虽然生产要素价格提高了，生产成本增加了，但企业家预期的商品价格也会保持在较高水平上，从而利润不会减少。

但是，如果货币利率这时仍保持在低于自然利率的水平上，那么，货币利率一次性的下降，或自然利率一次性上升，不只使价格水平一次性地上涨，还会使价格水平不断地、累积性地上涨。原因是，企业家的获利动机将驱使他们不断地扩大生产，增加投资，从而，生产要素以及消费品需求将始终保持旺盛的状态。而与此同时，越来越多的资源转移到生产资料生产部门，消费品的生产和供给将日益减少。结果，价格水平将涨了又涨。不仅如此，乐观的预期对价格的上涨也起着推波助澜的作用。维克塞尔论述道："当价格稳定上涨经过一段时间以后，企业家所凭以计划的根据，将不单是已经达到的价格，而是将要进一步上涨的价格。"①这样，企业家扩张生产的欲望将更加强烈，总需求将更加膨胀，价格水平将涨得更快更猛。

以上描述的是向上的累积过程，同样也可以按照与以上相反的程序描述向下的累积过程。当货币利率提高到自然利率以上时，或自然利率跌到货币利率以下时，企业家因无利可图，将缩减生产，减少投资，减少对生产要素和消费品的需求，从而，投资将小于储蓄，消费品价格将趋于下跌。如果过一段时间，货币利率下降到等于自然利率的水平，或自然利率上升到货币利率水平，价格就会停止继续下降，但它固定在较低水平上。但如果货币利率较长时间仍高于自然利率，价格水平将不断地、累积性地下跌。

维克塞尔对累积过程总结如下："在任何时候，在任何经济情况下，总有一定的平均利率水平。……这个我们称作正常利率（即自然利率）。……如果为了任何原因，将平均利率规定并保持在这个正常水平以下时，其间的差距不论怎样微小，价格将上涨，而且将不断地上涨；……另一方面，如果将利率保持在自然率现时水平以上，其差距不论怎样微小，价格将不断下跌，并且并无限制。"②

维克塞尔研究货币问题的目的是为了寻找价格水平变动的原因，建立的累积过程学说是为稳定价格提供理论依据。维克塞尔的政策主张是，当价格水平上升时，货币当局可以通过提高利率紧缩信用来制止价格上涨；当价格水平下跌时，银行则可以通过降低利率放宽信用来阻抑价格下落。

从以上论述中可以发现，维克塞尔所描述的累积过程只是价格水平的累积过程，而生产量和就业等实际经济变量并不发生变化。这是因为，维克塞尔是在充分就业下论述累积过程的，因而，他所说的生产扩张都是指的一种趋势，而不是事实；企业家在低利率下获得的利益是以资本家（拥有货币资本的人）的损失为代价的，生产资料部门生产的扩张是以消费品生产部门的缩减为代价的。这里不妨引用维克

---

① 维克塞尔:《利息与价格》，商务印书馆1982年版，第79页。
② 维克塞尔:《利息与价格》，商务印书馆1982年版，第97页。

塞尔的原话来说明。他说："信用趋向松弛，可以造成生产（以及一般商业）扩大的趋势，但无论如何，这并不等于说生产在事实上将有所增加。"①"如果企业家年复一年，不断地获得些这类超额利润，结果只能是引起他们扩大活动的倾向。让我再次着重说明，这不过纯粹是一个倾向问题而已。生产实际的扩张是完全不可能的。"②

二、累积过程理论的补充和发展

维克塞尔的后继者如缪尔达尔和林达尔等对他的累积过程学说作了重要补充和发展。

如上所述，维克塞尔认为，当自然利率与货币利率不一致时，价格水平就要发生变动，但这种变动是由企业利润因素引起的。例如，当货币利率低于自然利率时，企业家获得超额利润，从而扩大投资，导致价格上涨。维克塞尔的后继者对这一过程的分析在维克塞尔学说的基础上进行了修改和补充。他们用资本价值代替利润来说明利率与价格之间的变动关系。所谓一项资产的资本价值是指该资产未来一系列时期的预期收益按照一定贴现率贴现的价值总和，它与预期收益成正比关系，与贴现率成反比关系。

假设最初货币利率与自然利率一致，从而经济处在均衡状态中。如果降低货币利率，则"降低利息率的直接结果是所有资本价值的增加，"③因为货币利率的降低即意味着贴现率的降低。资本价值增加幅度的大小取决于资本品寿命的长短。"资本品寿命越大，资本价值增加得越大，因为此时它代表根据现在较低的货币利率计算的更加遥远的未来收益。"④资本价值越大，表明获利机会越大。这样，利率的降低刺激企业家从事长期投资，由消费品的生产转到资本品的生产。

---

① 维克塞尔：《利息与价格》，商务印书馆 1982 年版，第 73 页。
② 维克塞尔：《利息与价格》，商务印书馆 1982 年版，第 116 页。
③ 林达尔：《货币和资本理论的研究》，商务印书馆 1982 年版，第 125 页。
④ 缪尔达尔：《货币均衡论》，商务印书馆 1982 年版，第 27 页。

"而且，在每种生产中，他们也将会使用更多的资本主义方法，"①即更加资本集约化的生产方法。

由于资源向资本品工业偏移，生产方法更加资本集约化，生产要素的需求和价格必然上升，从而收入相应增加。收入增加引起消费品需求和价格升高。如果开始时存在着未被使用的生产要素，这些要素就会最先被用到资本品生产中，消费品生产不一定减少，从而，消费品价格上涨较为和缓。但若一开始就不存在未被利用的生产要素，那么，在相当范围内，生产要素将会从消费品生产转移到资本品生产，消费品生产将得缩减。在这种情况下，消费品价格就会涨得更高。

消费品价格上涨后，资本价值也会很快随之增加，因为消费品价格的增加会使企业家对未来收益的预期变得更加乐观。更大的资本价值和获利机会将引诱企业家更乐意从事周期更长的资本投资，从而生产更朝向资本主义性质。结果，生产要素和消费品价格进一步上涨。只要货币利率持久地低于自然利率，资本价值就会不断增加，生产要素不断地转移到资本品生产，价格水平就会累积性地上涨。

缪尔达尔还对价格上涨的传递次序作了论述。他说："在这里有各种"价格水平"的竞赛：实际资本的价格、生产要素的价格以及消费品的价格。在这一理论中，它们之间不仅有某种因果关系，同时它们在运动中还有一定的先后次序。"首先是资本价格（价值）上升，然后是生产要素价格的上升，最后是消费品价格的上升。"假如资本价值不是领先，则'自然利率'就不能超过货币利率。"②

林达尔对非充分就业条件下的累积过程进行了考察。这实际上意味着放松了维克塞尔充分就业的假定。林达尔分四种情况来讨论。③

（1）假设只有消费资料制造业存在失业，同时，生产要素不能转移。在这种条件下，降低利率不会使生产资料制造业扩张。这样，社

① 缪尔达尔：《货币均衡论》，商务印书馆1982年版，第28页。
② 缪尔达尔：《货币均衡论》，商务印书馆1982年版，第29页。
③ 林达尔：《货币与资本理论的研究》，商务印书馆1982年版，第135-138页。

会名义总收入不会增加，消费品需求和价格不会增高。结果，消费资料制造业企业家增加生产的动机就不存在，失业不会减少，生产像以前一样继续下去，累积过程不会产生。

（2）假设只有生产资料制造业存在失业，同时生产要素不能从消费资料生产转到生产资料生产。在这种条件下，降低利率导致生产资料价格上升，失业减少。于是，社会名义总收入增加，消费资料需求和价格上升。结果，向上的累积过程发生了，这个过程一直要继续到生产资料制造业的失业消失为止。

（3）假设两个生产部门都存在失业，同时保留生产要素不能自由流动的假定。这时，降低利率将导致生产扩张，生产资料和消费资料生产都在增加，从而，消费资料的需求扩大大体上与其供给的增加相适应，价格不会上涨，或只是微小的上涨。但是，如果其中一个部门失业消失了，情况就会发生变化。当生产资料制造业失业首先消除时，如同第一种情况那样，生产不再扩张，收入和消费品价格停止上升。当消费资料制造业失业首先消除时，如同第二种情况那样，生产资料制造业继续扩大，价格水平上升，向上的累积过程将持续下去，直到生产资料制造业完全消失为止。

（4）假设生产要素可以从消费资料制造业转移到生产资料制造业，但由于阻力的存在，这种转移在一定时期内受到限制。在这种情况下，降低利率将促使生产扩张，价格上涨。这时，如果消费资料制造业存在失业，消费资料生产和供给将会增加，从而，价格上涨的幅度较为和缓。待失业消除后，价格水平将持续地、累进地、累积地上涨。

以上是从利率降低的角度论述累积过程的。林达尔还对提高利率的后果进行了考察。他的基本观点是，如果工资具有伸缩性，那么，提高利率只会引起价格的下落，失业不会发生。但如果工资不能任意加以增减，那么，提高利率将会无疑导致失业产生，而生产资料部门失业将比消费资料部门失业更为严重。其结果，消费资料需求将大大低于其供给，价格将大幅度下跌。

林达尔还探讨了不同利率对累积过程所造成的影响。①

短期贷款利率对价格发生影响较快，但时间较短；即使长短期利率差别能保持较长时间，这种影响也不是累积性的，因为人们预期它不久会发生相反的变化。长期贷款利率对价格发生影响较慢，但时间较长，而且越到后来影响越大，变成急剧的累积运动，因为人们预期它会保持很长时间。由于这些特点，当短期贷款利率上升，而长期贷款利率下降时，价格水平先下降而后上升。反之，当短期贷款利率下降，而长期贷款利率上升时，价格水平先上升而后下降。另一方面，如果两种利率都处在正常水平上，且短期利率高于长期利率，那么，价格水平将下降，而且，价格水平最初降得比较猛烈，然后较为和缓，最终由于长期利率的影响又加剧起来。如果长短期利率同时下降，而短期利率下降更甚，那么，价格水平的变动与上述的情况相反。

存款利率和贷款利率对价格的影响也不尽相同。林达尔认为，存款利率下降可以使企业家减少存款，增加投资，从而导致价格水平上涨；而且，存款利率的降低同时又会减少社会储蓄总额，使消费需求增加。因此，存款利率的变动对价格水平有直接影响。但是，企业家从事生产活动都需要大量借款，所以，贷款利率是企业家考虑各种投资可能性的更重要因素。这样，与存款利率相比，贷款利率对价格的影响要大得多。

第三节　累积过程与经济变化

一、累积过程与经济周期

前已指出，维克塞尔的累积过程理论是建立在充分就业假定之上的。这实际上意味着，当货币利率低于自然利率时，只有价格水平累

---

① 林达尔：《货币与资本理论研究》，商务印书馆 1982 年版，第 145-154页。

积性地上涨，而产量和实际收入、就业不能增加；当货币利率高于自然利率时，只有价格水平累积性地下跌，而产量和就业并不减少。可见，维克塞尔的累积过程似乎与经济周期没有什么关系，因为经济周期涉及到产量、就业、价格周期性的变动。维克塞尔的确也不把他建立的累积过程理论说成是经济周期理论。他认为经济周期是由技术变革因素引起的。[①]

但是，也有一些经济学家认为维克塞尔的累积过程学说也是一种从货币因素建立的周期理论。例如，熊彼特在《经济分析史》中指出，维克塞尔的累积过程本身只要稍加修改就可以成为一种周期理论。[②] 缪尔达尔在《货币均衡论》中也指出，"维克塞尔的累积过程——它是由于背离货币均衡而发生的——就我们在经验中所了解的，显然具有商业循环某些阶段的特点。"[③] "运用这种模型，维克塞尔可以描述全部商业循环理论。"[④]

我们认为上述一些看法是有道理的，维克塞尔的累积过程学说具有经济周期理论的性质。只要取消充分就业以及工资和价格无限弹性这些不现实的假定，累积过程就可以用来说明经济周期。这可以根据维克塞尔本人的观点来说明。

维克塞尔坚持说，导致一个经济经常发生波动的根本原因在于自然利率与货币利率的经常偏离。若前者高于后者时，则向上的累积过程发生；若前者低于后者，则向下的累积过程开始。但是，累积过程是否能无限期地进行下去呢？维克塞尔的回答是否定的。他认为，自然利率的变动是积极的、主动的，而货币利率的变动是消极的、被动的；后者跟随前者变动。他说："我们认为是商品价格变动的主要原因的借贷利率(即货币利率)与正常利率(即自然利率)的差距，产生

---

① 维克塞尔对经济周期原因作了专门的说明，见《国民经济学讲义》，上海译文出版社 1983 年版，第 388-393 页。

② 熊彼特：《经济分析史》，1954 年英文版，第 1120 页。

③ 缪尔达尔：《货币均衡论》，商务印书馆 1982 年版，第 147 页。

④ 熊彼特：《经济分析史》，1954 年英文版，第 30 页。

于正常的或实物利率不变动而借贷利率自发变动的时候较少；相反，产生于正常利率上升或下降，而借贷利率则静止不变或缓缓跟随的时候较多。"①

在维克塞尔看来，技术发明和创新是有周期性的。当一种新技术发明出来并运用于生产时，资本的生产力就大大提高了，从而自然利率也大大提高。在货币利率不变的情况下，超额利润便产生了，资本价值就增加了，这就刺激了企业家的投资活动。于是，资本品生产与消费品生产都在扩张，且前者比后者扩张更快，就业和产量增加，价格也相应地上涨。这时，经济进入高涨和繁荣时期。由于货币利率与自然利率相比显得异常低廉，工商业向银行借款数额就大大增加。经过一段时间后，银行准备金因贷款超过存款而不断减少，最后，为了避免破产，贷款利率不得不调高。而与此同时，由于资本积累越来越大，"为新资本寻求有利的用途已日益困难，更加上新资本与原有资本的竞争，"②超额利润逐渐消失，自然利率趋于下降。这时如果没有新技术创新发生，自然利率就会降到贷款利率以下。在这种情况下，投资前景较为暗淡，从事资本品生产遭受风险较大。银行虽然过一段时间后会逐渐降低利率，但不会把贷款利率降到接近于零的水平，因为对存款仍然要支付利息，否则银行就难以为继。结果是生产和价格的下降，失业率的上升，经济由繁荣而进入衰退和萧条。当下一次技术发明到来时，自然利率将再度上升，经济又开始复苏和进入繁荣时期。

由此可见，维克塞尔累积过程学说是可以用来分析经济周期问题的，并且还可以作为反周期政策的理论基础。缪尔达尔在《货币均衡论》中正是这样做的。他说，维克塞尔理论的重要政策目标是"要求完全消除或者最少是缓和"商业循环""。③ 其具体做法是，当经济处

---

① 维克塞尔：《国民经济学讲义》，上海译文出版社 1983 年版，第 385 页。

② 维克塞尔：《国民经济学讲义》，上海译文出版社 1983 年版，第 385 页。

③ 缪尔达尔：《货币均衡论》，商务印书馆 1982 年版，第 147 页。

在上升和扩张阶段时，银行应该适当提高利率，以防止经济发生过热和投资过度；当经济出现衰退的征兆时，银行应适当降低利率，以防止经济陷入萧条。

二、累积过程与经济增长

维克塞尔的累积过程理论不仅可以修改为一种周期理论，而且也可以扩展为一种增长理论。

维克塞尔对累积过程的论述是一种短期分析，因为利率下降、信用扩张只会导致一个经济总需求膨胀和价格上涨，而不会影响经济总供给。虽然林达尔论述了非充分就业条件下的累积过程，在这种情况下，利率下降可以引起产量增加，但是，这同样是一种短期分析，因为他像维克塞尔（还有瑞典学派其他经济学家）一样，认为在充分就业情况下，经济总供给不能增加，利率下降只会导致价格上涨，尽管还有资源在各部门之间的重新配置。

但是，我们认为，只要把维克塞尔的短期分析扩展为长期分析，即使在充分就业条件下一个经济的总产量和总供给也是可以增加的。也就是说，维克塞尔的累积过程也是资本积累和经济增长过程。

我们可以把累积过程分为若干个时期，每个时期长到足以使相当一部分投资项目完工投产。假设最初经济处于充分就业的均衡状态。在第一期，由于银行降低利率，货币利率偏离于自然利率。于是，企业家受利润诱引而扩大投资，而投资资金主要来源于银行贷款。结果，生产要素需求扩大，生产资料价格和工资率开始上升。由于假定充分就业，资本品需求增加必然造成消费品供给减少。此时，消费品需求的增加和供给的减少迫使消费品价格上涨。过一段时间后，一般价格水平渐趋上涨。这与维克塞尔过程是一致的。但是，差别存在于第二期中。

在第二期，假设货币利率与自然利率的差别仍然不变。由于乐观的价格和利润预期，企业家继续新投资项目，从而，资本品和消费品需求继续扩大。按照维克塞尔观点，由于生产不能增加，需求的进一步扩大将导致商品价格涨得更快。但是，随着第一期投资项目一个一个地建成而投入生产，本期生产和供给将有所扩大，不仅生产资料生产增加，而且消费资料生产也在增加。由于经济处在扩张阶段，社会总产品量或经济总供给将远抵销上期消费品供给减少而有余，即本期总供给大于上一期。结果，第二期价格水平并不象维克塞尔描述的那样上涨得更快，而是要受到相当的压抑。

如果第三期货币利率仍低于自然利率，那么，投资将会继续增加，对货币和商品需求继续扩大，价格也会继续上涨。但由于第一期、第二期的新投资项目投入生产，第三期的生产将会大大增加，并且远大于上期的总供给。因此，价格水平虽然上涨，但涨幅很可能不大于第二期。

这个过程可以继续分析下去。从这里可以看到，维克塞尔的累积过程学说如果扩展到长期是可以发展为一种经济增长理论的。当然，上述过程只是一个简单的例子。这并不意味着经济增长是一帆风顺的过程。如果把前面所述的周期问题结合起来，我们可以说，资本主义经济是在不断波动中前进的。

其实，维克塞尔并没有忽视货币在资本积累和经济增长中的作用，第一节中我们就已介绍了他有关这方面的观点。在分析利率与价格的关系时，即在论述累积过程时，他也注意到了生产变动这一情况。他说：生产的实际扩张"需要生产中的实际因素即劳动和土地的供给有所增加，或者固定和流动资本量有所扩充，使生产的现有因素能够在更长久的因此也就是更有效的程序下使用。"[1]"物价上涨在一定程度上被生产的增加所抵销，也不是没有可能的。例如，以前本有失业存在，又如，高工资已引起劳动时间的延长，再如，生产的更加迂回等。这种迂回的延长无疑是由利率降低所引起，纵使是人为的。"[2]

从这两段话中，我们可以把维克塞尔有关生产扩张的因素归纳为

---

[1] 维克塞尔：《利息与价格》，商务印书馆 1982 年版，第 116 页。

[2] 维克塞尔：《国民经济学讲义》，上海译文出版社 1982 年版，第 376 页。着重号是引者加的。

三点：(1)要素投入的绝对增加，(2)资本投资的相对增加和(3)资本使用从短期向长期转移。要素投入(包括劳动、土地、资本)的绝对增加只有在社会资源未充分使用的情况下才成为可能，在充分就业下，这个因素不是增加生产的源泉。资本投资的相对增加只有在减少目前消费品消费的条件下才能实现，它表明一个经济生产方向的改变，即由消费品生产转向资本品生产。资本使用从短期转向长期只有在长期投资获利性更高的环境下才会发生，这个因素表明生产方法的改进，即生产过程更加迂回，更加资本集约化。后两个因素才是经济增长的重要源泉。维克塞尔还说利率降低可以促进资本的转移和使用长期化。可见，维克塞尔的确认识到了利率具有促进资本积累和经济增长的作用。

可是，维克塞尔又为什么在描述累积过程中强调生产是不能扩张的呢？对这个问题，他是这样回答的，"生产的增加就其性质而言，是属于将来的；而对原料与劳动需求的增加则属于现在。由于这个理由，所以货品供应量的增多，顶多只有在将来才能对已经开始的物价的累积上涨发生反作用。"①"所有这一切(指上面所说的生产扩张的各种因素)都属于次要问题。"②"这样变动的实现是需要时间的，这里我们无须加以考虑。"③

维克塞尔的这些解释使我们明白了两点：(1)他建立的累积过程理论是短期分析，而生产的扩张是长期的事，这里无须考虑。(2)扩张生产的这些源泉与他研究的价格变动原因相比是次要的，因而可以撇开不论。

综上所述，我们认为，维克塞尔虽然是一个货币理论家，主要关心的是货币价值和价格水平问题，但与传统的货币数量论者不同，在

---

① 维克塞尔：《国民经济学讲义》，上海译文出版社 1982 年版，第 380 页。着重号是引者加的。

② 维克塞尔：《国民经济学讲义》，上海译文出版社 1982 年版，第 376 页。着重号是引者加的。

③ 维克塞尔：《利息与价格》，商务印书馆 1982 年版，第 116 页。着重号是引者加的。

论述货币量与价格水平关系时总是紧密地联系着经济中的实际变量。正是由于这一点，我们可以把他创立的，他的追随者发展的累积过程学说与经济周期和增长问题结合起来。美国著名经济学家罗斯托对维克塞尔是这样评价的："价格和货币变动的源泉是在数量方程式的右边（产出）而不是左边（货币供给）中探索的——他的这个基本识见使他成为一个增长分析家，虽然他本人不这样认为。"①

第四节　累积过程分析方法在当代经济发展理论中的应用

维克塞尔的累积过程学说是关于价格利率关系的学说，然而，这一学说的分析方法被一些发展经济学家用来研究其他发展问题。缪尔达尔在 40 年代提出的"循环累积因果关系"原理就是建立在维克塞尔累积过程学说分析方法基础上的。②

缪尔达尔认为，社会经济制度是一个不断演进的过程。在一个动态的社会经济过程中，各种因素是相互联系，相互影响，互为因果的，某一社会经济因素的变化会引起另一社会经济因素的变化，而后者的变化又反过来促进前者的变化。所以，社会经济诸因素之间的关系不是趋于均衡，而是以循环的方式运动，但不是简单的循环流转，而是累积性的运动。例如，不发达国家贫困者收入水平的提高会改善他们的营养和教育状况，从而提高劳动生产率，而劳动生产率的提高又能促进收入的进一步增加。反过来，贫困者收入水平下降则使营养和教育水平下降，从而劳动生产率下降，结果，收入水平进一步下降。从最初的收入增加（或减少）到收入的进一步增加（或减少），这

---

① 罗斯托：《休谟以来的经济增长理论家》，1990 年英文版，第 228 页。

② 循环累积因果关系原理是缪尔达尔 1944 年出版的《美国的两难处境》一书中最先提出的，在以后的多部著作中，他常常运用这一原理来阐述经济发展问题。他承认，这一原理是"以克鲁特·维克塞尔关于循环累积因果关系"的提示为基础的。（见缪尔达尔：《国际不平等和外国援助的回顾》，载《发展经济学的先驱》，经济科学出版社 1988 年版，第 154 页。）

是一个因果循环，但这不是一个单纯的循环，而是具有累积效应的循环。

缪尔达尔在 1957 年出版的《经济理论与不发达地区》一书中提出了"扩散效应"和"回波效应"概念，用来说明国际间和地区间经济发展的不平衡问题。所谓扩散效应是指一国某一地区由于某种原因(如交通便利或享有特殊优惠政策)而创办了许多工业，逐渐形成了一个经济中心。这一中心的形成和发展向周围地区扩散和辐射，而带动这些地区的经济成长，而这些邻近地区的经济增长又反过来进一步促进中心地区经济的发展，从而形成了一个上升的循环累积过程。所谓回波效应是指某一地区的经济中心的形成和发展，由于种种原因会引起其他地区经济的衰落。例如，人才、资金、技术纷纷从落后地区被吸引到经济发展中心，从而，发达地区的经济将更加发达，而不发达地区经济将越来越不发达，这就产生了一个下降的循环累积过程。

缪尔达尔还用"扩散效应"与"回波效应"来说明国际贸易会加剧发达国家和不发达国家发展的不平衡。传统的国际贸易理论认为，国际贸易对贸易国各方都是有利的，对发达国家有利，对经济较落后的不发达国家同样有利。缪尔达尔不同意这种观点。他说，发达国家凭借经济和技术的优势，在国际贸易中处于支配地位，而不发达国家则因经济和技术落后而在国际贸易中处于被支配地位。国际贸易对发展中国家的"回波效应"要远远大于其"扩散效应"。这就是说，国际贸易使发达国家变得越来越富，而使不发达国家变得越来越穷。因此，缪尔达尔得出结论说，自由国际贸易对发展中国家是不利的，发展中国家应该实行贸易保护政策。

缪尔达尔的循环累积因果关系理论在发展经济学中具有较大的影响，它是对维克塞尔累积过程学说分析方法的一个具体运用，此外，还有其他一些理论如纳克斯的"贫困恶性循环理论"，纳尔逊的"低水平均衡陷阱理论"等都类似于维克塞尔累积过程学说的分析方法，虽然这些理论的建立者没有象缪尔达尔那样明确地指出他们的理论是以维克塞尔方法为基础的。

第十六章　卡塞尔的均匀增长理论

卡塞尔（Gustav Cassel，1866—1944）是瑞典现代经济学的创始人之一。瑞典学派的一些著名代表人物如米尔达尔和俄林等人都曾经是他的学生。卡塞尔的主要著作是在 1918 年用德文出版的《社会经济理论》。在这本书中，他追随瓦尔拉（M. E. L. Walras）的传统，讨论了整个经济的一般均衡问题。由于他的表述更为简单易懂，人们后来将瓦尔拉的一般均衡理论称为瓦尔拉—卡塞尔体系。尽管卡塞尔对一般均衡本身的分析并没有任何超过其前辈瓦尔拉的地方，却开创性地在一般均衡结构中讨论了一种简单的经济增长——均匀增长问题。他的均匀增长理论被认为与后来的哈罗德—多马模型非常相似[1]，因而他本人被看成是现代西方经济增长理论的先驱者。[2]

为了更好地理解卡塞尔的思想，下面首先介绍他的一般均衡结构，然后根据这个结构叙述他的均匀增长理论。

第一节　交换的一般均衡

和瓦尔拉一样，卡塞尔首先撇开生产、资产积累等因素，集中考察交换的一般均衡。假定市场上有 n 种产品的供给。由于不考虑生产，这些供给是固定不变的。设 S_i（$i=1$，…，n）代表第 i 种产品的供给。如果再假定消费者的货币支出亦为事先确定，则他们对产品的需

---

① 参见《新帕尔格雷夫经济学辞典》，1987 年英文版，第 376 页。

② 参见罗斯托：《休谟以来的经济增长理论家》，1990 年英文版，第 204 页。

求就仅仅取决于产品的价格。于是，对任何一种产品的需求均可以写成价格向量的函数：

$$
\left.
\begin{aligned}
D_1 &= F_1(P_1, \cdots, P_n) \\
&\cdots\cdots\cdots\cdots\cdots \\
D_n &= F_n(P_1, \cdots, P_n)
\end{aligned}
\right\} \tag{1}
$$

其中，$D_i(i=1, \cdots, n)$ 是对第 i 种产品的需求，P_i 是第 i 种产品的价格。为了保证实现所有市场都供求一致的经济均衡，必须有

$$
\left.
\begin{aligned}
F_1(P_1, \cdots, P_n) &= S_1 \\
&\cdots\cdots\cdots\cdots\cdots \\
F_n(P_1, \cdots, P_n) &= S_n
\end{aligned}
\right\} \tag{2}
$$

现在的问题是，是否存在一组均衡价格使上式成立呢？卡塞尔认为答案是肯定的，因为在方程组（2）中，有 n 个未知数即 n 个待决定的产品价格，同时又有 n 个方程，故有确定的解。一旦产品的均衡价格确定下来，则由方程组（1）可决定各种产品的需求量，从而全部既定产品即供给量 $S_1, \cdots, S_n$ 的分配问题得到解决。

第二节　生产的一般均衡：静态经济

交换均衡是一般均衡的最简单形式。在分析交换时，由于不考虑生产，因而产品的供给是固定不变的。在讨论了交换以后，卡塞尔进一步讨论生产——产品是由生产要素生产出来的。

对于生产均衡问题，卡塞尔作了如下 4 个假定：

第一，要素供给的数量固定不变。这一假定表明卡塞尔这里实际上讨论的是不存在储蓄和资本积累的"静态"经济；

第二，技术系数固定不变。如用数式表示，设生产一单位第一种产品需要每种要素的数量分别为 $a_{11}, \cdots, a_{1r}$，生产一单位第二种产品需要每种要素的数量为 $a_{21}, \cdots, a_{2r}$，$\cdots$最后，生产一单位第 n 种产品需要每种要素的数量为 $a_{n1}, \cdots, a_{nr}$。这些 a 即为技术系数，代表着生产的技术条件。由于讨论的是静态经济，故假定它们不变；

第三，每种产品的生产成本完全由要素的价格决定；

第四，与分析交换时一样，消费者的货币支出为事先既定。这一假定在分析生产问题时显然不再合理，但卡塞尔认为它不影响结论的正确。

根据上述各种假定，可以建立生产的一般均衡模型。首先，有了技术系数和生产要素的价格，可以计算产品的价格：

$$\left.\begin{array}{c} a_{11}q_1+\cdots+a_{1r}q_r=P_1 \\ \cdots\cdots\cdots\cdots\cdots \\ a_{n1}q_1+\cdots+a_{nr}q_r=P_n \end{array}\right\} \tag{3}$$

其中，q_1，$\cdots$，q_r 表示总共 r 种要素的价格。有了产品的价格，根据产品的需求函数

$$\left.\begin{array}{c} D_1=F_1(P_1,\ \cdots,\ P_n) \\ \cdots\cdots\cdots\cdots\cdots \\ D_n=F_n(P_1,\ \cdots,\ P_n) \end{array}\right\} \tag{4}$$

可求出对每种产品的需求量。再根据产品市场的均衡条件，可确定每一产品的供给量，即

$$\left.\begin{array}{c} D_1=S_1 \\ \cdots\cdots \\ D_n=S_n \end{array}\right\} \tag{5}$$

已知产品的供给量，则进一步可以推知每一时期对要素的需求量：

$$\left.\begin{array}{c} \text{对第 1 种要素的需求}=a_{11}S_1+\cdots+a_{n1}S_n \\ \cdots\cdots\cdots\cdots\cdots\cdots\cdots\cdots \\ \text{对第 } r \text{ 种要素的需求}=a_{1r}S_1+\cdots+a_{nr}S_n \end{array}\right\} \tag{6}$$

最后，这些要素需求必须等于事先给定的要素数量（供给量）。若设这些要素数量分别为 R_1，$\cdots$，R_r，则有

$$\left.\begin{array}{c} R_1=a_{11}S_1+\cdots+a_{n1}S_n \\ \cdots\cdots\cdots\cdots\cdots \\ R_r=a_{1r}S_1+\cdots+a_{nr}S_n \end{array}\right\} \tag{7}$$

方程组（3）—（7）构成了生产均衡的完整模型。这个模型有没有

确定的解呢？卡塞尔的推导如下：根据方程组(5)和(4)，产品供给量 S_1，…，S_n 是产品价格 P_1，…，P_n 的函数；但根据方程组(3)，P_1，…，P_n 又是要素价格 q_1，…，q_r 的函数，故 S_1，…，S_n 也是 q_1，…，q_r 的函数。这样，方程组(7)的 r 个方程中实际上包含的恰好是 r 个未知数——r 种要素的价格。于是可以解出这 r 个要素价格。一旦要素的均衡价格被确定，则根据模型中的各个方程组，各个其他变量的均衡值亦被确定：由(3)可求出产品价格 P_1，…，P_n，再由(4)可求出产品的需求量 D_1，…，D_n，再由(5)可求出产品的供给量 S_1，…，S_n，再由(6)可求出要素的需求量，最后，这样求出的要素需求量由(7)保证了与可得的既定要素供给量相等。于是，静态经济中的均衡问题得到解决。

第三节　均匀增长模型

卡塞尔认为，对静态均衡的分析可以为讨论动态增长打下有用的基础，而为了更好地理解增长问题，应当从分析最简单的增长形式入手。但最简单的增长形式就是所谓均匀增长经济——经济的各个部门在各个时期均按照同一速度增长。因此，现在的问题是：在这样的均匀增长中，经济是否可达到并保持均衡呢？或者说，这种均衡增长的经济是否可能存在呢？是否存在一组均衡价格，在该价格上，整个经济均匀增长并使所有市场供求一致呢？

首先来看在前面的静态分析中第四假定即消费者的货币支出事先给定的假定的作用。人们知道，消费者对商品的需求原本取决于消费者的支出和商品的价格两个因素。如果假定前一个因素固定不变，则商品需求可看成只由商品价格决定。这便是方程组(4)的含义。在分析交换经济时，由于不涉及生产和生产要素，从而不涉及要素价格的决定，这个假定是合理的。但在分析生产时，它就不再合理了。消费者的支出取决于其收入，其收入又取决于要素价格。由于在生产均衡理论中，要素价格本身是有待决定的东西，不能够事先固定下来。因此，有必要放弃第四假定。但是，放弃这一假定之后，前面关于生产均衡的那些结论是否还能成立呢？卡塞尔认为仍然能够成立。其理由是：放弃第四假定意味着消费者支出也决定产品需求，但在静态经济中，由于不存在储蓄，消费者支出就等于其收入，而收入又取决于要素价格，故消费者支出和产品价格一样最终也取决于要素价格。这样一来，产品需求、产品供给从而要素需求也都取决于要素价格。最后结果于是仍然相同：在方程组(7)的 r 个方程中还是包含有恰好 r 个未知的要素价格。

由此可见，由方程组(3)—(7)构成的模型具有确定的均衡解的一个条件是：无论是否事先给定，消费者的货币支出必须由要素价格唯一确定(事先确定的支出可看成由要素价格唯一确定的特例)。更进一步，由于消费者收入是由要素价格唯一确定的，故上述条件又可简化为：消费者支出由其收入唯一确定。在静态经济中，这一点显然有保证：储蓄为零使得消费者支出完全等于其收入。事实上，在任何其他类型的社会中，只要储蓄能够事先确定，则消费者支出便由其收入唯一决定，从而由方程组(3)—(7)构成的模型就有确定的解。均匀增长经济显然满足这个要求。在均匀增长经济中，增长率固定不变，从而储蓄也固定不变。给定不变的储蓄率，消费者支出将完全由收入决定。因此，方程组(3)—(7)可以用来讨论动态的均匀增长问题，并可得到如下结论：均匀增长经济有均衡解。①

现在来看均匀增长情况。假定生产要素数量以固定速度 $v(v>0)$ 增长(在静态社会中，$v=0$)。如果要素价格保持为均衡价格不变，则货币收入亦按固定速度 v 增长。增加的收入中有一部分必须储蓄起来以保证生产要素的增长，该部分的大小由固定增长速度 v 确定；于是，收入中另一用于消费的部分也按速度 v 增长。另一方面，根据方

① 值得注意的是，我们之所以能够用方程组(3)—(7)来说明均匀增长问题，是因为均匀增长本身确定了经济的储蓄率。如果不是均匀增长，储蓄率不再是事先确定，而是由利率来调节，则方程组(3)—(7)就不能得出确定的解。因为这时消费者的支出要取决于利率，从而在最后的方程组(7)中，r 个方程所包含的未知变量不再是 r 个，而是 $r+1$ 个——r 个要素价格加一个利率。

程组(3),由要素价格可以确定产品价格,而由于要素价格不变,故产品价格亦不变。如果产品价格不变,但收入却以速度 v 增长,则需求亦必须以速度 v 增长。这又要求供给亦必须同速增长。于是,整个经济呈现均匀增长状态——均匀地按速度 v 增长。

卡塞尔还利用他的均匀增长理论讨论了人口增长的作用。如果假定人口保持不变,则上面讨论的均匀增长便意味着人均产出从而满足水平的提高。在这种情况下,储蓄可以看成是为了真正的经济增长而付出的代价。但是,如果假定人口也在增长,比如说,人口增长和产出增长同步进行,则在这种均匀增长中,人均产出从而满足水平将保持不变。在这种情况下,储蓄便不是为了真正的增长,而是为了人口增长而付出的代价。换句话说,人口增长的成本不仅仅是生养新增加人口的费用,而且还包括储蓄:"在未发展的以及一般的条件下,这意味着为新来者建造房屋;但在现代条件下,它还意味着提供与人口增长成比例的交通工具、工厂和设备等等。"①在人口增长的条件下,为了不使生活水平下降,社会付出的代价要远远超过人们初看到的那样。

第四节 对卡塞尔的均匀增长理论的简评

卡塞尔的均匀增长理论是以其一般均衡分析为基础的。他的一般均衡分析没有多少新的东西,不过是瓦尔拉理论的通俗化和简化,因而也带有和瓦尔拉相同的局限性:用方程的个数和未知数的个数是否相等来证明一般均衡是否存在。由于卡塞尔实际上并没有真正证明一般均衡的存在性,故他也并没有真正证明均匀增长的存在性。

卡塞尔的贡献在于:第一,他最先提出了系统的均匀增长问题。尽管均匀增长是最简单的增长形式,但却构成研究更加复杂的增长形式的基础;第二,他最先讨论了经济增长与一般均衡的关系问题:增长的经济是否可以达到并保持均衡?这个问题在后来的经济增长理论中,特别是在数理学派的经济增长理论中得到更加深入的研究。

---

① 卡塞尔:《社会经济理论》,1924 年英文版,第 42 页。

第十七章　俄林的要素禀赋理论

俄林(Bertil Ohlin，1899—1979)在 1933 年出版的《区际与国际贸易》一书已成为现代国际贸易学说的经典。该书是俄林在 1924 年博士论文基础上修改补充而成的。最初他把论文的压缩稿寄给英国《经济学》杂志，但主编凯恩斯拒绝发表它，理由是此文"没有意义"。1928年，俄林把这篇论文写成英文，并加了一些章节，送到哈佛大学竞争威尔士奖，奖未得，但被允许作为哈佛经济丛书出版。该书在 1968年经过修订后再版。

据俄林自己说，他的理论观点和分析方法来自瓦尔拉和卡塞尔等人的一般均衡理论，但更多地受到他老师赫克歇尔的影响。赫克歇尔1919 年在瑞典《经济学》杂志上发表了一篇论文，题为《外贸对收入分配的影响》。该文对国际贸易与国民收入分配及生产要素价格之间的关系进行了开创性的研究。俄林把这一研究大大地向前推进了。所以，在论述现代新古典贸易学说时，人们总是把赫克歇尔和俄林的名字联在一起，统称为赫克歇尔—俄林学说。

第一节　对相对成本说的批评

俄林在《区际与国际贸易》一书第一版序言中一开始就说，他要建立与价格相互依存理论相一致的国际贸易理论，以此来代替李嘉图和穆勒为代表的用劳动价值论作为基础的比较成本说。

俄林对比较成本说的历史意义也作了一些肯定。他说，比较成本说"对我们关于国际关系的知识已经作出了很大的贡献。对于某些类型的问题来说,它或许是最有用的一个模型"。① 但是,总的说来,他对比较成本理论是持否定态度的。他指出:"李嘉图和穆勒提出的比较成本说是不能令人满意的。"②

俄林认为比较成本理论所作的假设是不符合事实的。(1)地租不包括在成本之内,这显然与事实不符。(2)一切劳动之间都有固定的比例,各种复杂劳动可分别按不同的比例折合成简单劳动,从而便于直接比较。这等于说各种劳动的报酬之间也都有一个固定的比例。但事实上各行各业不同工种的工资经常发生变动,而且完全相同的劳动在不同国家的工资却可以完全不同。(3)生产各种不同的商品时,资本和劳动力的配合比例都是一样的。如投入一个单位劳动需要两个单位资本,投入两个单位劳动必需有 4 个单位资本。这一假设更是违背事实。

俄林还指出了李嘉图为什么作这些不真实的假设的原因。李嘉图信奉劳动价值论,在分析国际贸易时,他也不能放弃这一学说。但是,只要使用象"劳动"这样的"真实成本"而不用"货币成本",就需要有一个公分母来折算各种生产费用,结果必然陷入困境,而不得不求助于上述假设。

俄林还批评说,比较成本说采用"真实成本"计算,故只强调供给方面的因素,而完全忽视了需求变化对国际贸易的影响。可以从如下三个方面来看:

(1)从需求变化对商品价格的影响来看。假设国际市场对澳大利亚小麦的需求增加,促使澳农场主扩大播种面积,过去闲置的劣等地也被投入耕种,于是地租上涨,这时不仅小麦的成本受到影响,而且农业中各种生产要素配合比例也会发生变化。例如,为了节省地租,宁愿在原有土地上追加投资以提高单位面积产量。结果,小麦的成本和价格发生变化,国际贸易状况也要相应发生变化。

(2)从需求变化对国际收支平衡的影响来看。假设英国和葡萄牙

① 俄林:《区际与国际贸易》,商务印书馆 1986 年版,第 333 页。
② 俄林:《区际与国际贸易》,商务印书馆 1986 年版,第 18 页。

有 A、B、C 三种商品进行贸易，又假设成本只有工资一项。当需求不变时，英国出口 A、葡萄牙出口 B 和 C 最为有利。如果这时英国对 B 和 C 需求增加，以致出口 A 还不足以偿付进口，就会出现入超。于是，英国黄金外流，国内物价下落，工资也下降。反之，葡萄牙因黄金流入，国内物价上涨，工资上升，结果，英国出口 A 和 B，葡萄牙出口 C，对两国有利。由此可见，需求因素对国际贸易的影响是很大的。

（3）从相互需求说对成本计算的影响来看。根据穆勒的相互需求说，两国的交换比率是由相互需求的强度决定的，即使采用劳动价值论，如果不知道国际需求强度，也仍然无法计算真实成本。[1]

第二节　贸易的原因和条件

俄林把国际贸易（international trade）作为区际贸易（interregional trade）的一种，虽然是最重要的一种，但二者无本质区别，基本原理是一样的。所以，他从区际贸易这个一般概念开始分析。他首先假定两个地区之间的生产要素是不能自由流动的，但商品可以不受阻碍地自由流动；还假定地区之间除商品交易外没有其他经济关系存在，这就意味着每个地区进出口必须平衡。

地区之间贸易发生的原因是什么呢？俄林说："贸易的直接原因总是：货物从外面用钱买进比在家里生产更加便宜。"[2]这个原因意味着每个地区在贸易之前即孤立状态下总存在一些商品，其相对价格是不相等的。否则，如果每种商品的相对价格在孤立状态下都相等，那么，两个地区就不能互相购买比本地便宜的商品，贸易就不会发生。

---

［1］　以上论述参考了《荣获诺贝尔经济学奖经济学家》一书（四川人民出版社，1985 年版）由王林生撰写的关于俄林的理论介述一文，第 280-291 页。俄林在《区际与国际贸易》一书的 1933 年版中有一个附录，题为《古典的国际贸易理论的批评》，但在该书 1968 年版中把这个附录删掉了，而加了一个新附录，名为《对当代国际贸易理论的看法》。

［2］　俄林：《区际与国际贸易》，商务印书馆 1986 年版，第 10 页。

当然有一种情况可以使贸易发生，但这不是持久的。这种情况是，A地区在一切商品生产上都优于B地区，从而，每种商品价格在A地区比在B地区便宜。这时，即使每种商品的相对价格在两个隔离的地区都相等，贸易也可能发生，但只发生商品从A向B单向流动。结果，A地区发生顺差，B地区出现逆差。由于假定没有其他经济关系，于是，以B货币表示的A的货币价格（汇率）将被迫上升，因而按B货币计算，所有A的商品价格都上涨，一直要涨到高于B的价格，使B能出口商品到A以消除逆差，达到贸易平衡。最终两地区贸易停止。不过，俄林认为这种情况不可能发生。他说："应该指明一个地区不可能在生产一切商品方面都优于其他地区，也即是这一地区不能以较低的货币成本生产一切商品。"①

由此可见，在隔离的状态下，"相对商品价格的不相等是建立贸易的必要条件。"②那么，在两个孤立的地区，相对商品价格为什么存在着差异？这种差异是怎样发生的？俄林对此作了进一步的分析。他遵循新古典主义经济学的传统，认为在均衡状态下，商品的价格就等于生产成本，而成本等于所需的要素数量乘以它的价格。生产要素总供给被假定是既定的，这样，商品的价格和成本就主要决定于生产要素的价格。若要素价格（或工资率、利息率和地租率）低，则商品的价格也就低；反之，若要素价格高，则商品价格也倾向于高。因此，对上述问题就可以作出回答。两地区商品价格的差异主要是由它们各自要素价格的差异引起的。

但是，生产要素价格的差异又是怎样产生的呢？俄林回答说，这种差异主要是由生产要素的供给状况的差异引起的，也就是说，是由生产要素的禀赋差异引起的。当然，生产要素的需求状况（它是由商品需求状况决定的）也影响生产要素的价格，但是，俄林认为，要素禀赋差别是造成商品价格差异的主要原因，从而也是导致不同地区进行贸易的主要原因。俄林指出："在孤立的情况下，两个地区的相对

---

① 俄林：《区际与国际贸易》，商务印书馆1986年版，第10页。
② 俄林：《区际与国际贸易》，商务印书馆1986年版，第10页。

稀缺性是不同的，供给上的差别，一般而言可能比需求上的差别更重要。因而，不很严格地说，生产要素禀赋上的差别就是贸易的原因。"①

俄林对要素禀赋与贸易的关系还作了进一步的分析。假设有两个地区，A 地区某些生产要素的供给较多而便宜，同时其他生产要素供给较少而昂贵。于是，A 地区生产那些需要较多的便宜生产要素的商品较便宜，生产那些需要较多的昂贵生产要素的商品则相对昂贵。在 B 地区，相对丰富的生产要素正是 A 地区相对稀缺的，相对稀缺的生产要素正是 A 地区相对丰富的。于是，B 地区生产那些在 A 地区较贵的商品则相对便宜，生产在 A 地区较便宜的商品则相对昂贵。当两地区的汇率一旦确立，产品的价格和成本就可以直接比较。A 地区利用本地丰富的生产要素生产那些成本较 B 地区低的产品向 B 地区出口，进口那些需要本地大量稀缺要素生产的商品；同样，B 地区也利用本地丰富的生产要素生产那些成本较 A 地区低的产品出口到 A 地区，换回那些需要本地大量稀缺资源才能生产出来的产品。

俄林举了一个例子来说明。澳大利亚农地供给丰富，但人口稀少，同大多数其他国家相比，土地便宜而工资较高，因而生产那些需要土地多，劳动少的产品就成本较低。例如，羊毛生产就是这样。养羊需要土地多，但劳力不多。因此，养羊生产成本比起那些土地资源相对稀缺而昂贵的国家来就低得多。同样，那些拥有较多熟练和非熟练工人和丰裕资本但土地缺乏的国家，如果专门从事制造业，则会有利得多，因为劳力在这里比澳大利亚便宜。

综上可见，地区间贸易发生的原因和条件最终是生产要素禀赋的差异。若每个地区生产要素禀赋没有差异，或者说，相对稀缺程度都一样，则生产要素价格在每一个地区都一样，从而，这些要素将按同一比例和方法进行组合，各种商品生产成本都一样，商品相对价格也都一样。结果贸易不会发生。因此，俄林得出结论说，贸易表面上是商

---

① 俄林：《区际与国际贸易》，商务印书馆 1986 年版，第 13 页。

品交换，但实际上"暗含着丰裕的生产要素同供给稀缺要素相交换"①。

以上对贸易原因和条件的分析是以生产要素的充分可分性为假定前提的。这个假定意味着工厂规模的大小和专业化程度的高低对生产效率没有影响。俄林现在放松了这个假定，考察在生产要素缺乏可分性的现实情况下贸易遭受的影响。

他作了一个假设，如果一切原始生产要素如原料、工具以及机器是完全可分的，那么，这些要素可以建立任何种类的组合，而不管绝对量如何。在这种情况下，最优(最低成本)的组合只取决于要素价格，而与规模无关；也就是说，只有最优的要素比例，没有最优的规模。这样，规模生产对贸易不发生影响。

但是，在现实中，有相当一部分生产要素是不可分的，或不完全可分的。因此，许多生产只有达到一定规模才会有效率。俄林指出，内部经济是缺乏可分性的结果。有些商品生产只有大规模组织才能达到成本最低(如钢铁厂)，有些工厂甚至不达到一定规模就根本不能投产(如铁路)。"这可能是因为某些工具的最小单位十分之大，或者因为较大的单位比较小的单位相对而言更有效率。"②外部经济也是不完全可分性的结果。一个行业集中于某一地点将获得许多好处。俄林特别强调劳动市场不可分性的重要性。他说："工业的地理集中有许多其他好处，但是，一个组织得好的劳工市场常常是最重要的，特别是对那些工人技术占有重要地位的工业更加如此。"③

缺少可分性使得大规模生产更有效率这一事实是贸易发生的又一个原因和条件。俄林说："显然，大规模生产所达到的节约性使地区间分工有利，而不必顾及生产要素的价格差别。换言之，由大规模生产而产生的专业化鼓励了国际贸易。"④为了说明这一点，俄林假定在孤立的情况下，每个地区的生产要素禀赋都相同，从而要素和商品相

---

①　俄林：《区际与国际贸易》，商务印书馆 1986 年版，第 24 页。
②　俄林：《区际与国际贸易》，商务印书馆 1986 年版，第 45 页。
③　俄林：《区际与国际贸易》，商务印书馆 1986 年版，第 45 页。
④　俄林：《区际与国际贸易》，商务印书馆 1986 年版，第 44 页。

对价格到处都一样。根据前面分析，贸易就不可能发生。但是，由于要素缺乏可分性，有些商品的市场不够大到足以容许最有效的生产规模被建立起来，所以，在地区间进行分工和贸易仍然是有利的。某一地区专门生产某种(某些)商品用以交换别的地区生产的其他商品。至于什么地区生产什么产品，在这种情况下完全是一个机会问题，就好像一个天赋很高的人从事什么职业完全是机会问题一样。

俄林接着指出："这种情况当然在现实中从未发生过。"①在现实中，生产要素禀赋在不同地区总是存在着差异。一般情况是，生产要素禀赋的差异导致了生产专业化，而这种专业化又被不可分性引起的大规模生产的好处所加强。因此，俄林得出结论说："整个说来，肯定是生产要素供给的差别决定区际贸易的进程——除非地区很小，而大规模生产的利益在性质上是次要的原因，它使分工和贸易比原来向前推进一步，但不会改变它们主要特点。"②简言之，俄林的观点是，要素禀赋差异是贸易主因，而要素不可分性是次因。

第三节　贸易的结果和利益

在前面的假定条件下，"贸易最直接的结果是各地商品价格趋于一致"。③假设只有两个地区两种要素(劳动力和土地)。A 地区土地供给丰富而价廉，劳动力供给缺乏而价高。贸易发生时，A 进口那些含劳动多的商品，出口需要大量土地生产的商品最为有利。其结果是，A 地区劳动耗用型的产业趋于缩减甚至消灭，因而对劳动的需求趋于减少，最初高昂的劳动价格即工资趋于下降；土地耗用型的产业被引诱不断扩张，从而对土地的需求逐渐扩大，最初低廉的土地价格(地租)趋于上升。在 B 地区，劳动供给丰富而便宜，土地稀缺而昂贵。当贸易开展时，B 进口那些用大量土地生产的产品，出口那些使

---

①　俄林：《区际与国际贸易》，商务印书馆 1986 年版，第 46 页。
②　俄林：《区际与国际贸易》，商务印书馆 1986 年版，第 46 页。
③　俄林：《区际与国际贸易》，商务印书馆 1986 年版，第 29 页。

用大量劳动生产的商品最合算。于是，B 地区劳动密集型产业趋于繁荣，而土地密集型的产业渐趋萎缩；相应地，对劳动的需求趋于增加，最初便宜的劳动现在变得较为昂贵了；对土地的需求趋于减少，最初昂贵的土地则变得较为便宜了。

由此可见，贸易使得要素禀赋不同的 A 和 B 的生产要素的相对稀缺性趋于减少，而价格趋于平均。生产要素价格构成商品的成本因素，因而商品的相对价格在两个地区也趋于均等化。因此，如果没有贸易障碍和运输成本，贸易的结果使不同的孤立的地区变成为好象一个地区一样，每种商品和要素市场到处都趋向于均衡状态，而价格则到处都趋于相等，尽管各个地区的生产要素不能自由流动。

上述结果引起了一个问题。既然商品和要素价格差异是地区间和国际间进行贸易的原因，那么，贸易的结果是否导致国际贸易的缩减甚至停止呢？俄林对此回答是否定的。

当然，如果贸易的结果真的能导致世界上各地区商品和要素价格的完全均等化，则国际贸易必定停止。但是，问题是，贸易的结果不可能使各地商品和要素价格完全趋于相等。俄林说："生产要素价格完全相同几乎是难以想象的，几乎肯定是不可能的。……生产要素的价格即使在建立区际贸易后，在各地区仍有差异。"①

以上分析是以商品在地区和国家之间的流动不受阻碍，不存在转移费用为假定前提的。这个假定对于考察区际和国际贸易的起因是必要的。但是，这不等于说，商品转移费用对于国际贸易不产生任何影响，或者说影响是微不足道的。当然，国内贸易也有运输费用，有时甚至比国际贸易的转移费用高。但是，一般说来，国际贸易由于距离较远而运输成本更大。此外，国际贸易是越过国境线的商品交易，因此还发生其他一些转移费用，如关税等。这样，地区之间、国家之间的商品和要素价格就不可能完全相等。参加国际贸易的商品的价格在出口国就比在进口国便宜，因为进口品价格中包括了数额很大的转移费用。俄林指出："转移费用减少了贸易，削弱了贸易使商品和要素

---

① 俄林：《区际与国际贸易》，商务印书馆 1986 年版，第 32 页。

价格均衡的趋势。"①

但是，如果取消前面所作的生产要素不能在国际间流动的假定，那么，由转移费用造成的贸易障碍可以通过要素在国际间的流动来减轻或消除，从而，促进商品和要素价格在国际上的均衡化。俄林说："国际经济要素的移动，有使相关各国之间价格趋于一致的趋势，这正如国际商品流动一样。既然货物交换不能造成生产要素价格完全平衡，那么，其国际差异还会存在。如果差异很大，就会造成生产要素的流动。就是这样，通过货物与生产要素两项流动，或是其中之一流动（遇到阻力最小的那一项），就能促进国际价格平衡。"②当然，要素在国际间的流动也会遇到障碍，尤其是劳动力流动，甚至比商品流动的障碍更大，而自然资源（如土地和矿产）则根本不能移动。因此，放弃要素不能流动这个假定也不能使商品和要素价格完全趋于国际均等化。

然而，俄林对商品和要素价格不能趋于完全均等的最有力的证明是他对要素供给的反作用的分析。前面的分析实际上是一种短期的、静态的分析。因为它只考虑到贸易使各个地区（或国家）商品和要素价格发生了变化，而关于价格变化对要素供给的反作用则是要考虑时间的，因而是一个动态的，长期的问题。

俄林的分析可以概述如下。生产要素禀赋的差异促使区际和国际贸易产生，贸易又会大大地提高较为丰富而便宜的生产要素的价格，并且降低其他要素的价格。价格变动后，要素供给在短期没有较大反应，但经过较长一段时间后，则是有弹性的，虽然比较便宜的生产要素供给已经很充裕，但这类要素的提价仍会使其数量增加，另一方面，降低比较稀缺的现有要素的价格会减少这类要素的供给数量。结果，丰富的要素并未变得较为稀缺，稀缺要素并未变得较为丰富。这样，国际间要素供给不平衡仍然存在，甚至更大。它大大地抵销了价格的国际均等化的倾向。俄林总结说："总之，国际贸易通过影响生产要素和生产工具的价格而引起的供给反作用，通常以增加生产要素

---

① 俄林：《区际与国际贸易》，商务印书馆1986年版，第109页。

② 俄林：《区际与国际贸易》，商务印书馆1986年版，第234页。

禀赋的不均来抵销价格均衡化的倾向。"①既然价格不均等仍然存在，甚至更大，那么，贸易就不会停止，反而会不断扩大。

俄林还对专业化与国际贸易的相互作用作了分析。俄林认为，贸易使国际专业化产生，而专业化一旦形成，生产要素的素质在各国间就发生了差异。例如，专门生产农产品的国家其劳动力和机器设备就特别适应于农业的生产，专门生产汽车的国家其劳动力和技术就特别适应于汽车的生产。这样，专业化由贸易而产生，同时又促进了贸易的进一步发展，因为生产要素的质量差别将不断扩大，专门生产自己所擅长的产品效率更高。

区际和国际贸易使参加者人人得益。"在没有贸易的情况下，生产要素禀赋的巨大不平等意味着很大的损失。"②假设有两个地区。A地区劳动和资本相对丰富而土地相对贫乏，但它为满足本国人民的需要，不得不在十分有限的土地上密集地使用劳动和资本生产粮食。B地区劳动和资本相对稀缺而土地相当丰富，于是，小量的劳力和资本耕耘着大片大片的土地，实行粗放经营。结果，A地区资本和劳动的效率较低，而B地区则土地使用效率较低。假如这两个地区合并为一个国家，那么，粮食产量将会更大些。因为A地区一部分效率较低的劳动和资本将转移到B地区，与B的土地相结合，结果A地区的劳动和资本以及B地区的土地的生产效率都提高了。

在生产要素不易在国际间流动的条件下，国际贸易作为要素流动的替代物具有优化要素配置的功能。那些某种要素丰富而其他要素贫乏的国家可以生产需要大量的丰裕要素小量的稀缺要素的产品以供出口，进口那些需要大量本国稀缺要素小量丰富要素生产的外国产品。这样就可以使资源达到有效配置，从而使该国总产品量增加。这就是俄林国际贸易理论的核心观点，现在常把这理论叫做相对要素禀赋说，而与相对成本论相对；把这一核心观点称为俄林定理，或赫克歇尔—俄林定理。

---

① 俄林：《区际与国际贸易》，商务印书馆1986年版，第95页。
② 俄林：《区际与国际贸易》，商务印书馆1986年版，第33页。

第四节　贸易与经济增长

从前面的叙述可以看出，俄林的国际贸易理论中既有静态分析，也有动态分析，但以动态分析为主，因此，俄林关于国际贸易问题的论证自然涉及经济增长问题。他的动态分析可以概括地重述如下。

要素禀赋的差异导致要素价格的差异，这是国际贸易的基础。贸易促使商品和要素价格在国际上的均等化以及生产规模的扩大和专业化，从而使国民总产品量增加。但经过一段时间后，由于要素价格的变化将引起要素供给发生变化，原来较为丰富的要素因价格上升而供给增加；相反，原来较为稀缺的要素因价格下降而供给减少。结果，要素供给的变化使要素禀赋差异更大，从而抵销了价格在国际上的均等化趋势。这种状况反过来引致贸易进一步扩大；贸易的扩大又促进国际价格朝均等化方向变动，同时专业化进一步发展。其结果是国民收入的进一步增长。然而，要素价格的变化导致要素供给的进一步变动。……这个过程可以反复进行下去。可见，俄林的国际贸易理论自然地可以用来分析经济增长问题。

但是，以上过程描述比较简单，它容易造成一种错觉，仿佛贸易会使国际专业化程度越来越高。实际上，以上分析是以没有任何贸易障碍和要素不能流动为假定前提的。在现实中，国际贸易比国内贸易遇到的障碍要大得多，如关税、进出口限制，特别是远距离运输费用等因素制约着一国完全专门生产一种或几种特殊产品。此外，生产要素价格差异如果过大也会引起国际要素流动，尤其是资本。这也是限制国际专业化的一个因素。

俄林对国际贸易与经济增长的关系有许多直接的论述。他在《区际与国际贸易》一书中多次提到这一关系。他说："对外贸易的发展是经济发展的一部分。"[1]"国际贸易一般来说增加国民收入。"[2]"简

---

① 俄林：《区际与国际贸易》，商务印书馆 1986 年版，第 197 页。
② 俄林：《区际与国际贸易》，商务印书馆 1986 年版，第 340 页。

直不能想象，在过去的一百年中，如果没有国际贸易，经济发展会是一个什么样子。"①"许多发展问题可以借助一种区际和国际贸易理论来卓有成效地加以分析。"②应当指出，俄林在论述国际贸易对经济的贡献时着眼于一国经济状况的变化，而不局限于用指数法表示的国民收入增长的度量。在谈到国际贸易的利益时，他不赞成用商品数量来测量国际贸易对经济发展的长期贡献。③ 他以本世纪 30 年代的中国为例。他引用一位名叫雷默的经济学家的一段话来说明。"'中国正在经历一场经济革命，这完全可以看作是国外贸易不断渗透的结果。结果使中国的外贸不再是无足轻重的了。确切地说，它是一系列互相关联的现象中第一个也是最容易把握的现象。它将使明日的中国不同于过去的中国，就象现代的欧洲不同于中世纪的欧洲那样。'（雷默语）用'利益'（即国民产品增长）来叙述贸易的作用该是多么不可思议呵！"④

俄林的国际贸易理论的政策意义是非常清楚的。既然贸易能促进所有参与国的经济发展，使所有国家都得益，那么，各国应该鼓励贸易；既然对贸易的限制有碍于贸易的开展和扩张，就得要减少一切人为的贸易障碍，使各国商品能自由进入国际市场。一言之，实行贸易自由化。

第五节　对俄林的要素禀赋理论的简评

在发展的文献中，对外贸易常被作为是"增长的发动机"，它可以启动和促进一国经济增长。因而，经济学家们历来强调国际贸易对经济发展的积极作用。俄林的要素禀赋说和李嘉图的比较成本说可说是殊途同归，最后的结论都是一样的，即认为贸易自由化对所有国家

---

① 俄林：《区际与国际贸易》，商务印书馆 1986 年版，第 340-341 页。

② 俄林：《区际与国际贸易》，商务印书馆 1986 年版，第 341 页。

③ 按照俄林观点，短期贡献是可以用国民收入增长率来衡量的。

④ 俄林：《区际与国际贸易》，商务印书馆 1986 年版，第 100-101 页。

都有利，因而受到大多数西方经济学家的称赞。但是，也有些经济学家特别是关心发展中国家经济问题的经济学家对俄林及其自由贸易论者提出了疑问和批评，认为自由贸易只适合于以往的资本主义自由竞争的时代，对目前的世界是不适合的，特别对发展中国家不适合。美国发展经济学家托达罗（M. Todaro）批评说："在19世纪曾轰鸣北半球的所谓增长的国际发动机，对20世纪参加增长竞赛的大多数后来者来说，由于缺乏充足的燃料和需要修整，已在很大程度上运转不灵了。"①"劳动成本和要素禀有的国际贸易理论，二者都是建立在一些明确的和隐含的假定基础之上，这些假定在许多方面同80年代国际经济关系的现实是严重矛盾的。因此，这些理论常常导致对于许多发展中国家历史上和当代的贸易经验均不适用的结论。"②

我们认为，俄林的要素禀赋的国际贸易理论的基本论点是正确的。每个国家特别是发展中国家要加速经济发展，就必须要打开国门，参加国际竞争，利用本国所拥有的特殊资源优势生产出口商品，以换回本国生产和消费所需的但又要花费大量稀缺资源生产出来的外国产品。这已被一些发展中国家和地区的历史发展经验所证实。当然，鼓励贸易并不等于提倡贸易自由化。在这个方面，俄林的观点是不能令人接受的。每一个国家由于发展不平衡都有一些特殊的利益需要保护（如欧洲对农产品的贸易保护）；特别是发展中国家，经济发展相对落后于发达国家，一些幼小的工业只有在一定程度保护下才能得到成长和发展。因此，适当的贸易保护有助于国内经济的发展，当然，要素禀赋差异不是一成不变的。发展中国家在经济发展到较高阶段时，要素供给结构和质量也会发生变化，从而，调整进出口产品结构以适应变化的新形势是完全必要的。例如，在经济发展的初期阶段，低收入国家主要出口农产品原料和加工农产品。一旦经济发展到一定程度时，农产品出口比重应逐渐降低，而制造品出口应大大增加。

① 托达罗：《第三世界的经济发展》，1985年英文版，第126页。
② 托达罗：《第三世界的经济发展》，1985年英文版，第126页。

第十八章　凯恩斯的宏观分析模式

凯恩斯(John Maynard Keynes，1883—1946)的经济学说，产生于1930年代资本主义经济大危机时期，号称"萧条经济学"。它从现代资本主义的经济结构和社会心理的条件出发，着眼于总需求与总供给的对应关系，提出了以需求管理消除经济波动的政策建议。以后，将近半个世纪内，凯恩斯学说风行于西方主要资本主义国家，它的政策建议对这些国家的危机和失业的减轻取得了一定的效果。70年代出现在西方国家的"停滞膨胀"，使凯恩斯学说无法对新的情况作出解释和提出对策而黯然失色，作为对立面的供给学派、理性预期学派、现代货币主义等各个流派纷纷出场，和凯恩斯学说唱起反调，似有代凯恩斯学说而成为主流派之势。但是，西方经济学界认为，凯恩斯学说并未也不会消亡，对西方经济学的未来变化，还将长期地起着不可低估的影响。

第一节　凯恩斯学说对发展中经济有无适用性

凯恩斯学说对发展中的经济有无适用性呢？对这一问题的答案，一般认为当然是否定式的。其理由如下：

1. 经济发展是一个动态过程，凯恩斯在《就业、利息和货币的一般理论》(以下简称《一般理论》)中，明确指出，他的分析是以"三不变"(生产技术不变、资源条件不变和成本状况不变)为前提的，而经济发展则意味着若干因素(人口、生产技术、资本量、生产组织、消费嗜好等等)在变化之中影响经济体系的运动发展。凯恩斯的"移动均衡"概念，固然不同于传统的新古典学派的纯静态均衡分析，但至多也只能称为比较静态分析。

2. 经济发展不是一个短期现象，而是一个长期过程。凯恩斯采用的是短期分析。他有一句口头禅："长期之后，我们都已死去。"以《一般理论》为代表的凯恩斯学说所要解释和解决的是，现代资本主义条件下，由于有效需求的变动而引起的经济周期波动问题。这当然不是长期分析。

3. 凯恩斯所考察的是出现在发达资本主义国家的经济问题，而不是出现在处于发展中阶段的国家的经济问题。凯恩斯从发达的资本主义国家的制度的、社会的和心理的种种特点，去分析现代资本主义经济的内在不稳定性，并提出如何使其稳定的对策，而那些制度的、社会的和心理的特点却是处于发展中阶段的国家一般不具有的。因此，凯恩斯学说是和处于发展中阶段的国家的实际不切合的。对这一点，一位西方发展经济学家也说过：

"当传统的凯恩斯宏观理论应用在发展中世界的经济生活的实际时，它就和微观理论一样，显露出很多不足之处。对那些产品、资源以及金融等等的市场都不完全的经济而言，情况特别是如此。这种市场不完全性典型地来源于农业和工业中并存着现代的和传统的行事方法，并由信用制度发展不充分和功能失调以及一般发展中国家对强大的外国经济势力所处的脆弱地位而形成。传统的凯恩斯宏观经济学对第三世界的发展缺少一般的适用性，这是不足为奇的。《一般理论》事实上是根据 30 年代大萧条中西方的特定经济与制度条件而形成的。确确实实，凯恩斯宏观理论的许多部分已被认为对今天的发达国家都不切合，因为这些国家的主要问题已不再是失业或通货膨胀而是'滞胀'（即失业既伴随着需求的通货膨胀，又伴随着结构的通货膨胀），靠政府的一般货币和财政政策去操纵总供给和总需求的办法看来已大大失去其效力。结果，凯恩斯学说受到了甚至发达国家中往昔最热心支持者的与日俱增的批评。如果工业国家中宏观理论与经济现实之间存在着这样的差距，那末，宏观理论对制度和经济体系无论现在或过去和发达国家都不相似的不发达国家必然是多么不切贴！"①

---

① 托达罗（M. P. Todaro）：《第三世界的经济发展》，1981 年英文第二版，第 15 页。

上述意见总起来说就是，凯恩斯理论有其特定的历史社会背景，它是以消除现代资本主义经济波动为己任的，它采用的是短期的、静态的分析方法。因此，凯恩斯理论和经济发展问题无关，它不完全切合发达资本主义国家的当前实际，更不适用于正在谋求经济发展的不发达国家。

以上的看法是有道理的，但我们认为，它对凯恩斯理论的认识并不完全。首先，没有看到凯恩斯的宏观分析模式在宏观分析史中的特殊地位。凯恩斯的宏观模式把宏观分析法大跨度地推向前进，并已成为分析社会经济运行机制的现代化工具，它既可用于发达的经济，又可用于发展中的经济。其次，凯恩斯学说不只限于《一般理论》，在《一般理论》之前有其脉络，之后有其演进，而从这些脉络和演进看凯恩斯学说，可以发现它并非与经济发展问题无关。还有，凯恩斯从总产量和总就业的角度考察了资源配置和收入分配问题，并认为收入分配和经济增长之间存在着一定的关系，这些思想都可纳入经济发展理论的轨道。最后，凯恩斯提出的国家干预经济的主张，虽然是针对发达资本主义国家而提出的，但市场不完全的发展中经济，在必须大力发挥市场机制作用的同时，也不能取消国家对经济的宏观调控，因此，凯恩斯学说中包含的政策建议，也是发展中经济可以借鉴的。

以下，就这几个方面进一步说明。

第二节　凯恩斯宏观分析模式的特殊意义和一般意义

凯恩斯在《一般理论》中，一反相当长时期中在西方经济学中居于主流派地位的新古典学派习用的个量分析，从国民经济的总和变量去观察现代资本主义经济的运行机制，找出失业、危机反复出现的原因，并提出解决这些困难问题的对策。这种分析方法，称为宏观经济分析。

从西方经济学说史回顾，凯恩斯并非采用宏观分析的第一人，自17世纪后半叶至19世纪后半叶的两百年中，有影响的西方经济学家的著作中都运用过宏观分析，特别是亚当·斯密的《国富论》和魁奈的《经济表》，前者从社会总体探讨了国民财富的形成和增长的问题，后者从社会总体分析了总产品的再生产及其在三个阶级之间的流通和分配。19 世纪晚期至 20 世纪 30 年代的 70 年中，西方经济学又进入了一个新的发展阶段，其间，以"创新"概念为核心的熊彼特（J. A. Schumpeter）经济发展理论和以威克塞尔为代表的瑞典学派理论，都曾采用所谓的动态宏观分析。但是，应当承认，现代的、完整的宏观经济分析却是由凯恩斯 1936 年出版的《一般理论》开始。

凯恩斯的宏观分析模式具有下述特点：

一、收入决定

凯恩斯在《一般理论》中集中注意力的是总就业水平的高低，而与总就业水平有独特关联的是本期总产出价值或国民收入水平。可以说，凯恩斯宏观分析模式的焦点是国民收入水平的变动。凯恩斯指出，国民收入水平的高低决定于总供给函数和总需求函数交叉点或均衡点的位置。国民收入等于本期产出的价值，本期投资等于本期产出中未作消费的那部分产出的价值，而储蓄等于收入减去消费，于是投资与储蓄自然相等。由此，得出下列的已为人们广泛应用的公式：

因　$Y=C+I$

而　$S=Y-C$　或　$Y=C+S$

故　$S=I$

上式中，Y，C，I 和 S 分别代表国民收入、消费、投资和储蓄。

凯恩斯说，国民收入是因变数，决定它的是作为自变数的前期消费和投资或可进一步分解为消费倾向、资本边际效率和利息率等三个因素。在国民收入既定之后，它又对现期其他总体经济变量起着制约作用。凯恩斯指出，传统的新古典学派就看不到这一点，因而其理论出现了谬误和缺陷。例如，新古典学派一贯认为，利息率决定于"可投资资源"的需求（即投资）和"可投资资源"的供给（即储蓄）的均衡，也就是说，利息率是"可投资资源"的均衡"价格"，其水平位置在投资曲线与储蓄曲线的交叉点。凯恩斯认为新古典学派这种利息率理论是不正确的。其所以不正确，是因为它"无视收入水平变化的影响"①，只假定收入水平是不变动的，而"收入水平不变动这一假设是和(投资与储蓄)两条曲线可以独立地移动的另一假设是互相矛盾的"。② 传统的利息率理论"使用的两个函数，即投资对利息率变动的反应和既定收入中储蓄部分对利息率变动的反应，不足以形成一种利息率理论，而只能告诉我们在既定利息率下收入水平有多高，或收入保持一定水平时利息率有多高。"③

因此，凯恩斯的宏观经济分析常被称为收入决定分析或收入决定论。

二、有效需求为唯一的均衡值

凯恩斯说，总供给函数与总需求函数交叉时，总需求函数在这个交叉点上的值叫做有效需求，因此有效需求为唯一的均衡值。传统理论中以萨伊法则为代表的需求无限或"供给创造自己的需求"的思想，则持迥然不同的观点，认为在就业水平或收入水平的一切值上，总供给函数和总需求函数都是相等的，总供给函数相应于就业量或收入量的增加而增加时，总需求函数也随之而增加。也就是说，有效需求并非有唯一的均衡值，而是具有同等可能的无穷数值。凯恩斯批评说，如果这是对的，则企业家的竞争将导致就业量扩张到产出的供给失去弹性的那一点，有效需求值再增加，产出也不会再增加。显然这就是充分就业。凯恩斯认为，传统理论所谓的充分就业的自然形成基于特殊的假设：随着就业量的增加，总有一种力量使投资的增加足以填满总供给与消费之间逐渐扩大的差距。但是，现实的经济中不存在这种情况。在现代资本主义的条件下，有效需求的不足使就业量尚未达到充分就业水平，而经济体系就已达到稳定均衡状态，此时，总供给函数与总需求函数交叉之点，决定了有效需求的唯一均衡值。

---

① 凯恩斯：《一般理论》，1964年英文版，第179页。
② 凯恩斯：《一般理论》，1964年英文版，第179页。
③ 凯恩斯：《一般理论》，1964年英文版，第181页。

三、经济结构和社会心理决定了有效需求的不足

有效需求由两个部分、即消费和投资组成，就消费部分而言，凯恩斯说，"无论从先验的人性看，或从经验中的具体事实看，有一个基本心理法则，……当收入增加时，人们一般将增加其消费，但消费的增加不如收入增加那样多"。[①] 凯恩斯非常强调随着收入的增加而消费渐减的这种消费倾向，并一再说过这是"我们的心理法则"。就投资部分而言，凯恩斯认为，在现代资本主义条件下，人们对投资收益的预期，由于风险加大和投机活动加强而抱着悲观的态度，这就使得资本边际效率不高。凯恩斯又认为，利息率是一个纯货币现象，又是一种高度心理现象。人们之所以对货币付出利息，是因为对货币有灵活偏好。货币在一切资产中具有最大的灵活性，人们持有货币，就获得灵活性。在凯恩斯看来，人们对货币灵活性的偏好是长期存在的心理，在现代资本主义条件下，更由于投机动机而加强。灵活偏好的存在使利息率的下降有一个最低的限度，尽管货币数量增加也无法改变这种状况。利息率不能下降，资本边际效率不能上升，于是，投资率无法提高。

这样，在三种心理因素——消费倾向、资本边际效率和灵活偏好——影响之下，有效需求常常是不足的，就业量在没有达到充分就业水平之前就停止下来而不再增加。社会出现"丰裕中的贫困"这种矛盾现象。

四、需求约束而非资源约束

凯恩斯认为他所研究的宏观经济运行机制不能顺利转动的主要原因是有效需求不足。有效需求不足钳制了经济不能自动调节到充分就业的水平，社会上存在着非自愿失业的现象和闲置的、不得其用的资源。这种经济是需求约束型的经济，而不是资源约束型的经济。需求约束型的经济所需要的刺激，是鼓励消费，特别是扩大投资。

---

① 凯恩斯：《一般理论》，1964 年英文版，第 96 页。

五、货币不是模式以外的附加因素，而是统一体系中不可分离的因素

凯恩斯认为传统理论把价值论和分配论与货币论分离起来是错误的。他说，这是"双重人格的生活"（double life），也许在考察一个厂商或一个行业的行为而进行微观分析时可以这样作，一旦把视野扩大社会经济总量而进行宏观分析时就决不能把货币作为外加的、分离的因素。他说，"把经济学分为两个部分，一部分是价值论与分配论，另一部分是货币论，是错误的分类法，我认为正确的两分法是：一是个别行业或厂商以及既定资源在不同用途下的报酬和分配的理论，另一是作为总体的产出和就业的理论。假设我们研究的，只限于个别行业或厂商，假定就业资源的总量不变，又暂时假定其他行业或厂商的情况不变，那么我们的确可以不必关心货币的重要特性；但一旦我们转而研究什么东西决定作为总体的产出和就业量时，我们就需要一个货币经济的完整理论"。① 同时，凯恩斯指出，尽管货币是货币经济宏观运行机制的不可或缺的因素，但由于种种障碍，货币的作用又是有限的。他说，"如果要断言货币是刺激经济体系活动的酒，就必须记住，在酒杯与嘴唇之间是有几次溢漏的"。②

综上所述，可以看出，凯恩斯的宏观经济分析模式具有与过去宏观经济学显明不同之点。这些特点既规定了凯恩斯宏观模式的特殊性质，又显示了它的一般意义。

凯恩斯的宏观经济学的历史背景，是处于大危机后萧条时期的现代资本主义经济。在凯恩斯看来，在这种经济体系中，社会上存在着"怕货物"、爱货币、感到前途有很大风险的悲观的空头心理，加上收入越高、消费部分就越低的消费倾向的作用，以致投资量和消费量都感不足，从而这种经济体系的突出困难是有效需求的不足。对这种类型的经济，采取鼓励投资、刺激消费的政策，从总需求方面为国民

---

① 凯恩斯：《一般理论》，1964 年英文版，第 293 页。

② 凯恩斯：《一般理论》，1964 年英文版，第 173 页。

经济的病灶开刀，不失为一种有针对性的治疗方案，而且会收效一时的。但是，随着现代资本主义经济的发展，体系中的矛盾逐渐转化，经济失调的原因不只来自需求，也来自供给。于是，再单方面地采取需求管理的措施，不去刺激生产、刺激供给，必将加剧滞胀现象。70 年代以后，凯恩斯主义在资本主义发达国家的影响大大减弱，代之而起的是强调生产、强调供给、强调货币政策的新的理论派系，这是不足为奇的。至于处在发展中阶段的国家，它们的经济现实和发达资本主义国家的情况基本上是相异的，和 30 年代的资本主义国家的情况更是迥然不同的。一般而言，处于发展中阶段的国家的经济不是需求约束型的，而是资源约束型的。资源约束型经济的要害，不是有效需求的不足和储蓄的过多，而是有效供给的不足和储蓄的过少。社会上不存在"怕货物"的空头心理状态。如果把凯恩斯学说及其政策建议，在处于发展中阶段的国家盲目引进，生搬硬套，那是很错误的。

但是，在注意到凯恩斯宏观经济分析模式的特殊意义的同时，不应当看不见它的一般意义。模式中有关收入决定、总供给和总需求对应、投资和储蓄恒等、货币作为宏观经济不可分离的要素等等思想，无疑是很可贵的。尽管凯恩斯学说有其局限性，但它的宏观分析模式，由于含有这些可贵的思想，在一定范围内和一定程度上可以成为一般经济体系的分析工具，可以用来研究发展中国家的经济问题。当代发展经济学中已有不少这种例证。

一些发展中国家在制订宏观经济计划化模式时就采用了凯恩斯的理论框架。由于缺少可靠的统计资料和必要的资金和技术，无法建立含有多个变量和方程式的复杂模式，而只能建立简单模式。例如，在一个简单计划模式中，经济被分为 4 个部门：家户（或消费）部门，资金融通部门，生产部门和国外部门，前三个部门各用 1 个方程式、后一个部门用 3 个方程式表示各部门流入和流出的平衡。以 Y、C、I、X、M、M_e、M_i、S_d、S_f 和 d 分别代表总产出（或总收入）、消费、投资、出口、进口、进口消费品、进口投资品、国内储蓄、国外储蓄和进出口差，于是

家户(或消费)部门：$Y = C + S_d$

生产部门：　　　　$C + I + X = Y + M$

资金融通部门：　　$I = S_d + S_f$

国外部门：　　　　$M = M_i + M_c$

　　　　　　　　　$M_c = X + d$

　　　　　　　　　$M_i + d = S_f$

在上列 6 个方程式中，第 6 个不是独立方程式，它的平衡是由前 5 个方程式决定的，而 10 个变量需要 10 个独立方程式，为此，巴基斯坦计划编制者根据本国情况另外立出 5 个方程式：

$$Y = Y_0$$

$$C = f(Y)$$

$$I = k(Y)$$

$$X = X_0$$

$$M_c = f(Y)$$

上列 5 个新加的方程式中，第一和第四两个分别表明产出和输入是外生变量，它们是由计划当局决定的指标，其余 3 个都表明消费、消费品进口以及投资都与收入有函数关系，每个函数关系的性质由历史资料决定。

目标收入(产出)水平既定，模式可以说明收入将如何分为消费和投资，有多少投资须由国外储蓄融通，如果由国外储蓄得到的资金数额不如预期，则计划当局将不得不考虑降低经济增长速度的指标或提高出口指标。

这是发展中国家的一个简单的宏观经济计划化模式。可以看出，这个模式完全是以凯恩斯宏观分析的理论框架为基础的，并充分体现了它的基本思想：收入决定，总供给与总需求对应，投资与储蓄恒等。所不同者，凯恩斯模式是封闭的模式，而这个模式是开放的模式，把国外储蓄以及进出口纳入模式之中。

在当代发展经济学中被广泛引用的"两缺口"模式，是凯恩斯宏观经济分析可以用来研究发展中国家经济发展问题的又一例证。"两缺口"模式设立的目的在于说明发展中国家利用国外资源的必要性。

以 Y、C、S、I、X 和 M 各代表总收入、消费、储蓄、投资、出口和进口，则

总供给 $Y=C+S$

总需求 $Y=C+I+X-M$

而总供给＝总需求

即　　$C+S=C+I+X-M$

化简得 $I=S=M-X$

化简式被称为"两缺口"模式。方程式左端表示投资与储蓄之差，右端表示进口和出口之差。如果 $I>S$，则出现储蓄缺口。如果 $M>X$，则出现外汇缺口。如果储蓄缺口大于外汇缺口，就不得 $M>X$ 不削减投资或增加储蓄，相反，如果外汇缺口大于储蓄缺口，就不得不削减进口或减少出口。可以看出，这种调节是从缺口本身的修补来考虑的，还只是一种消极的调节，如果从缺口之外开辟财源，利用外资，则一笔外资对两个缺口都会产生影响。因为一笔外资以机器设备的形式进入一国，则一方面它是进口，但这批进口不需出口来抵补，另一方面它是投资品，但这种投资品不需国内储蓄来提供。一箭双雕，因加紧动员国内资源以满足投资需求和加紧动员国内资源以冲销进口而出现的两重压力，都可同时有所减轻。

显然，论证利用外资必要性的两缺口模式是以凯恩斯宏观分析的理论框架为基础的，所不同者也是把封闭型模式发展成为开放型模式而已。

总供给与总需求的平衡，是一切经济体系都必须重视的问题，发达国家如此，发展中国家也如此。经济处于低水平的发展中国家，需求不足，供给也不足。从需求方面看，低下的收入水平决定了消费水平不高，而落后的经济状况又不可能有多样的投资机会；从供给方面看，储蓄无论从绝对量或相对量说都是不大的，因为不发达的经济结构不可能提供量丰质优的产出，从而限制了储蓄水平。有些发展经济学家，还提出了所谓的"贫困恶性循环论"和"低水平均衡陷阱论"。他们说，发展中国家的宏观经济中存在着两个循环，一个循环反映供给方面的情况，一个循环反映需求方面的情况。在供给方面，低收入

导致低储蓄能力，低储蓄能力引起资本形成不足，资本形成不足使生产能力难以提高，低生产率又造成低收入，这样，周而复始，完成了一个循环。在需求方面，低收入导致低购买力，低购买力使投资引诱不足，投资引诱不足使生产率难以提高，低生产率又造成低收入，这样，周而复始，又完成了一个循环。两个循环互相影响，使经济情况无法好转，经济增长难以实现。这种理论的中心思想是，阻碍发展中国家摆脱贫困的关键因素是资本稀缺，立论虽有失偏颇，但观察发展中国家的经济运行从总供给与总需求的对应关系出发，却是未可厚非的，同时，可以看出，这种理论是以凯恩斯的宏观模式作分析工具的。

谋求经济迅速发展的落后国家，极有必要在国民经济中重视总供给与总需求的恰当关系。要从资源约束型经济的基本性质出发，在宏观经济的运行中，既重视管理需求，又重视改善供给。由于这种类型的经济，缺少自行收缩的内在机制，就应当特别警惕扩张冲动、投资饥饿和消费过热所造成的总供给与总需求的不平衡。而且，在控制消费基金过度膨胀和防止投资规模过度扩大的同时，要注意解决国民经济中存在于部门结构、行业结构、产品结构、规模结构以及地区结构中的种种问题，并努力改善资源配置的不合理现象和经济效益低下的状况。

金融体制在发展中国家远不如发达国家那样完善，因而货币的作用是相对有限的，但是只要商品经济在发展，货币经济就在发展，货币的作用必然日益扩大和加强。宏观地考察发展中国家的经济并制定政策，就应当象凯恩斯那样，把货币视为经济运行机制的不可分离的因素，对货币供应量的增加和收缩，应当根据生产和流通的实际情况，作出适当的规定。

第三节　凯恩斯的完整经济思想包含着经济
增长思想，《一般理论》是后
凯恩斯增长理论的基础

尽管凯恩斯在《一般理论》一书中，专注的问题是经济的短期的、周期的波动，但他仍然在同时的或以后的其他的著作中涉及长期的经济增长问题。例如，在 1937 年(即《一般理论》出版后的次年)4 月发表的一篇论文中，① 凯恩斯不同意传统理论中对人口增长带来不良经济后果的悲观看法，而认为人口增长将促进经济增长，因为，人口增长会提高总需求，特别是通过对投资的刺激以提高总需求。技术进步足以提高劳动生产率，从而劳动力的需求与人口增长可以同步上升。人口兴旺，企业家预期市场将趋于活跃，利润率将趋于上升，投资风险将减小，于是投资规模将扩大，从而社会总需求将上升。同时，人口增减会直接影响需求。人口迅速增加，会增加住房和公用事业的需求。而比起其他消费品需求来，住房和公用事业需求增加所要求的资本投资要大得多，从而资本—产出比例将加大；相反，人口减少，会减少住房和公用事业的需求，从而资本投资减少，使资本—产出比例变小。总之，人口变动，不仅影响社会总需求，还影响产业和产品结构。凯恩斯的这种论点，得到他的理论在美国的传播者汉森(Alvin Hansen)的进一步发挥。汉森认为，人口增长将使短期消费增长，即使是失业者，他们也可能以减少储蓄的方式增加消费，结果将增加就业，促进经济增长和发展；反之，人口减少将促使短期消费减少，结果将减少就业，阻碍经济增长和发展②。

有一些西方经济学家曾经说，凯恩斯的《一般理论》并非只是短期的波动分析，而含有长期的动态因素。如汉森认为，"《一般理论》不只是静态理论。凯恩斯在高度动态地思维着。有时，考虑到滞后现象而直接进入阶段分析；有时，分析连续变化率而采用移动均衡。而在另外一些地方，他的比较静态学并不只考虑一点的均衡问题，还考虑那些引起均衡位置移动的因素。一句话，比较静态学是一种研究变化的方法"。③ 有两位西方发展经济学家说，"30 年代中，凯恩斯分

---

① 凯恩斯：《人口衰减的经济后果》，《优生学评论》，第 29 卷，第 1 期。

② 见汉森：《经济进步与衰退的人口增长》，《美国经济评论》，1939 年 3 月号，第 1-15 页。

③ 汉森：《凯恩斯学说指南》，1953 年英文版，第 51 页。着重点是引者加的。

析对富足的工业国作了两重倾向的启示：谴责周期性失业造成的资源浪费；警告"长期停滞"的根深蒂固的危险"。①

平心而论，上述的话未免过甚其辞。凯恩斯的《一般理论》还是短期的、周期的、静态的理论。但是，又应当看到，《一般理论》中的论点是可以动态化、长期化的，凯恩斯的追随者在这方面作出了努力。

汉森在凯恩斯学说的基础上提出了"长期停滞论"。长期停滞指资本主义发展已进入了一个成熟阶段，此时，充分就业下的净储蓄在增长，而充分就业下净投资在减少，从而经济活动趋于长期紧缩，短期萧条强化并长期化了。经济周期继续出现，但繁荣的势头越来越小，时间越来越短，而衰退的程度越来越深，时间越来越长。汉森说，长期停滞的实质在于"病态的复苏在初生阶段就死去，萧条则自我生存并留下一个似乎难以去掉的失业硬核。"②在这种情况下，在无通货膨胀的充分就业收入趋势和实际收入趋势之间，出现越来越大的差距，尽管实际人均收入、甚至实际总投资在增长。在潜在就业和实际就业之间，也出现越来越大的差距，在实际就业增长的同时，失业也在增长。因此，长期停滞并不是指经济已不再增长或实际人均增长，而是指增长率在下降、失业在增加。长期停滞意味着经济已越来越难于实现可能提供产出增长的目标，经济在向下滑、向旁边偏或以太缓慢的速度向前移动。显然，长期停滞趋势完全不同于周期波动，它是属于经济增长问题的概念。

凯恩斯的门生哈罗德，在凯恩斯宏观模式的框架中，把凯恩斯的短期波动理论，发展成为长期的增长理论。哈罗德的思想，在同一时期(40 年代末)与美国的凯恩斯主义者多马不谋而合，人们把他们的论证合称为"哈罗德—多马增长模式"。和当时流行的"资本第一主义"(capital fundamentalism)思潮一致，哈罗德和多马把资本积累认

---

① 迈尔(G. M. Meier)和包尔温(R. E. Baldwin)：《经济发展：理论、历史和政策》，1976 年英文版，第 1 页。着重点是引者加的。

② 汉森：《财政政策和商业循环》，1941 年英文版，第 353 页。

作增长的关键因素。但他们进一步指出，资本积累有双重作用：一方面，投资的扩大促使收入增长；另一方面，由于资本存量加大，投资又使生产能力提高。传统经济学家注意到资本积累的提高生产能力的作用，而认为适宜的需求不成问题。凯恩斯重视适宜的需求，却忽视生产能力提高带来的问题。哈罗德和多马认为他们的增长模式兼顾了投资的两重结果。

第四节　对国民经济实行必要的宏观调控是发展中经济不能不重视的问题

早在20年代中期，凯恩斯就开始从自由放任主义的传统观点转向国家干预经济的主张。在1926年发表的《自由放任主义的结束》一文中，他提出对现代资本主义经济实行明智管理的必要性。在1933年发表的《达到繁荣的方法》小册子中，他强调财政政策对国民经济的调节作用。但是，系统的国家干预国民经济的思想，是在《一般理论》中才得到充分表述的。在该书中，凯恩斯以有效需求不足为依据，提出要扩大国家干预经济的权力，采取财政金融措施，增加公共支出、降低利息率、刺激消费、增加投资，以提高有效需求，力争总供给和总需求实现充分就业水平下的均衡。

人所熟知，凯恩斯的这套主张，实质上是为了满足现代资本主义摆脱经济危机的要求，他的许多论点都是从30年代资本主义所处的困境出发的。时过境迁，那些论点和主张已不能照样生效。西方经济学界在新的历史条件下已要求削减国家对经济干预的权力，反凯恩斯主义的几个流派一齐唱起自由放任、自由经营的老调。但是，尽管原封的凯恩斯需求管理模式已属明日黄花，资本主义对一定范围、一定程度的中心调节力量的要求，却必将持续久远。

至于经济上处于发展中阶段的国家，无论走什么道路，由于下述原因的存在，政府需要对宏观经济进行必要的调控：

第一，今天的发展中国家，一般而言，市场具有很大的不完全性，其程度远比18、19世纪中的欧洲和北美的国家为高，因此市场的作用是有限的，从理论上说，达不到倡导自由经营的新古典学派所谓的完全市场作用可以把经济推向最优化的境界，实践上更做不到这一点。社会结构缺少弹性，教育不发达限制了职业的流动性，落后的交通运输阻碍了地区间的往来，缺乏或根本不存在资本市场使储蓄找不到渠道通向生产性的投资。在这种情况下，如果政府完全把经济委之于自由市场的兴起而袖手旁观，必然不利于国民经济的发展。为了消除市场的不完全性并发挥市场的适宜作用，需要在基础设施、结构改革、金融体制、文化教育等等方面，作出全面的努力，而这是厂商和个人办不到的，政府应当而且可能承担这些任务。

第二，发展中国家在大力发展市场经济的同时，必须保证正确的社会目标的实现。政府要考虑的不只是短期利益而是短期利益与长期利益相结合，不只是个体利益而是个体利益与社会利益相结合。政府还必须考虑如何减轻绝对贫困和失业现象，如何缩小收入差距，如何满足人民的基本需要等，这些事，厂商和个人是难于做到的。

第三，经济发展过程，并不如新古典学派所说，是一个平稳的、和谐的过程，而是存在着矛盾和冲突的过程。在这个过程中，政府的宏观调控和干预是必要的。

综上，我们认为，尽管凯恩斯的宏观分析模式，不是以发展中国家为对象的，作为一个体系，它根本不能适用于发展中国家，但是，发展中国家有必要调控国民经济，凯恩斯宏观模式的某些思维方式和分析工具，对发展中国家仍然具有一定的借鉴意义。

第十九章　汉森的周期增长理论

阿尔文·汉森(Alvin Hansen，1881—1975)是美国凯恩斯主义的主要代表人物之一。汉森在 1937 年来到哈佛大学，其时正值凯恩斯的《一般理论》发表不久。他很快便接受了《一般理论》的基本思想，并利用哈佛的课堂大力宣传凯恩斯主义。因此，他被公认为是美国凯恩斯主义的最早的传播者和阐释者。

但是，根据 W. W. 罗斯托的看法，汉森的贡献远远超过了传播和解说凯恩斯的思想。"像维克塞尔以后的斯德哥尔摩学派一样，他有充分的理由宣称自己预先发现了由《一般理论》提出的和在《一般理论》之后发展起来的大量分析和理论"①。例如，他在 1927 年就出版的《经济周期理论》一书中就包含有"周期是动态经济中增长所采取的特定形式"的思想，并讨论过后来所谓的乘数和加速数机制，即资本变化影响需求和收入，需求和收入的变化又影响投资。

汉森的理论工作主要是研究经济周期和失业问题。他所得到的基本结论完全是凯恩斯主义的，即失业是由于私人投资不足以吸收充分就业水平上的储蓄。但是，在分析私人投资为什么不足时，汉森引进了技术进步、人口增长及疆土扩张等长期动态因素，从而讨论了短期的周期波动和长期的经济增长的关系②。因此，汉森的失业理论实际

---

① W. W. 罗斯托:《休谟以来的经济增长理论家》，1990 年英文版，第297 页。

② 尽管在汉森后来的著作例如《经济周期和国民收入》(1951 年)中有大量关于经济增长和周期波动的讨论，但我们这里的分析主要是根据他在 1945 年以前的著作，特别是《财政政策和经济周期》(1941 年)一书。

上是短期周期分析和长期增长分析的综合。可以从两个方面来看这一综合，站在短期周期的立场上（这在很大程度上就是汉森本人的立场），这个综合提供了一种周期理论：它用增长来解释周期；但是，如果站在长期增长的立场上，则这个综合提供的就是一种增长理论——"周期增长"理论①：它把周期看成是增长采取的一种"形式"，是增长的"副产品"。

第一节　无增长的循环流转的静态经济

汉森从熊彼特那里借用"循环流转"这个术语来描述与动态增长不同的静态经济。在静态经济的循环流转中，全部净产出（收入）均被用来消费，不存在储蓄和投资（只有原有资本的折旧和更新），也不存在技术进步，生产过程循环往返，周而复始，整个经济既不增长，亦不萎缩，而是年复一年地在原有水平上重复。汉森认为，包括古典和新古典经济学在内的过去的经济学主流实际上研究的就是这种静态经济的循环流转过程，即是研究生产资源如何合理配置的问题。在这里，价格体系的作用是最为关键的。但十分明显的是，在这种情况下，无论市场竞争多么完全，价格伸缩多么灵活，市场价格体系本身都不可能创造出投资并从而产生经济增长。

第二节　经济增长的因素和型式

在循环流转的经济中，价格体系本身不能引致经济增长。那么，使经济摆脱循环流转而走向动态增长的原因是什么呢？汉森认为，经济增长是由独立于价格体系的"外生"因素决定的。这些外生因素主要有三项：第一，人口的增长；第二，疆土的扩张，包括新资源的发现；第三，技术的进步，包括引进新的生产过程、使用新的设备，制

---

① 这里在不很严格的意义上使用"周期增长"一词，它只意味着"周期的增长"。

造新的产品等等。这些因素的出现为投资提供了机会，引起了资本的增加，促进了经济的增长。按照原因的不同，投资和增长可以区分为两种不同的类型。由前两项因素即人口增长和疆土扩张所引起的投资和增长称为外延型投资和增长，后一项因素即技术进步所引起的投资和增长称作内涵型投资和增长。两种类型的投资和增长不是完全独立，而是相互作用、相互影响的：一方面，内涵型投资和增长显然是促进外延型投资和增长的。例如，从历史上看，技术进步在一些西方国家的新边疆开发中起了很大的作用，它也通过降低死亡率而一度大大刺激了人口的增长；另一方面，外延型投资和增长也促进内涵型投资和增长。例如，在19世纪的大部分时期，人口增长本身大大有助于大规模的生产方式，从而加速了技术进步。两种不同类型的投资和增长在整个投资和增长中所占的比重也因时而异。根据汉森本人的"粗略"估计，在19世纪中，外延型投资大约占到整个投资的一半；但到第一次世界大战之后，这个比例却迅速下降了①。

第三节　人口增长与经济增长

在人口增长和经济增长的关系问题上，汉森反对马尔萨斯以及李嘉图的悲观主义而赞同亚当·斯密的乐观主义。按照斯密的看法，人口的增长扩大了市场，有助于发明创造，促进了劳动分工。所有这一切均增进了财富。但是，汉森更加强调的是人口增长和资本形成的关系。人口增长是如何影响投资从而影响经济增长的呢？除了前面提到的人口增长可以通过影响技术进步（以及疆土扩张）来"间接"影响投资之外，人口增长本身也具有"直接"影响投资的作用。汉森认为，人口增长的变化会引起人口结构的变化，人口结构的变化又引起需求结构的变化，正是这种需求结构（不一定是需求总量）的变化可以引起投资的变化。例如，一个迅速增长的人口中年轻人的比重会越来越大，越来越多的年轻人要求越来越多的新住宅建筑，而在新住宅建筑

---

① 汉森：《财政政策和经济周期》，1941年英文版。第360页。

上所要花费的投资支出将是大量的；相反，一个相对静止的人口中主要是老人，他们需要的也许是更多的个人服务。这些个人服务所须花费的投资显然相对较少。因此，可得如下结论：人口的迅速增长会造成投资从而总需求的迅速增长，反之，如果人口从迅速增长变为静止或甚至下降，则会造成投资从而总需求的迅速下降。

由此可见，汉森主要是从需求方面来讨论人口增长的作用的。这一点体现了汉森理论与其他着重于人口—生产要素关系的理论的区别；而且，汉森是从需求中的投资方面来讨论人口增长的作用的。这一点又体现了汉森理论与其他着重于人口—消费关系的理论的区别。这两个方面都表现了汉森理论的凯恩斯主义特点，即重视需求特别是重视投资需求的作用。

除了改变需求结构来促进投资之外，汉森还提到了人口增长（疆土扩张也一样）在刺激投资方面的另一条途径，即减少未来的不确定性和风险。任何投资在任何时候都具有风险。但是，在一个人口和疆土都在迅速扩张的经济中，这种风险就大大减少了。用汉森的话来说，"一个迅速扩张的经济能够也愿意冒险"①。

第四节　技术进步与经济增长

汉森认为，技术进步除了通过影响人口增长和疆土扩张来影响投资之外，也可以直接影响投资。在这方面存在着两种不同的技术进步形式，它们具有完全相反的效应。一方面，技术进步可能是节省资本的新发明。在这种情况下，资本形成增加的速度便会放慢；另一方面，技术进步也可能是创造新的产业。在这种情况下，大量的新投资将随新产业的出现而奔涌而来，因而资本形成增加的速度将加快。随着技术的进步，投资究竟是增加还是减少，要看这两种效应的相对大小。汉森认为，在资本主义经济中，个人投资的增长是经济增长的关键所在，因此，他特别强调新产业创造的重要性。在这个意义上可以

①　汉森：《财政政策和经济周期》，1941年英文版，第348页。

说，正是新产业的创造才带来了经济增长。当然，汉森并不否认节省资本的技术进步也可能创造经济增长。实际上，它特别讨论过所谓"高度消费经济"①(或"完全消费经济"或"成熟经济")中的经济增长情况。在这种经济中，全部收入(或绝大部份收入)均被消费掉，经济增长不是依靠储蓄和投资来实现，而是单纯依靠技术进步，特别是依靠无须增加储蓄和投资的技术进步来实现。因此，在这种经济中，节省资本的发明起着非常重要的作用。当然，这种经济并不是现实的资本主义经济；同时，它也不是"理想"的经济，因为它没有储蓄和投资，不能充分利用技术进步的好处。

汉森还描绘了技术进步，特别是新产业的发展规律。现代产业的增长不是以造成平稳发展的成千上万微小增加的形式实现的。它的典型特征是巨大的飞跃，其变化是"不连续的、波浪起伏的和急促的。"②革命的新产业如铁路、汽车等，在其初期，有力地推动着投资活动蓬勃向上，然后达到成熟，最后停顿下来，自然死亡，除非新的一轮发展取而代之。和熊彼特一样，汉森也断定，正是技术进步的这种非平稳特点造成了经济增长的周期波动形式。

第五节　经济增长与经济波动

按照汉森的看法，静态社会不会出现波动和危机，因为在静态社会中，不存在储蓄和投资，所有的收入均被消费。消费的部分会自动成为新收入流的源泉，从而维持整个经济活动水平不变。波动和危机只有在动态经济中才有可能出现。为了突破循环流转的静止状态，经济体系中必须则存在储蓄和投资，而且为了经济增长得快，储蓄和投资量也要大。因此，在动态经济中，全部收入不再只用于消费，而且还要用于储蓄。尽管消费部分可自动成为新的收入，但储蓄部分却不是如此，除非它能被相应的投资所吸收；或者是储蓄者自己用于投

---

① 汉森：《财政政策和经济周期》，1941 年英文版，第 311 页。

② 汉森：《财政政策和经济周期》，1941 年英文版，第 362 页。

资，或者是借给别人投资。如果收入本身处于充分就业水平，则当没有足够的投资吸收该收入水平上的储蓄时，收入就会下降，出现失业；如果收入本身已经处于低于充分就业水平，则仅仅是一个相等的投资吸收储蓄还不够，因为这只能起到维持低收入水平的作用。为了达到充分就业，必须有更高的投资。但是，投资本质上是"自发"的，它不象单个商品的需求那样取决于市场价格体系，因而不能通过市场竞争和价格波动来加以调节；它也不象消费那样取决于经济的收入水平，因而也不能通过收入来调节。投资是由人口的增长、疆土的扩张以及技术的进步等"外生"因素决定的。这些外生因素特别是技术进步或创新的出现又不是平稳的，因而造成了投资的不平稳并最终造成了经济的不平稳。

假定经济一开始时处于循环流转的、充分就业的静态均衡之中。现在由于人口的增长、或疆土的扩张、技术的进步，造成了投资需求的旺盛。投资需求的旺盛使得价格体系偏离原来的静态均衡，从而为大规模投资创出所必须的储蓄。于是，经济摆脱了循环流转而进入了动态增长的轨道。但是，随着经济由静态转向增长，经济的波动也成为必然。如果经济现在正处于繁荣时期，此时，由于技术进步等扩张因素造成了投资需求的迅速增加，因此储蓄也很容易找到出路。不仅如此，经济还常常通过信用的扩大来弥补投资所需的资金不足。但是，在纯粹的资本主义经济中，这种繁荣不可能自我维持下去。为什么呢？汉森认为，主要原因在于当前的投资机会会很快地被利用罄尽。由于技术进步等等因素的不连续性，在旧的投资机会消失之后，新的投资机会不会马上出现。显然，在缺乏机会的时候，进行大规模投资肯定要遭致损失，于是，投资活动便停顿下来。但是，这时价格体系不可能再回到原来的充分就业均衡上去，因为经济的增长过程创造了一套根深蒂固的不易改变的制度（以及风俗、习惯），阻止了价格的调整。换句话说，植根于社会结构之中的消费函数强有力地阻止着经济回到循环流转均衡中去。在这种情况下，投资的停顿便宣告了繁荣的结束，因为消费不能足够地增加以弥补投资的减少。于是，投资的减少借助于乘数—加速数的作用使得有效需求和收入大幅度下降，导致萧条和危机。随着收入的下降，储蓄也将下降。但是，由于投资也很不足，甚至存在这样的危险：低资本投资不足以吸收折旧费用，更不用说(净)储蓄了！在这种情况下，将出现双重的"收缩"效应：新的储蓄未被用于投资以及折旧费用未被用于资本更新。于是，收入将进一步下降，失业将进一步扩大。随着收入的下降，储蓄将进一步下降，直到它不再超过当时的投资。至此，经济达到了低收入和低就业水平的均衡。只有等待下一次技术进步等动态增长因素的到来，再次大规模刺激投资，才能把经济提高到比以前更高的繁荣水平上。

由此可见，在汉森的理论中，经济波动的原因就在于投资的变化，就在于决定投资的技术、人口和疆土的变化，一句话，就在于经济增长！是经济增长造成了经济波动。在没有增长的循环流量经济中不存在经济波动。因此，汉森总结说："在经济的自发作用下，经济周期是增长和经济进步的不可避免的副产品。"[1]"拥有巨大资本品生产的社会很可能遭受巨大的收入和就业波动。"[2]

第六节　经济长期停滞

在西方理论界，汉森被认为是一位"务实主义"的经济学家。在他的著作中，抽象的理论分析总是与现实的经济问题紧密结合在一起的。他的增长和周期理论也是如此。按照他的理论，经济增长取决于投资，投资又取决于人口的增长、疆土扩张和技术进步。那么，实际的经济增长情况又如何呢？汉森认为，19世纪是独一无二的扩张的世纪。在那个世纪中，资本主义世界的疆土迅速地扩张，人口大规模地增长，各种技术创新层出不穷。换句话说，外延型的增长和内涵型的增长携手并进、相互促进，共同造成了19世纪的经济高速增长。但是，到了20世纪，这种状况发生了重大的变化。资本主义世界的

---

① 汉森：《财政政策和经济周期》，1941年英文版，第302页。

② 汉森：《财政政策和经济周期》，1941年英文版，第346页。

外延型的增长基本上已经过去：人口的增长正在停顿下来，疆土的扩张也快到了尽头。汉森指出，在 19 世纪 20 年代，美国人口增长1600 万，但在 20 世纪的 20 年代，只增加了这个数目的一半。而且，预测以后人口的增长将进一步放慢。西欧的人口增长则实际上已经停止。至于疆土扩张，也已经没有什么重要的地方可供开发了。尽管仍然有广大的亚、非、拉和东欧国家尚待发展，但汉森怀疑成熟的工业化国家能在多大程度上通过资本输出参加它们的发展。"无论如何，没有人可能否认对外投资在未来的 50 年里所起的作用要比 19 世纪的情况相对较小。"①

人口增长和疆土扩张的下降无疑将给投资从而经济增长带来巨大的影响。"……在 19 世纪，新疆土的开拓和人口的增长一起解释了全部新资本形成总量的很大一个部分——可能有几乎一半左右。"②现在这些非常重要的投资机会消失了，新投资只剩下技术进步这一条出路，经济只能靠内涵型增长了。尽管技术进步可以降低死亡率从而刺激人口增长，但似乎也很难在这方面有更大的进展，而在同时，出生率则是不可阻挡地下降下来；尽管技术进步有助于疆土的开发，它却不能"创造"新的土地。因此，通过内涵型扩张来促进外延型扩张似乎也没有多少效果。更有甚者，所剩下的技术进步这条唯一出路也由于各种原因在不断缩小。首先，外延型扩张的停顿使得内涵型扩张更加困难；其次，技术进步中节省资本的发明又进一步减少了投资的需求；最后，工会的发展、垄断竞争的发展、通过昂贵的广告而非价格的竞争等这些体制的因素也在限制着内涵型增长。总之，经济增长受到种种限制，从而出现经济的长期停滞。

第七节　经济政策与经济增长

自由放任资本主义面临的问题是：外延型扩张已经趋于停顿，内

---

① 汉森：《财政政策和经济周期》，1941 年英文版，第 361 页。
② 汉森：《财政政策和经济周期》，1941 年英文版，第 360 页。

涵型扩张正在不断缩小，整个经济增长受到威胁。因此，汉森认为，政府应当起来承担责任，采取积极的行动。政府应当通过公共福利计划以及改变税收结构等方式增加消费，通过举办公共工程增加投资。总之，应当用政府的有意识的扩张活动来弥补正在下降的外延型扩张。政府还应当进行体制方面的改革，强化市场的竞争机制，以防止内涵型扩张的不断缩小。在内涵型技术扩张和政府有意识的主动行动之下，私人投资也将会受到刺激，再度活跃起来。于是，整个经济可以免于停滞的危险。如果真能做到这一点，则由于人口增长下降，经济增长将意味着人均收入和生活水平的更加迅速的增长。

第八节　对汉森的周期增长理论的简评

汉森经济增长理论中的某些观点很快便被事实证明是不正确的：他对外延型扩张停顿的断言过早——"二战"以后资本主义国家对广大发展中地区的资本渗透并没有减慢；他对内涵型扩张作用的估计不足——技术进步一直在以越来越快的速度进行着，它在经济增长中的地位越来越重要；他对政府干预经济的后果也乐观过份——事实上，政府干预既没有解决周期波动问题，也没有解决长期增长问题。从经济学说史的角度来看，汉森经济理论中最值得注意的地方是他关于经济增长和周期波动之间关系的论述：周期波动是经济增长的副产品。他不是最早提出这个问题的人，但却是最先全面分析这个问题的人。他的优点在于抓住两种动态过程之间的某些联系，即增长和为增长所必须的储蓄及投资的出现造成了周期波动和危机的可能性；他的缺点在于把这种可能性当成了必然性。他没有看到危机的必然性在于资本主义的生产关系，而非它的动态增长的形式。

第二十章　熊彼特的经济发展理论

发展经济学家刘易斯、雷诺兹和迈耶（G. M. Meier）认为：从 19 世纪中叶到第二次世界大战后约一百年间，经济发展理论出现了停滞甚至消失的趋势，但在这一"静态的插曲"中，仍有马歇尔和熊彼特两人为经济发展理论做出了贡献①。

约瑟夫·阿罗斯·熊彼特（Joseph Alois Schumpeter，1883—1950），美籍奥地利经济学家，他以"创新"（innovation）理论为核心，研究了资本主义经济发展的实质、动力与机制，探讨了经济发展的模式和周期波动，预测了经济发展的长期趋势，提出了独特的经济发展理论体系。熊彼特的研究方法、理论和观点对后来的发展经济学产生了深远的影响，因此可称为发展经济学的"早期先驱者"之一。

第一节　经济发展研究的方法

熊彼特是一个亦学亦仕亦商的人物。他独特的经历使得他在学术上深受庞-巴维克、瓦尔拉和马克思等人的影响，在政治上倾向于欧洲社会民主党的政纲。这些影响使他形成了一套独特的研究经济发展问题的方法论。

一、动态均衡方法

熊彼特一生中最推崇的经济学家是瓦尔拉，在研究方法上受瓦尔

---

① 刘易斯：《经济发展理论》，1955 年英文版第 5 页；雷诺兹：《经济发展的理论与现实》，1977 年英文版，第一章第二节；迈耶：《产生于贫困：至关重要的经济学》，1984 年英文版，第 125-126 页。

拉的影响最深。他认为瓦尔拉的一般均衡理论是经济理论方面的杰出成就，是一个"不朽的贡献。这个伟大的理论水晶般明澈的思路以一种基本理论的光明照耀着纯粹经济关系的结构"①。他赞颂均衡理论"把革命的、创造性的优点和古典学派的综合的优点统一了起来，这是唯一可与物理学媲美的"一种理论体系②。但他又指出：洛桑学派的一般均衡理论也存在着缺陷：它是一种"静态均衡分析"，因而只限于价格理论及其应用领域货币理论和分配理论的研究，而无法用于分析经济的变动过程或"动态"问题。但是，熊彼特研究的重点是"资本主义经济发展"，而这是一个动态问题。因此，熊彼特不满足于瓦尔拉的静态均衡分析，他要用动态的方法来"创立"一个"动态的经济发展理论"。之所以说是"创立"，是因为当时瑞典学派的维克塞尔、卡塞尔等人已从货币经济学方面提出了动态均衡的理论，而熊彼特则将资本主义经济的产生、发展、灭亡作为研究对象，用"创新"理论来解释资本主义本质特征，因而探讨的范围更加广泛，方法更趋完善。

在 1912 年出版的《经济发展理论》一书中，熊彼特首次将经济学分为"静态经济学"和"动态经济学"，规定静态经济学的研究对象是经济的"循环流转"（circular flow），动态经济学的研究对象是"经济发展"；而从"循环流转"经济进入资本主义经济，再从资本主义经济过渡到"社会主义"，就是"经济发展"；经济发展不是由外部推动的，而是来自资本主义经济内部，即是"创新"的结果；而资本主义的灭亡和"社会主义"的胜利，正是由于"创新"的减退和消失。由此可见，熊彼特在研究经济发展时采用的主要是动态均衡的分析方法，并侧重于从事物的内部寻求原因。这表明，熊彼特的研究方法一方面直接来源于瓦尔拉的一般均衡分析，同时也受到了马克思的很大影响。尤其

① 熊彼特：《从马克思到凯恩斯十大经济学家》，商务印书馆 1965 年中译本，第 79 页。

② 熊彼特：《从马克思到凯恩斯十大经济学家》，商务印书馆 1965 年中译本，第 3 页。

是他关于资本主义发展过程及其命运的结论，关于事物的发展动因来自事物内部的观点，关于经济发展是一个动态的过程的思想，与马克思有一些共同之处。据张培刚教授考证：熊彼特早年同当时的青年马克思主义者鲍威尔、希法亭等人过从甚密，"可能在一定程度上受到马克思思想观点的启迪和影响"①。熊彼特夫人也曾认为："熊彼特和马克思有一共同之处，那就是关于经济发展过程的看法。在他自己的《经济发展理论》里，熊彼特企图提出'关于经济变革不单是决定于推动经济制度从一种均衡到另一种均衡的各种外在因素的纯粹经济理论'"②。熊彼特本人也承认：他自己关于经济发展观的"这一概念和这一目的，是和构成卡尔·马克思经济学说基础的概念和目的完全相同的"。③ 但是要指出的是：熊彼特虽然在发展观上与马克思有一定的共同之处，但他却反对马克思的历史唯物主义，反对马克思的劳动价值理论和剩余价值理论，因而与马克思在世界观和立场方面有根本的不同，熊彼特夫人也指出了这一点，认为这一点导致两个"极不相同的结果：它使马克思谴责资本主义，而使熊彼特成为资本主义的热心辩护人"④。

二、制度的和历史的方法

由于受到德国历史学派和美国制度学派的影响，熊彼特在研究经济发展中还特别重视运用制度分析和历史分析的方法。西方马克思主义的著名代表人物保罗·斯威齐（Paul Sweezy）认为：现代正统经济学家在研究经济发展时主要从各种影响要素的数量变化来考察问题，

---

① 宋承先等主编：《当代西方经济思潮》，湖南人民出版社 1986 年版，第191 页。

② 熊彼特：《从马克思到凯恩斯十大经济学家》，商务印书馆 1965 年中译本，第 2 页。

③ 熊彼特：《从马克思到凯恩斯十大经济学家》，商务印书馆 1965 年中译本，第 2 页。

④ 熊彼特：《从马克思到凯恩斯十大经济学家》，商务印书馆 1965 年中译本，第 3 页。

"从不试图分析演进过程。这一点可说已成定论。但有一个重要的例外，那就是熊彼特"①。熊彼特运用创新概念，从政治、经济、社会、技术等的发展历史来说明资本主义的特征和经济发展的过程，从而将历史的发展与理论的探讨融为一体；另一方面，熊彼特在《资本主义、社会主义和民主》一书中，把经济理论分析同社会学研究结合起来，考察了"社会制度型式的演变"，探讨了不同社会制度的更替特别是资本主义制度产生、发展和灭亡的历史，预见了"和平进入共产主义"的历史发展趋势。

三、统计的和数学的方法

熊彼特也很重视历史统计资料分析对经济理论研究的重要性。他的《经济周期》一书的副标题就是"对资本主义发展过程理论的、历史的和统计的分析"。在此书中，他大量引用了英美等国的历史统计资料、技术革新史料作为形成经济周期的依据和论证周期阶段的实证材料，从而提出了颇具特色的周期理论，并依据这一理论研究了经济发展的模式；熊彼特在他的著作中很少使用数学方法来进行理论研究，但他一生都在极力宣传用数学方法研究经济问题，并且撰写了一些书、文来推广数学方法。

综上所述，熊彼特独特的经历造就了他独特的理论和独特的研究方法，而这种方法实际上是综合的，即动态均衡的、制度的与历史的、统计与数学的方法的共同运用。这些方法，对后来一些发展经济学家产生了很大的影响，如发展经济学中的"结构主义非均衡学派"就是受了熊彼特的影响，把经济发展看成是一个动态的、非均衡的过程，等等，这一点将在本章第四节研究。

第二节　经济发展的性质与机制

熊彼特一生著述颇丰，但有关经济发展内容的，主要有1912年

---

① 斯威齐：《资本主义发展的理论》，1942年英文版，第94页。

的《经济发展理论》、1939 年的《经济周期》、1942 年的《资本主义、社会主义与民主》三本书及一些论文。在这些论著中，熊彼特提出了他独特而系统的经济发展理论。

一、经济增长与经济发展的含义

熊彼特关于经济增长与经济发展概念的含义，同现代发展经济学的经济增长与经济发展概念有一定的相同性，但在很大程度上也存在着区别。

关于经济增长。熊彼特认为，经济增长的研究对象是生产要素或"资源"在"数量上的变化"，如"人口和财富的增长"，资本数量的增加等。他说："所谓"增长"，就是指连续发生的经济事实的变动，其意义就是每一单位时间的增多或减少，能够被经济体系所吸收而不会受到干扰。"①他还指出，经济增长的特征是它主要是一种数量上的变化，"没有产生在质上是新的现象，而只有同一种适应过程，象在自然数据中的变化一样。因为我们想要使我们的注意力转向别的现象，我们将把这种增长看作是数据的变化"②；熊彼特还指出了增长与发展的区别，认为增长是一种数量的变化，而发展是一种质量的变化。同时，增长是一个"静态的过程"，而发展是一个"动态的过程"。他写道：经济增长的"变化每年都很小，因而不妨碍'静态'方法的应用"。关于经济增长与经济发展的关系，熊彼特认为：经济增长的出现"常常是我们所谓的发展的一个条件。但即使它们常常使得我们所谓的发展成为可能，可是它们并不从自己身上来创造这种发展"③。

由此可见，熊彼特所说的"经济增长"，是指随着时间的增减而发生的生产投入要素或总收入（财富）数量的微小变动；它只涉及量方面而无关于质的内容；经济增长是一个"静态的过程"，适用于用

---

① 　熊彼特：《经济变动的分析》，载《经济发展理论》中译本，商务印书馆 1990 年版，第 289 页。

② 　熊彼特：《经济发展理论》中译本，商务印书馆 1990 年版，第 71 页。

③ 　熊彼特：《经济发展理论》中译本，商务印书馆 1990 年版，第 71 页。

静态的方法来分析；在从后面熊彼特关于经济发展阶段的分析来看，他所说的"经济增长"，实际上是经济的"循环流转"阶段的一种现象，是一种非资本主义经济的简单再生产条件下的投入与产出的单纯的数量关系；这种数量关系虽然无论如何积累和变化，本身并不能创造出"发展"，但它却是发展的"基础"和"必要条件"。

经济增长虽然是一个纯数量的静态的概念，但熊彼特认为，它也可以用于分析动态的、有质量变化的经济发展问题。为此，他将经济增长分为两种形式：一种是生产要素数量及其产出价值的相应增加；另一种则是在生产要素实现了"新组合"之后即在"发展"过程中的"增长"。他认为，这两种增长虽然在形式上相近，但性质却不同，因此必须"不仅在程度上，而且在种类上"区别开来，因为"这种(指后一种——引者)增长不是意味着在价值规模上有所增长，而只是意味着它们的边际效用的增长"，即"生产手段的边际效用"的提高使生产手段的利用率得到相应提高，从而产生了"新的增长"[1]。据此分析可以看出，熊彼特实际上将经济增长划分为投入数量的增加和生产效率的提高两种型态，类似于人们常说的"外延的增长"和"内涵的增长"。

关于经济发展。熊彼特认为，经济发展是一种"质变"或生产方法的"新组合"，它与经济增长的最大区别在于经济发展是一个"动态的过程"，它是一个事物内部自行发生变化的结果，是资本主义的产物。基于这种考虑，熊彼特从多方面给经济发展下了定义：

1. 经济发展是一个动态的质变过程。熊彼特多次指出：增长是一个静态的过程，而发展则是一个动态的过程。他说："我们所意指的发展是一个特殊的现象，同我们在循环流转中或走向均衡的趋势中可以观察到的完全不同。它是流转渠道中的自发的和间断的变化，是对均衡的干扰，它永远在改变和替代以前存在的均衡状态。我们的发展理论，只不过是对这种现象和伴随它的过程的论述"[2]。他特别强

---

① 熊彼特：《经济发展理论》中译本，商务印书馆 1990 年版，第 166 页。
② 熊彼特：《经济发展理论》中译本，商务印书馆 1990 年版，第 72 页。

调经济发展的含义，指出经济发展是"动态经济学"，它不是数量的简单变化，而是一种事物"根本现象"的改变，是打破了旧的均衡之后实现的一种新的均衡，因此，经济发展"是从内部产生的这样一种变化，那就是，它这样来代替这种体系的均衡点，从而新的均衡点不能从旧的均衡点以许多无限小的步骤去达到。你不管把多大数量的驿路马车或邮车连续相加，也决不能从而获得一条铁路"①。

2. 经济发展是一种新的组合。熊彼特认为，经济发展"可以定义为执行新的组合"，这种新组合包括五种情况：引用了新的技术或新的生产方法；开辟了新的市场；控制或掠取了新的原材料供给来源；实现了新的工业组织。所谓的"新组合"，是指对"经济体系中的现有生产手段的供应作不同的使用"②。从这个意义上讲，熊彼特认为"所谓经济发展，就其本质而言，在于对现存劳力及土地的服务以不同的方式加以利用"，③ 而这种生产方法的新组合或新的利用，不仅可以提高生产效率，形成个别企业的垄断利润，而且成为推动资本主义经济发展的动力。

3. 经济发展是一种内部自行发生的变化。熊彼特认为，经济发展所产生的质的变化是"不能从外部加于数据的影响来说明的，它是从体系内部发生的。这种变化是那么多重要经济现象的原因，……"。④

4. 经济发展是同资本主义相联系的，是资本主义的基本特征。熊彼特是以资本主义为对象来研究经济发展的，并且将经济发展看作是资本主义的独特现象或本质特征。他认为，在经济生活中的"循环流转"不存在经济发展，只有当生产方法实现了新的组合、创新产生了个别企业的超额利润后，才会形成经济发展。而这时的经济，正是资本主义经济。熊彼特指出，所谓"资本"，"是交换经济的一种要

---

① 熊彼特：《经济发展理论》中译本，商务印书馆1990年版，第72页。
② 熊彼特：《经济发展理论》中译本，商务印书馆1990年版，第75页。
③ 熊彼特：《经济发展理论》中译本，商务印书馆1990年版，第106页。
④ 熊彼特：《经济发展理论》中译本，商务印书馆1990年版，第72页。

素。交换经济的一个过程表现在资本方面，就是生产手段被转交给企业家"①，因此，资本可以被定义"在任何时候转交给企业家的一宗支付手段的数额"②。但是，当资本没有被使用时，它只是一笔货币财富，只有资本被使用时，它才能产生利润和垄断利润；而拥有资本的人如果不使用资本，他只是一个金融家或股东，只有使用资本的人才产生企业家。一旦资本增值产生利润、企业家出现并实行了创新即把资本等生产要素加以新的组合，经济的性质就发生了变化，也就是说经济由静态转为动态，从而出现了经济发展，产生了资本主义经济型态。③

综上所述，熊彼特所说的"经济发展"，实际上是指一个体系内部所发生的一种经济变化，即一种生产方法的新组合，而这种新组合是由创新引起的一个动态的质变过程，这一质变过程又是资本主义的根本特征。从这一定义可以看出，熊彼特关于经济发展的概念与发展经济学的经济发展概念有很大的不同：前者强调创新和资本主义本质，后者强调在经济增长的基础上实现经济和社会结构的改变、收入分配的平等、群众的参与以及环境保护、生活质量提高等内容；前者侧重于微观的经济发展机制，后者侧重于经济发展的途径和目标。但是二者也有许多共同之处：都强调发展是一个动态的过程，是对原有均衡状态的破坏，是来自一个体系内部的质的变化（如经济发展进入起飞阶段）；二者都认为经济发展是同一定的经济、社会和技术革新相联系，都承认"制度"对经济发展的制约作用；二者也都把技术变革看作是提高经济效率的重要因素；最后，后者所说的创新实质上涉及到一个企业乃至一个经济体系的经济、技术、制度和社会结构的变化问题，而这正是经济发展的主要内容。

二、经济发展的动力和机制

熊彼特认为经济发展的动力主要是个别企业的垄断利润和企业家

---

① 熊彼特：《经济发展理论》中译本，商务印书馆 1990 年版，第 137 页。
② 熊彼特：《经济发展理论》中译本，商务印书馆 1990 年版，第 136 页。
③ 熊彼特：《经济发展理论》中译本，商务印书馆 1990 年版，第 136 页。

精神，而经济发展的重要机制，就是创新。首先，熊彼特认为经济发展的对象是企业，经济发展的主体是企业家。熊彼特指出："我们把新组合的实现称为'企业'；把职能是实现新组合的人们称为'企业家'"①。企业家活动的动力来源于对垄断利润或超额利润的追逐，以及超乎利润观的、出于事业心的"企业家精神"；企业家活动的目标或结果是实现"新组合"或创新。由此可知：经济发展的动力是利润（主要是垄断利润）和企业家精神，而经济发展的机制就是创新。

其一，经济发展的主体。

熊彼特认为，经济发展的主体是实现了新组合的"企业"，而实现新组合或创新职能的人，就是企业家。

什么是"企业家"？熊彼特指出：企业家是把职能作为实现新的生产方法组合的人，是创新的主体。为了说明企业家的本质，他特别区分了资本家、股东、企业家和技术发明家的不同。他认为：资本家和股东是"货币所有人，货币请求权的所有人，……物质财富的所有人"②；而企业家则是资本的"使用人"、实现生产要素新组合的"首创人"；企业家与资本家和股东的不同在于，企业家可以同时是一个资本家或是一个技术专家，如果他拥有资本并且是一个技术发明者的话；但拥有资本的资本家或技术发明者如果不把他们的资本和技术用于生产方法的新组合，没有创新行为，那他们就不能成为企业家。从职能上来看，资本家的职能是"拥有"财富、借出资本来获取利息收入，发明家的职能是创造出一种新的技术或生产手段，而企业家的职能是有效地运用资本和技术等生产要素，"把生产要素组合起来"，因此，如同企业与"资本"和"发明"有区别一样，企业家也根本不同于资本家和发明家，"尽管企业家自然可能是发明家，就像他们可能是资本家一样，但他们之所以是发明家并不是由于他们职能的性质，而只是由于一种偶然的巧合，……作为企业家的职能而要付诸实现的

---

① 熊彼特：《经济发展理论》中译本，商务印书馆 1990 年版，第 82-83 页。
② 熊彼特：《经济发展理论》中译本，商务印书馆 1990 年版，第 83 页。

创新，也根本不一定必然是任何一种的发明"①。企业家之所以是企业家，是因为"企业家是一种特殊的类型，他们的行为是一个特殊的问题，是大量重要现象的动力"②。它与资本家和发明家的根本区别在于他不断地进行创新，而资本家和发明家则不具有这种功能。这就是说，企业家不仅是以创新为职能的特殊类型的人，而且是经济发展的动力来源和经济主体。企业家的创新职能是通过对垄断利润的追逐和对企业家精神的发挥来实现的。首先来看企业家的动机。熊彼特认为，资本家的报酬是利息，发明家的报酬是专利费，企业家的报酬是工资，而这三者的来源都是"企业家利润"。所谓"企业家利润是一种超过成本的剩余，……它是一个企业的收入与支出之间的差额"③。而支出包括生产的直接与间接支出、企业家劳动所得的工资、土地的租金、额外的风险酬金、以及资本的利息。所以，对于一般的企业来说，企业家得到的只是这种"一般的"企业利润，同其他学者所分析的利润别无二致。熊彼特的不同之处是，他不仅研究了一般的企业利润，而且研究了特殊的企业利润——垄断利润或超额利润。他指出："在资本主义经济中，利润中包含有垄断的成份"。④ 因此，企业家利润中就包含有垄断成份或超额利润部分，而垄断利润来自创新，是发展的产物。熊彼特说："由于在新产品问世之初，企业家没有竞争对手，新产品的价格完全是，或者在某种范围内，按照垄断价格的原则来确定的"⑤。垄断利润"附着于新事物的创造，附着于未来价值体系的实现。它既是发展的产儿，也是发展的牺牲品"⑥。这是因为，垄断利润来源于个别企业的创新或发展，一旦其他的企业也实现了创新，个别企业的垄断利润就消失了。因此，根据熊彼特关于企业家的

---

① 熊彼特：《经济发展理论》中译本，商务印书馆 1990 年版，第 99 页。
② 熊彼特：《经济发展理论》中译本，商务印书馆 1990 年版，第 90-91 页。
③ 熊彼特：《经济发展理论》中译本，商务印书馆 1990 年版，第 142 页。
④ 熊彼特：《经济发展理论》中译本，商务印书馆 1990 年版，第 169-170 页。
⑤ 熊彼特：《经济发展理论》中译本，商务印书馆 1990 年版，第 169 页。
⑥ 熊彼特：《经济发展理论》中译本，商务印书馆 1990 年版，第 171 页。

定义，以及上述论述，可以推知：熊彼特认为垄断利润是企业家活动的动机，是经济发展的动力之一。

利润、垄断利润还同资本主义紧密联系。熊彼特认为，利润来自发展，"没有发展就没有利润，没有利润就没有发展。对于资本主义制度而言，……没有利润就没有财富的积累"①。"因此我们可以说，是企业家的行动创造了绝大部分财产。据我看来，实际生活令人信服地证实了财富的积累来自利润"②。至于资本的利息，熊彼特认为它只是利润的一个组成部分，是一种暂时的现象。这说明，垄断利润既是经济发展的产物，又是资本主义的特征之一。

虽然熊彼特认为垄断利润是企业家实现其职能的动机和经济发展的动力，但他又认为，除利润动机外，经济发展最主要的动力是"企业家精神"。所谓"企业家精神"，熊彼特给它下了几个定义，其主要的含义是：(1)企业家的"首创精神"和甘冒风险的大无畏精神；(2)企业家的"成功欲"。企业家"存在有征服的意志：战斗的冲动，证明自己比别人优越的冲动，他求得成功不是为了成功的果实，而是为了成功本身"。从这一意义上看，利润和金钱是次要的考虑，而"作为成功的指标和胜利的象征才受到重视"。正因为如此，企业家经常"存在有一种梦想和意志，要去找到一个私人王国，常常也是一个王朝"。(3)企业家甘冒风险、以苦为乐的精神。企业家"存在有创造的欢乐，把事情办成的欢乐，或者只是施展个人的能力和智慧的欢乐。这类似于一个无所不在的动机，……我们类型的人寻找困难，为改革而改变，以冒险为乐事"，是典型的"反享乐主义"者。(4)企业家的精明理智和敏捷。企业家"为了他的成功，更主要地与其说是敏锐和精力充沛，不如说是某种精细，它能抓住眼前的机会，再没有别的"③。(5)企业家的事业心。企业家固然重视"个人的声望"及其家庭的地位，但他更注重事业，注重"实际领导，即吸引其他的生产者

①　熊彼特：《经济发展理论》中译本，商务印书馆1990年版，第171页。
②　熊彼特：《经济发展理论》中译本，商务印书馆1990年版，第172页。
③　熊彼特：《经济发展理论》中译本，商务印书馆1990年版，第99页。

跟随他进入他的生产部门"①，注重取得信任和计划的可行性，以"说服"银行家提供资本来实行生产方法的新组合。企业家正是在这种不断的刺激中才取得创新成功的。可见，首创性、成功欲、冒险和以苦为乐、精明与敏锐、强烈的事业心，构成了企业家精神的五大要素。

根据这些特征，熊彼特对"企业家"的定义进一步作了限定，认为企业家必须自始至终是实施创新的人，"每一个人只有当他实际上实现'新组合'时才是一个企业家"②；"一旦他建立了企业，同常人一样地经营，他就会失去企业家的资格。因此，一个人才在其一生中很少能总是一个企业家，……企业家的职能本身也不能被继承"③。

在讨论了企业家和企业家精神之后，熊彼特指出，资本主义经济是在经济主体企业家的企业家精神的推动下才实现创新和发展的；因此，企业家精神是经济发展的最主要动力，是创新的精髓。

其二，经济发展的机制。

有了经济发展的主体企业家和企业家精神，那么，经济又是怎样发展的呢？或者说，经济发展的"机制"是什么呢？熊彼特认为，是创新。

所谓"创新"，熊彼特认为是"建立一种新的生产函数"，是把一种从来没有过的关于生产要素和生产条件的新组合引入生产体系。用熊彼特的话来说，创新就是实现生产方法的新组合，创新就是经济发展。因此，"创新"、"新组合"和"经济发展"实际上是一个意思或同义语。创新一般包括以下五种情况：（1）采用了一种新的产品，即消费者不熟悉的或具有新特征的产品；（2）采用了一种新的生产方法，这种方法有可能在科学上不一定成熟或者仅仅是商业上经销商品的一种方法；（3）开辟了一个从未进入过的新的市场；（4）控制或"掠取"了新的生产原料和半成品的供给来源；（5）实现了一种新的工业组织

---

① 熊彼特：《经济发展理论》中译本，商务印书馆1990年版，第99页。
② 熊彼特：《经济发展理论》中译本，商务印书馆1990年版，第87页。
③ 熊彼特：《经济发展理论》中译本，商务印书馆1990年版，第87页。

形式，比如形成或打破了一种垄断，或实现了托拉斯化①。

熊彼特还指出，创新是企业家职能的实现，是企业家精神的发挥；创新可以充分利用生产要素的作用，提高生产效率；尤其重要的是，创新先发生于个别企业，因而可以产生垄断利润或超额利润，而利润和垄断利润的出现，打破了经济生活的"循环流转"，使静态的经济变成为动态的经济，使简单再生产的静态均衡变成为动态均衡，从而使经济生活进入资本主义经济发展过程。可见，创新是经济发展和资本主义产生的关键。

值得强调的是，熊彼特所说的"创新"，虽然包含有科学技术的重大发展和技术革新的含义，但它并不是一个纯经济或技术的概念，而是具有广泛的含义：它既有技术革新、生产方法的革命的内容，同时更具有经济制度的变革（如企业新组织形式的出现，托拉斯化等）、社会制度型态的转变（如从循环流转进入资本主义）等制度的、历史的或社会的特征。这一点是熊彼特经济发展理论的一大特色，也是当代发展经济学越来越关注的方面。

三、经济发展的阶段

熊彼特运用动态均衡的、历史的方法，研究了"经济生活的本质"，划分了经济发展的阶段。他划分经济发展阶段的标准是"创新"和"动态均衡"。根据这一标准，熊彼特将经济发展划分为"循环流转"阶段、资本主义阶段和社会主义阶段。

首先，静态的循环流转阶段。

熊彼特把经济活动分为静态经济和动态经济两种型态，认为经济发展是动态的或资本主义经济，而在此之前，存在着一个静态的"循环流转"时期。循环流转经济的特征是：

第一，循环流转经济是一种以物易物、买主同是卖主的简单交换经济。熊彼特认为，在循环流转中，"经济行为可以定义为目的在于

---

① 熊彼特：《经济发展理论》中译本，商务印书馆1990年版，第73-74页。

取得货物的行为"①，在其交换过程中，"所有产品必须卖掉"，同时，"所有商品的卖主又以买主的身份出现，足够地购买这些货物，用来在下一个经济时期按照已经达到的水平维持他们的消费和他们的生产设备"②。

第二，循环流转经济是一种简单再生产式的经济。它的生产与消费是恒等的，"所有的贡献和份额必须抵销"③，"生产的成本在本质上就是劳动服务和自然服务的价格总和。这些价格总和必须总是等于从产品获得的收入。因此，在这一范围内，生产必须基本上没有利润的川流不息"④。所以，循环流转经济的总收入等于总支出，没有利润，没有积累。

第三，循环流转经济是一种静态的经济。在这种经济中，没有企业家，没有利润，也不存在创新。生产的边际成本与边际效用在某一点上"出现了相对最佳的位置，通常称为经济均衡，只要维持给定的数据，这种均衡就会在某一个时期自行重复"⑤。

第四，循环流转经济的调节机制是自由竞争和"经验"。熊彼特指出，在循环流转经济中，"我们主要设想一个商业上有组织的国家，其中私人财产、分工和自由竞争居于统治地位"⑥；另一方面，生产者的"经验"对于确定经济活动的交换数量也至关重要，从而这种"交换经济的机制是以巨大的精确性运行的"。⑦

综上所述，熊彼特所讲的循环流转，是一种没有企业家，没有利润，不存在创新，也没有发展，靠经验和自由竞争自发调节，供给与需求相等，实现了静态均衡的简单再生产的自然经济。

循环流转经济虽然是一种纯粹的简单经济型态，但熊彼特认为，

① 熊彼特：《经济发展理论》中译本，商务印书馆 1990 年版，第 5 页。
② 熊彼特：《经济发展理论》中译本，商务印书馆 1990 年版，第 10-11 页。
③ 熊彼特：《经济发展理论》中译本，商务印书馆 1990 年版，第 13 页。
④ 熊彼特：《经济发展理论》中译本，商务印书馆 1990 年版，第 36 页。
⑤ 熊彼特：《经济发展理论》中译本，商务印书馆 1990 年版，第 34 页。
⑥ 熊彼特：《经济发展理论》中译本，商务印书馆 1990 年版，第 8 页。
⑦ 熊彼特：《经济发展理论》中译本，商务印书馆 1990 年版，第 9 页。

它是经济发展的一个必然阶段，是资本主义经济发展的基础和前提条件，正如简单再生产是资本主义扩大再生产的基础和前提条件一样。

其次，动态的资本主义经济发展阶段。

熊彼特从历史的角度观察道：循环流转只是经济发展的一个前提或条件，从"发展"的眼光看，经济生活必然从"静态的均衡"过渡到"动态的均衡"，而这个动态均衡的阶段，就是资本主义经济发展阶段。

首先，熊彼特认为，从循环流转进入资本主义，是从一种均衡达到新的一种均衡；实现这一质的飞跃的关键，是企业家的出现，以及企业家的创新活动。所以，创新是达到动态均衡、实现资本主义经济发展的动力。

其次，熊彼特指出，新的动态经济的本质是"资本主义经济"。什么是"资本主义经济"呢？熊彼特认为，要理解这一点，必须从什么是"资本"和"资本主义"分析起。所谓"资本"，熊彼特认为它是一种生产要素，是可供企业家使用的支付手段，是创新的条件；所谓"资本主义"，"在本质上是经济变动的一种形式或方法"，或者说是"一个经济组织的形式"①，它是动态的；资本主义的"根本现象"是"不断地从内部革新经济结构，即不断地破坏旧的，不断地创造新的结构的过程"，这种"创造性的破坏过程"，可称之为"产业突变"（Industrial Mutation）。可见，创新、新组合、经济发展，是资本主义的基本特征。

最后，熊彼特认为，资本主义是一个以创新和"剩余"为生存动力的经济。资本主义产生于创新，创新使得企业的总收入超过总支出，产生一个"剩余"（Surplus）即"企业家利润"。如前所述，熊彼特认为创新、发展和垄断利润是同资本主义紧密联系的，因此创新和利润就成为资本主义生存的基础。这一点在熊彼特的《资本主义、社会主义和民主》一书中表明得非常清楚，在那里，熊彼特指出，创新与利润产生了资本主义，同时也造成了资本主义的灭亡，因为当所有的

---

① 熊彼特：《经济发展理论》中译本，商务印书馆1990年版，第129页。

企业都实行创新时，利润特别是垄断利润就不复存在，因而资本主义就失去了生存的基础。

最后，国家垄断的"社会主义"经济阶段。

熊彼特在他的《资本主义、社会主义和民主》一书中，预测了社会经济发展和制度变迁的前景，认为资本主义由于其内部的原因变化而不能继续生存下去了，因而社会经济必然向"社会主义"过渡。之所以如此，是因为资本主义经济发展到一定阶段后，企业家的创新活动会逐渐减弱，从而投资机会日趋消失，经济生活从动态均衡回到静态均衡。在这种情况下，"经济进步日趋于非人身化和自动化。机关和委员会的工作日渐代替个人的活动"，因而"创新本身已降为例行事务"，"于是跟着就是发生多多少少静止的状态，本质上是进化过程的资本主义就要萎缩下去，企业家将无事可做"。"利润，还有亦步亦趋的利息率，将收敛到趋于零。靠利润和利息生活的资产者阶层将趋于消失"；另一方面，熊彼特认为，资本主义的发展造就了新一代的技术专家，这样，企业家的创新职能就减弱甚至消失，创新成为一种例行公事，从而资本主义经济出现危机，必须由公众所有的中央政府来实行"计划经济"。这时，"资本主义不能活下去了"，而"一种非常清醒而稳重的社会主义将几乎自动地出现"①。这表明，熊彼特认为经济发展的下一个阶段将是"社会主义"阶段。

但是，熊彼特所说的"社会主义"，并非马克思主义的社会主义。他认为，所谓"社会主义"是一种"制度模式"，在这个社会中，生产资料和生产管理的控制权被授予一个"中央当局"，社会的经济事务原则上属于公众，而不属于私人方面。为此，熊彼特给"社会主义"下的定义是：（中央集权的）"社会主义，它不是由私人经营的企业，而是由公共权力机关控制生产资料，决定怎样生产，生产什么，谁该

---

① 熊彼特：《资本主义、社会主义和民主》中译本，商务印书馆 1979 年版，第 164-166 页。

得到什么东西的那种社会组织"①。同时，"社会主义"可以和由国家来征服私人工商业等同起来"②。由此可见，熊彼特的"社会主义"，至多是国有化和中央集权化的国家垄断资本主义，它同马克思主义的社会主义的内涵相去甚远。

熊彼特还谈到了从资本主义到"社会主义"的"过渡"，并将"社会主义"分为三种形式或阶段：(1)成熟状态下的社会主义化；(2)不成熟状态下的社会主义化；(3)变法前的社会主义(国有化)政策。据此他认为，资本主义向社会主义过渡有三种可选择的方式：一是在不成熟的状态下，采取暴力革命的形式向社会主义转变；二是在变法之前，通过"国家化"等法律手段逐步过渡；三是在成熟状态下，"和平地""进入社会主义"。熊彼特特别欣赏第三种方式，也同意第二种方式，但极力反对第一种方式即暴力革命方式③。

关于"社会主义"，熊彼特只是描述了它的最一般特征，只是把它作为资本主义的一个替代物，看作是社会经济发展的一个必然阶段，而没有论述到它的具体内容，更没有涉及它的主体、发展动力和机制等问题。因此，"社会主义"是经济发展的一个阶段或资本主义经济发展的终结物。

第三节　经济发展中的周期波动

熊彼特不仅用创新理论解释了经济发展的动力、机制、过程和阶段，而且用它来说明经济的周期波动，因为在他看来，经济发展理论一方面要研究经济生活的"根本现象"即本质问题，如新组合、创新等；同时，也要从实证分析入手，运用历史的统计资料，来描述经济

---

① 熊彼特：《资本主义、社会主义和民主》中译本，商务印书馆 1979 年版，第 515 页。

② 熊彼特：《资本主义、社会主义和民主》中译本，商务印书馆 1979 年版，第 516 页。

③ 熊彼特：《资本主义、社会主义和民主》中译本，商务印书馆 1979 年版，第 285 页。

发展的变动规律或模式。因此，熊彼特的经济周期理论是经济发展理论的延伸，是对创新理论的具体运用。

一、经济周期及其产生的原因

所谓"经济周期"，是指一种"经济体系奋力走向新的均衡状态，适应于由繁荣的干扰而改变了的境况"的一个过程①，即经济生活由一种均衡达到一种新的均衡，或由萧条到繁荣的过程。经济周期的典型特征是从萧条到繁荣再到萧条，使经济发展呈"波浪式"变化。

产生经济周期的原因是企业家的创新活动，而这种创新活动又主要地、具体地表现为技术革新和企业家及其群体的出现。熊彼特指出，创新首先始于生产技术的改进、新的市场的开辟、新产品的发明和投产等"技术创新"，而一旦企业家出现，企业家从事这些活动并将技术创新的成果加以利用，形成生产方式的"新组合"时，经济生活就会出现"历史上不可逆转的变动"即创新②，但这时的创新具有了新的意义，因为它是一种"生产函数的变动，而这种生产函数是不能分解为无限小的步骤的"③。这种创新使得"在两个繁荣之间，必定存在有一个到头来接近均衡位置的吸收过程"，进而创新又导致新的均衡的产生。为此，创新是形成经济周期的根本原因。

熊彼特认为，经济周期的产生与企业家的出现有着密切的联系，因为"企业家的成批出现是繁荣产生的唯一原因，它对经济体制的影响在性质上不同于企业家按时间均匀分布的连续出现对经济体制的影响，只是它不像后者那样，意指一种连续的、并且甚至是不可觉察的，对均衡位置的干扰"④。也就是说，企业家的成批出现导致了经济跳跃式地发展，使经济出现大的起伏，而这种跳跃式发展所产生的

① 熊彼特：《经济发展理论》，商务印书馆1990年版，第257页。

② 《经济变动的分析》，载中译本《经济发展理论》，商务印书馆1990年版，第290页。

③ 《经济变动的分析》，载中译本《经济发展理论》，商务印书馆1990年版，第290页。

④ 熊彼特：《经济发展理论》，商务印书馆1990年版，第256页。

波动或干扰需要一个"特征的、可识别的吸收过程"。因此，这个跳跃式的干扰和吸收过程，便构成了经济周期运动。

二、经济周期的四个阶段

熊彼特认为，经济周期波动是由创新活动引起的，而创新活动是跳跃式的、不均匀的，从而构成了经济周期的不同阶段。

熊彼特把经济周期首先分为两个大的阶段：繁荣和萧条。经济繁荣阶段是由于企业家的成批出现、创新活动频繁而产生的。但是，在繁荣阶段，由于企业家的成群出现，"他们的产品也是成批地出现，由于此刻企业家们不是各做各样，而是做非常相类似的事情，因而他们的产品几乎同时出现在市场上。……新产品的出现引起价格的下跌，这一下跌从自己这一方面来说终止了繁荣，或许会导致危机，或必然要导致萧条，于是有其余的事情接踵而生"[1]。"再经过一段时间，直到新企业的产品能够出现在市场上之前，繁荣结束，萧条开始。当创新的吸收过程结束时，新的繁荣就开始，而萧条也就结束。"[2]从繁荣到萧条，再从萧条到繁荣，如此循环，就构成了经济周期的两个阶段。

熊彼特的分析并未到此结束。他进一步认为，创新活动并不是一次性的，而是一个过程。他说："我们所指的创新所包含的一些过程，比起其他过程来，必定要花费更长的时间才能充分显示作用。"[3]因此，创新所产生的影响就不止于形成繁荣和萧条两个阶段。熊彼特指出，实际上，创新对经济周期的作用有两个过程：第一个过程是创新所产生的"初级周波"或"初级波浪"，它形成了繁荣与萧条两个阶段；但是，在这两个阶段中，由于创新活动的不均匀性，特别是其他企业对创新企业的"模仿"行为，以及新技术和新产品的逐步扩散，使创新过程延长并出现不均衡现象，这种不均衡"常常引起派生现

---

[1]　熊彼特：《经济发展理论》，商务印书馆 1990 年版，第 259 页。
[2]　熊彼特：《经济发展理论》，商务印书馆 1990 年版，第 238 页。
[3]　熊彼特：《经济发展理论》，商务印书馆 1990 年版，第 296 页。

象，这种现象主要是由于工商业者将按照他们所观察到的变动速率而进行活动。这种诱发现象的综合总体，是周期的群众心理的中枢，并大大加剧它们的幅度，我们称之为"次级波浪""①。

由初级波浪到次级波浪，经济周期就由两阶段演变为四阶段，即：繁荣、衰退、萧条和复苏。

三、三种周期体系

繁荣—衰退—萧条—复苏，这是一种相对较短时期内的周期运动，但熊彼特根据对经济发展的历史的和统计的分析，发现在长时期内，经济活动有三种大的、较长的周期，熊彼特称之为"三种周期体系"。之所以存在着三种周期体系，是因为创新是不连续的、不稳定的和不均匀的，同时，创新又是多种多样的、千差万别的，因为对经济发展的影响大小和持久性也是不一样的，由此形成了不同长度的周期。

第一种周期是"长波"，熊彼特称之为"康德拉捷夫周期"，由俄国人尼古拉·康德拉捷夫（Nikolai D. Kondratieff）的名字命名。这种周期的长度为54年到60年，已被经济史学家证实。熊彼特认为，资本主义经济发展已经历了三个长周期：（1）从18世纪70年代到1842年，这是由蒸汽机的发明引起的纺织工业的创新，它导致了产业革命；（2）从1842年到1897年，这是由于蒸汽机的广泛利用而产生的钢铁业的创新，可称之为"蒸汽与钢铁时代"；（3）从1897年到20世纪20年代末，由于电学、化学发明和技术革新引起的工业创新，产生了"电气、化学和汽车时代"。

第二种周期是"尤格拉周期"或"中波"，是由法国学者克莱门·尤格拉（Clement Juglar）于1860年提出的，平均时间为9—10年。

第三种周期是"基钦周期"或"短波"，是由美国经济学家约瑟夫·基钦（Joseph Kitchin）于1932年提出，时间大约3—4年。

熊彼特认为，这三种长、中、短周期虽然各自独立，但它们也可

---

① 熊彼特：《经济发展理论》，商务印书馆1990年版，第293页。

以并存或同时出现。从三者的关系来看，一个长波大约包括 6 个中波，而一个中波又包括大约 3 个短波。从总体上来看，这三种周期都是由创新引起的，与生产技术的革新密切相关。这三种周期的存在和交织出现，构成了资本主义经济的发展。因此，经济周期是创新活动的产物，反过来也是创新和经济发展的实现形式。

第四节　熊彼特经济发展理论对当代发展 经济学的影响

熊彼特的经济发展理论产生于当代发展经济学之前，他的理论在概念、方法、内容、结论等方面，与发展经济学有着根本的区别。但是，这一理论对发展经济学的形成产生了很大的影响，甚至对某些发展经济学家思想的形成产生了决定性的作用。另一方面，在 90 年代发展经济学出现新的大发展时期，熊彼特的理论和方法重新受到重视。

一、创新理论对发展经济学的影响

在当代发展经济学中，关于经济发展研究方法、发展的动力与机制、发展的因素分析以及地区经济发展理论等，都与创新理论有关。

1. 技术创新论。

熊彼特去世后，他的追随者们继续他的研究，从许多方面发展了熊彼特的理论，并且形成了"熊彼特学派"。"技术创新论"就是这一学派的理论之一。

技术创新论最早是由曼斯菲尔德(E. Mansfield)、海莱纳(G. K. Helleiner)等人根据熊彼特的创新理论提出的一种关于科学发展与技术革新对经济发展作用过程的理论，它有三方面的内容：

其一，技术创新与企业发展。技术创新论将技术创新作为企业经济发展的动力。它认为，技术创新后将产生两种结果：一种是"模仿"，即其他企业以首先创新的企业为榜样，相继采用这种新技术；另一种是"守成"，即其他企业并不模仿这种新技术，而是仍然运用原有的技术。这两种结果对企业发展产生主要影响的是模仿。模仿的影响主要表明为三个方面：模仿的比率即采用新技术的企业数占该部门企业总数的比率；模仿的相对盈利率，即模仿企业的盈利率与守成企业盈利率的比率；模仿投资率，即企业采用新技术所需要的投资。这三个比率高则企业发展快，反之则慢。因此，要促进企业乃至一个部门的经济发展，关键在于提高这三个比率。

其二，技术创新与市场结构。熊彼特曾简要地论述过垄断、竞争与创新的关系，认为自由竞争不一定有利于创新，因为企业的财力难以维持创新所需的费用；而垄断所产生的垄断利润可以成为新的技术发明的财源[1]。技术进步论者继承和发展了这一观点，认为"一个介于垄断和完全竞争之间的市场结构，将会促进最高速度的发明活动"[2]，这是因为，在完全竞争的条件下，企业规模较小，缺少持久性的垄断收益来保障技术发明和创新，而完全垄断又会因缺乏竞争而减弱技术创新。所以，只有垄断与竞争结合，才能既有创新的收入保障，又不至于减弱创新的动因。

其三，技术创新的类型。技术创新论者把技术创新分为三种类型：

（1）"节约劳动的技术创新"。

（2）"节约资本的技术创新"。

（3）"中性的技术创新"即保持资本与劳动的比率不变。

海莱纳等人运用上述三种技术创新的类型来研究一国的生产特别是国际贸易，并利用比较优势的原理，提出在劳动力丰裕、工资水平低的不发达国家，应实行"节约资本的技术创新"。这一观点同多数发展经济学家的工业化论、进口替代论大相径庭。海莱纳认为，新的研究结果表明，发展中国家的加工业部门在技术结构上物化劳动所占

---

[1]　参阅熊彼特：《经济发展理论》，商务印书馆 1990 年版，第 169、270 页。

[2]　卡曼（M. Kamein）、施瓦茨（N. Schwarts）：《市场结构和创新》，《经济学文献杂志》，1975 年 3 月号，第 32 页。

的比重太高，经营规模小，不足以创造足够的收入、外汇和就业机会，因此发展中国家应大力发展劳动比重大的加工业，实行"节约资本的技术创新"。他认为这才是发展中国家的正确道路①。

2. 制度创新论。

熊彼特在论述经济发展问题时，也很重视"制度"创新对经济发展的作用，但他由于受制度学派的影响，把"制度"看作是一个"体系"、"社会形式"或"经济组织方式"，以及市场结构，如垄断等。

戴维斯(L. Davis)和诺尔斯(D. C. North)继承了熊彼特的观点和方法，运用"制度创新"来解释美国等国的经济增长。他们认为，"制度创新"是指经济的组织形式或经营管理方式的革新，这种组织和管理上的革新是历史上制度变革的原因，也是现代经济增长的原因。他们说："经济理论同一种对制度变革的解释相结合，对于进一步了解过去、现在和未来的经济增长是有重要意义的"②。

制度创新的过程分为五个步骤：第一步形成"第一行动集团"即有预见力的决策者；第二步由第一行动集团提出制度创新方案；第三步比较和选定制度创新方案；第四步形成"第二行动集团"，即辅助第一行动集团的利益单位；第五步，由第一、第二行动集团联合行动，共同实现创新③。

应当强调的一点是：熊彼特的制度创新观点和制度学派的理论，对发展经济学，尤其是80年代以后的发展经济学产生了重要影响。美国经济学家麦迪逊(A. Maddison)在其1970年的《发展中国家的经济进步与政策》一书和1982年的《资本主义发展的阶段》等书中，一反某些发展经济学家的技术进步论，认为资本和劳动投入仍然是发展中国家经济发展的主要因素；而发展中国家的资本形成和劳动力增

① 海莱纳：《不发达国家的加工业出口和跨国公司》，载《经济学杂志》1973年3月，第33-34页。

② 戴维斯、诺尔斯：《制度变革和美国经济增长》，1971年英文版，第8-9页。

③ 戴维斯、诺尔斯：《制度变革和美国经济增长》，1971年英文版，第40-42页。

长，在很大程度上又是由经济政策决定的。因此，政策和政府干预是发展中国家经济发展的主要动因；1982 年，美国马里兰州立大学教授奥森(M. Olson)在其《国家的兴衰》一书中，考察了历史上和现代包括中国在内的一些国家的经济增长史，分别对这些国家的地理、人口、自然条件、资本形成以及技术水平作了分析，认为发展经济学通常强调的上述几个所谓的"阻碍"不发达国家经济发展的因素并不能成立；而真正阻碍或"促进"经济发展的，是一个国家的"制度和政策"。这些研究在发展经济学中产生了很大震动。1992 年，中国青年经济学家林毅夫(Justin Lin)在《美国经济评论》5 月号上撰文《技术、制度创新与农业发展》，认为中国自 1978 年至 1984 年的农业大发展主要是由于实行了联产承包制等"制度创新"，而 1984 年中国农业生产率的下降，则是因为制度创新的效应已经"一次性发挥完毕"；因此，要使农业再出现发展，必须进行新的制度创新。这一观点在国内外产生了一定的影响。因而我们认为：目前在发展经济学的大思路中，除了已有的新古典主义、结构主义和激进的马克思主义这三大学派之外，又逐步形成了一个"制度学派"。

除上述之外，罗斯托在他的《经济增长的阶段》等书中论述不发达经济实现经济的"起飞"问题时，认为起飞的条件有三个：12%以上的投资率，主导部门的建立，以及社会的和制度的变迁。很明显，罗斯托也受到熊彼特的很大影响。

3. 创新与部门、地区经济发展。

当代发展经济学家中，也有许多人利用熊彼特的创新理论来研究部门和地区的经济发展问题。

1962 年，赫尔希曼在《不发达国家的资本形成问题》一书中，分析了影响经济发展的种种因素，考察了不发达国家的发展实绩，认为：资本、劳动、自然条件和技术水平固然对经济发展至关重要，但它们并不是决定性的因素，因为发展中国家虽然资金不足，但可以通过国外资源来弥补。然而，许多国家引进了外资后却仍然上不了项目，或者项目的投资效率低下、浪费巨大。究其原因，是因为不发达国家缺乏专门的技术和管理人才，特别是缺乏具有创新能力的决策人——企业家。据此赫尔希曼认为，发展中国家发展经济的最关键的要素是企业家，而不是其他物的东西。

关于地区发展，法国经济学家佩鲁提出了著名的"发展极"理论。而这一理论的核心，就是熊彼特的创新及企业家群体。发展极的中心观点是：在产业聚集的大中城市，由于有创新精神的企业家的活动，使创新企业聚集，这些创新企业通过向内"吸收"和向外"辐射"，形成一个类似于物理磁场的产业群，这些产业群成批地出现在大城市，就形成了发展极。发展极通过它的"扩散效应"和"回波效应"对周边地区的经济发展发生作用，从而带动了整个经济发展。

总而言之，虽然熊彼特的经济发展理论只是发展经济学的早期萌芽，它在许多方面尚不成熟，但它的确对发展经济学的产生和发展影响深远。

二、对熊彼特经济发展理论的简要评论

首先，在概念和术语上，熊彼特的"经济增长"与"经济发展"概念，与发展经济学、甚至西方经济学的增长与发展的概念有所不同：前者显然含义更加广泛，寓意更加深远，可以说已超出了一般的经济学含义。这提醒我们在研究发展经济学时，一方面可以借鉴熊彼特的理论，但也不能等同地照搬。

其次，熊彼特的创新理论并非十分完善。他把创新仅仅定义为"新组合""动态均衡"，限定在资本主义范围内，这大大限制了它的影响力。但是，这不妨碍我们在发展经济学中运用更精确、更广义的"创新"概念(如技术创新和制度创新等)来解释经济发展；更重要的是，这一概念有两个核心点：一是强调了"发展"是一个动态的过程，二是隐含着科学技术是经济发展的主要动力的意思。这对于我们理解发展经济学和针对发展中国家的国情来制定经济政策，具有一定的启发。

再次，熊彼特论述了经济发展中的周期波动问题，其不足之处是它仅仅考察了市场发育较健全的发达国家，并且只用创新概念来解释周期的形成，忽视了经济周期形成的其他原因尤其是社会基本矛盾运

动的根本原因，因而缺少充足的科学依据，限制了它的应用。但是，熊彼特的周期理论对发展中国家也有一定的启发，因而近些年来，发展中国家在全球性的"经济市场化、自由化"浪潮中，市场发育很快，许多国家已形成了初步的市场经济体系，而在这种类似于发达国家市场经济的体制中，经济周期波动、尤其是由技术进步和产品更新引起的经济波动日益显露，引起人们越来越多的关注。

最后，应当指出的一点是：熊彼特关于资本主义经济发展过程、前途的观点，即资本主义将灭亡、社会主义将胜利的观点，虽然有一些可参考之处，但他的"资本主义"、"社会主义"的含义是相当模糊的，根本不同于马克思主义的观点；同时，熊彼特虽然在经济与社会发展动因来自于事物内部这一点上与马克思主义有共同之处，但他的世界观、方法论是根本不同于马克思的。当然，这并不妨碍我们借鉴和利用他的理论和观点。实际上，熊彼特关于技术与制度创新对经济和社会发展促进作用的观点、关于资本主义高度发达后企业家阶层（或资本家阶级）将由它们培养出来的技术专家、知识分子所取代等观点，还是在一定程度上反映了资本主义后工业化社会发展的实际。

第二十一章 库兹涅茨早期的经济
发展理论

库兹涅茨是美国著名经济学家，发展经济学的创始人和重要代表人物。他在经济理论和实证分析领域对经济理论的发展做出了多方面的重要贡献，为此，瑞典皇家科学院在1971年授予他诺贝尔经济学奖，以表彰他"发展了用于计量国民收入的大小和变化的方法"，对经济增长的测量、估算和所提供的权威性统计资料，对经济增长动力和影响因素的分析，以及"他的经验基础的学术工作，带来了对经济和社会结构以及变化和发展过程的新的和更深刻的认识"①。

库兹涅茨是一个多产作家，在经济学的许多领域都有重要的建树，但他对经济学的主要贡献是对经济增长和发展理论的研究。比如，库兹涅茨第一次系统地论述了国民收入的定义、计算方法和应用；研究了收入、人口、建筑业与经济周期的关系，提出了著名的"库兹涅茨周期"；规范地定义了经济增长的完整概念和估算方法；分析了资本形成、技术进步、劳动力数量和结构变化对经济增长的影响，提出了经济增长过程中的"格式化事实"；研究了收入分配与经济增长的关系，提出了著名的"库兹涅茨曲线"；他还研究了不发达国家的经济和社会特征，分析了不发达国家在经济发展方面的阻碍因素，认为这阻碍因素不仅表现在经济方面，更重要是在社会、文化、制度方面；特别应当指出的是，库兹涅茨早在60年代就提出要重视对大国的研究，并研究了英美等大的发达国家的经济增长问题，这启

---

① 瑞典皇家科学院院士伯特尔·奥林在授予库兹涅茨诺贝尔经济学奖时讲话。1971年。

发了发展经济学家对发展中大国的研究，并提出了"发展中大国的经济发展研究"这一前沿课题。但是，本章不打算全面研究库兹涅茨的上述经济发展思想，而是研究1948年以前即哈罗德—多马模式提出、发展经济学产生以前库兹涅茨的有关研究，主要是他的方法论、经济周期理论、国民收入核算理论以及这些理论对发展经济学研究的影响和意义。

第一节　研 究 方 法

库兹涅茨的研究涉及经济增长的许多理论，也对经济增长的实际过程和统计资料有深入的分析，因此，他既是一个经济理论家，也是一个统计分析家。之所以如此，与他的理论的和经验统计的研究方法有密切关系。

库兹涅茨的研究方法受到两个方面的影响：一是古典学派的经济增长理论，二是美国制度学派和新制度学派。在经济理论方面，库兹涅茨崇尚配第关于国民收入概念和产业层次划分的初步思想、斯密等人的古典经济增长理论，认为这些理论是现代经济增长理论的基础，而现代经济增长理论不过是这些古典学说的延伸和发展。为此，他致力于经济增长和发展研究，提出了系统的经济增长概念、定义、发展趋势、增长因素分析等理论体系。这些理论对经济增长和发展的研究，对现代发展经济学的产生和发展，都产生了很大影响。

但是，对库兹涅茨研究方法影响最大的，是美国制度学派和新制度学派。制度学派是从德国历史学派演变发展而来的，产生于19世纪20年代，代表人物有凡勃仑(T. Veblen)、康芒斯(J. R. Commons)和密切尔(W. C. Mitchell)等人。这个学派同历史学派一样，否认社会经济发展存在着普遍规律，不承认存在适用于全世界的"一般理论"，因而强调运用结构分析和制度分析的方法、根据不同国家的实际情况来研究社会经济及其发展趋向。这个学派在20世纪以后出现了新的发展并逐步分成了两大分支：一个是依据凡勃仑的理论，经由贝利(A. Berle)、米恩斯(G. C. Means)到加尔布雷斯(J. K. Galbraith)等人，发展成为"新制度学派"；另一个是从密切尔开始到库兹涅茨，发展成为"经验统计学派"。

密切尔是库兹涅茨的老师，在他领导美国全国经济研究所时，也把库兹涅茨带去作研究工作，这对库兹涅茨的思想形成和方法论产生了决定性的影响。密切尔在研究中强调收集和分析统计资料，注重经验的实证分析。他认为，经济学是一门关于人类行为和社会制度的科学，必须以观察和计量为基础，提出和论证假说，而统计对于检验假说和提出新的假说是必不可少的，因而统计学就成为经济研究最重要的手段。密切尔还特别强调经验研究和统计分析，他一生的兴趣就在于收集和整理统计资料，力图把经济学从一种思想体系改造成一门可以具体计量的科学。正是在这样的思想指导和熏陶下，库兹涅茨完成了他的博士论文，并在导师领导的研究机构作研究，从而完全继承和发展了密切尔的观点和方法，成为经验统计学派的重要代表。

库兹涅茨认为，收集和整理统计资料是经济理论研究的基础，因为整理知识的最重要目的是用过去一代人的经验来丰富现在一代人的直接经验，用其他民族的经验来开阔本民族人民的经验和意识。所以，他始终在收集世界各国的经济增长统计资料，并对这些历史统计资料进行整理、比较和分析，从中寻找有规律性的东西，使其逐步上升为理论。伦德堡在评价库兹涅茨的方法时指出："从质量到估算，到分类，到解释，到推测"，是库兹涅茨的研究步骤，对各种经济变量的特点、变化趋势及其相关联系进行系统的分析，是库兹涅茨研究工作的主要内容。① 这一特点在他的早期著作中表现也很明显，如他在 1930 年出版的《生产和价格的长期运动》，1937 年出版的《1919—1935 年的国民收入及其构成》以及 1941 年出版的《1919—1935 年的国民收入及其构成》等书中，大量运用美国等发达国家经济发展的历史统计资料，研究了价格与生产、收入变动与生产、投资与生产的关系，提出了著名的长周期理论和国民收入核算方法及其应用的理论体

---

① 伦德堡：《库兹涅茨对经济学的贡献》，《瑞典经济学杂志》1971 年第 4 期，第 460 页。

系；特别是他对美国 1919—1938 年间 40 个系列几百种商品的价格变动、生产情况的系统分析，使人们对统计分析有了非常深刻的印象。

第二节　经济周期理论

经济周期理论是本世纪前后许多经济学家的研究重点，其中比较有名的是熊彼特对经济周期理论的研究。熊彼特在他 1912 年出版的《经济发展理论》一书中，总结了前人的周期理论，将资本主义经济发展的周期分为长周期、中周期、短周期三种，长周期即康德拉捷夫周期，平均长度为 54 年，中周期即尤格拉周期，平均长度为 10 度，短周期即基钦周期，平均长度为 4—5 年，由于熊彼特在他的书中详细论述了有繁荣、衰退、萧条、复苏四个阶段的短周期，因此也有人将短周期称为"熊彼特周期"。库兹涅茨在 1948 年以前的研究主要也是关于经济周期问题，他发表了一系列论著，其中最有代表性的是 1930 年的《生产和价格的长期运动》一书。在这本书中，库兹涅茨主要分析了美国等国的生产和价格的长期运动统计资料，提出在资本主义经济发展中存在着一个长度为 20 和 23 年、平均为 20 年左右的周期。这一周期后来被许多经济学家用发达国家和发展中国家的经验统计分析所证实，从而成为经济周期理论中的一种，发展经济学家刘易斯将它命名为"库兹涅茨周期"。

一、"库兹涅茨"周期

库兹涅茨在他的研究中，提出了一种不同于康德拉捷夫周期的新的"中长周期"理论——平均期限为 20 年的周期。

库兹涅茨的研究受到了法国数理经济学家古诺的启发。早在 1897 年，古诺就研究了商品的生产及生产的运动问题，他利用弹性分析方法，考察了小麦等商品的生产和波动，认为象小麦这样的商品的生产是不断变化和波动的，但是这种商品也有其特殊的波动规律：在短期内它会剧烈波动，但在足够长的时期里，这些波动就会相互抵消，使价格和产量达到一个平均值。因此古诺认为，除一般的短周期以外，还应存在一个与周期变化不同的生产的长期变动。库兹涅茨同意古诺的这一看法，并进而指出，现代经济体系是在不断变化的，这种变化存在着一种持续的、不可逆转的变动，即"长期变动"。但是，从规范的定义来看，这种长期起落的运动很难被判定为是一种经济周期，而如果把它看成是一种周期，则必须将它和人们通常所说的时期较短、发生较频繁的所谓"经济周期"区分开来。

为了将一般意义上的经济周期同他所说的生产长期运动的周期区分开来，库兹涅茨提出了"初级变动"和"次级变动"的概念。他把生产中由原始资料所描述的变动称为"初级变动"，把生产的长期起落称为"次级变动"，并且以次级运动作为主要研究对象。

库兹涅茨收集了美国、法国、德国从 19 世纪中叶到 20 世纪初包括小麦、谷物、马铃薯、棉花、煤炭、石油、钢材、水泥等 40 个序列好几百种商品的生产和价格统计资料和数据，分析了这些资料的"次级变动"即长期变动情况，结果发现：(1)这些商品的生产和价格的次级变动在大多数情况下都表现出良好的相关性，即价格变动和生产变动有密切联系。在能够对其进行次级变动比较的 40 个序列中，相关性良好的有 15 个序列，相关性一般的 15 个序列，不存在相关性的 6 个，只在前半期缺乏相关性的 4 个。(2)价格的变化在大多数情况下都领先于生产的变化。在 34 个序列中价格变化领先于生产变化的有 17 个序列，生产变化领先于价格变化的 6 个，同时发生变化的 3 个，无法确定先后的 8 个序列。(3)将生产和价格变动的转折时间加以比较，库兹涅茨发现：生产中存在着一个大约为期是 22 年的消长期即波动期，价格变动中存在着一个大约长度为 23 年的消长期；总体来说，生产和价格的长期运动差异不太大，因而平均来说，生产和价格都有一个 20 年左右的消长期，即一个长周期。

二、库兹涅茨周期的形成原因和机制

从上述关于生产与价格变动的关系入手，库兹涅茨分析了长周期产生的原因。他认为：价格的变动始终领先于产出变动的规律性事实说明，价格变动是形成经济长期波动或长周期的主要原因。尔后，他又研究了价格变动的原因。

其一，生产要素变动与产出的周期波动。

库兹涅茨根据美国、英国和法国等发达国家的历史统计资料，详细分析了影响产出的各种因素，结果发现：生产要素的价格变化与产出的周期变动有密切联系。

首先来看工资变动对生产长期运动的影响。库兹涅茨看到：商品价格、劳动工资和产出的增长之间存在着如下变动关系：在商品价格持续上升时期，货币工资的增加落后于批发商品和零售商品价格的上升，因而实际工资呈下降的趋势。这样，在商品价格上升时期，工资成本是下降的的。

其次来分析长期投资的利息、土地租金和建筑资金、分期偿还的费用等生产成本。库兹涅茨认为，这些成本属于"契约性的生产费用"，它在一定时期内是固定不变的，不会随商品价格的上升而增加。在所有生产成本中，只有原材料的变化与商品价格的变化一致，即原材料的增加使生产投入费用增加从而使生产成本增加。

依据工资成本下降和契约性成本上升的事实，库兹涅茨研究了生产成本变化与商品价格运动的规律性。他指出：工资和契约性成本在商品价格上升时期有一个滞后期，即这些成本的变化慢于商品价格的变化，因为是商品价格的变化引起了生产成本的变化。这样，当商品价格上升时，工资和契约性成本就会落后于商品价格的变动。与此同时，商品价格变动首先影响的是产出，即价格变动引起商品产出量的变化。所以，在商品价格上升时期，生产总成本的增加慢于产值的增长，这样一来利润就会增加。在货币经济的条件下，利润的增加刺激了企业活动，带来了生产的扩张和产出的增加。这就是生产和价格的上升运动；同理，在价格持续下降的时期，由于货币工资的下降慢于商品价格的下降，实际工资趋于上升，而契约性成本又不会因商品价格的下降而减少，所以总成本的下降慢于产出的下降。商品价格的下降和成本的减少使产出减少，从而利润减少，生产趋于下降。

库兹涅茨分析了商品价格变动和生产成本变动对产出变动的影响之后，指出，这只是一般的情况，他提醒人们注意：商品的生产随商品的价格变动表明消费者物品的生产和生产者物品的生产同商品价格的次级变动呈正相关，但是，消费者物品同生产者物品的次级变动是不一样的。这是因为，在商品价格上升时期，工资收入者和固定收入者的实际购买力下降，从而国民收入在各个产业集团中的分配会发生变化。但是在这种情况下，消费者物品的生产仍会出现增长。其原因是：

第一，在价格上升时期，虽然实际工资下降了，但生产规模扩大了，从而就业量趋于增长。就业量的增长抵销了实际工资下降产生的购买力下降。

第二，社会某些阶层的收入增加引起了消费品批量生产的扩大。在价格上升时期，虽然工资和固定收入者的购买力下降，但社会上仍有一些人会在价格上升中获利，比如企业家和某些阶层的人，就会从价格上升中得到利润增加等好处。这些阶层收入的增加对一般的缺少需求弹性的商品影响不大，但对纺织品、家具等商品的需求有很大的影响。所以，从整个社会消费来说，实际收入流量会增加从而促进消费品生产的增长。

第三，从工资收入者和固定收入者来看，尽管他们的购买力下降，但这并不影响他们的日常消费和对消费品的需求，反而会刺激他们的需求。这是因为，当商品价格上升时，这些人消费观念发生了变化，在他们看来，由于价格上升，货币贬值了，因而购买实际物品比储蓄货币更合算。所以，他们把收入中的更大部分用于消费，而把更少的部分用于储蓄。这样，他们的消费水平不但不会减少，反而会有所增加。库兹涅茨用统计数据说明：在上述发达国家中，储蓄存款的变化与货币工资的变化呈正向联系，但前者落后于后者；平均而言，储蓄存款的变化没有工资率的变化大。所以，在商品价格上升时期，人们的货币收入增加，人们会增加收入中消费的比重而减少储蓄的比重，从而刺激了消费品生产的增长。

第四，在价格上升的时期，消费者物品的存货趋于增长。库兹涅茨指出，企业家在商品价格上升时期会产生一种投机行为，即囤积居奇；生产者在现阶段生产成本上生产的存货在经过一个阶段后会以更高的价格售出，因而企业家就可以从未来的商品价格上升中获得更多的利润；与此同时，企业家利润的增加又使他们可以利用更多的银行资金，因此，企业的生产就会进一步扩大，由消费品存货的增加引起消费品生产的扩大。

上述观点表明，库兹涅茨实际上是在论述资本的形成问题，以及影响资本形成的存货、消费和储蓄等因素，再从资本形成来论证生产的扩大和周期的波动。

但是库兹涅茨并没有到此结束，他进而指出：周期的形成还应考察生产者物品即生产资料的生产。他认为，尽管消费品生产在商品价格上升时期趋于增长，但它仍落后于生产者物品生产的增长。这是因为无论是消费品还是资本品（生产资料）的增长都离不开生产资料的增加，这一点对生产者物品生产的刺激比价格上升所带来的刺激还要大；另一方面，由于在价格上升时期消费者的购买力趋于下降、稳定或稍有上升，所以消费者物品的生产会慢慢下降而生产者物品的生产会慢慢上升。从这些论述可以看出，库兹涅茨实际上认为生产资料即资本品的生产必须快于消费品的生产。

其二，商品价格变动的原因。

生产的变动是由价格的变动引起的，那么价格变动又是由什么引起的呢？库兹涅茨接着探讨了这一问题。第一个原因是由于生产的变动落后于价格的变动。他认为，由于某种原因，商品价格会发生4—5年的上升，随后，这种原因消失，货币的供给与生产也就逐渐适应。这就是生产与价格的初级运动。但是，在初级运动消失后，还会有新的因素带动价格的上升。新的因素主要有两个：生产和价格的次级变动以及生产资料生产和消费品生产的变动，即：生产的第二变动落后于价格的第二变动；消费品生产的变动落后于生产资料物品生产的变动。

为什么生产的变动慢于价格的变动呢？库兹涅茨认为，这是因为价格的上升对生产的影响有一个时滞期即价格变动引起利润变动后，需要经过一段时间才能引起生产的增加。这个过程是：当价格变动引起利润上升时，生产不会马上增加，因为企业扩大生产需要有一定积

累，生产设备的增加也需要一定时间，这就使生产的次级变动落后于
价格的次级变动。但是，在价格的某种原因的最初上升持续了一个阶
段后，企业的生产规模会出现相应调整：一方面，企业逐渐积累了扩
大生产和增加设备的资金；另一方面，企业家对当前的利润也有了乐
观的预期，从而使生产开始增长。因此，这时虽然推动商品价格上升
的原动力已经消失，但由于消费者的需求和企业家的购买力增加了，
商品的价格不会下降，再加上企业家会因工人工资增加使生产成本上
升而提高商品的价格，从而价格将进入次级变化阶段继续上升。这
样，当生产的变动落后于价格的变动中，存在着一种使价格持续上升
的机制，即上面所说的生产变动与价格变动的时滞：当推动价格最初
上升的动力消失后，由于生产还不能适应一般企业增加需求的需要，
商品的价格仍持续上升，这种上升又引起国民收入分配的变化，而分
配有利于消费品生产的增长。然而库兹涅茨指出，价格并不是无止境
地发生上升运动，它的变动会逐渐减弱，从而生产和价格的不适应情
况得到缓和，推动价格上升的因素渐渐消失。

　　商品价格超过初级阶段持续上升的另一个原因是消费品生产和生
产资料生产的变动之间的差别。库兹涅茨指出，在价格的初级上升持
续一段时期并导致生产上升的运动时，由于消费者物品生产的滞后，
消费品生产部门存在着资金充足但设备相对不足的情况，使得需求大
于供给。由于需求大于供给以及需求继续增加，价格就会继续上升。

　　但是，库兹涅茨指出，在商品价格上升阶段，除了推动价格上升
的因素外，还存在着抑制价格上升的因素，主要是劳动生产率的下降
和货币供给减少。

　　先看劳动生产率的变动。库兹涅茨分析了美英法等国的劳动生产
率变动和商品价格变动的关系，发现劳动生产率在价格上升时期趋于
下降，在价格下降时期趋于上升。其原因是：在商品价格上升时期社
会就业机会增加，妇女和未成年人的就业比重增加，从而相应地降低
了劳动生产率；其次，商品价格上升的时期生产规模扩大，设备开始
增加，但由于设备的增加不能马上满足生产和就业的需要，因而人均
设备的数量要低于商品价格下降的时期，从而使劳动生产率降低；再

次，在价格上升和生产扩大时期劳动者的劳动强度增加，因而疲劳等因素会影响劳动生产率的提高；最后，在经济高涨时期就业机会增多，劳动者变换工作频率也许增大，以及劳动者模糊地感觉到他们的实际工资率的增长落后于物价的增长，收入分配发生了不利于他们的变化，因而降低了劳动效率。劳动生产率的降低使商品的单位成本增加而利润下降，从而抑制了价格的上升。

货币供给特别是金属货币的变动也会影响价格的上升。因为在价格上升过程中，货币的生产成本也在上升，但货币本身的价格不能上升，因而货币的生产就会减少；货币供给的减少又导致货币供给与生产的需要不相一致，从而货币供给不能与生产和价格的变动相一致。库兹涅茨用统计资料显示：黄金生产和新铸币的变动要先于生产和价格的次级变动，因而货币供给的次级变动在价格上升时期大部分时间里下降，在价格下降的大部分时间里上升。所以，货币供给的减少导致借贷价格和购买手段价格的上升，进而影响到利润下降，最终影响到价格的变动。

这里要指出的一点是：库兹涅茨周期理论的形成并不是仅仅在这一本书中完成的，事实上，库兹涅茨在这里只是从生产和价格的相对运动关系论述了周期的形成，而在此后，他又对自己的周期理论作了补充，从企业生产和设备的建筑周期、人口数量与结构变动和经济增长的关系等方面，系统论述了库兹涅茨周期，逐步完善了他的周期理论①。

第三节　国民收入核算理论

国民收入核算理论是库兹涅茨对经济理论的最大贡献，也是他获得诺贝尔经济学奖的主要原因。经济学家们普遍认为，库兹涅茨的这一研究的功绩是不可估量的，诺贝尔奖获得者萨缪尔逊等人认为：

①　参见库兹涅茨《经济增长与结构》（1963 年），《各国的经济增长》（1971年）等。

"西蒙·库兹涅茨关于 GNP 度量的开创性研究，尽管这项发明没有专利，也没有在科学技术博物馆里展览，但它确是 20 世纪的伟大发明之一，没有像 GNP 这样的经济总量度量，宏观经济学可能淹没在一个杂乱无章的数据海洋之中。"①

一、国民收入核算理论的起源与发展

对国民收入核算理论的研究发源于英国古典经济学家配第。配第在研究国民产品的年产出时，曾经初步探讨了年产品的度量问题，并且论证了收入和产量之间的关系，比较了各种不同的收入。这可以看作是国民收入理论的最早研究，虽然这只是一个萌芽。在配第之后，法国重农学派的代表魁奈又在研究他的"经济表"时，分析了国民经济各部门的收入流量，并且用货币表示了各种流量交换关系。尔后，古典经济学的大师斯密进一步对这一问题作了系统而深入的研究，他从财富增长的角度出发，研究了收入的概念、构成和计量方法，分析了收入的各部分组成，从而形成了比较完整的收入理论。但是斯密的研究并没有明确提出国民收入的概念，也没有具体地系统研究国民收入的计量公式，因而这一研究虽然称得上是早期的国民收入研究，但还没有形成系统的理论体系，更没有对宏观经济学产生决定性的影响。到了本世纪 40 年代，英籍澳大利亚经济学家克拉克进一步论述了国民收入的概念及其构成，提出了初步的计算方法，并且用他的计算方法分析了英美法等国的经济增长统计资料，研究了经济增长的条件、过程和发展趋势。

库兹涅茨继承了前人的研究成果，并且将以前的国民收入研究系统化、理论化，运用规范的理论提出了国民收入的概念、定义、对象、计算方法等基本问题，并运用它分析了美英法等国的经济增长统计资料，从而使国民收入核算的理论体系得以建立，并形成为一种重要的研究方法和一门独立的学科（国民收入核算或统计）。正因为如此，诺贝尔经济学奖获得者索罗才把配第和配第以后的统计学家看作

①　萨缪尔逊和诺德豪斯：《经济学》，英文第 13 版，第 102 页。

是国民收入核算理论的曾祖父和祖父，而把库兹涅茨称为国民收入核算理论之父①。

库兹涅茨关于国民收入核算的理论主要见于他 1937 年出版的《1919—1935 年的国民收入和资本构成》和 1941 年出版的《1919—1938 年的国民收入及其构成》两本书。在前一本著作中，库兹涅茨主要论述了国民收入和国民生产总值的定义与计算方法。

国民收入和国民生产总值的定义与计算方法。

库兹涅茨在经济学说史上第一次使用规范的理论语言定义了国民收入和国民生产总值。他认为，这两个概念可以从三个方面或用三种方法来定义：

（1）生产法：库兹涅茨认为，从生产方面来看，国民收入（National Income）或国民净产值（Net National Pruduct）可以定义为：一个国家的经济体系所生产的商品和劳务的净产值，即这个国家所有的商品和劳务的产值，减去生产这些商品和劳务的过程中所消耗的那些产品的价值，如燃料、原材料、资本设备等；国民生产总值则是指一国商品和劳务的总产值中扣除了燃料、原材料、半成品和成品的重复计算以及资本设备的当前消费即设备折旧以后的那部分产值。如果我们用数学公式来表示，用 Y 代表一个国家所有商品和劳务的总价值，NI 代表国民收入，NNP 代表国民生产净值，C 代表生产中所消耗的燃料和原材料与资本设备消费，D 代表资本设备的折旧，则上述关系可表达如下：

$NI = Y - C$

$NNP = Y - C - D$

（2）分配法：库兹涅茨又从一个国家的经济体系的分配方面论述了国民收入和国民生产总值的定义。他指出：从分配的角度来看，国民收入的产生主要是由于人们在生产过程中提供了劳动和资产服务，因而他们应得到相应的报酬，这种报酬就是个人的收入。个人的报酬

---

① 参见理查德 . A. 伊斯特林：《西蒙·库兹涅茨传》，载于《国际社会科学大百科全书》第 15 卷。

是由生产企业支付的，但除了个人报酬之外，企业还必须支付那些没有直接参加生产过程、但以前对企业生产作出了贡献的人的退休金、救济金、工伤补偿等费用；此外，在计算企业的国民收入时还要考虑企业收入和支出的关系，因而有的时候企业支付给个人的支出小于企业的总收入，而有的时候企业的总收入不足以支付个人收入，这就会使企业出现正的或负的储蓄。从这个意义上讲，国民收入等于对个人提供的劳务和资产服务的报酬的支付和企业的净储蓄之和；国民生产总值由于包括对企业设备折旧的补偿，而企业的净储蓄加上设备折旧费就是企业的总储蓄，因而国民生产总值等于一个企业或一个国家的商品和劳务价值的总和减去对个人提供要素的报酬和企业的总储蓄。如果用 P 来代表对个人提供要素的报酬（用个人提供的劳务和资产的价格计算），S_n 代表企业的净储蓄，S_t 代表企业的总储蓄，则：

$$NI = P + S_n$$

$$NNP = P + S_t$$

（3）收入法：库兹涅茨还从收入的角度定义了国民收入和国民生产总值。他认为，生产者和收入者同时也是消费者，因为当他们把劳务和资产的报酬用于购买生活用品时，这些收入就变成了消费资金。一个人的收入决定于他为企业和社会所提供的劳务和资产服务的多少，这个收入与个人的消费有着一定的联系：它可能大于个人收入，也可能小于个人收入。当个人的消费小于个人收入时，就产生了个人储蓄；而当个人消费大于个人收入时，就产生了个人负储蓄。因此，国民收入可以看作是个人所消费的产品价值、个人的总储蓄和企业的总储蓄之和。用 C 代表个人消费，S_n 代表企业净储蓄，S_i 代表个人总储蓄，S_t 代表企业总储蓄，则国民收入和国民生产总值可表述为：

$$NI = C + S_i + S_n$$

$$GNP = C + S_i + S_t$$

库兹涅茨在这里从三个不同的角度提出了三个国民收入和国民生产总值的定义。那么这三个定义是否统一、能否互换呢？库兹涅茨认为是可以的。他指出，只要定义所包含的各种要素是一致的，它们各自估算的数值就可以相等。比如，如果第一种定义中排除了某些因素如赌博，而第二种定义和第三种定义也排除了赌博等因素，那么这三个定义所计算的国民收入和国民生产总值就会相等。这就是说，从生产、消费、收入三方面计算的国民收入和国民生产总值应当是相等的，因为这三个定义的本质是一致的，只是论述的角度不同而已。但库兹涅茨也指出，从可得的统计资料来看，第二种定义最便于计算国民收入和国民生产总值，因此他提倡人们使用分配法。

二、国民收入核算体系及其有关计算中的问题

库兹涅茨 1937 年的著作只是提出了国民收入的基本概念和一般计算方法，而把国民收入核算作为一个研究领域并提出系统的研究体系，则是在他 1941 年的《1919—1938 年的国民收入及其构成》一书中完成的。在这部长达 900 多页、包括 400 多个表列的巨著中，库兹涅茨详细研究了国民收入及其构成的含义，研究了如何运用现有的资料来估算国民收入及其过程，并具体估算和分析了 1919—1938 年间美国和英法等国的实际国民收入，从而建立起了一个国民收入核算体系。

国民收入的构成和计算手段。

库兹涅茨在他以前对国民收入的研究和定义的基础上，进一步研究了国民收入的其他构成，因为他认为，除了个人和企业参与经济活动外，政府等方面也是经济活动的参与者并且也为生产提供了服务和资产，因此政府的活动及其价值也应被计算在国民收入之中。

(1)国民收入概念的争议。库兹涅茨首先对国民收入作了规范的新定义：国民收入是一个国家所生产全部经济物品的价值。但他也指出，国民收入实际上是一个对经济活动进行评价的概念，这里所作的定义只是最一般的定义，由于它所反映的是对经济活动的一种判断，而这种判断在一定的时间和一定的社会中也许是不同的。因此，国民收入是一个有争议的概念。

(2)政府收入的定义和计算。库兹涅茨在他的国民收入概念中加入了政府收入一项，并对其作了初步计算。他把税收看作是政府部门向企业和社会提供服务的一种报酬，而企业和社会对政府这种服务的

报酬的支付，就是政府部门所提供的服务的价格，以此为基础，就会计算出政府部门的收入。库兹涅茨认为，政府的净收入可以定义为政府对个人劳务和资产的报酬的支付和政府的净储蓄之和，而政府的净储蓄又等于政府的证券资产的变化加上公共工程的净值。

（3）计算国民收入的手段，库兹涅茨是以发达国家的经济活动为基础来提出国民收入核算理论的，因此他认为：应当用市场价格来估算国民收入所包含的各种经济物品的经济价值，因而经济价值的尺度是在市场中形成的。基于这种认识，库兹涅茨采用市场价格来计算国民收入的各个组成部分的价值，并以市场价格为依据来计算国民生产总值量。但他在计算中也发现：有的国家由于市场不健全，没有市场价格系列作为计算标准。这种情况表明，市场价格估算的方法就遇到了困难。另一方面，市场价格标准本身也存在着一些问题和不足之处，比如，有的商品并不经过市场而进入消费领域，这就增加了用市场价格计算其价值的困难；有些不经市场进入消费的商品，如果让其进入市场并用市场价格来计算，则可能消费这种产品的消费者有可能由于消费的自由选择增加了而不一定再选择他原来消费的商品；此外，对于那些没有经过市场而进入消费的商品，可以用相应商品的市场价格来估算，但这种估算很有可能高估这些商品的价值，因为，不经过市场的商品的质量可能低于市场上现有商品的质量；当这些商品没有进入市场时，市场上的同类商品的价格相对较高，而一旦这些商品进入了市场，这类商品的价格就会降低，因此，若是用市场价格来估算没有进入市场的商品的价格，就会高估这一类商品的实际价格。

（3）国民收入核算方法的运用及其意义：在提出了完整的国民收入核算理论体系后，库兹涅茨还利用这种方法对企业和一个国家的经济活动作了具体分析，并说明了它的作用和实际意义。他指出，国民收入核算对一个企业来说具有重要的意义。这种意义表现为企业储蓄的统计分析对企业的发展有预测性的指示：当企业的净储蓄为正时，表明这个企业在市场上处于有利的地位，因而企业有可能会扩大它们的生产规模；而当企业的净储蓄为负的时候，表明企业在市场上处于不利的地位，因而它们可能会缩小生产规模。

库兹涅茨还研究了国民收入变化和净资本形成之间的相关性。他依据对历史统计资料的分析，发现净资本形成与国家收入变动没有多大的联系，在某些年份，它们甚至呈反向变化趋势，如 1924 年，1926 年，1928 年和 1933 年，净资本形成就与国民收入的变化是反向的变动。库兹涅茨的这一研究结果对凯恩斯的研究作出了否定的回答：凯恩斯的乘数理论认为国民收入和净投资之间有着正比的变动关系，因而增加投资可以带动国民收入的成倍增长；而库兹涅茨的研究则表明，历史统计资料并不能证明在经济周期的上升或下降阶段，资本形成变化和国民收入变化的比率保持稳定或正向变动。

第四节　库兹涅茨的理论和方法对当代发展经济学的影响

库兹涅茨早期的研究主要是关于经济周期和国民收入核算的理论，他是从 50 年代初以后才逐步转向研究经济增长和经济发展问题的，从严格的意义上来讲，他的上述理论虽然是经济发展理论的组成部分，但并不是主要的部分，而只是一种方法和有参考价值的部分。但是他的上述理论有两点值得注意：一是这些理论和方法对发展经济学的形成和发展产生了重要的影响；二是发展经济学在近年来越来认识到经济发展度量指标的重要性和现有指标体系的巨大缺陷，因而有许多发展经济学家开始参考库兹涅茨的国民收入核算方法，研究和提出新的发展度量指标。

一、库兹涅茨的研究方法对发展经济学研究的影响

库兹涅茨提出了系统的经验统计分析法，并且用这种方法研究了许多国家的经济增长和发展史，从中得出了一些重要的经济发展原理和结论，形成了库兹涅茨自己的增长理论和发展理论。不仅如此，这种研究方法还影响了发展经济学家们对发展中国家经济发展的研究。美国经济学家索罗、丹尼森和肯德里克等人就运用库兹涅茨的研究方法，分析了美国等发达国家的经济增长统计资料，提出了"经济增长

核算理论"、"经济增长因素分析"等著名的理论和分析方法，并从这些分析中得出了"技术进步是现代经济增长的主要动力和源泉"的新结论；尔后，麦迪逊运用发展中国家的统计分析，得出了"发展中国家的生产函数分析"，并用这种分析方法研究了许多发展中国家经济增长的因素，提出了"资本形成是发展中国家经济增长的主要因素"的不同结论。

二、国民收人核算理论对建立新的经济发展度量指标体系的影响

国民收入核算理论并不是十全十美的，它本身也存在着一些缺陷。发展经济学家在研究发展中国家的经济发展并将其同发达国家的经济进行比较时发现：现有的国民收入核算方法尤其是人均 GNP 指标有很大的局限性和误差，它经常高估或低估了发展中国家的实际经济发展水平。为此，许多人批评了人均 GNP 等指标并相应提出了新的补充指标。这中间最有影响的是莫利斯等人提出的"实际生活质量指标"(PQLI)和联合国的"综合发展指标"等①。但是这些指标仍有许多不足之处。在这种情况下，世界银行从 1967 年开始进行一个新的国际经济发展比较研究项目(ICP)，用购买力平价的方法来计算世界 60 多个国家的实际人均收入和国民收入分配状况②。但遗憾的是它只包括了很少一部分国家，大部分发展中国家没有列入。为此，联合国计划与发展署又于 1990 年 5 月发表了一个包括实际人均收入、识字率和预期寿命等在内的综合性的度量"经济发展"的指标——人文发展指数(HDI)③。这说明，经济发展指标对发展经济学的研究越来越重要，因而库兹涅茨的早期研究越来越受发展经济学家的重视。

另一方面，国民收入核算体系是库兹涅茨针对发达国家的经济增长事实提出的，是以市场发达的国家为背景的，因而它适用于一般的

---

① 参见谭崇台主编：《发展经济学》，上海人民出版社 1990 年版，第二章。

② 参见世界银行：《1992 年世界发展报告》，中国财政出版社 1992 年版。

③ 联合国计划与发展署：《人文发展报告》，1990 年，1991 年，1992 年。

国家主要是发达国家。但是，发展中国家的情况与发达国家有很大的不同，其中主要的不同在于发展中国家的市场发育不全甚至在许多最贫苦的国家还没有建立起任何市场体系，在一些社会主义国家，也因为经济理论基础不同而导致经济统计方法的不同。这就为国民收入的核算增加了困难，并且使不同国家的国民收入具有不可比性。针对这种情况，1983年，世界银行首席经济学家萨默斯等人又采用新的收入估算方法对包括中国在内的130多个缺少历史统计数据的发展中国家的经济增长率、人均收入和 GNP 等主要经济指标作了系统的估算，1988年他又提出了一个新的指标系列，建立了一个"泛世界统计图表集"(Pan World Tables)①发展经济学家评价萨默斯等人的这一研究是为发展中国家经济的研究提供了新的手段和可比的指标体系，其意义和库兹涅茨提出国民收入核算体系一样是不可估量的。

三、库兹涅茨的研究对宏观经济学的影响

宏观经济学是由凯恩斯首创的一门以国民经济总量为对象的经济学科，它的产生在很大程度上依赖于库兹涅茨的国民收入核算理论，有人把凯恩斯的经济理论称之为经济活动的"生理学"，而把库兹涅茨的研究称之为经济活动的"解剖学"；有人认为：没有库兹涅茨关于国民收入核算的理论，宏观经济学就不能成立。

四、库兹涅茨的经济周期理论对发展中国家的启示

经济周期理论是以发达资本主义国家的经历为基础提出的，许多经济学家包括发展经济学家都认为它只适用于发达国家而不能用于发展中国家。但是，80年代以来，发展中国家的经济发展出现了一个新的重要趋向，这就是发展中国家经济的"市场化"、"自由化"和"外向化"浪潮。进入90年代，许多过去贫穷落后的发展中国家迅速建立起了市场经济体制，一些社会主义国家也发生了剧变，搞起了自由

---

① 萨默斯(R. Summers)和赫斯顿(A. Heston)：《实际产品和价格水平国际比较新体系》。《收入和财富评论》1988年34期。

市场经济。在这种情况下，一些比较发达的发展中国家或新兴工业化国家和地区，在经济发展中逐渐向发达国家经济靠拢和接轨，这一方面带动了发展中国家经济的迅速发展，同时也使发达国家经济中的一些特殊征兆也在发展中国家产生，比如，有的发展中国家已出现了明显的经济周期波动。所以，库兹涅茨和熊彼特等人的周期理论逐渐受到重视并有了初步的研究。

第二十二章　柯林·克拉克的经济进步理论

英国经济学家、统计学家柯林·克拉克(Colin Clark, 1905—)在国民产品的计量和国际比较方面，在经济增长因素分析和结构变化的经验研究方面，都被认为作出了开创性的贡献。他早年主要从事英国国民收入和国民产品的统计和计量研究，重要的著作有 1937 年出版的《国民收入与支出》。这本书涉及到经济增长的许多问题，如增长的源泉和分配变化等，提出了一些重要的发展观点。但是，作为发展经济学的先驱，他的代表作是 1940 年出版的《经济进步的条件》，该书在 1951 年重版时作了重大修改并扩大了篇幅，1957 年又出了第三版。值得一提的是，这本书的书名直接来自马歇尔。作为西方一代经济学家宗师的马歇尔毕生主要致力于静态的和短期的经济分析，但在他的晚年却打算在完成《货币、信用与商业》一书之后写一本题为《进步：它的经济条件》一书。终因他年迈多病，未写完该书就去世了。柯林·克拉克"圆了马歇尔未作完的梦"。① 但是，没有证据表明柯林·克拉克是按照马歇尔最初的计划来完成《经济进步的条件》一书的。根据他们两人截然不同的分析方法，可以推测柯林·克拉克只是借了马歇尔的一个书名而已，最多也只是受到了马歇尔的一点启发。

第一节　分析方法

柯林·克拉克认为经济学不应该是一种先验的假设，而是一种经

---

① 罗斯托：《休谟以来的增长理论家》，1990 年英文版，第 387 页。

验的考察。在《经济进步的条件》一书第二版序言（1947 年写成的）中，他一开始就批评说："本书第一版写于 1935—1939 年间，在 1939 年初写的序言中，我也许用不必要的激烈言辞悲叹英国大学经济学家继续倾心于把经济学作为基于推测和理论推理的研究，而不是把经济学作为建立在对经济世界现实材料的收集和考察基础上的科学"。① 在 1983 年写的一篇回顾文章中，他再次指出："从很早在英国政府经济顾问委员会工作时起，我便赞成这句话：'经济规律是从比较观察中总结出来的，而不是从事先假定中演绎出来的'"。② "我一直坚信，经济学应当建立在对实际发生的情况的经验观察和分类基础上，理论只占居第二的位置"。③ 他还说，他的《经济进步的条件》正是基于这种思想而写的。④ 的确，当我们阅读《经济进步的条件》时，在该书中找不到所谓从简单到复杂、从抽象到具体的理论假设和推理，见到的只是对国民产品的计量和国际比较的论述，对不同国家历史统计材料的描述和说明以及对有关学者经验考察结果的介绍和评论，等等。

　　柯林·克拉克对经济学的这种颇具特点的看法与他的经历有关。他学过自然科学，擅长统计学，并且长期在政府部门从事经济和计量工作，这就使他难免对经济学的理论分析持与众不同的观点。由于此，"克拉克从未建立经济增长和发展的一般理论"。⑤ 因此，有人认为，克拉克与其说作为一个经济学家，倒不如作为一个经济统计学

　　① 柯林·克拉克：《经济进步的条件》，1957 年，英文第三版，序言，第 6 页。

　　② 柯林·克拉克：《发展经济学：早期年代》，载《发展经济学的先驱》，经济科学出版社，1988 年版，第 59 页。

　　③ 柯林·克拉克：《发展经济学：早期年代》，载《发展经济学的先驱》，经济科学出版社，1988 年版，第 59 页。

　　④ 柯林·克拉克：《发展经济学：早期年代》，载《发展经济学的先驱》，经济科学出版社，1988 年版，第 59 页。

　　⑤ 罗斯托：《休谟以来的增长理论家》，1990 年英文版，第 212 页，第 387 页，着重点是引者加的。

家更恰当一些。① 然而，这种独特看法使克拉克摆脱了理论假设的束缚，用事实来证明时髦理论的错误，并且提出了一些往往令理论经济学家惊讶不已的观点，尽管有些观点不正确或不完全正确，但却吸引了人们对有关重要问题的注意力和思考。他提出的一些重要命题，正如罗斯托所说，能够较为容易地被纳入发展经济学理论分析框架中，尽管他本人反对这样做。②

第二节　经济进步的源泉和条件

自亚当·斯密以来，西方经济学家一般认为，资本积累是经济增长的一个主要源泉，甚至不少人把它看作是唯一源泉。然而，柯林·克拉克通过对英国和其他国家经济增长与资本积累关系的经验考察，在半个世纪前就提出了一个反传统的观点，即资本积累只是经济进步诸多因素中的一个因素，而且不是一个关键因素。

早在 1937 年出版的《国民收入与支出》一书中，克拉克在第八章《经济进步的速度》中就明确地表达了这一观点。他说："我相信，种种情况已经摧毁了一个至今流行甚广的观点，即经济增长速度主要取决于资本能够积累的速度"。③ "资本的短缺不可能是经济增长速度缓慢的原因。决定特定社会经济增长速度的规律还有待人们去发现，投资的资本量似乎是一个结果，而不是一个原因"。④ 在《经济进步的条件》一书中，克拉克进一步指出："长期以来，有名人物广泛持有的一个简单观点是，如果你想要增加实际国民产品，你必须所做的一切就是使资本存量充分地增加。现在这个领域中较有思想的研究者渐渐一致同意，虽然资本的可得性可能还是一个重要因素，但是，很

① 见《发展经济学的先驱》，经济科学出版社 1988 年版，第 79 页。
② 罗斯托：《休谟以来的增长理论家》，1990 年英文版，第 387 页。
③ 柯林·克拉克：《国民收入与支出》，1937 年英文版，第 272 页。
④ 柯林·克拉克：《国民收入与支出》，1937 年英文版，第 272 页。

多因素(有些具有看不见的性质)构成了经济进步的真正决定因素"。①在1980年代写的一篇回忆文章中，柯林·克拉克回忆说："当时和以后许多年中，人们相信经济增长的关键因素是资本积累。早在1937年《国民收入和支出》一书的结尾中，我开始对这一教条深表怀疑。现在我们知道，这种资本积累是经济进步的必要条件，但不是充分条件。"②

克拉克对资本积累的作用的观点基于对事实的观察。在英国和其他一些发达国家中，生产率迅速扩张的时期恰恰发生在资本积累率趋于下降的时期。而且，有些工业的资本投资并没有任何增加，仅仅只有旧资本的更新，但生产率却有迅速的增长。③从部门分析中也得到，制造业部门的劳动生产率增长得最快且最高，但该部门人均资本拥有量却是最低的。例如，在英国，1911年全国劳动者人均净产出是86英镑，而制造工业是80英镑，低于全国的平均水平。到1930年，全国人均净产出上升到178英镑，而制造业上升到190英镑，高于全国平均数。但与此同时，全国每个劳动者人均占有资本量从1911—1914年的447英镑增加到1928—1930年的738英镑，而制造业在1911—1914年只有233英镑，到1928—1930年也只达到433英镑，大大低于全国平均水平。④

柯林·克拉克把技术知识的增进和规模报酬递增看作是决定经济进步的主要源泉，在《国民收入与支出》一书中对此作了相当明确的论述。他说："如果技术知识在那时更好或人口质量更高；或如果英国工业能够面对更大的国内国外市场和享有进一步的报酬递增经济而不遭受食物和原材料报酬递减，那么，一般生产率可能会更高。但是，这三个因素似乎为生产率曲线确定了一个上限。我认为，主要由

---

① 柯林·克拉克：《经济进步的条件》，1957年英文第三版，第580页。

② 《发展经济学的先驱》，经济科学出版社1988年版，第59页。

③ 柯林·克拉克：《国民收入与支出》，1937年英文版，第272页。

④ 柯林·克拉克：《国民收入与支出》，1937年英文版，第238-241页，表106，表107。

于我们技术知识的改进，从国民生产率观点看同等重要的是，由于能够运用这种知识的一代受过教育的、富有经验的工人和技术人员的成长，我们现在已经突破了那个特定的限制"。① 在《经济进步的条件》一书中，克拉克还论述了教育对经济发展的重要性。他说，英国的劳动生产率低于美国，教育差别是一个重要因素，"似乎无须怀疑，教育(包括技术、中学和大学教育)的缺乏阻碍了英国的经济进步，而教育的发达是美国经济福利增进的一个重要因素"。②

柯林·克拉克对规模报酬递增这一因素论述得较多。他对报酬递增下的定义是：花费的每单位努力所获得的实际净产品量随生产规模(或一个企业、或一个行业)的扩大而增加。"这个定义排除了由于更好的科学知识，更好的教育、更好的组织、更好的自然资源的使用或任何这样的原因而产生的改进效应。"③克拉克还指出，报酬递增能够在制造业、运输业和某些零售商业中出现，有时甚至在农业中也会发生。④ 但是，按照克拉克的观点，报酬递增规律在制造业中表现得最为显著。

在《经济进步的条件》第 6 章《制造工业生产率》中，柯林·克拉克详细地考察了一些国家制造业部门生产规模扩大与人均(或人时)产出变化之间的关系。他发现，几乎毫无例外，在同一时期或不同时期，制造业中高人均产出(或人时产出)的部门其总产出也高(即生产规模大)，低人均产出(或人时产出)的部门其总产出也低。从时间序列来看，随着总产出的增加，人均产出(或人时产出)也增加。以美国为例。把资料划分为三个时期，即 1899 年以前，1899—1929 年，1929—1939 年，然后观察同一时期内制造业各部门总产出增加与人时产出增加的关系。结果发现，在每个时期，总产出高的部门在人时产出上一般比总产出低的部门要大。反映在图形上，人时产出曲线随

---

① 柯林·克拉克：《国民收入与支出》，1937 年英文版，第 272 页。
② 柯林·克拉克：《经济进步的条件》，1957 年英文版，第 556-557 页。
③ 柯林·克拉克：《经济进步的条件》，1957 年英文版，序言，第 10 页。
④ 柯林·克拉克：《经济进步的条件》，1957 年英文版，序言，第 10 页。

总产出增加而上升，其斜率为正数。这就表明美国在 19 世纪末 20 世纪初几十年中，制造业存在着规模报酬递增的现象。从这些资料中还发现，人时产出曲线随时间而变得更陡了。例如，1899 年以前的以对数表示的人时产出直线的斜率为 0.32，1899—1929 年为 0.38，到 1929—1939 年又上升到 0.43。斜率变大意味着在同一产出水平上后一阶段的劳动生产率高于前一阶段的劳动生产率。例如，1899—1929 年期间，人时产出每 10 年增加 15%，而 1929—1939 年间人均产出 10 年增加 33%。这表明美国的劳动生产率的增加除了报酬递增外还有其他因素在起作用，主要是技术进步。

根据规模报酬递增的分析，柯林·克拉克不赞成自由放任的贸易学说，而主张国家对经济的干预。他说："摧毁自由放任论点的是这样的经济事实，即报酬递增的存在，它也是世界致富的主要源泉之一"。① 柯林·克拉克认为，许多行业和企业只有达到相当大的规模才会产生规模经济，使得边际成本低于平均成本。他说，在一个有较大比例人口就业于无生产性的农业的国家里，劳动力是不会在一个正常的企业竞争的过程中流入制造业的，除非这样的制造业一开始就以相当的规模被建立起来，使之产生报酬递增，足以能与其他国家的工业相竞争。他接着指出："很明显，在某些环境下，一个国家通过干预自由放任的国际贸易以便建立报酬递增工业能够使自己富裕起来"。②

柯林·克拉克一直重视农业发展问题的研究，这种研究始于 1935 年，并且持续了几十年。在《经济进步的条件》中，他对农业生产率作了广泛的国际比较和时间序列分析，并且用相当篇幅探讨了农业生产率增长的原因。他认为，农业生产率和农业生产的增长主要依赖现代生产方法和现代工业投入品的使用，特别是依赖现代交通运输

---

① 柯林·克拉克:《经济进步的条件》，1957 年英文第三版，序言，第 11 页。

② 柯林·克拉克:《经济进步的条件》，1957 年英文第三版，序言，第 11 页。

设施的巨大改善。总之，农业的发展依赖工业和交通运输业的发展。

在以后的研究中，克拉克渐渐地认识到农业的发展对工业发展的重要意义。在1964年与别人合写的《生存农业经济学》一书中，他明白地表达了这样的观点。他说："农业生产率的改进必须作为工业发展的另一个必要条件。……国际比较和时间序列表明，只有农业生产率不仅提高，而且以不断增长的速度提高，非农业职业劳动比例才有可能提高。"①柯林·克拉克还对50年代一个颇为流行的发展观点进行了抨击，这一观点是：只要把农业部门的剩余劳动力转移到工业部门中去就可以使贫穷国家发展起来。克拉克批评说："现已普遍承认，经济进步导致从事农业的劳动力比例下降。可是，一些发展中国家中某些制定政策的人，认为这种关系好象是可以逆转的，就是说，似乎创造工业就业将自动地使国家富裕起来。这真是一个灾难性的错误。"②

柯林·克拉克对人口在经济进步中的作用的看法前后有很大变化。在1940年出版的《经济进步的条件》中，他认为，高人口增长率对贫穷的农业国来说是不利的，但在1951年修改版的《经济进步的条件》中，他的观点完全转过来了，却把高人口增长和高人口密度看作是经济进步的一个有利因素。在第三版的《经济进步条件》中，他这样说道："在经过一个半世纪马尔萨斯宣传之后，我们逐渐以某些怀疑的眼光看待包括我们自己在内的稠密人口；我们一直忽视了这个明显的事实：在某种程度人口密度达到之前，完全不可能有文明出现；很多文明的改进和节约只有在相当高的人口密度的条件下才成为可能"。③柯林·克拉克的这个观点遭到许多经济学界同行的批评，因为它与当今发展中国家的事实不符。④

① 《发展经济学的先驱》，经济科学出版社，1988年版，第77页。

② 《发展经济学的先驱》，经济科学出版社，1988年版，第64页。

③ 柯林·克拉克《经济进步的条件》，1957年英文第三版，第492-493页。

④ 不过，也有些经济学家支持柯林·克拉克这一观点。例如，丹麦经济学家波塞拉罗普(E. Boserup)在1965年出版的《农业增长的条件》一书中把人口增长看作是农业增长的前提条件。

第三节　经济进步与结构变化

克拉克对发展经济学作出的另一重要贡献是，揭示了经济进步过程中部门结构变化的一般规律，他由此被认为是计量和比较不同收入水平下经济结构特征分析的先驱者，他的分析为二战后库兹涅茨和钱钠里等人关于经济发展与结构变化关系的经验研究打下了基础。

克拉克把国民经济划分为三个主要部门，现在普遍叫做三次产业，即农业——第一产业，制造业——第二产业，服务业——第三产业。

克拉克所说的农业除了种植业之外，还包括畜牧业、狩猎业、渔业和林业。矿业被认为处在边界线上，有时包括在农业这一部门中，有时又包括在制造业中。这个部门的特点是所有行业都直接地依赖自然资源的使用。"所以，根据它们的性质，它们都只能在自然资源所在地从事生产活动——这是区别它们与制造业的最重要因素之一。"①在技术不变情况下，这个部门除了少数例外通常遵循报酬递减规律。

制造业被定义为一个不直接使用自然资源、大批量连续地生产可运输产品过程。"这个定义排除了不可运输的产品(建筑与公共工程)的生产和小规模的不连续的过程如手工缝衣或修鞋等"。②制造业的基本性质是它的材料和产品如有必要可以远距离地运输，它要求有相当大的资本投资和高度的组织。在大多数情况下，这个部门的生产具有报酬递增的特点。

第三个部门由大量的不同活动所组成，克拉克把它们统称为服务部门。这个部门包括建筑、运输与通讯、商业与金融、专业服务(如教育、卫生、法律等)，公共行政与国防以及个人服务业等。服务业按照某种目的还可以区分为直接提供给最终购买者(消费者、投资者和政府)的服务，和被用来帮助其他生产过程的服务，如商品运输、

---

① 柯林·克拉克《经济进步的条件》，1957年英文第三版，第491页。
② 柯林·克拉克《经济进步的条件》，1957年英文第3版，第491页。

批发商业以及为商业目的的乘客旅行和旅馆的提供等。

克拉克运用丰富的资料进行国际比较和时间序列分析，得出了一个普遍的规律，这个规律是，"随着时间的推移和社会在经济上变得更为先进，从事农业的人数相对于从事制造业的人数趋于下降，进而从事制造业的人数相对于服务业的人数趋于下降"。① 他接着说，这个规律最初是由英国古典经济学家威廉·配第在 1691 年发现的。但是，配第对这个规律阐述得还不充分。克拉克指出："为了充分地认识到这一研究工作的价值，我们必须按照现代理论和统计知识对此进行更细致的分析"②。

劳动力在三个部门之间的分配为何和如何受人均收入增长的影响呢？换句话说，为什么随着经济发展，农业部门的相对规模不断缩小而工业部门先增大后缩小，服务业不断增大？克拉克对此提出了两点解释，一是需求因素，一是效率因素。

关于需求因素，他说："随着人均收入的增加，很明显，对农产品的相对需求一直在下降，而对制造品的相对需求首先上升然后下降，而让位于服务业"。③ 他进一步指出，如果把服务业限于对消费者的服务，那么，相对于其他产品，服务业不会表现出很高的边际需求。但是，若把服务业扩大到包括为企业提供的服务，那就可以得出肯定的结论：服务业的相对需求将是上升的。④

除了部门间需求差别之外，部门间效率差别也是结构变化的一个重要因素。按照克拉克的观点，不同的部门有不同的生产效率。制造业的人时实际产品差不多总是比一个经济中其他部门人时实际产品以更大比例增长，因此，"制造品的一个静止的相对需求将会导致该部门就业劳动力比例的下降。甚至当制造品相对需求增加时 我们仍然

---

① 柯林·克拉克《经济进步的条件》，1957 年英文第 3 版，第 492 页，第 493 页。

② 柯林·克拉克《经济进步的条件》，1957 年英文第 3 版，第 492 页，第 493 页。

③ 柯林·克拉克，《经济进步的条件》，1957 年英文第三版，第 493 页。

④ 柯林·克拉克，《经济进步的条件》，1957 年英文第三版，第 494 页。

可以一般地预期，在长期该部门就业劳动力的比例是下降的"。①

农业劳动生产率除原始社会外也显示了持续上升的趋势，虽然通常没有制造业劳动生产率上升得那样迅速。上升的生产率与持续下降的相对需求结合在一起将必然导致农业劳动力比例持续下降。

克拉克批评了这种观点，即服务业劳动生产率很少增加，因此，在这个部门就业的劳动力比例必然上升，即使对服务的相对需求不变。他说，从统计资料看，在先进的经济中，服务业的效率已得到巨大的改善。服务业中劳动力的相对重要性之所以随着经济发展而迅速增加，是因为对服务业的各个部门的需求比生产率增加得更为迅速。

在《经济进步的条件》中，柯林·克拉克还论述了经济进步过程中收入分配结构的变化。他考察了世界上许多国家净国民收入的分配变化状况，从中发现劳动在净国民收入中份额在发达国家比在不发达国家高得很多。例如，在法国和美国，在50年代初，劳动者获得的收入份额高达80%以上，而其他发达国家也在75%左右；而墨西哥和智利的这一数字较低(智利1950年为57.4%，墨西哥1949年仅为51.2%)。与此同时，利润和资本收入份额在发达国家较低，在不发达国家较高。在拉丁美洲，非劳动收入份额高达45%，而欧美许多国家则为20%左右。②

对时间序列资料的观察还发现，随着国民收入的增加，在大多数国家中，除了某些特殊年份之外，劳动在国民收入中的比重趋于上升，而非劳动收入比重趋于下降。例如，美国劳动在国民收入中的份额从1919年的71.9%上升到1953年的80.1%，英国从1880年的63.2%上升到1952年的74.4%，澳大利亚从1938—1939年的63.5%上升到1954—1955年的72.1%，法国从1885年的60.7%上升到1952年的84.7%。③

---

① 柯林·克拉克，《经济进步的条件》，1957年英文第三版，第494页。

② 柯林·克拉克：《经济进步的条件》，1957年英文第三版，第621页。

③ 柯林·克拉克：《经济进步的条件》，1957年英文第三版，第618-619页。

第四节　对柯林·克拉克的经济进步理论的简评

　　柯林·克拉克较早地运用历史统计方法广泛地考察了世界上许多国家的经济进步的条件和经济结构的变化，从中总结出经济发展的一些共同特征，因而被誉为是发展经济学的先驱之一。他的研究方法和研究结果受到一些经济学家的赞扬。美国经济学家罗斯托是这样评价克拉克的："他围绕着一组首尾一贯的、有原则的问题收集材料并且组织它，这是真正开创性的事业。……《经济进步的条件》实际上是创立了一个经济分析新的分支的少有几本书之一"。① "他从来没有用正规的增长理论把他的变量综合在一起，但他的确是 1870 年和二战之间的少数几位重要增长分析家之一"。② 世界银行高级研究员派亚特也指出："克拉克对我们理解发展的现实，作出了重大贡献，他个人的生产率(在没有计算机可以利用的条件下)令人吃惊，他从这些事实中得出的归纳概括，已被证明成为发展经济学的基础"。③ 不过，他也指出，克拉克注重事实材料的收集和描述，而不重视理论分析，"导致了各种数字间缺少最终的连接"。④

　　柯林·克拉克的对经济增长问题的分析完全是建立在对统计资料的整理、分类和比较的基础之上的，这种分析的目的是要从历史事实中找出世界经济发展的一些共同规律。这个目的基本是达到了。他从实际资料中总结出来的一些主要观点，如规模报酬递增和技术进步是经济增长的主要源泉的观点，农业增长是经济发展的前提条件的观点，经济发展过程中产业和分配结构变化的观点，等等，现已被广泛地肯定了。半个世纪以来，许多著名发展经济学家如库兹涅茨、钱纳里等在柯林·克拉克分析的基础上进一步完善和发展了这些观点。不

---

①　罗斯托：《休谟以来的增长理论家》，1990 年英文版，第 314 页。
②　罗斯托：《休谟以来的增长理论家》，1990 年英文版，第 214 页。
③　《发展经济学的先驱》，经济科学出版社 1988 年版，第 83 页，第 84 页。
④　《发展经济学的先驱》，经济科学出版社 1988 年版，第 83 页，第 84 页。

过，柯林·克拉克的有些观点没有得到普遍的赞同。例如，他的关于人口增长促进经济发展的观点遭到众多的学者的否定。

柯林·克拉克分析存在的一个重要缺陷是缺乏系统的理论框架，主要观点之间缺乏有机的联系，而且，由于过分地注重实际统计资料的细节分析，一些带有规律性的东西被淹没或冲淡了。尤其是1951年改版《经济进步的条件》充满了繁多的令人眼花缭乱的统计表格和数字，以及对这些统计数字的详细描述，使得他的一些重要观点变得有些模糊了。不过，尽管有这些缺点，作为经济增长实证分析的现代先驱者，柯林·克拉克的贡献仍然是巨大的。